国際理論

三つの伝統

著 マーティン・ワイト

訳 佐藤誠
　 安藤次男
　 龍澤邦彦
　 大中真
　 佐藤千鶴子

日本経済評論社

International Theory: The Three Traditions
By Martin Wight
Copyright © 1991 by Gabriele Wight

Japanese translation published by arrangement with
The Continuum International Publishing Group Ltd.
through The English Agency (Japan) Ltd.

序文

　1950年代に行われた一連の講義を基にした国際関係論の本を，著者の亡き後，しかも世界が大きくかわった1990年代になって刊行するのは奇妙なことに感じられるかもしれない．だが，この点について弁解する必要はまったくない．この素晴らしい研究は，時流に乗った他の作品が忘れ去られてもなお生き長らえるであろう．本書では，国際関係思想の伝統——実務家，市民，学者に等しく影響を与える伝統——が，生き生きと，しかも深い内省とともに模索されている．

　マーティン・ワイト（1913-72）は，その生きた時代の英国の学会における国際関係論のおそらくもっとも深遠な思索家であった．だが，その生涯においてその分野での彼の仕事が広く知られることはなかった．というのは何よりも，その著作を刊行することがほとんどなかったからである．主要刊行物であるパンフレット『パワー・ポリティクス』（1946），それに『国際問題通観　1939年3月の世界』（1952）に寄稿したさまざまな論文は，いずれもロンドンの英国王立国際問題研究所の手で刊行された．ほかに主要著作としてハーバート・バタフィールドと共編の『外交の考察』（1966）がある．完全主義者だったから，少しでも改善の余地があるときは刊行を思い止まるのが常であったらしい．したがって，講義こそが，彼にとってはその国際関係論についての独自の理解を伝えるための主要な——おそらくは第1の——手段となった．

　ヘドリー・ブル（1932-85）は1976年に行ったマーティン・ワイト記念講演で，1950年代後半にワイトがLSE（〔ロンドン大学〕ロンドン経済政治学院）で行った講義から自分がいかに強い影響を受けたかを語っている．そのときのブルの講演録「マーティン・ワイトと国際関係理論」は，編集上の必要によるわずかの変更を加えただけで，本書に再録されている．講演は，ワイトの思想を明確に伝えるとともに，ブルがワイトに個人的に何を負うているのかについて，マーティン・ワイトに近しく接する栄誉をもちえなかった私などにはでき

ないほど，直截に明かしている．ワイトの講義が自分にもたらした意味を語る
ブルの記述は，それまで私には謎であったことを明らかにしてくれた．ブルの
処女作『軍拡競争の管理』(1961)が，なぜ国際関係についての哲学と歴史の
確かな理解で武装されていて波に流されなかったのか，ということである．

　本書は，基になったオリジナルなテキストの発表日時ではなくて出版順序か
らすると，マーティン・ワイトの死後に刊行された著作の3番目にあたる．最
初の著書はヘドリー・ブル編『国家システム』(1977)で，ワイトがその生涯
の最後の8年間に英国国際政治理論委員会のために執筆した論文を集成したも
のである．2番目の著作はヘドリー・ブルとカーステン・ホルブラド編の『パ
ワー・ポリティクス』(1978)で，これは1946年に刊行されたパンフレットを
彼が生涯最後の20年間に訂正加筆したものを基にしている．本書は，講義を
もとにしたもので，前2作よりはるかに広い範囲を扱っており，刊行準備には
より長い時間を必要としたが，1985年のヘドリー・ブルの死去によって，さ
らに遅れを余儀なくされた．本書のまえがきでガブリエラ・ワイトは，彼女が
ブライアン・ポーターとともに，バーバラ・ワイトなどから欠かすことのでき
ない援助を受けつつ，速記による講義ノートを本書の形に変換していった長期
の過程について語っている．

　ワイトが本書で用いた方法は，それまでに刊行された諸作品と完全に照応し
ているものの，本書『国際理論：三つの伝統』は，既述書で取り扱われたテー
マを単に再現したものではない．国際関係にかかわるほとんどすべての思想が
これほど系統だて説得力をもって明らかにされたことはない．そこでは何百年
あるいは千年の単位で3つの伝統，合理主義・現実主義・革命主義，あるいは
抽象理論に人間の顔をつけて言うならばグロティウス主義・マキャベリ主義・
カント主義という3つの伝統が，明らかにされている．

　豊かで複雑な国際関係思想をすべて3つの整理棚に押し込めるという考え方
に対して異義を唱えるのは難しいことではない．例えば，カント自身は「革命
主義者」というレッテルが意味する以上に政治的には現実主義者であった．だ
が，本書の叙述が進むにつれて，3つの伝統は整理棚あるいはラベルというよ
りも，さまざまな実務家や研究者によって無限に違う方法で混ぜ合わされる縒
糸あるいは原色と見なされるべきであることが，徐々に明らかになってくる．

ワイト自身,最後の章で次のように言う.

> 人文研究において分類が価値をもつのは,分類できなかった時だけなのだ.国際理論の分野でもっとも偉大な政治学研究者はそのほとんどが,2つの伝統の境界領域を跨いでおり,その多くは,自らの体系を超越している.

ワイトが3つの伝統を強調することによって別のやっかいな問題も生じるかもしれない.国際関係が永遠に3つの伝統の間の関係に委ねられ,根本的な変化は生じない,というような意味合いがどうみてもこめられるからである.こうした見方は,現在が例外的であるという考え方に対しては健全な解毒剤になるものの,国際関係における進化論的さらには目的論的な見方すら受け入れる余地をほとんどなくしてしまう.20世紀における進化論的ないし目的論的な見方のほとんどがあまりに単純化されすぎていて混乱を引き起こしたという点ではワイトに同意できようが,他方でワイト自身がごく簡単にではあるが記しているように,進歩はあったのであり,なかでも普遍的国際社会の登場の意味は小さくない.

3つの伝統の考察においてワイトは,国際関係の見方について的確かつ簡潔な表現をした彼自身のそれまでの輝かしい記録すら凌駕している.本書は,アリストテレスがチトーと,〔グロティウスの〕『戦争と平和の法』が〔英国の大衆紙である〕『デイリー・ミラー』と,肩を寄せあう実質的な国際的引用語辞典になっている.昔の著述に新鮮な目を注ぐというワイトの天才が,本書ほど発揮されているものはない.同時にワイトは,外交の特質と方法,帝国主義の原因,「文明人」と「未開人(バーバリアン)」の間の緊張,絶対平和主義(パシフィズム)の特性と限界といった昔ながらの問題にも,系統だって洞察力にみちた光を当てている.

本書はこうした問題だけでなく,マーティン・ワイトその人についても多くのことを教えてくれる.第5章の終わりにおける絶対平和主義についての議論で,ワイトは絶対平和主義者には現実主義者と多くの共通点があるという鋭い観察をしている.これは,1930年代後半から40年代前半にかけてはワイト自身が絶対平和主義者だったこと,そして本書がまさに裏付けるような幅広く成熟した観点に徐々に到達したことを考えると,とりわけ興味深い.同様に,本書,とりわけ第4章には,ワイトが専門家として従事した2つの分野,一方に

おける国際関係論と他方における植民地行政を結ぶものが多くみられる．ワイトは「人を自由に適合させるのは，ただ自由のみである」というグラッドストンの考え方に根本から共感する姿勢を示している．

　本書は今日の条件にどこまで適うだろうか．おそらく大きな問題は生じないだろう．視聴者や読者が今のことしか頭にない偏狭な地方根性に陥らないようワイトが払った努力は，1950年代と同じく今日にも必要とされている．ワイトは同時代にしばしば言及したが，それは断定的な判断や予測をするためではなく，永続的なテーマとして描きだすためであった．本書における最良の叙述のある部分は，国際問題における判断の脆さについてであった．第6章でワイトは，同じ政策あるいは同じ行為ですら，ある世代には成功と判断され，次の世代には失敗と判断されることが十分にありうることを示している．またワイトはバルト諸国に対する1942-43年の米国の法律尊重主義(リーガリズム)政策が，長期的にみればいかに先見の明にみちた現実主義的なものであったかを示しているが，これは1991年の今日においてはもっと強調されてしかるべき考え方だろう．興味深いことにワイトは，超然としたアカデミックな観察者が優越するとは言っておらず，関与することはしばしば偏見のない客観的立場に人を導くと第7章で説得的に論じている．

　ワイトが述べたことのなかには，今日読んでみるとおかしな部分もたしかにある．第4章においてワイトは単一の大国が地球を本当に征服する可能性をつかのま示唆したかにみえる．第6章では，ロシアの将来の外交政策に期待すべき性格としてジョージ・ケナンが1951年に示した見解について，ワイトは批判的すぎる態度をとった．ケナンによれば，それは国内的な全体主義と国外的支配の廃棄である．ワイトはケナンの見解を「完全に非現実主義的」であり「達成しがたい」と述べたが，それから40年後，ケナンがソビエトの〔将来の〕性格として見通したことが馬鹿げたものではなかったことをゴルバチョフは示した．

　とはいえ，そうしたアナクロニズムはきわめて稀である．全体としてわれわれはかくも大きく変化した世界においても本研究が突出していることに感銘を受ける．1991年の今日，政治的指導者や学者の言明はいぜんとしてワイトが本書で組み立てた分類によってみごとに解釈することができる．民族自決，干

渉，戦争の抑制，同盟，国際組織などの諸問題は，なおワイトが本書で描きだしたとおりである．

　本書に対するより深刻な批判はそれが未完であるということかもしれない．素晴らしい素材にあふれそれが見事に織りあわせられているものの，最終的刊行物というよりは刺激的な講義という性格の箇所もある．ワイトが知的に厳密であったことからすれば当然期待される結論らしきものがないまま，いくつかの章は宙ぶらりんのまま終わっている．間違いなく，このことがなぜ本書の刊行をワイトがためらったのかを説明している．だが，読者はこの欠点を許すだろう．時に進行中の仕事というものは，粗雑な縁を注意深く削ぎ落とした完成作品よりも，困難な問題との取り組みを通じて，その仕事についての感覚をいっそうよく伝えるということがありうるのだ．

　国際関係論の教師からは，国際関係についての思想の歴史を探索した本，国際関係論と歴史のまったく人工的な分断に橋をかける本，政治理論と国際理論の人工的分断に橋をかけて，政治家や研究者がいかにその思想の進化を形づくり，またそれによって彼らが形づくられてきたかについて述べた本が，長い間求められていた．『国際理論：三つの伝統』はこれらの要求を満たすものであり，マーティン・ワイト以外の著者にはできない技倆をもってそれを成し遂げている．

アダム・ロバーツ
オクスフォード大学ベイリオル・カレッジ
1991年8月2日

まえがき

　マーティン・ワイトは，1950年代に〔ロンドン大学〕ロンドン経済政治学院（London School of Economics and Political Science ＝ LSE）で一連の講義を行うなかで，初めて自分の国際理論を形づくっていった．ブライアン・ポーターと私は，それを出来るかぎり元の形のままで再現しようと努めた．書き足したところはないし，省いたところもほとんどない．生きていたならば，夫〔マーティン・ワイト〕が元の素材を改訂し書きなおしていたであろうことは疑う余地がない．実のところ，テーマによっては，例えば『外交の考察』（1966）の中の「国際関係における西欧的価値」として，また『国家システム』（1977）の中の「勢力均衡」として，特に発展，修正，言及されたものもある．にもかかわらず，その中心的な考え方や議論の道筋が現在の出版物や国際関係学科での講義やセミナーで紹介されていることにも少なからず配慮し，私たちはこの講義録を刊行することを決意した．

　10年ほど前，ヘドリー・ブルは私とともにマーティン・ワイトの手稿を編集することを初めて計画した．作業を開始したとき，その仕事の価値に対する彼の確信と示した熱情こそが，ブルの突然の死去ののちも，私がこの仕事と格闘していくうえでの努力を支える源となった．それ以来，メアリー・ブルが寄せてくれた精力的な力添えと支援は大きな力となった．マーティン・ワイトの講義についての含蓄に満ちたヘドリー・ブルの分析を本書の緒言〔本訳書ではワイトの本論の後に組まれている〕として転載させてくれたメアリー・ブルに感謝したい．

　ブライアン・ポーターは，ヘドリー・ブルの死去で生じた断絶を果敢に埋めてくれた．彼の何年にもわたる導きの手と忍耐に対しては適切な感謝の言葉も思いつかない．彼はテキストすべてを読み通すことを引き受け，不明瞭な語句について必要な所は言い換えた．序章と結論にはいくつかの版があったが，それを校合し最終的にはすべてを首尾一貫したものとしてくれた．この点にはこ

とに感謝している．

　だが，大量の素材をまず整理し，講義録の速記から書き起こして，それを滑らかで論理の通った容易に読める形とすることで本書の最初の草稿をつくったのは，娘のバーバラである．私には，そんな仕事はしたとしても，とても彼女のようにうまくはできなかっただろう．娘に最大の感謝を捧げたい．貴重な時間とウィットと配慮を彼女はこの事業に寄せてくれた．

　LSE の図書館のスタッフに対しては心からの感謝をしたい．彼らの援助なしには，数多くのパンフレットや長い間絶版になっていた刊行物を見つけ出すことはできなかっただろう．チャタム・ハウス（英国王立国際問題研究所）のポーリン・ウィカムは，幾年にもわたる作業の間中，私を勇気づけ，精神的および実際的な支援を寄せてくれた．彼女はまた，本書を完成させるために必要な一定のプレッシャーもときおり私たちにかけた．このことではこれからもたえず彼女に感謝することになるだろう．最後に，しかし少なからぬ感謝をアリソン・ジョーンズに捧げたい．もっとも簡単なコンピュータ・モデルの迷宮に私を誘いこんだときの彼女のユーモアと専門知識は，表現できぬほど私を支えてくれた．マシュー・アケスターとアントニー・スミスは，このうえない知識によって私にとっての最後のハードルとなった索引づくりを助けてくれた．これは締切りに間に合わせるための切り札となった．これらの人々と長い間迷惑をかけた私の家族の穏やかさは，私の心の慰めに不可欠なものであった．

　悲しむべきことに，ヘドリー・ブルに次ぐもう1人の導き手であったジョン・ビンセントこそ，この「最終版」を捧げてコメントと了解をもらうべき相手であった．彼の突然の逝去に悲しみは深い．

ガブリエラ・ワイト
ケント州スペルドハースト

＊　＊　＊

　1986 年，ガブリエラ・ワイトからこの「国際理論」の講義の編集作業に誘われたとき，私は参加を求められて光栄に感じるとともに，長い間抱いていた

願いが叶う見通しがみえたことに興奮した．1950年代，LSEでマーティンの学生だったときに私も出席して魅了された講義が活字となって現れたらという願いである．マーティン・ワイトは，彼を知ることになった者すべてに深い影響を及ぼしたが，講義においてこそ彼の教師としての比類ない特質——底知れぬ博識，人間愛に満ちた判断，鋭い表現，偉大な道徳的権威としてのオーラ——はもっとも明瞭に輝いて示された．実際，彼の講義はその関心が理論以外の分野にある数多くの学生を引き付けたばかりでなく，すぐにうわさとなって，国際関係の専門家のあまねく知るところとなった．これらの専門家たちが講義に政治，とりわけ国際政治の世界で進行するすべてのことを持ち込んだことで，単なるカオスにしかみえなかったであろうことに鋭い焦点が当てられるようになり，われわれは哲学的な起源のほとんどすべてに政治的背景と行動を見始めるようになったのである．

　この一連の講義を編集する作業はたいへんであった．ガブリエラ・ワイトとバーバラ・ワイトは，マーティンのきれいな筆跡の残る何百枚もの小さな紙片として保存された講義録からテキストを起こすとともに，無数の参照文献を追跡して裏付けるという，骨の折れる仕事を成し遂げた．私自身の仕事はもっと楽なもので，講義を受けたときの記憶とそのときのノートを手がかりにして，講義が可能なかぎり正確にテキストに反映されているかどうかをチェックすることだった．ほとんどの場合，マーティンの講義録は十分に詳しくよく構成されていて，意味を明らかにすることができた．まれに筋道の不明な単語がいくつかあって意味を掴むのが困難になったものの，われわれが途方に暮れたのはわずか1，2度だけである．またごくまれには，参照文献を追跡できなかったり，追跡しても労苦の割には報われなかったこともあった．こういう場合は読者の寛恕を乞うしかない．

　そのほかの編集上の主な作業は，手に入れたテキストを改善することであった．出版の際，マーティン・ワイトは素材の準備に万全をつくしたから，もしも彼自身がこの一連の講義を本にすることがあったならば，間違いなく数多くの改変や削除を行なったことだろう．だが，われわれはこの問題には保守的に対処し，明晰にするために必要なわずかな改変をするにとどめ，ほとんどすべての場合，あまり価値があるようにはみえない素材でも外すよりは残した．そ

れによって議論が鋭さを欠くことになったとしても，少なくとも読者は事例と例証についての出典の豊富さという償いを受けることになる．削除した箇所はほとんどなかったが，そうしたほうがよいと判断したところはささいな政治的出来事や論点にかかわる部分で，講義の行なわれた1950年代にこそ時事的な価値はあったものの，今やおおむね忘れ去られた参照事例だけである．他方で，今日的なわかりやすい素材を付け加えることはわれわれの仕事ではないと考え，議論にとりわけ関係すると思われる最近の出来事について短い編集者としての参照注をいくつか付け加えるに止めた．

マーティン・ワイトがこの講義を最初に立案したとき，彼は3つの伝統を現実主義，合理主義，革命主義と名付けた．ある時点で彼はそれらをマキャベリ主義，グロティウス主義，カント主義的政治学の伝統と呼ぶことを好むようになった．彼は講義をたえず，ただし一度にではなく改訂していたから，ある箇所では前者の用語が，別の箇所では後者の用語が使われている．統一性を保つためにどちらかにすべてを変えてしまうことは正しくないであろう，とわれわれは判断したので，われわれが見出したままにすることにした．

また読者に忘れないでいただきたいのは，講義をもとに今や本の形になったとはいっても，各章はいぜんとして基本的には講義なので，若者の心を励まし，ときには刺激を与えようと企図されたものだということである．この特質こそが，これを講義として聴く者を発奮させたのだが，それはヘドリー・ブルが緒言〔本訳書395-413頁所収〕で述べているように，ときには強調のしすぎや，劇的で最上級の表現を本講義が追い求めることにもなった．

本講義は，直接に聴講されるよりはうわさとして評判になってきたために，これを論じることのできた学者はほとんどいなかった．1975年に私は論考を試み，一部をヘドリー・ブルに送った．私の論文はのちにマイケル・ドネラン編『国家理性』(1978)の中で「思想と行動の類型：マーティン・ワイトの"国際理論"」として刊行された．一方，ヘドリー・ブル自身は1976年1月29日にLSEで行った第2回マーティン・ワイト記念講演で，重要なワイト評価を行った．この記念講演がほとんど変える必要もなく本書にとって理想的な入門になるという点でガブリエラ・ワイトと私は一致し，その提起にメアリー・ブルは寛大な同意を与えてくれた．

長い編集作業の一段階ごとに多くの問題が生じて，相談や了解が必要になることがあった．ガブリエラ・ワイトと私が同じ地方に住むことになったのは，ちょっとした幸運であった．何回にもおよんだ私のスペルドハースト訪問，そしてワイト一家から受けた歓待は，マーティンの仕事を世に広く知らしめることを手助けしたという満足の思いに，もっとも楽しい思い出を付け加えてくれることになった．

ブライアン・E. ポーター
ケント州シーソルター

目次

序　　文（アダム・ロバーツ） iii
まえがき（ガブリエラ・ワイト） viii
　　　　（ブライアン・E. ポーター） ix
凡　　例 xv

序章 1
第1章　国際理論の3つの伝統 9
　　　　革命主義／合理主義／現実主義
第2章　人間の本性についての理論 32
　　　　現実主義／革命主義／合理主義
第3章　国際社会の理論 39
　　　　現実主義／合理主義／革命主義
第4章　人間の理論：「未開人」 64
　　　　現実主義／合理主義／革命主義
第5章　国力の理論 133
　　　　合理主義／現実主義／革命主義／転倒した革命主義
第6章　国益の理論 149
　　　　現実主義／革命主義／合理主義
第7章　外交の理論：対外政策 184
　　　　契約理論／国際社会の本性／基本的な統治技術の諸原理／伝統の間の
　　　　相互関係／補遺
第8章　外交の理論：勢力均衡 220
　　　　グロティウス主義〔合理主義〕／マキャベリ主義〔現実主義〕／カント
　　　　主義〔革命主義〕

第9章　外交の理論：外交 …………………………………………… 242
　　　　グロティウス主義〔合理主義〕／マキャベリ主義〔現実主義〕／
　　　　カント主義〔革命主義〕
第10章　戦争の理論 …………………………………………………… 280
　　　　戦争の特性／戦争の目的と行為
第11章　国際法・義務・倫理の理論 ………………………………… 318
　　　　国際法／国際的義務／国際的倫理
第12章　結論：3つの伝統の均衡 …………………………………… 354
　　　　革命主義へ傾斜する合理主義／現実主義へ傾斜する合理主義／革命
　　　　主義へ傾斜する現実主義／伝統の合流／告別の辞

　参考文献　　　　　　　　　　　　　　　　　　　　　　　369
　著者による選定参考文献　　　　　　　　　　　　　　　　383
　編者による補足リーディング・リスト　　　　　　　　　　388
　国際理論のパラダイム　　　　　　　　　　　　　　　　　390
　マーティン・ワイトと国際関係理論（ヘドリー・ブル）　　395
　訳者あとがき　　　　　　　　　　　　　　　　　　　　　414
　索　　引　　　　　　　　　　　　　　　　　　　　　　　421

凡例

1. 引用された文章に邦訳がある場合は，原則として邦訳を使用した．ただし，旧かな遣いなどで読みづらい場合は現代かな遣いに改めるなどしたうえ，その旨，注で断りをいれた．また著者が引用文献を一部改変している場合は，邦訳を基本に訳して，注で邦訳を参照した旨，断りをいれた．引用文献の強調箇所などがワイトと邦訳で異なっている場合は，原則として邦訳にしたがった．
2. 補足説明が必要な事項については，訳者としての説明を〔　〕で括って本文中に入れた．説明が長くなる場合は，該当箇所に訳注番号をふり，章末に訳注を載せた．
3. ［　］による補足説明は，著者または編者による補足説明である．
4. 強調の意味でイタリックが使われている場合はゴシック体に変えた．
5. 英語以外の言語（ラテン語，フランス語，ドイツ語など）が使われている場合は，原則として初出のときに日本語訳とならんで原語も表記した．
6. 訳語だけでなく原語も紹介した方が良いと思われる場合には，訳語のうえにルビをふった．実在論と現実主義など．
7. 固有名詞はなるべく原音に近い表記を心がけたが，慣用的な用法がある場合はそれにしたがった．引用した邦訳の表記が本文と異なる場合，引用文はそのままの表記にした．
8. 原著の脚注は，章ごとに通し番号をあてて章末にまとめた．引用文献に邦訳があるものは〔　〕で括ってあわせて紹介した．
9. 各章の注で紹介された文献を参考文献として一括して巻末にまとめた．邦訳があるものは〔　〕であわせて紹介した．複数の訳がある場合は，原則として入手しやすい文庫本など廉価版に依拠した．
10. 参考文献とは別に，原著の select bibliography と supplementary reading list を，それぞれ著者による選定参考文献，編者による補足リーディング・リストとして巻末に載せた．
11. 索引は，ワイトの本論・序文・まえがき・「マーティン・ワイトと国際理論」・訳者あとがきの本文のみを対象とした．また「現実主義」「合理主義」「革命主義」，あるいは「国家」「政治」など，本書全体に関わる語などは索引から除いた．ヨーロッパ系の人名には原則として英語での表記を添えた．

序章

　「国際理論」[訳注1]とは，政治理論に対応するなにものかである．政治理論は1つの主題としてすでに認められている．その半面は「政治」であり，他の半面は「制度」ないし「統治(ガバメント)」である．政治は人間の経験の範囲内にあり，ソクラテスが市場で正義を論じるのをプラトンが聞き，まもなくプラトン自らがアリストテレスへの講義を始めてから，たえず何らかの形で研究されてきた．政治を研究するとは，まずこうした伝統にならって会話に加わり，国家・権威・権力の正当化(ジャスティフィケーション)と限界・法と政治的義務の根源・自由と権利の特質などについてあれこれ思いをめぐらすことである．国際理論は，このような政治理論に対応する伝統であり，国家間関係・〔世界〕政府として識別されるものが存在しないことで生じる義務の問題・国家を構成員とする共同体の特質・対外政策の原則などについて問答することである．言い換えれば，国際理論とは国際関係の政治哲学である．

　困難が生じるのはここからだ．政治理論を認めることは簡単だが，国際理論を認めることはそう簡単ではないし，歴史的にはそんなものは存在しなかったと疑いの目さえ向けられるかもしれない．国家間関係について，また〔世界〕政府の不在から生じる義務の問題について，目に見える形で問答をする慣行はないし，数多くの理論や思索が生まれたこともない．したがって，「国際理論とは何か」という問いに答えようとすることは，「どこに国際理論があるのか」という第2の問いを生むだけである．だが，この問いに答えようとする前に，次のように自問することもできるかもしれない．「存在するはずなのに，なぜ国際理論を見つけだすことがこんなにも難しいのか」．この問いに対する答えは，きわめて興味深い歴史的なものである．国際理論というものは，おぼろげ

で曖昧であるばかりか分断されていて、そのある部分は普通の政治哲学の縁や周辺において、また他のある部分は国際法の領域内において、見出すことができる。これは歴史的な偶然、とどのつまりは16世紀に起きた西欧社会の文化的亀裂に起因する。

　主権国家の登場以前については、国際関係を当然のこととして語ることはできない。この主権国家、すなわち政治的な上位者をもたない国家は、「近代史」の入り口である16世紀初め、マキャベリの時代の西ヨーロッパに大々的に登場した。だが、進化の過程はその2世紀前から始まっていたし、神聖ローマ帝国を構成する諸国家にとっては、進化の過程の終わるのにさらに1世紀半が必要だった。政治的権力と徴税権を有する普遍的教会と、少なくとも普遍性を主張した帝国からなる封建的諸関係の世界は、国際関係の世界とは異なっていたからである。ともあれ、16世紀のマキャベリ以後、封建的許諾権にかわって国内秩序をもたらす強力な中央権力(オーソリティ)を構築する必要性が生まれ、その重要かつ現実の社会的必要性が、主権国家そのものの発展とみなされていった。主権国家の発展はまた近代国家システムあるいは近代国際関係（外交・戦争・国際法・国際制度等々）の発展を意味したが、それは主権国家それ自体の副産物ないし当然の結果として扱われた。国家の形が明確になってきたことはその時代の最高の知性を備えた人々に刺激を与え、これらの人々によって国家に焦点を当てた政治哲学がもたらされ、以後、それが一貫して続くことになった。こうして主権の特質・主権の限界・人民主権・契約理論をめぐる議論が、政治理論にとってのおなじみの本筋となった。たまたまルネサンスという歴史的偶然に遭遇し、古代の知識の再発見をルネサンスが求めたことから、こうした傾向はいっそう強まることになった。

　ギリシャ–ローマ文明には国際関係があり、とくにトゥキディデスはそれについて重要な古典的書物を著したものの、膨大な古典的政治著作は一般にいう政治(ポリテイクス)という意味を含む都市国家(ポリス)に集中していた。この事実は、たまたまそうした文献が残ったからそうみえるのか、それともギリシャ–ローマ思想に内在する偏向の結果なのかはともかく、国家中心的伝統を強化し、それは近代に至るまで続くことになった。アリストテレスの名は12世紀から13世紀中を通じて知られていたが、ルネサンスによって発見されたもっとも重要な2人は、

都市国家(ポリス)についての最大の理論家であるプラトンと，ローマ帝国の絶対主義と内的機能についてもっとも透徹した分析を行ったタキトゥスであった．タキトゥスは，すべての古典にみられる逆説でもあるが，カエサルからクラウディウスにいたるローマ皇帝の描き方において，レーニン，スターリン，フルシチョフとその継承にともなう出来事をも眼前に髣髴とさせる古典的記述を与えてくれる．

　人文主義者(ユマニスト)やプロテスタントが国家の政治理論に没頭している間も，ヨーロッパのカトリック諸大学は，諸国民を超えた権威という従来の考え方にしがみつきながら，諸国家の関係についての理論的問題を描き続けた．これらの問題をめぐる中世の教義にカトリックの著述家，とりわけスペインの新スコラ主義者はきわめて重要なことを付け加えた．実際，彼らの著作は，20世紀の関心をもって振り返ってみると，16世紀におけるその他ほとんどすべての政治理論と比べてもおそらく価値があるようにみえる．だが，どちらの側も，相手の側の成果を認めようとしない傾向があり，それから1世紀後，プロテスタントの主導的国家〔オランダ〕がグロティウスという人物を通じて国際法に関心を向けたとき，この学問の発展が国家の政治理論に比べて100年間遅れていたことが明らかとなった．

　この時間的ズレを顕著に示す事例は，主権の教義である．それは国王が新しい近代王国の主人であることを正当化する，完全に国内的なものとして，始まった．それが外側に向き，国際共同体におけるそうした主権の平等を正当化するもの，国家主権あるいは主権国家の理論となったのは，まったく副次的なことにすぎない．

　ルネサンスと宗教改革によってヨーロッパ思想が分断される結果となったことは，国際理論を国際法（トクヴィルによれば「ヨーロッパ公法」）と哲学研究に分割する結果をももたらした．神学，倫理学，法学すべてが合流して分別しがたくみえる漠然たる分野から国際法は生まれ，その発展の第2段階では，政治哲学からその道具と概念を手広く借用せねばならなかった．一般にジャン・ボダンの『共和政体についての六巻』（1576）が主権理論，すなわち，すべての国家は，法の根源でありながらそれに拘束されない中央権力(オーソリティ)をもたざるをえないという理論，を発明したとされている．だが，諸国家の平等という

この教義が国際法の常套手段となったのは，はるか後のことである．グロティウスにおいてすら，主権は国際社会の会員証というよりは国内的な組織化の原理として扱われ，また主権の喪失も，多くの場合は領土の割譲や征服よりは王朝の滅亡や婚姻によるものとして扱われていた．

　逆に才能や環境の影響で国家の理論よりも国家間関係に関心をもった政治哲学者もいたのだが，彼らの気質は国際法の神学‐倫理学的起源には合わず，したがって彼らはその分野からは無視され，彼らもその分野に収まることはなかった．その代表例がマキャベリである．1576年，〔ドイツの〕インゴルシュタットでマキャベリの像がイエズス会士によって燃やされ，その著作は目録の中にのみ閉じ込められた．1950年，1人のイギリス人イエズス会士が，幾年にもわたる労苦のすえマキャベリの最高傑作，『論考(ディスコルシ)』の豪華版を刊行した[1]．このことをもって，マキャベリとスペインの新スコラ主義者が実際には国際関係の作業場における同僚であったことを遅まきながら認める，国際理論の2つの道の**和解**が成った証しとみることもできよう．だが残念なことに，〔これを出版した〕ウォーカー博士はその注釈において16世紀と同じ敵意に満ちた評価をマキャベリに投げ付けており，マキャベリをもっぱら悪魔と読者がみなすよう努めている．したがって，この出版も，久遠の和解の出発点になると簡単には言い切れない．

　この国際理論の分野における，哲学志向の国際法学者と国際志向の哲学者の間の不幸な分断は，国際学がブームとなる20世紀まで400年間にわたり続くことになった．だからといって，国際理論を捜そうとすれば，かなりの数の国際理論の著述がないというわけではない．すでに提起した問題に戻るが，文献の欠如ではなく，それが分散していることが，困難なのである．さまざまな価値のある一連の著作がある．〔だが〕例えば〔フランス国王〕アンリ4世の宰相シュリの『大計画』や，サンピエールの労作などは，政治哲学者そのものからは政治学の骨董品的文献として伝統的に拒絶されている．とはいえ，この否定的評価が当該研究の長短について下されたものか，あるいは伝統的な主題である国家を扱っていない政治的著作に対する偏見から生じたものかどうかは明らかではないのだが．他方で，偉大な政治哲学者の中には国際関係の問題に魅せられ，それについて執筆しようと努力した人物がいたことも明らかである．

カントの論文『永遠平和のために』は，おそらく彼の哲学のなかでもっとも成熟した作品である．これはもっとも輝かしい事例以外の何物でもない．ベンサムは多忙ななかで国際関係について書き記し，ルソーもそれにならった．哲学者のヒュームはほとんどあらゆることについて論文を書いたが，勢力均衡についても古典的な作品を著した．バークはその生涯の終わりに国際問題，すなわち革命国家が国際システムに与える衝撃という問題の虜になった．トクヴィルは，はやくも 1852 年には，諸国民の社会をめぐる探求を他の政治諸学に関連づけていた．その他大勢の政治著作家が国際理論についてさまざまな一節を書き記し，あるいは貴重な成果を生み出した．

　これら散り散りになった資料の名残りは，政治家の声明や政策にみることができる．そこでは理論と実践の区別は固定的なものではない．マキャベリは，フィレンツェ共和国の引退した国務大臣[訳注2]だった．ビスマルクは引退後，その『回想録』の執筆に時間を費やした．それは歴史としては信を置けるものではないが，おそらく 19 世紀における統治技術の書物としては最高のものである．これと比肩しうるのは，おそらく 20 世紀のチャーチルだけである．レーニンの理論的著作はすべて日々の政治闘争に刻みこまれた一撃であり，それはバークやハミルトンについてもいえた．偉大な政治家の中には著書どころかジャーナリズムへの寄稿すらしなかった者もいたが，その人格そのものがその政治思想をあらわにしていた．グラッドストンあるいはリンカン，ウッドロー・ウィルソンあるいはソールズベリー卿が政治において描き出した思想は，その演説から拾うことができる．同様に，アジアの中立主義の理論については主としてネルーに，国際共産主義についての考察はヴィシンスキーとフルシチョフに拠ることができる．われわれは，記者会見での政治家の話に耳を傾けたり，彼らが非公式に話すのを立ち聞きすることによってすら，政治について何ごとかを学ぶことができるのである．

　つい最近まで，国家システムの発展が第 1 の関心事になったり，その管理が最優先の緊急事態となることはなかった．2 つの世界大戦を戦った世代は，この国家への集中がもたらす副産物に対処しなければならなかった．最近になって西欧世界は国家に疲れはて，懐疑すら抱くようになってきた．主権にうんざりし，修正したいと望んでいる．今日の関心は対外政策，国際制度，国際管理，

さらには世界国家にすら向かっている．というのも，今日，国家システムが，マキャベリが生まれたときの封建諸王国と同じようなアナーキーな衰退過程にあることが顕著だからである．もちろんこのことが，国際関係論がアカデミックな世界ではごく新しい題材だという感覚が存在する理由となっている．国際関係論は，アンドリュー・カーネギーの構想によって国際平和基金が設立（1910）されてから，あるいはウィルソン大統領が国際連盟を構想してから，あるいはデイビッド・デイビスとカッセル基金（Cassel Trustees）によってアベリストウィス〔ウェールズ大学アベリストウィス校〕（1919），次いでロンドン大学（1923）に国際関係論の講座が設立されてから，広まった．新しいという感覚はいくぶんかは幻想である．第1次世界大戦がそれまでになかったような方法で国際関係論をアカデミックな地図のうえに記したことは間違いないが，それ以前にも，研究の主題としての国家システムという国際関係論は知られていたからである．

本講義は，第1に分類と類型学の実験であり，第2に継続と再起への探求，政治思想の画一性についての研究である．その第1の前提は，政治思想は大きく変わらないし，思想の振幅は限られているということである．ダントレーヴはいう．「人々は古いスローガンを幾度も繰り返し続けてきた．新しさというものは，非常にしばしば，ただアクセントの問題に過ぎない」[2]．1852年4月3日，パリにおける〔フランス学士院の〕道徳・政治科学アカデミーの年次公開大会における会長講演でトクヴィルは言った．

> 信じがたいほど数多くの道徳・政治システムが次々と発見され，忘れられ，再発見され，また忘れられ，少したつと再登場しては，まるでそれが新しいものであり，人の精神の豊かさではなく人の無知を証言するかのように，世界を魅了し驚かせる．
>
> 　セヴィニェ夫人が愛について楽しげに語ったことを道徳・政治学に応用してもおそらく許されるであろう——それは大いなる繰り返し……歳月経らぬものはほんのわずかの真実しかもたらさない．衰えず疲れを知らず誤ち少ないものは，その起源を知るのみである[3]．

これをT.S.エリオットの「イースト・コーカー」と比べてみることもできよう．

力と服従によりて統べきもの，
　　　すでに見出されぬ
　　　一度，二度，そして幾度となく，肩を並ぶこと難き人によりて
　　　なれど競いあいなかりき
　　　失われしもの取り戻すためにのみ闘いありき
　　　幾度となく見出し，また失われ
　　　そしていま，苦難のもとなれど，得失はしらず
　　　われら試みるのみ，よそは与り知らぬことにして[4]

　大学教育の主な目的の1つは，時代精神(ツアイトガイスト)，すなわち，われわれこそが人類の達成の頂点にあり，かつてない繁栄ないし比べようもない破局の際に立っており，次の首脳会議こそが歴史の出発点になる，あるいは今日の指導者こそがすべての時代を通じてもっとも偉大ないし破滅的である，と断じ続けるような，みみっちく狭い地方精神から抜け出させることである．それは精神を解放させ，すべての時代は主観的にはもっとも緊急な――ただし客観的な格付けはおそらく出来ない――課題に直面しているという展望と認識を与え，同じ道徳的困難や同じ思想がそれ以前にも模索されたことを学ばせる．再現と反復を知るためには政治理論をほんのわずか読めば足りる．したがって，ホッブズの『リヴァイアサン』を読んだあとで，E.H.カーの『危機の二十年』を読めば，議論の基本は同じだということに気づかざるをえない．宗教戦争について，またユグノー，カルヴァン主義，イエズス会の理論について読めば，現代の全体主義，とりわけ共産主義との類似性に直ちに衝撃を受ける．したがって，トクヴィルの言うように，次のことは可能である．

　　何世紀にもわたり道徳・政治学の研究にうちこんできたもっとも優れた著作家を学ぶことにより，人類に流布されてきたこの分野における原理的な考え方を再発見すること，それをごく少数のシステムに還元すること，そしてそれらを相互に比較して判定を下すこと[5]

それこそが，私がこれから試みようとすることである．

　注
　1) Leslie J. Walker, *The Discourses of Niccolò Machiavelli* (London: Routledge &

Kegan Paul, 1950), 2 vols.
2) A.P. D'Entrèves, *Natural Law* (London: Hutchinson, 1951), p. 11. 〔ダントレーヴ（久保正幡訳）『自然法』岩波モダンクラシックス, 2006年, 6頁〕.
3) Alexis de Tocqueville, *Oeuvres completes d'Alexis de Tocqueville* (Paris: Michel Lévy Frères, 1866), vol. IX, p. 125.
4) T.S. Eliot, 'East Coker', *Collected Poems 1909-1962* (London: Faber & Faber, 1963), p. 203.
5) Alexis de Tocqueville, *Oeuvres completes*, pp. 125-126.

訳注
1〕 ワイトは「国際理論」(international theory)と「国際関係理論」(international relations theory)を区別する．
2〕 厳密には第二書記局書記官長．

第1章

国際理論の3つの伝統

　マキャベリ以来，国際理論を論じたもっとも傑出した著者とこの分野における主要な理念を概観してみると，3つのグループ，3つの伝統的思考に分類されることが疑問の余地なく明らかになる．これら3つを合理主義者（Rationalist），現実主義者（Realist），革命主義者（Revolutionist）と呼ぶことにしよう．〔Rという〕頭文字をそろえたからといって，それぞれの内容の正確さを犠牲にしているわけではない．

　これら政治思想の3つの伝統は，国際関係と呼ばれる主題を構成し相互に関連する3つの政治的諸条件にある意味で関わる可能性をもっている．

a) **国際的アナーキー**：政治的上位者を認めず，その関係は究極的には戦争によって調整される，独立した主権国家の複合体．

b) **外交と商業**：平和な期間における主権国家間の継続的かつ組織的な交渉．国際的かつ制度的な交渉．

c) **諸国家の社会あるいは諸国民の家族という概念**：政治的上位者は存在しないものの，主権国家の複合体は道徳的および文化的な全体性をも形作り，政治的な義務は課さないとしても，道徳的，心理的，そしておそらく（いくつかの法理論によれば）法的な義務すら課す．バークが述べたように「国際法の論者はこれまでしばしば，これらの諸国家の総体を共同社会と呼んできた」[1]．

　国際理論の3つの伝統は，これら国際関係をめぐる3つの相互連関条件におおよそ関係づけて区別することができる．現実主義者とは国際的アナーキーの要素を強調しそれに焦点を当てる人々，合理主義者は国際的交渉の要素を強調しそれに焦点を当てる人々，革命主義者は諸国家の社会あるいは国際社会の要素

を強調しそれに焦点を当てる人々，のことである．以上は当面のおおざっぱな区別にすぎず，これから3つの伝統について完全な定義を行ったうえで相互の違いについてさらに明らかにしなければならない．

革命主義

　革命主義者とは，より正確には，諸国家からなる社会あるいは国際社会の道徳的一体性を情熱的に信じており，自らをもそれと同一視する人々，それゆえに，自分たちの国際政策の第1の目的は，この一体性の名のもとに発言すること，その実現というもっとも重要な義務を実践することであると主張する人々，と定義することができる．革命主義者にとって，国際社会は全体として部分を超越する．彼らは「国際主義者」というよりはコスモポリタンであり，その国際理論と国際政策は「宣教師的性格」（ドーソン）[訳注1]を帯びている．

　国際的革命主義者には抜きん出た例が3つある．16～17世紀の宗教的革命主義者，フランスの革命主義者なかんずくジャコバン派，20世紀の全体主義的革命主義者である．

　16世紀から17世紀にかけての宗教的革命主義者には，プロテスタントもカトリックも含まれていた．諸国家により構成される社会の現状は腐敗し歪んでいて改革を必要としており，また実際，歴史の内在的働きによって——あるいは彼らにしたがえば，神の摂理によって——改革と粛清をすべき地点に立っており，それによって諸国家より構成される新しい社会が生み出されるであろう，とプロテスタントは主張した．カトリックはというと，現在のキリスト教国際社会すなわちヨーロッパは，反乱と異端によって転覆させられようとしており，再生を必要としている，と唱えた．プロテスタント革命の古典的な発現はカルヴァン主義者，とりわけフランスのユグノーにみられる．カトリック革命の典型はイエズス会である（彼らは反宗教改革という反革命派でありながら，それでいてわれわれの目的からすれば革命主義者なのである）．カルヴァン主義者とイエズス会が，いかに類似した方向に沿ってそれぞれの政治哲学を深めてきたか，大衆的な同意に基づく権力・王権に対する抵抗権・暴君抹殺などの諸理論の点で，それぞれがいかに似通っていたか，はよく知られている．

スコットランド人とイエズス会，手を携え
　　　世界にまず語りて曰く
　　　臣民，指揮をなすべし
　　　王これに従う

　ピューリタン革命期の英国でつくられたこの風刺文は特にジョージ・ブキャナンの『スコットランドにおける王権の法』(1579) とマリアーナの『王および王制について』(1599) を指している[2]。

　両者は国際理論においても，他国家に介入するときの権利ないし義務についての捉え方，また他党派の支配下にある自党派の支持者の解放についての捉え方，さらには国際社会の性格に関わる教義の点で，類似性がある．カルヴァン主義者の側の第1の事例は『専制からの自由の擁護』(1579) であり，カトリックの側では間接権力論によって教皇の介入を正当化したベラルミーノ枢機卿（ホッブズは『リヴァイアサン』の最終巻で卿と言葉を戦わせた）[3]，それにピエモンテ出身の徒，イエズス会士ボテロの『国家理性』(1589) がある[4]。

　20世紀においても，類似した相互依存関係が左右の全体主義的革命主義者間においてみられる．それは弁証法的敵対関係のなかの相互依存であり，国際理論における相互融合作用であって，その程度については後で論じることにしよう．

　3つの伝統の中で革命主義者をまず最初に論じるのには，おそらく2つの理由がある．さきに国際関係の相互に依存しあう3つの条件を，歴史に登場したのとは逆の順で列挙した．国際関係が主題となる状況を導いた〔現実の〕歴史的発展においては，実質的な諸国家の社会が**キリスト教共同体**（*Respublica Christiana*）という形で存在していた．時々の変動はありながらもおよそ500年間 (700-1200) にわたるキリスト教共同体の教会および政治の組織的一体性は，以後の諸国家から成るいかなる社会の組織的一体性をもはるかに上回っていた（さまざまな点で，近代の革命主義の祖先は中世のカトリック教会である）．第2に，**キリスト教共同体**のさまざまな構成員の間では継続的かつ組織的な交際もなされていた．相互の結びつきが弱くなったために，彼らの関係を究極的に調整するものとして戦争を受け入れ，政治的上位者に対する忠誠を拒否したのは，ほんのつい最近のことにすぎない．われわれが革命主義を最初に

検討する第1の理由は，諸国家の社会という革命主義者〔の考え方〕が歴史的には先行していたことである．第2の理由は，それが西欧文明をある特殊な方法で代表しているからである．革命主義は西欧の道徳的ダイナミズムとエネルギーを例証している．

> 西欧の文化をその他の世界文明から分かつものは——絶えず続く精神の働きの中である人々から別の人々へと次々と伝播されていく——宣教師的性格である[5]．

> 西欧の文化的理念にとって世界変革はその不可欠な部分をなしていたから，西欧文明は世界変革の偉大な発酵母体となった[6]．

革命主義者について終える前に，彼らと他の2つの伝統，現実主義者と合理主義者との対比についても可能なかぎり述べなければならない．次のように問いかけてみることもできるだろう．革命主義者というものは哲学的思索として継続する伝統を形づくっているのであろうか．カルヴァンからルソーを経てヒトラーやスターリンにいたるまで革命主義者たちに思想的な学派として類似するものや認めうる継続性が少しでもあるのだろうか．国際的革命主義の3つの事例，宗教戦争・フランス革命・20世紀の全体主義的革命主義は，それぞれ何の関係もない宗教的狂信の爆発，共通する病気の症状という点においてのみ繋がる別個の痙攣であった，と論じることもできる．

だが，20世紀の全体主義とフランス革命の間には，自覚的な結びつきと継続性がある程度まで認められるのである．マルクス主義は，バブーフに最初の社会主義者として敬意を表するのとは別の形で，プロレタリア革命にとって不可欠な先駆者たるブルジョア革命の代表者としてのロベスピエールとジャコバン派に敬意を示している．そしていうまでもなく，ジャコバン派はルソーの申し子であった．ファシストもフランス革命を同じように認識しているものの，そのやり方はもっと粗雑であり，革命の考え方とテクニックを大量に（これは共産主義者も同じだが）拝借した．だが同時に，彼らはフランス革命を廃棄し，フランス革命が始動しその理念を結論へと導いた時代を終焉させることを主張した（これは，ファシストの指導者としてはもっとも教養のあったムソリーニお得意のテーマであった）．1792年，フランス国民公会によって新たな時代が開始された．この先例にならい，イタリアのファシストも，ローマ進軍を新た

な始点とするファシストの時代を創始したが，それはフランス革命を模倣しかつ放逐することであった．トールモンの著書『全体主義的民主主義の起源』[7]は，全体主義的民主主義の起源をルソーの源流にまで遡って，これまで見過ごされてきた知的系統を明らかにしている．だが系統図をさらに遡ることはできるだろうか．

ほんの少しでも歴史の心得があればわかるように，20世紀を彩るあらゆる専制の技術は，1790年代にルソーの弟子たちがしたことにではなく，16世紀にカトリック教会およびそれに対して反逆したプロテスタントたちがはるかに限られた統治手段をもってした，ないしはしようとしたこと，さらにはすでに中世の絶頂期にカトリック教会がしていたこと，に源流を辿ることができる．西欧の諸専制は家族のように似通っているわけだが，では思想的な関係性はあるのだろうか．

よく知られているように，ルソーはジュネーブ市民であり，レマン湖の西端から流れ出るローヌ川の川中小島には彼の像が立っている．ルソーにとって「ジュネーブ市民」(citoyen de Genève)，この都市国家の市民であることは誇りであった．というのも，フランス革命によって意味づけられるようになるのとは違って「市民（citizen）」が「貴族」を意味したからにほかならない（市民（citizen）と中産階級（burgher）はジュネーブにおける二大特権階層であった）[8]．ジュネーブの歴史において頂点に立つ人物，神権政治的な独裁者カルヴァンの思想と教義のただ中でルソーは育てられた（ただし，後にはカトリックに「改宗」することになるのだが）．ルソーは〔カルヴァンの〕『キリスト教綱要』を読んでいた[9]．

ジュネーブは実際，象徴的な国際的革命主義者の街とみなしてよいかもしれない．カルヴァンの街であり，ルソーの街であり，国際連盟の街なのである（そして連盟の理論家のある部分は革命主義者とみなしうるだろう）．だが，その結びつきかたは外的であり象徴的なものである．思想的な意味での本当の関わり方は2つのレベルにみることができる．政治的，および哲学的ないし神学的なそれである．

カルヴァンの説いた教義は人民主権に向かう結果となったが，カルヴァン自らは人民主権を説いたことはない．神の主権こそが彼の教義であった．カルヴ

ァンはあくまでも神政主義者であった．王と為政者の権威は上，神に由来するのであって，下，人民ではない．にもかかわらず，神の主権を称えることに対応してカルヴァンは人の間における区別を最小限に止めた．神からすれば人はすべて等しい．かりに王ないし為政者が不道徳的あるいは反宗教的なことを命ずるならば，本来の服従の義務は不服従という特別な義務に変容する．『キリスト教綱要』の最後の節はこのことに関わっている．

> しかし，支配者の命令に対して捧げねばならない，とわれわれの説いた服従には，つねに次の例外がある．あるいは，例外と言うよりむしろ，第一に守られねばならない規範がある．それは，「支配者への服従は，われわれを神——すなわち，その御意志のもとにすべての王たちの誓いがおかれ，その御定めのもとに王たちのもろもろの命令が従属し，そのみいつのもとに王たちの権力のしるしが服すべきである神——に対する服従から連れ去るものであってはならない」ということである．まことに，人間を満足させようとして，あなたがその人間に従うのはそのためであったところの神の御怒りを引き起こすとは，何という転倒したことであろうか．したがって，主こそは王たちの王でありたもう．かれが聖なる御口を開きたもうときには，すべてのものをさしおいて，すべてのことよりも先に，ただちにかれに耳を傾けなければならない．われわれがわれわれの上に支配する人間に臣従するのは，その次のことである．しかも，ただ主においてこそ支配者に従うのである．もしもかれらが，神に反逆して何かを命令するならば，われわれはそれを決して認めてはならない．また，このとき，われわれは官憲が持っている威厳に何らかかずらってはならない．すなわち，この威厳は，順序としては，唯一の・そして真に最高なる神の権能のもとにおかれる以上，これに対して何らの不正をしたことにもならないのである[10]．

そしてカルヴァンは，聖ペテロの次の言葉で結ぶ——「人に従はんよりは神に従ふべきなり」（使徒行伝，第5章29）．

ここに，暴君に対する抵抗の義務，王を退位させる権利というカルヴァン主義者の教義の根源がある．王の権威は神に由来するものの王がその権威を失ったかどうかは人民が判断できるという立場と，王の権威は人民に由来するという立場の差はわずかである．これによって，スコットランド女王メアリーはスコットランド人の手で1567年に，スペイン国王フェリペ〔2世〕はオランダ人の手で1581年に，退位させられた．この行為は，政治的契約の教義を近代

的形態において最初に唱えたドイツの偉大なカルヴァン主義者，ヨハネス・アルトジウス（1557-1638）によって理論的に確固たるものにされる[11]．アルトジウスからルソーまでは一直線である．さらにルソーとカルヴァンの間には深部における類似性が存在する．2人とも社会契約，選出された王，人民政府という政治機構の背後に超越した権威の源があると仮定していた．カルヴァンにとってそれは神であったが，ルソーにとっては一般意志（内に存在する社会的神）であり，そのことによってありきたりの多数決ルールないし代議政治の網の目を2人の考えた政治システムはすり抜けることが可能となったのである．

民主主義とは「人民の名において」語ると主張する者の規則であると言われてきた．ルソー的民主主義において民主主義とは一般意志を体現する者の規則である．同様に，神政主義の実践とは現実には「神の名において」語ると主張する者の規則である．そしてプロレタリアート独裁とは「プロレタリアートの名において」語ると主張する者の独裁である．このように排他的代表性を主張することは，革命主義の教義の変わらざる特質である．

哲学的ないし神学的レベルにおいてルソーはおそらくカルヴァンよりもルターに近い．2人とも反知性的宗教思想あるいは神秘主義，知性に対する情緒と感覚の優越を代表している．2人はまた，肥大化した自己意識と宗教的自己中心主義をあらわにしており，完全な主観主義にたち至っている．ルターが超自然的道徳と恩寵の教義を覆したように，ルソーは自然的道徳を覆した[12]．

にもかかわらず，革命主義という発想の系譜と思想の継続性は曖昧かつ不確かだ．革命主義の伝統は，流れというよりは波の連鎖である．そこでは継続性はたいして重要なことではない．そこにあるのは，あたかも精神科医のカルテの記載がいくつかの共通原則に基づく偶発的かつ断片的な諸事例の集まりとなっているように，同じ政治哲学的真実の諸事例のまとまりない連鎖である．その過去を否定し，一から始めて歴史を飛び越え再出発しようとするのは，国際主義の側面だけにとどまらない革命主義の特徴である．自らの過去と折り合いをつけざるをえなくなったときは（普通はそうなるのだが），恣意的な選択と，拒絶と破棄の教義によってこれを成し遂げる．ルソーは宗教改革を認めつつ，意識的なレベルではそれを時代遅れであるとした．マルクス主義者はジャコバン主義を認めつつ，意識的なレベルではそれを時代遅れなものとした．革命主

義の家族史は，親殺しの歴史である．「そうだ，あの人は父親だ，あの人を殺さないわけにはいかなかった」．これこそが家族関係の真実だ，とフロイトならわれわれに信じさせようとしたであろう．

合理主義

　合理主義者とは，国際的アナーキーが支配的な条件の下においても国際的交渉(インターコース)という要素に傾注し，その価値を信じる人々である．人間が罪深く血に飢えた生き物であることは明らかだが，同時に合理的な存在でもあると彼らはみる．歴史の中でこれまで「合理主義者」という言葉はひどく貶められてきた．〔何かを判断する際の〕モノサシの一方の端として扱われたのである．〔例えば〕トマス・アクィナスは，理性(リーズン)に対する信仰(フェイス)の優越を唱えたアウグスティヌスと比べれば合理主義者になる．聖トマスは唱えた．信仰と理性はあきらかに異なる種類の同意(アセント)であり，宗教と科学は知識の異なる種であるのだから，科学の目的が信仰の目的となることはありえない，と．

　合理主義とは，理性がそれ自体として知の源泉であり，理性は感覚による知覚から独立しそれに優越するとする理論である．それは感覚論(センセーショナリズム)とは対立する．17世紀，近代哲学の創始期に，「合理主義」は，「われわれはいかにして知を得るか」という疑問に対して特別に答えるものとして，認識論上の意義をもつことになった．合理主義は，理性それ自身が観察の助けを受けることなく，真の知としての哲学的知をわれわれにもたらすことができるという見方を描き出したのである．これは，先験的概念ないし必然的観念によって演繹することができる．したがって合理主義は，いくぶんかは幻想的な感覚体験の世界としての，宇宙についての霊的ないし希望的な着想という傾向を示す．デカルト，スピノザ，ライプニッツはいずれもこの理論を提起した．「われわれはいかにして知識を得るか」という合理主義者の問いかけに対して，「観察と感覚体験を通して」と答えたのが，ロック，バークリー，ヒュームなどの経験主義者であった[13]．2世紀の後，合理主義は，いま合理主義として一般に受け止められているものにたどり着いたが，それは17世紀の合理主義よりは経験主義にはるかに近いものである．ミル父子によって描き出されたその意味とは，証拠に

応じて信ずることと本当の利益を理解することである．〔英国で合理主義振興を目的に 1899 年に設立された〕「合理主義出版協会（Rationalist Press Association）」がこう呼ばれるようになったのも，その意味においてであった．超自然的に見えるものを理性に応じて説明することが合理主義になる[14]．その真の動機が別にあるか，あるいは自覚されていない行為を「合理化」という言葉を使ってもっともらしい理由で取り繕い（自分と他人に対して）説明することは，合理主義の究極の堕落である．これは理をたてること，あるいは理性の帝国にもちこむことと同じではなく，不条理の支配を偽装することである．

　ここでは，認識論においては経験主義者であったある人物のテキストを引用することで，「合理主義者」という言葉を正当化しよう．ロックである．「人々が人間相互の間を裁判する権限をもった共通の上級者を全く地上にもたず，ただ理性に従って共同に生活しているのが，まさに自然状態である」[15]．ロックが前提としたのは，人間は理性的な存在であり，国際関係という条件のもとでそうであるように，たとえ共通の政府をもたなかったとしても理性にしたがって一緒に暮らしていくものだ，ということである．

　合理主義者には自然法の伝統があった．国際法の１つの学派にこの言葉を当てていなければ，合理主義者を「自然法主義者(ナチュラリスト)」と呼ぶことも十分に可能であったろう．かつて国際法学者は，自然法学派(ナチュラリスト)・実定法学派(ポジティビスト)・グロティウス学派に分類されていた．第 1 原則として，国　際　法(ロー・オブ・ネイションズ)は自然法の中だけに存在し，慣習や条約は真の法ではない，と自然法学派は唱えた．反対に実定法学派は，国　際　法(ロー・オブ・ネイションズ)は慣習と条約の中にのみ存在するものであり，自然法とは法の範疇外にあって実在しない，とみる．グロティウス学派はこれら 2 つの合体したもので，自然法も慣習や条約も国　際　法(ロー・オブ・ネイションズ)にとっては不可欠であるとする．自然法学派は，私の用語法でいう合理主義者と等値することはできない．自然法学派の最高峰にたつのは，ホッブズの使徒，プーフェンドルフである．プーフェンドルフは，社会的凝集性の原則ではなく，新ホッブズ主義的なアナーキーな自由という意味で自然法を理解した，実のところ現実主義者であった．グロティウス学派は（いささか逸脱せる）合理主義である．だが，実定法学派も自然法学派もともに現実主義へ傾斜している．

　この伝統を合理主義と呼ぶのは，自然法の概念に含まれている理性の要素と

この伝統を結びつけることである．自然法を信じることは，人類をはじめすべての創造物に適用される宇宙と道徳の法則を，地上の力を超越する源（神あるいは自然）から照射する永久不易の原則から成る体系を，信じることである．だが同時にそれは，人間が合理的な能力を有するがゆえに，この法にたいして内なる一致，内なる反応を示すことを信じることである．理性とは，この自然法とそれによって余儀なくされる義務を，この（正義の）法が「心に刻む」ことを，知る能力を意味する．人間はその本質において，合理的な生き物であり，単なる感情の動物ではない．理性とは，われらの内に照らされた神性な光の反映である (Ratio est radius divini luminis)．国際理論との関連における特別な意味において合理主義という言葉を使用することは，こうして正当化される。

合理主義の伝統は，幅広いヨーロッパ思想の大道において真ん中に位置している．その一方の端では地表が——キリスト教であれ世俗主義であれ——革命主義の崖と絶壁に向かって上りつめ，もう片方の端は現実主義の沼地と湿地に向かって下っている．合理主義の起源はギリシャ人，とりわけストア派にある．のちにカトリック教会が合理主義を維持することになったものの，カトリックだけの排他的なものとしなかったことは大きな功績である．中世にはユダヤとアラブの思想家がこの道を辿ることになり，近代に入るとプロテスタント，人文主義者，それに近代的な「合理主義出版協会」的意味における合理主義者が続いた．それは人類普遍の可能性を秘めていた．管見によれば，それはある意味でわれわれすべてがそこに実際に所属すると感じていて，継続性をとりわけ強く自覚する一筋の道である．そこでは，アクトンが「最初のホイッグ党」と呼んだトマス・アクィナスという確固とした人物像を見ることができる．さらにドミニコ会士，ビトリア (1480-1546)，そして中世の自然法的伝統と近代国際思想の橋繋ぎをした新スコラ主義者のイエズス会士，スアレス (1548-1617) がいる．国際法におけるグロティウス学派という子孫と末裔を従えるヒューゴ・グロティウスもここに位置する．手を携えるのは，フッカー，アルトジウス，ジョン・ロック，さらにアメリカ共和主義の礎を築いた人々，ジェファーソンは言うにおよばずワシントン，マディソン，ハミルトンは落とせない．

それは**幅広い中庸**の道である．とはいえ，ここに来てはじめてその広さはや

や曖昧になったようだ．端を分かつことは困難で，道そのものがときに当惑するほど狭くなるかのようにみえる．例えばハミルトンは，この道の上にいるようでいて，よく見ると道をはるかに離れ沼地に向かう草地の上にいるようだ．バークはこの道をどっしりと歩んでいるものの，その動きには一貫性がない．カントはこの道の上にいると考えたいところだが，ハミルトンとは反対側の沼地と湿地に向かって不穏にも突進しようとしている．やがてヘーゲルと呼ばれるうっすらとした霧の谷間に入り込み，道がどこなのか誰がいるのかもしばらくの間わからなくなった．その後，そこにはミル，コブデンがいた．マッツィーニもいたが道路の上にいたのだろうか．それから先，およその方向は明瞭であるものの，狭いでこぼこ道になっているようだ．そこにはトクヴィルとエイブラハム・リンカンがいる．その先の曲がり角からはグラッドストン首相の演説が聞こえてくる．その先にチラリと見えるのは，ウィルソン大統領の鼻眼鏡とシルクハットだ．大統領は道の上か，その近くにいるらしい．道はそれからジュネーブの国際連盟本部に真っ直ぐに進み，そこで終わっているように**見える**．19世紀における国際的合理主義の曖昧さについては後で立ち戻り分析することになる．以上のような形でその全体的傾向を描写した国際思想をここでは合理主義と呼ぶが，3つの伝統といっても整理棚のように完全に分かれているわけではなく重なることもありうることを，この描写は示している．

現実主義

現実主義者についてまず指摘すべきは，彼らが国際関係におけるアナーキー，パワー・ポリティクス，戦争という要素を強調することである．だれもが現実主義者となった現在，言葉のこの点について議論の余地はない．だが，現実主義者という言葉は，合理主義者という言葉以上に大きな貶めにあってきたことは指摘したほうがよいだろう．元来，実在論〔現実主義〕は，中世哲学の主流派として，一般概念すなわち一般観念ないし抽象的概念は，客観的な存在であるという教義にかかわってきた．それは，一般概念は単なる名称にすぎないという名目論と対立するものであった．やがてデカルト革命によって，概念化の対象たる外界は観念から形成されるとする観念論とは反対に，知覚対象として

の物質(マター)は実在するという教義が宣せられた．今日，現代政治理論において，現実主義とは国家間関係に紛争は内在するという学説である．「政治学における現実主義者にとって，国民国家の間における競争となんらかの形の敵対は通例であり，単なる偶発事でも過去の遺物でもない」[16]．現実主義という言葉を使うことは，何が現実的か，何が現実かを断定することを意味する．中世のスコラ哲学者にとって，それはプラトンのイデアに類似した普遍性，すべての特殊を反映した一般概念の中に存在するものであった．18世紀の人間にとって，現実は物質であった．バークリー僧正の観念論〔理想主義〕(アイデアリズム)を聞かされるや，怒りにまかせて大石を蹴りあげ「こうして論駁してやる」と言ったジョンソン博士のように．20世紀の人間にとって現実主義とは，人生の好ましからざる側面を素直に受け入れることを意味した．こうして現実主義は，ケナンが「生起しつつある現実」について語ったように，あるいはかつてある偉大な現実主義者が「人間の生活」が「孤独でまずしく，つらく残忍でみじかい」ことを認めることであると語ったように，暴力・道徳的な罪・受難・紛争となった．こういうと現代の現実主義についての誤まれる描写のようにみえたかもしれない．またそうかもしれない．だが，傑出した現実主義者E.H.カーにとってはそうではない．「政治は，けっして接することのあり得ない二つの異なる面にそれぞれ属する二つの要素——ユートピアとリアリティ——から成っている……あらゆる政治的事態は，ユートピアとリアリティ，道義と権力という両立しない要素をふくんでいるのである」[17]．カーのこの言葉に含意されているのは，現実(リアリティ)は権力であるが，道義(モラリティ)はユートピアすなわちどこにも存在しない，ということである．カーには，例えばニーバーの『道徳的人間と非道徳的社会』に見られる，道徳と権力の実りある緊張というような均衡はない．(こうした意味における現実主義——人生の好ましからざる側面を率直に受け入れること——の言葉は，シニシズムとたえず境界を接しつつ，けっしてそれと同義にはならずに，現代の日常会話に頻繁に現れる．「誰々はひどく動転していたよ．奥さんがXと駆け落ちしたんだ」「まあ，彼も現実的にならなければね」．こんな会話をカクテルパーティで聞いたとしても，驚きもあきれもしないだろう．哲学起源の言葉が，今日的な用法で貶められたうえ，政治哲学ではなく国際理論の用語となったことは興味深い．このことはおそらく，国際理論にはそれに

ふさわしい言葉と概念があるということを証拠づけている．国際理論と外交議論の言葉の用法についてその起源を探ることは役立つかもしれない．E.H. カーは，『危機の二十年』で初めて理論的な方法で現実主義という言葉を使用した1人のようにみえるが，先行者がいるに違いない．）

　国際理論における現実主義の伝統は，合理主義と同様に馴染み深く，ほとんど同様に自己意識的に続いてきた．まず聳えているのは，倫理的な前提なしに政治を直視した（ギリシャ以来）最初の人物，驚嘆すべきマキャベリである．彼こそが，現実主義の正真の発明者であった．マキャベリは，中世を支配してきた神学的・倫理的合理主義から，またキリスト教に起源を辿る潜在的革命主義（ないしはその始祖）から，意識的な離脱を行った．自身がマキャベリ主義者であったベーコンは記した．「人が何を為すべきかではなく，人が何を為すかについて述べよ，ということについて，われわれはマキャベリとその一党に多くを負うている」[18]．マキャベリの仲間としてはホッブズだけが注目されているが，現実主義の伝統を構成するその他の人物としてボダン，スピノザ，ヒュームがあげられる．現実主義が適応された古典時代である18世紀においては，フリードリヒ〔2世，大王〕とエカテリーナ〔女帝〕の治世を支配したものは国家理性（*raison d'état*）であった．ビスマルクとトライチュケがその伝統を受け継いだ．

　政治に対するホッブズの見方，すなわち道徳にしろ法にしろその権威の拠り所となっているのは政治――権力をめぐる紛争――であるというホッブズの教義について，近年もっとも包括的な再評価を行ったのは，マルクス主義者やファシストを別にすれば，E.H. カーである．カーとホッブズの密接な類似性は面白いほどだ．読む人とてあまりないが，ホッブズの『リヴァイアサン』4分冊の最終冊は「暗黒の王国」となっている．これはローマ・カトリック教会を攻撃したもので，部分的には神学的であり当て擦りであるが，主要には政治的な内容をもつ．というのも，主権諸国家の上に普遍的な宗主権をなおも有すると主張する教会をホッブズは「妖精の王国」と呼んでいるからである[19]．ホッブズの攻撃は逆説と歴史的洞察の混合物である．ホッブズにおいてローマ・カトリック教会の占める位置をカーにおいては国際連盟が占めている．（現実主義者の分析からすれば）国際連盟は死せるパクス・ブリタニカの墓の上に冠を

頂いて座す幽霊以外の何者でもない．その昔なじみの妻たちはというと，妖精の王国という御伽噺と魔法の魅惑で英国の大衆を惑わすウィルソン大統領，セシル卿，トインビー教授，サー・アルフレッド・ズィマーン，そして少なくとも戦前の連盟の擁護者であったときのチャーチル首相である．カーを別にすれば，近年の現実主義者の伝統に属する者としてはおそらくモーゲンソー，そして間違いなくバーナム，ケナン，バタフィールドがあげられる[20]．

国際理論における現実主義の伝統には，帰納的方法に依拠するという顕著な特徴がある．理想あるいは「何であるべきか」よりは現実あるいは「何である」に，義務よりは事実に，焦点を当てる．アプリオリな推論よりは帰納的方法に訴える．これについてはマキャベリ自身もあからさまに語っている．

> だが，私の意図は一貫して，耳を傾ける者には役立ちそうな事態を書き記すことであったから，事態をめぐる想像よりも，その実際の真実に即して書き進めてゆくほうが，より適切であろうと私には思われた．そして多勢の人びとがいままで見た例（ためし）もなく真に存在すると知っていたわけでもない共和政体や君主政体のことを，想像し論じてきた．なぜならば，いかに人がいま生きているのかと，いかに人が生きるべきなのかとのあいだには，非常な隔たりがあるので，なすべきことを重んずるあまりに，いまなされていることを軽んずる者は，みずからの存続よりも，むしろ破滅を学んでいるのだから[21]．

これに照応するのが，E.H. カーの現実主義の定義である．「願望に対して思考があたえる衝撃は，学問の発達過程においては，研究当初に夢みられた設計が挫折することにつづいて起きるのであり，この過程でのすぐれてユートピア的な時期の終りを明示する現象で，一般にはリアリズムと呼ばれている」[22]．カーのいう「科学の発展」は，すべての現実主義にとっての哲学的基礎を指し示している．それはなんらかの「科学的」理論に基づいている．われわれは現実主義の伝統を継起的ないしは同時的に決定づけてきたそうした「科学的」前提として3つを挙げることができる——機械論的，生物学的，心理学的前提である．

機械論的理論は，秤（バランス）ないし1組の天秤皿（スケール）を象徴として国際政治に提供する．それは15世紀を通じて発展し，ルネサンスのもっとも特徴的な概念の1つとなった．それは，絵画，彫刻，とりわけ建築において際立ち，対称性の原理と

第1章　国際理論の3つの伝統　　　　　　　　　　　　23

して表現され，「古典的均衡」として信じられたものの追求となり，その至高の表現をラファエロに見いだした．15世紀の音楽では対位法がハーモニーの原理となった．対位法においては1つのメロディーに対して別のメロディーが配置されながら，それぞれがその個性を保つ．科学では近代物理学の最初の分野として探求されることになるのが，静止状態にある，ないしは力が均衡している，物体に関する静力学であった．医学においては，ルネサンス期の理論は健康の原理を4つの体液(ユーモア)の均衡にみいだし，それらの均衡が「調和せる人間」をつくるとみた（ユングの4類型と比較すると興味深い）．占星術は，ルネサンス期の知的システムにおいて最高度に洗練されたものとなったが，今日の心理学のごとく，擬似科学として流行した．そして心理学のごとく，個人の生活とともに公の出来事を解釈し予測し，ときにはこれまた心理学のごとく，常識ですでにわかっていることについて回りくどい恣意的な理屈をつけた結論を引き出した．占星術では黄道十二宮の第七星座である天秤宮の象徴，天秤(リブラ)(スケール)がとりわけ重要なものとされた．これら疑似科学は，宗教的信念と真正科学の中間にあるかにみえる心象装置として，われわれの思考を彩っている（その方法は，科学的として通例受け入れられる標準からすればきわめて恣意的なものであったため，同じ系統にある科学者からはしばしば拒絶の憂き目にあった──心理学は医学と倫理学から，錬金術は化学から，占星術は天文学から）．占星術という場から他の思想領域に均衡の象徴が流れ出し滲みこんでいったことはありうる．錬金術・占星術・心理学は，近代西洋史における3大擬似科学として，いずれも真実への薄明かりと暗示を内包していた．そのことが，人間の軽信性とともに，永くこれらの活力を保たせることになった．

　15世紀を通じて天秤というこの機械論的象徴，この均衡概念は，推論的思考・芸術・科学から実際的世界へと導入されていった．複式簿記は商業の街ベニスで発明された．諸費目を帳簿に次々と単純に記載するのではなく，費目は貸方と借方，収入と支出として反対側のページに記載され，こうして「帳簿の帳尻(バランス)を合わせる」．均衡理論は政治学にも導入された．勢力均衡(バランス・オブ・パワー)という理論は15世紀末に初めて公式化され，〔スペインとポルトガルの海外領土分割を定めたトルデシリャス条約が締結された〕1494年の後，ルチェライとグイッチャルディーニによる表現が初期のものとしてはよく知られている．（ただし，

重商主義的な「貿易差額（バランス・オブ・トレイド）」が使われるようになるのは、17世紀のことである。）力の均衡理論は、マキャベリのすべての国際政治像を支えている。1494年以前、ロレンツォ・デ・メディチが死去した時点でイタリアは「均衡状態」にあった[23]。だが、フランスの侵攻が均衡を破った。マキャベリにとって、これは現実主義的な歴史分析、規範（プリスクリプション）ではなく叙述（ディスクリプション）であって、これこそが現実主義者による勢力均衡についての概念化の特徴をなした。勢力均衡を概念化することはいまやすべての国際理論にとっての土台となっており、それ抜きにして世界政治を論じることは不可能である。だが、叙述・分析的な意味において定式化したのは現実主義者であるものの、均衡原則については16世紀末から18世紀初頭にかけて、現実主義者から合理主義者へ、叙述から規範へ、分析から政策へ、純粋国際理論から応用国際理論へ、という組み換えが生じたため、それ以来、この原則が二重かつ曖昧な意味で使われるようになっていることに注意しなければならない。

マキャベリはイタリアが被っている病の治療のために勢力均衡政策を唱導することはなかった。1494年以前、イタリアの諸勢力の間に均衡が保たれていたが、フランスの侵攻によってそれが破られた、と彼は判断したにすぎない。マキャベリの規範、唱導した政策の特徴については、現実主義者の規範、現実主義者の対外政策理論の一般的性格とともに、後で論じることにする。

国際理論の機械論的見方の最高の表現は『戦争と平和』にみることができる。その幾節かはトルストイがナポレオン戦争のドラマを力学として捉えていたことを示しており忘れがたい。〔集団自殺行進をするといわれる〕レミングの移動を支配するのと同じような不思議な運命によって人間の群れが動かされ、東に向かい、モスクワに雪崩れこむ。これがナポレオンの大陸軍である。弧を描き頂点に達した振り子は、やがて反対側に揺れ戻す。同じ道を今度は西に向かって人間の大群が流れ出し、コサックの群は馬をパリに向ける[24]。国際関係に対するトルストイのこの概念化はきわめて深く熱情的なもので、彼はこの世界最高の小説を異例な社会学的一節で終え、自らの歴史哲学と国際関係理論について説いている。トルストイの宿命論的現実主義は革命主義的な反応を生んだ。

現実主義の国際哲学を支える「科学的」理論ないしモデルの第2は、生物学的哲学であり、その源流はもちろんダーウィンである。だが、源流となったこ

第1章 国際理論の3つの伝統　　　　　　　　　25

とはダーウィンの与り知らぬところであり，自分が19世紀においておそらく最大の影響力を間接的な形で及ぼした国際理論家になったと知らされたら，穏やかで内気な半病人であった彼は仰天したことであろう．

　ダーウィンが『種の起源』を著したのは1859年のことである．その中で彼は生物進化における自然選択という仮説を唱え「ハーバート・スペンサー氏がしばしば使う適者生存という表現」を「より正確」なものとして認めた[25]．普遍的教育，安価な文献，思想の急速伝達という力の大きさのおかげで，2世代とたたぬうちにある若者が，ウィーンのカフェでクリーム・ケーキを食べながらぽうっと新聞を読んだかとおもうと夜には簡易宿泊所で乱暴な政治的議論にふけりつつ，この適者生存という同じ仮説を取り入れることになるだろう．その仮説は，文脈をねじ曲げられて「生存競争」という月並みな文句に成り下がったうえ，いまや生物学的種としての個体ではなく民族と人種に適用されることになった．ヒトラーはこの仮説の中に，平等な権利を求めるハプスブルク帝国支配下のさまざまな従属諸民族に対するドイツ人の抵抗の正　当　性を見いだしたのである．ヒトラーの粗暴で硬直した精神は，国際的現実主義の生物学的理論を熱情的に取り込み，彼は『わが闘争』でそれに古典的な表現（粗雑な理論によって古典的な表現はこのうえなく粗雑なものとなる）を施した．

　国際的現実主義を支える第3の科学的理論は，心理学的理論である．心理学が感情の科学から思考の科学へと領域を広げるのにともない，国際的現実主義の心理学的理論も20世紀には広くゆきわたった．深遠な現実主義者ホッブズは，その現実主義の基礎を心理学的理論に置いており，それは『リヴァイアサン』の最初の8つの章を彩っている．ホッブズは「経験心理学の創始者」として知られており，すべての精神生活は感覚から始まるというよくある経験主義者の想定を基礎に感覚論的心理学をつくりあげた．「(なぜならば，人間の心のなかの概念は，どんなものでも，はじめに感覚の諸機関に，全体としてあるいは一部ずつ，生じたのだからである)．のこりのものはすべて，その根源から，ひきだされる」[26]．ホッブズが1人ひとりの心の心理学に関心を抱いたのは，心そのものへの関心からではなく，世俗の「自然主義者」としての倫理学・政治学教義に必要な論理的基礎をえるためであった．それは完全には成し遂げられず，内的な矛盾を孕んでいた．

同じ〔心理学と倫理学・政治学の〕関係が，20世紀の心理学の発展に伴い，行動の科学に起因すると主張する包括的な心理学理論と国際的現実主義との間で明らかとなってくる．例えば，ジグムント・フロイトが1932年にアインシュタインにあてた手紙．「とすれば，どういうことになるでしょうか．私たちが反対してやまない人間の危険で醜悪な振る舞い，それを生物学的に正当化してしまうことになるのです．生物である以上，仕方がないという言い訳を与えてしまうのです．危険で醜悪な行為に抗うよりは，そのような攻撃的な行為に身を任せるほうが自然だということになるのです」[27]．
　現実主義を導き出すためには明らかに心理学諸理論が必要とされていた，とみるべきではないのかもしれない．だが，事実，必要だったのであり，その理由を探ることも困難ではない．人間行動について心理学理論が包括的な説明をすると主張すればするほど，それはますます決定論的なものとなり，したがって，ますます倫理的な要求が暗黙のうちに損なわれることになった．（おそらくユング派を別にすれば）ほとんどすべての近代心理学の底流には，人間の本質について倫理的価値観を排除した行動主義的な想定が流れている．例えば1951年，国連は共産中国を侵略者として非難した．そこには「中国に烙印を押す」決議を求めるアメリカ合衆国の大衆と政府の圧力があった．これを心理学的現実主義者は「アメリカ人の攻撃衝動から生じた行動」というような言葉で描写しがちである．こうした言葉で描き出すことは道徳的・法的考察を傷つけるものであり，R.G.コリングウッドが行った心理学に対する刺激的で容赦ない攻撃を正当化することになる——「心理学とは思考についての擬似科学であって，そのさまざまな下位領域において論理と倫理に取って代わることを主張する．その下位領域には，政治科学，美学，経済学，そしていかなるものであれ基準論的諸科学，終局的には形而上学までが含まれる」[28]．国際的現実主義の底流にある「科学的」理論ないし哲学についての考察は，現実主義者が行った国際関係についての言明の特徴が**社会学的**なものであることを示唆する．現実主義者が断定するとき，それは帰納的になされる実証的一般化であり，社会法則の言明である．現実主義者は倫理的な主張もするが，その言明の特徴は社会学的である．例えば，マキャベリはいう．「軍備ある預言者［モーゼ，ヒトラー］はみな勝利したが，軍備なき預言者［サボナローラ，トロツキー］は

滅びてきた」[29]．カーはいう．「『国際的秩序』……というのは，つねに，これらを他の国家に押しつけるだけの強味を感じとっている国家の唱えるスローガンであろう」[30]．おそらくここに，われわれは現実主義，合理主義，革命主義の間の本質的な違いを看取することができる．国際関係についての合理主義者の言明の特徴は，演繹的に引き出した叙述的な言明であるということである．

政治的ないし国際的現実主義者は「何であるか」という問いにたいして，経験の描写と分類で答え，その他の「事態の本質は何なのか」とか「どうあるべきなのか」という形而上学的および倫理的な類いの問いは払いのける．

合理主義者は形而上学的な問いをもとに国際関係について叙述する．その関心は事態の本質的性格に向けられる．国家についてのあらゆる描写の中でもっともよく知られているものも，この種の言明である．アリストテレスは言う．「〔国家は〕生活のために生じてくるのではあるが，しかし，善き生活のために存在するのである」[31]．同じく国際関係についてのスアレスの描写も存在論的だ．

> いかに多くの国民や民族に分かれていようとも，人類は確かな統一体である．統一体というのは有形な意味ばかりではなく，政治的な意味でも，思いやりと同情によって道徳的に結びついているという意味でも，統一体である．共和国も君主国もすべての国が自立し自足しているようにみえても，どの国もそうではなく，どの国も他の国々の支援と友愛を物理的な意味でも道徳的な意味でも必要としている（したがってまた，この種の社会の行為を組織するなんらかの共通の法を国々は必要とする）[32]．

われわれはまた，耳を傾けぬ世界に向けてローマ教皇が繰り返し発した壮大かつ古式ゆかしき訓戒を引いてもよいかもしれない[33]．同様にグロティウスからグラッドストンにいたる合理主義者の事例に，国連憲章序文における〔国連創設の時の指導者の1人であった〕スマッツ元帥の言葉を含めることができる．「われら連合国の人民は……基本的人権と人間の尊厳及び価値と男女及び大小各国の同権とに関する信念をあらためて確認」する[33a]．国際関係について，現実主義者は社会学的な，合理主義者は存在論的な言明をなす傾向がある．これに対応する革命主義者は，倫理的ないし規範的な性格の言明をなすことで哲学的な問いにたいするもう1つの答えを示すという特徴をもつ．国際的革命主

義の核心にあるものは，命令という形で表現された規範的断言と義務である．それは諸国家の社会を刷新し統一するための国際革命へと駆り立てるための信者・信仰者への訓戒という形をとるか，あるいはそれを妨げ革命に抵抗する者への威圧，という形をとりうる．16世紀のユグノーの論説，『専制からの自由の擁護』はそのよい例である．

> 唯一無比の《Vnicam》教会が存在し，キリストがいわばその頭の位置にあり，成員たち《membra》は，彼らのなかのなんぴとかが，それがいかに少数であれ，暴力や害悪をこうむれば，他の成員も必ず侵害され苦悩を味わうほどに，相互に結合し協同している……．わずかにでも心を乱される者は，教会の迫害された成員たちを，同じ境遇の場合に自己自身を支える義務があるのにまさるとも劣らず，救援する義務があることを疑ってはならない……．
>
> 教会は，一人一人のキリスト教徒の君主たちに，分割・分散してではなくその全体が一体のものとして《in vniuersum & in solidum》委ねられている……それゆえに，もしそれぞれの君主が，教会全体のうち例えばゲルマニア〔ドイツ〕であれアングリア〔イギリス〕であれ自己に委ねられた部分には心を配るが，他の君主の施政下で抑圧された部分については，救援可能な場合にもこれを無視し見捨てるなら，［教会は1つであるがゆえに：ワイト注］彼は，教会全体を放棄したものとみなされる[34]．

それゆえ，国外においても思想のために介入することは義務となる．問題になっているのが教会であれ，人類であれ，労働者階級のことであれ，これが国際的革命主義者の論法である．彼らの調子は訓戒的，命令的，規範的となる．「万国の労働者よ，団結せよ」．レーニンの葬儀におけるスターリンの宣誓をみよ．「同志レーニン，吾々はあなたに誓う．全世界の勤労者の同盟……共産主義インターナショナルを強化し，拡大するために，自己の生命をも惜しまないことを」[35]．おそらくもっともわかりやすい革命主義者の訓戒例はよく知られた2つの歌のコーラスから得ることができる．

> 武器を取れ，祖国の子よ
> 武器取り進め，兵士よ
> 進め，進め
> 農奴の頸木は葬れり
> いまや世界を放たん〔ラ・マルセイエーズ〕[36]

第1章 国際理論の3つの伝統

同志よいざ集わん
極めの戦に臨め
インターナショナル
人みな一つにせり〔インターナショナル〕[37]〔訳注2〕

洗練されたとは言えない2つのコーラスだが，これらこそが数多くの哲学者の労作にも増して国際理論についての宣言として強い影響力を及ぼしてきたといえるだろう．

合理主義者の言明が存在論的特徴をもつといっても，倫理的な側面や義務概念がそこにないということではない．あきらかにそれらは**含まれている**．だが，革命主義者の言明の特徴は，命令的な性格をもち，存在論や目的論の概念を排除するか，かりにそれらを示唆していると解釈することはできたとしても，少なくとも定式化はしていない．マルクス主義ですら自然権の理論として解釈することができるのである[38]．合理主義者も革命主義者もその規範は超越的な源に由来する．そして革命主義者の規範は内在論的過程に由来する．

結論を述べよう．国際的現実主義は社会学的な用語で，国際的合理主義は目的論的用語で，国際的革命主義は倫理・規範的用語と命令形で，国際関係を描き出す傾向がある．これが3つの伝統の総合的な概観である．以下の各章においてはそれぞれのパラダイムを示すことにより3つの違いをより明らかにする．

注

1) Edmund Burke, 'Letters on a Regicide Peace', *The Works of the Right Hon. Edmund Burke* (London: Samuel Holdsworth, 1842), vol. II, p. 299.〔「フランス国王弑逆の総裁政府との講和商議についての一下院議員への手紙（1796年）」（中野好之編訳）『バーク政治経済論集：保守主義の精神』法政大学出版局，2000年，914頁〕．
2) R.H. Murray, *Political Consequences of the Reformation* (London: Ernest Benn, 1926), p. 122.
3) Luigi Sturzo, *The Church and State* (London: Geoffrey Bles, 1939), p. 251.
4) *Ibid.*, p. 269.
5) C. Dawson, *Religion and the Rise of Western Culture* (London: Sheed & Ward, 1950), p. 12.
6) *Ibid.*, p. 10 (*Understanding Europe* (London: Sheed & Ward, 1952), p. 16 も参照）．

7) J.L. Talmon, *The Origins of Totalitarian Democracy* (London: Secker & Warburg, 1955).
8) Jacques Maritain, *Three Reformers* (London: Sheed & Ward, 1941), pp. 231, 140.
9) R.H. Murray, *Political Consequences of the Reformation*, p. 111.
10) *Institutes* (1845 edn), quoted in R.H. Murray, *Ibid.*, pp. 109-110. 〔カルヴァン（渡辺信夫訳）『キリスト教綱要』第4篇第2分冊，新教出版社，1965年，266頁〕.
11) Johannes Althusius, *Politica medodice digesta* (publ. 1603).
12) Jacques Maritain, *Three Reformers* (London: Sheed & Ward, 1941), pp. 150, 143, 34-36 and 95.
13) C.E.M. Joad, *Guide to Philosophy* (London: Victor Gollancz Ltd., 1937), pp. 108-112.
14) Hugh Trevor-Roper vs, Toynbee, *The Times*, 28 May 1954, letter 参照.
15) John Locke, *Of Civil Government* (London: Dent & Sons, 1924), book II, p. 126. 〔ロック（鵜飼信成訳）『市民政府論』岩波文庫，1968年，24頁〕.
16) K.W. Thompson, 'The Study of International Politics a Survey of Trends and Developments', in *The Review of Politics*, vol. xiv (Indiana: University of Notre Dame, 1952), p. 446.
17) E.H. Carr, *The Twenty Years' Crisis* (London: Macmillan & Co., 1939) pp. 118-119 〔カー（井上茂訳）『危機の二十年：1919-1939』岩波文庫，1996年，182-183頁〕.
18) Joseph Devey, *Woks of Lord Bacon* (London: Henry G. Bohn, 1864), book VII, ch. ii, p. 281.
19) Thomas Hobbes, *Leviathan* (Oxford: Blackwell, 1946), part iv, p. 457.
20) H. Butterfield and M. Wight, eds., *Diplomatic Investigations* (London: Allen & Unwin Ltd. 1966), p. 121 を参照.
21) Machiavelli, tr. W.K. Marriot, *The Prince* (London: J.M. Dent, 1928), ch. xv, p. 121. 〔マキアヴェッリ（河島英昭訳）『君主論』岩波文庫，1998年，115-116頁〕.
22) E.H. Carr, *The Twenty Years' Crisis*, p. 14. 〔カー，前掲訳書，34頁〕.
23) Machiavelli, *The Prince*, ch. xx, p. 169 (ch. vi, p. 92 も参照).
24) Leo Tolstoy, tr. C. Garnett (London: Penguin Books Ltd, no date), pp. 776-777, 968, 1066.
25) Julian Huxley, *Living Thoughts of Darwin* (London: Cassel & Co. 1939), p. 81.
26) Thomas Hobbes, *Leviathan*, ch. i, p. 7. 〔ホッブス（水田洋訳）『リヴァイアサン』第1巻，岩波文庫，1992年，43頁〕.
27) Sigmund Freud, *Civilization, War and Death* (London: Hogarth Press, 1939), p. 93. 〔アルバート・アインシュタイン，ジグムント・フロイト（浅見昇吾訳）『ヒトはなぜ戦争をするのか？―アインシュタインとフロイトの往復書簡』花風社，2000年，48頁〕.

第1章　国際理論の3つの伝統　31

28) R.G. Collingwood, *An Essay on Metaphysics: Philosophical Essays* (Oxford: Clarendon Press, 1940), vol. ii. part ii chs. 9-13 も参照.
29) Machiavelli, *The Prince*, p. 48. 〔マキアヴェッリ, 前掲訳書, 47頁〕.
30) E.H. Carr, *The Twenty Years' Crisis*, p. 110. 〔カー, 前掲訳書, 165頁〕.
31) Aristotle, tr. H. Rackham, *Politics* (London: W. Heinemann Ltd., 1932), 1252 b, p. 9. 〔アリストテレス（山本光雄訳）『政治学』岩波文庫, 1961年, 34頁〕.
32) Francisco Suarez, '*De Legibus ac de Deo Legislatore*', John Eppstein in *The Catholic Tradition of the Law of Nations* (London: Burns Oates, 1935), p. 265 より再引用. 同上, p. 272 も参照.
33) ピウス11世の回勅 *Mortalium Animos* (1928), *Quadragesimo Anno* (1931) やピウス12世の *Summi Pontificatus* (1939) にみられるように, 諸人民の兄弟愛を強調する. 1878年から1940年にかけての回勅の抜粋つき全リストについては, Mark FitzRoy 編纂の *War, Conscience and the Rule of Christ* (High Wycombe, Pax Society, 1940) 参照.
33a) *Charters of the United Nations* (New York: The UN Office of Public Information, 1963), p. 1.
34) Junius Brutus tr., *A Defence of Liberty against Tyrants* (London: Bell and Son Ltd., 1924), pp. 216-217. 〔ブルトゥス（城戸由紀子訳）『僭主に対するウィンディキアエ』東信堂, 1998年, 202-204頁〕.
35) *History of the Communist Party of the Soviet Union* (Moscow: Foreign Languages Publishing House, 1945), p. 269. 〔ソ同盟共産党（ボルシェヴィキ）中央委員会所属特別委員会編『ソヴェト同盟共産党（ボルシェヴィキ）歴史　小教程』モスクワ：外国語図書出版所, 1950年, 429頁〕.
36) *The Left Song Book* (Victor Gollancz, 1938), p. 15.
37) *Ibid.*, p. 9.
38) A.P. D'Entrèves, *Natural Law* (London: Hutchinson University Library, 1951), p. 113.

訳注
1) このドーソンについてワイトは何の説明もしていないが, 5) の引用で明らかなように, クリストファー・ドーソンのことである.
2) ここに引用された英訳のラ・マルセイエーズもインターナショナルも, フランス語の原詩や日本人にはなじみ深い後者の佐々木孝丸訳とはかなり内容が異なるが, 論文の文脈を考えワイトの引用による英訳に基づいた.

第2章
人間の本性についての理論

　政治理論というものはすべて，人間の本性についてのある種の理論，すなわちなんらかの人類学的な理論を基本的前提としている．

現実主義

　現実主義者は，人間の本性を悲観的に見る傾向がある．というよりも，かりに「悲観主義(ペシミズム)」というものが，悪いとみなしたものの邪悪さに対する失望の念にあるとするならば，現実主義に徹した者が失望することはない．現実主義者は単に人間の本性を明らかな悪であると見なすからだ．人間は，ならず者と愚か者に分けられ，愚か者はならず者の餌食になる．『リア王』に出てくるエドモンドは，人間の本性についての古典的な現実主義者である．彼は人間の邪悪さを人間の愚かさの現われとするありきたりの占星術的解釈を拒絶した[1]．ローマ時代の詩人プラウトゥスは，端的に，「*Homo homini lupus*」つまり「人は人と人の間において狼になる」と言った[2]．フロイトは言い切る．「攻撃的な性向は，それぞれ人が生まれながらに持っている本能的な素質である」……「文明にとっての最大の障害は，互いに対する攻撃性という人間が有する生まれながらの性向……［である］」[3]．ホッブズは人間の本性について次のように詳細に述べた．

　　人間の本性のなかに，三つの主要な，あらそいの原因を見いだす．第一は競争，第二は不信，第三は誇り(グローリ)である．
　　　第一は，人びとに，利得をもとめて侵入をおこなわせ，第二は安全をもとめて，第三は評判をもとめて，そうさせる．第一は自分たちを他の人びとの人格，妻子，

第 2 章　人間の本性についての理論　　33

家畜の支配者とするために，暴力を使用し，第二は自分たちを防衛するために，第三は，一語一笑，ちがった意見，その他すべての過小評価のしるしのような，些細なことのために，それらが直接にかれらの人格にむけられたか，間接にかれらの親戚，友人，国民，職業，名称にむけられたかをとわず，暴力を使用する．
　……これによってあきらかなのは，人びとが，かれらすべてを威圧しておく共通の権力なしに，生活しているときには，かれらは戦争とよばれる状態にあり，そういう戦争は，各人の各人に対する戦争である，ということである[4]．

これは，万人の万人に対する戦争（*Bellum omnium contra omnes*）である．
　マキャベリは，人間について同じような意見を持っていた．

> なぜならば，人間というものは，一般に，恩知らずで，移り気で，空惚けたり隠し立てをしたり，危険があればさっさと逃げ出し，儲けることにかけては貪欲であるから，彼らに恩恵を施しているあいだは一人残らずあなたの側へついてくるが，先にも言ったように，それは必要が差し迫っていないかぎりのことであり，あなたのために自分たちの血も，財産も，命も，子弟も差しだしますとは言うが，いざその時が迫れば，あなたに背を向けてしまうのだから．……［マキャベリはさらに続ける］慎重な人物ならば……信義を守ることはできないし，また守るべきでもない．……人間がみな善良であるならば，このような勧告は善からぬものになるであろう．だが，人間は邪悪な存在であり，あなたに信義など守るはずもないゆえ，あなたのほうだってまた彼らにそれを守る必要はないのだから[5]．

トルストイもまた，『戦争と平和』の中でこう書いている．「ダヴー〔フランスの元帥〕は，臆病ではないアラクチェーエフ〔ロシアの元帥〕だったが，やはり同じように几帳面で，残忍で，残忍さでしか自分の忠誠を表現することができなかった」．「自然という組織のなかでオオカミが必要なのと同じように，国家組織の機構のなかでは，こういう人間が必要なのである」[6]．
　A.J.P. テイラーは，ビスマルクについてこう書いている．

> ビスマルクは，人を騙すような人間ではなかったが，だからといって原則を欠いていたわけではない．ただ，かれの原則が寛大さに欠けていただけだ．それらは，人間の本性への不信から生まれた原則であり，人を疑い束縛する原則だった．人がビスマルクを彼の現実主義のゆえに嫌うとき，本当に嫌っている対象は現実そのものなのである．ビスマルクの有名な一節を取り上げてみよう．「現代の重大な諸問題を解決するのは，決議や多数決（これは 1848 年と 1849 年に人々が犯し

た過ちだった）ではなくて，血と鉄である」．事実の説明としてこれが正しいことを否定できる者がいるだろうか．ナチスによるヨーロッパ支配という問題を解決したのは何だったのか．決議かそれとも連合軍か．朝鮮問題を解決するものは何か．レイク・サクセス〔ニューヨーク州．国連安保理事会が1951年までここで開催された〕での多数決かそれともアメリカの力か．こう言ったからといって，原則や信条には有効性が欠けていると主張しているわけではない．原則や信条は，それらが単なる決議や多数決に止まることなく血と鉄に変えられるならば，きわめて有効になりうるのである[7]．

しかしながら，人間の本性は邪悪だと見るこの現実主義理論は，逆説的な政治的結論につながる．つまり，社会契約が自然状態よりももっと悪い暴君を生み出すかもしれないというホッブズ的逆説(パラドックス)である[8]．

現代の現実主義者は，人間の本性について，先人たち（アカデミックな検証を行うときにはほとんど信を置かれないファシストの著述家を除く）ほどはっきりと力強く言い切ることは少なくなってきているが，その理由は，国際理論の文化的社会学的条件の変化の中に見出せるかもしれない．16～17世紀の理論家は，対外政策を理解し統制する権能を独占した君主や貴族などのエリートのために書いた．それに対して現代の国際理論の専門家は，普通の人(コモンマン)のために，そして民主主義のために書いているのである．1789年以降は，普通の人についても民主主義についても，本来的に善であって完璧な存在になれるものだと見ることが絶対的な教理となってきた．人間の邪悪さに関する現代の諸理論は，心理学の装いをとっており，だから受け入れられ易い．現代の現実主義者は，実際はそうではないとしても，革命主義に感染しているふりをしなければならないのである．

革命主義

革命主義者は，人間の本性について楽観的で，完全主義的な傾向が強い．しかし，人間の本性に関する現実主義者の悲観的な想定と同様に，革命主義者の楽観主義もまた逆説的である．「人は生まれながらにして自由であり，しかも至る所で鎖につながれている」というのは，ホッブズ的な逆説に匹敵するルソ

第 2 章　人間の本性についての理論

一的な逆説である．もし生まれながらにして自由であったなら，どうやって鎖につながれるようなことになるのか．自然人の黄金時代はどうやってブルボン家やハプスブルク家の旧体制(アンシャン・レジーム)へと退歩してしまったのか．答えは，人はすべて生まれながらにして善良であり自由であるという規則(ルール)の例外であろうとした者たちが自然人を鎖につないだから，ということになる．

　マルクス主義者の著作や言明の中には，ルソー的な逆説と同じものがしばしば見つかる．まったく同じ一文の中で，世界が次のように(a)と(b)の二様に描かれる．(a)生まれながらに善良な大衆である世界の人々，平和愛好の勤勉な数百万の人々が住む世界．〔だから〕「レーニンが創り上げた共産主義運動は強力で無敵の勢力になったのだ」（ミハイロフ）．(b)見方を変えると，帝国主義者によって雇われた見えない敵が群れ集まっているだけでなく，平和愛好の大衆の心の中にさえブルジョア的なイデオロギー，心理，道徳心の痕跡が潜んでいて，それらによって潜在的に支配されている世界．

　　ソビエトの支配者たちは，……自分たちの体制こそが世界で最良のものであり，必ずや勝利すると真面目に考えている．他方で彼らは，きわめて馬鹿げたことだが，陰謀やいつ起こってもおかしくない干渉戦争を予感して止むことのない恐怖の中で暮らしている．実際のところ，彼らは，確実に勝てる「仕掛け」を考案したと信じながらも，カジノへ行く途中で強盗にあったり殺されてしまうのではないかと恐れるギャンブラーにそっくりだ[9]．

　現実主義と革命主義の「逆説」という言葉を使ったが，それは軽蔑的な意味合いとしてではないし，またそのような意図もないことを言っておく必要がある．生命の哲学はどんなものであれ，人間の経験の実質を説明する際に実体に迫っている度合いに応じて，逆説に頼ったり，逆説を作り出したりしなければならない．逆説にとらわれない生命の哲学があるとしたら，それは，自らの仮説を検証して来なかったか，または，考慮に値しないほど底が浅いのだ．

　改心した者，選ばれた者，その同類の者は，自分たちは人類の中の多数派であって，自分たちが立ち向かっている相手はほんのわずかな数の異端者や破壊者だけだ，とときに言う．またときには，自分たちのことを，怠惰で後向きな人民大衆との戦いに備えている少数の選ばれた修練を積んだエリートだと言う．いずれにしろ，人類のなかで自分たちと違う者たちを善良なものにし自由な存

在にしてゆくのは，改心した者の仕事である．彼らが善良でないなら，善良にしなければならないし，またそれは可能である．

> 平和を求める諸勢力は，帝国主義者の戦争の陰謀を打ち破ることができた．レーニンとスターリンの天賦の才はすべての人間に新しい生活への道を指し示してきた．「たとえ今日でないとしても明日には全世界の人々がその道を辿るだろう．他の道はないし，ありえないのである」[10]．

革命主義者の実践においては，人類に強制するという義務が，しばしば〔人類の〕根絶という手段によって実現される．ソ連が強力になるにつれて階級戦争は次第に緩和され和らげられると信じるような人々は「わが党とは無縁である．かれらは，害虫のように取り除かなければならない裏切り者ないし愚か者である」[11]．これはただの実践の問題ではない．革命主義の特徴は，フランス革命のときに人口削減の理論と呼ばれたもの〔ロベスピエール政府が反対派を弾圧したテロ〕に現れている．人類を大量虐殺することによって生き残った者を高潔にできると考え，そのような手段が結果に影響を与えることはないと信じるのは，実に楽観主義の極みである．

合理主義

合理主義者は，人間の本性について悲観的でも楽観的でもないが，人間の本性に関するわれわれの経験から見出された逆説を人間の本性に関する理論の真正面に位置づける．こうして彼らは人間の本性を緊張関係という言葉で表現し，逆説を用いてその意味内容を明確にしなければならなくなる．グロティウスはこう言っている．「われわれ自身やほかの人々の善良さに逆らって，理性と自然の規則をわれわれが遵守することを妨げるような無謀な衝動に従うことを，神は……禁じてきた」[12]．A.J.P. テイラーは，それをこう表現した．

> ユートピアニズムと絶望の間には第３の道がある．それは，世界をあるがままに受け入れた上でそれをより良きものにすること，つまり，信条をもたずに信念をもつこと，幻想をもたずに希望をもつこと，神をもたずに愛をもつことである．合理的な人間は結局のところ非合理的な人間より強くて成功する可能性が高いものだという主張に，西欧世界は傾倒している[13]．

第2章　人間の本性についての理論　　　　　　　　　37

　キリスト教的な形態であれ世俗的な形態であれ，合理主義の伝統は理性に訴える．合理主義の見方によると，人間は，罪深く，争い好きで，非合理的な動物だが，それと同時に合理的でもあり，その理性によって，政治的社会的に必要な調整を非常に巧みに行うことができる．社会は，ならず者にだまされる愚か者を映したものではなくて，合理的な人々の間の協力というかなり成功した分野を映したものである．だから合理主義者は改革主義者であり，断片をつなぎ合わせる社会工学の実践者である．

　人間の本性についての理論の影に当たるものとして，歴史——多かれ少なかれ，明瞭に知覚されたものとしての歴史——の理論が生まれる．現実主義者は，征服，革命，敗北が周期的に繰り返されるものが歴史だと考える傾向がある．このことによって，国際関係を社会学的に取り扱おうとする現実主義者の傾向はいっそう強くなる．なぜならば，現実主義者は歴史の中にさまざまな事例や教訓のつまった宝庫を見つけ出すからである．それと対照的に，革命主義者は，歴史を黙示的な終局に向かって上方へと動いてゆく直線的なものと見る傾向がある．その終局は，まさにこれから生じようとしているか，あるいは現代の世代の人々の間にすでに生じているものである．はっきりしているのは，国際政治における革命的な活力と原動力が，メシア的な救済を実現する際の協力関係という感覚から引き出されるということである．〔メシア的な救済とはすなわち〕キリスト教の敵を放逐して純粋な宗教を確立すること．暴君を打ち倒して，自由・平等・博愛を打ち立てること．あるいは，資本主義の死を不可避なものとし，世界各地で革命を成功させることである．合理主義者は，その歴史理論においては，慎重で，不可知論的であることが予想されるかもしれない．一例として H.A.L. フィッシャーを引用しよう．

　　私よりも賢明で学識ある人々が，歴史の中に，筋書き，リズム，宿命的パターンを見極めてきた．こうした調和は私には見えない．私に分かるのは，次から次へと突発事態が起こっているということだけだ．……歴史家にとって安全な規則(ルール)は唯1つ，人間の運命の発展における偶然や予測されなかったことが果たす役割を認識すべきだ，という規則である．これは，シニシズムと絶望の理論ではない．歴史のページには，発展という事実が大きくはっきりと書きこまれている．しかし，発展は自然の法則ではない．ある世代が獲得した地歩は次の世代によって失

われるかもしれない．人間の思想は，災厄や野蛮な振る舞いにつながるような道筋へ入り込んでしまうかもしれない[14]．

注
1) *King Lear*, act I, scene ii, line 120 ff を参照.
2) Plautus, *Asinaria*, Act II. 4. 88 を参照.
3) Sigmund Freud, *Civilisation, War and Death* (London: Hogarth Press, 1939), pp. 55, 77.
4) Thomas Hobbes, ed. M. Oakeshott, *Leviathan* (Oxford: Basil Blackwell, 1946), ch. 13, p. 81〔ホッブズ（水田洋訳）『リヴァイアサン』第1巻, 岩波文庫, 1992年, 210頁〕.
5) Niccolò Machiavelli, *The Prince* (London: J.M. Dent, 1928), ch. xvii, p. 134, ch. xviii, p. 142〔マキアヴェッリ（河島英昭訳）『君主論』岩波文庫, 1998年, 127, 132頁〕.
6) Leo Tolstoy, tr. C. Garnett, *War and Peace* (London: Penguin Books), p. 580〔トルストイ（藤沼貴訳）『戦争と平和』第4巻, 岩波文庫, 2006年, 51-52頁〕.
7) A.J.P. Taylor, *Rumours of Wars* (London: Hamish Hamilton, 1952), p. 44.
8) 第1章の「3つの伝統」を参照.
9) A.J.P. Taylor, *Rumours of Wars*, p. 234.
10) L.I. ミハイロフが, 1953年1月21日付けの階級戦争の強化に関するスターリンの指令を引用したもの（*Manchester Guardian*, 22 January 1953）.
11) 同上.
12) Hugo Grotius, tr. W.S.M. Knight, *The Law of War and Peace, Selections from De Jure Belli ac Pacis 1625* (London: Peace Book Co., 1939), para. 13, p. 32.
13) A.J.P. Taylor, *Rumors of Wars*, p. 262.
14) H.A.L. Fischer, *A History of Europe* (London: Edward Arnold, 1936), preface, p. v.

第3章

国際社会の理論

　古典的政治理論の中心的な問いは「国家とは何か」「市民社会とは何か」である．これに類する国際理論の問いは「国際社会とは何か」である．
　国際社会とは，外交システム，外交的社会，国際法や国際法学者の著作を認めることによって裏付けられる，明らかに政治的かつ社会的な事実である．それは同時に，観光客の示す興味にはじまって人類全体を同胞と感じとる深い感覚にいたるまで，ほとんどすべての人間に影響力を及ぼす，ある種の社交的本能としても裏付けられる．
　国家とは実のところどのようなものなのか，その目的は何か，どのように結束しているのか，またなぜ結束すべきなのかについて，何世紀にもわたり人々は議論を重ねてきた．国際社会と呼ばれる，はるかに朦朧とした非現実的な存在についてとなると，その性格についてはさらに議論すべき多くの余地が生まれてくることになる．国際社会とは本当の社会なのだろうか，それともそう感じる場にすぎないのだろうか．国際社会は法的な義務を生み出すのだろうか．すでに16世紀末までにはこれらの言葉をめぐる議論が重ねられ，主に3つの答えが示されていた．それらは現実主義者，合理主義者，革命主義者の答えとして識別することができる．

現実主義

　現実主義者の答えは，もっとも古いものではないが，もっとも単純である．ある意味において答えが組みたてられるような形で国際関係を最初に論じたのは，ある現実主義者，すなわちマキャベリだった．くわえて，この問いに答え

ることのできるよう条件を初めて整えたのは，もう1人の偉大な現実主義者ホッブズだった．**国際関係あるいは国際社会は自然状態に等しい**という方程式を最初に定式化したのはホッブズだったようである．この方程式は17世紀半ば以降，国際理論の基本的仮定となった．〔あるいは〕この方程式は，ホッブズ以前に遡るかもしれない．ホッブズと同時代人のスピノザや後の時代のヨーロッパ大陸の著述家であるヴァッテルなどには，間違いなくこの方程式を見つけ出すことができる．ヴァッテルは，ホッブズの『市民論』の第14章第4節を援用しているが，そこでは，諸国民の法は（道徳的人格としての）諸国家に適用される自然法であると定義されている．この方程式は，『リヴァイアサン』第1部第13章の中にも明瞭に示されている[1]．

　ホッブズにとって社会契約とは，契約に同意した諸個人に適用されるものである．そこでは次のような問題が残る．第1に，例えばアメリカ・インディアンのように，契約をいまだ行っていないのに国家の中で市民生活を営むようになった者の問題．第2に，**別個**の社会契約を結んだもの相互の関係についての問題，すなわち，異なる契約によって生まれた異なる道徳的・法人格相互の関係についての問題である．第1の問題に対する答えは明瞭である．まだ契約を行っていない者は，これまでどおり契約以前の条件，すなわち自然状態のなかで生活する．第2の問題に対しても同じ答えが与えられる．別個の社会契約によって生まれた別個の道徳的人格または国家も，その相互の関係においては，いずれも契約以前の状況すなわち自然状態にある．したがって，「国際社会とは何か」という最初の問いは，おのずから「自然状態とは何か」という問いに変わってくるであろう．2つの問いに対する答えは同じものなのである．

　自然状態についてのホッブズの答えはよく知られている．彼は自然状態を万人の万人に対する戦争（個人の戦争だけでなく，家族の戦争あるいは家父長的政府の戦争）とみた．自然状態とは，あらゆる者があらゆる者に対して戦争をしている状態であり，「国際社会とは何か」という問いに対する答えは「存在しない」というものである．諸国家から成る社会または共同体というものは自然界には存在しない．社会は社会契約によって創られるものだからである．自然状態とはその定義上，契約以前であり社会のない状態であって，諸国民から成る社会は矛盾している．これはボダンの立場を暗黙裡の前提にしている．思

第3章 国際社会の理論

想家が国家の主権・権威・尊厳・一貫性を（ボダンのように）強調すればするほど，ますます国家が諸国家から成る大きな社会の一員であるという考えは退けられることになる．この立場は，明らかにスピノザ，ルソー，ヘーゲルの立場でもある．ただしヘーゲルは，その特徴ある簡潔な言い回しで，自分の立場を次のように表現する．国家のみが現実的かつ合理的であり，国際関係においては「情念，利害，目的，才能や徳，暴力，不法や悪習という内的特殊性と，同様に外的偶然性が現象のほとんどの場面にわたって跋扈している」[2]．これは同じく，フィヒテやヒトラーの立場でもある．モーゲンソーもこの立場を次のように表明する．「国民社会がその個々の成員にたいしてしているように正義や平等の具体的な意味を規定できるほど統合された国際社会というものが，国民社会の上位に存在しているわけではない」[3]．

これらの著述家にしろ，その他大勢にしろ，強調点はそれぞれ異なるけれども，国際社会というようなものは現実には存在しないし，その存在を証明する証拠など検討に耐えるものではないという点において共通している．国際法はきわめて漠然としていて頻繁に侵害されるから，平時に主権国家が利用する便宜程度のものにすぎない．外交システムとは，国を強くし守るために創られ維持されるネットワークである．また人道という感情は，世界社会を仮定しても，それが強く求められるとき，すなわち戦争を防止すべきときには必ず消えてなくなる．換言すれば，世界国家がなければ世界社会も存在しえないのである．そしてこのことこそがある風潮やある状況における国際関係の諸事実を説明することは，おおよそ否認しえない．

実際に外交を担当している者は，国際社会は存在しないと考えることがしばしばある．いや彼らはいつもそのように考えていると言ったほうがよいかもしれない．ビスマルクは，「キリスト教世界」とか「ヨーロッパ」という言葉が（たいていはロシア人およびロシアの外務大臣ゴルチャコフによって）外交用語として用いられると，いらいらした様子をよく見せた．1914年以前のドイツの公文書には，ゴルチャコフが起草した覚書についてビスマルクが欄外に書き込んだメモが残っている．「ヨーロッパについて話すのは見当違いである．ヨーロッパとは地理的な概念なのだから［これらの言葉はまずフランス語，ついで英語で表現された］．ヨーロッパとは何者なのか」．かつてゴルチャコフ自

らが，東方問題はドイツまたはロシアの問題ではなくヨーロッパ全体の問題であるという見解をビスマルクに説いたとき，ビスマルクは次のような痛烈な答えを返した．「政治家が自国の名前では要求できないことを他国から引き出すためにヨーロッパという言葉を持ち出すのを，私はこれまで見続けてきた」[4]．

これらの事例において「国際社会とは何か」という問いに対する答えは，明らかに「何ものでもない」となる．ただし，現実主義者たちによってときに与えられる二義的な代わりの答えは存在する．それは，国際社会とは大国以外の何ものでもない，ということである．大国が，どのような国際社会が存在するかを決める．1807年にナポレオンがアレクサンドル〔1世〕とティルジットで会見したとき，才気あふれる征服者は次のようなお世辞で感情家の若きロシア人を圧倒した．世界の運命は2人が定めうる．「私と陛下でないとすれば，ヨーロッパとは何者でありましょう」[5]．その150年後，アレクサンドルの後継者たるソビエト連邦第一書記はほとんどこれと同じことを述べた．

1956年7月のソビエト航空記念日に主要な外国空軍将官を招いた夕食会の席でのフルシチョフについて，1人のアメリカ人ゲストは次のように伝えている．

> フルシチョフはまた，ベルギー，オランダ，イタリア，ノルウェーなどの小国，さらにはロシアの衛星国である東ヨーロッパの国々について無作法に語った．彼は言った．「現代世界において小国はもはや数のうちに入らない．実のところ，ロシアとアメリカという2つの大国だけが意味を持つ．しかもロシアが優位にある．他の国々は現実には発言権がない」．フルシチョフはこの発言をしたとき，あまりに気ままに話しすぎたことに少し不安を抱いたようだった，とこのアメリカ人は付け加えた[6]．

アメリカで同じような考え方が示された事例としては，1826年のパナマ会議をあげることができる．汎アメリカ主義を早くから唱道したヘンリー・クレイ〔アメリカ合衆国国務長官〕が，米国議会で「アメリカ体制」の創設に合衆国が参加することを支持する演説を行った．しかし，ジョン・クィンシー・アダムズ（大統領）は，その『日記』に，「アメリカ体制というならば，われわれにはすでにそれがある．われわれ〔合衆国〕がこのシステム全体を形づくる」と書いた[7]．「国際社会とは何か」という問いに対するこのアメリカの答

第3章 国際社会の理論　　　　　　　　　　　　43

えは，権力の独占の原理に合致する．国際社会は大国の集まり以外の何ものでもないという答えの場合，これら諸大国の間には若干の社会関係ないし協力関係が想定されている．ビスマルクがとどめの一言を発するのはここだ．かつてロシアの外交官がビスマルクに向かって，「キリスト教世界」という言葉を使った．ビスマルクは「キリスト教世界という言葉で，貴官は何を言おうとしておられるのか」と言った．「さて，いくつかの大国ですかな」と外交官．ビスマルクは切り返した．「大国の間に合意がなかったらどうなりますか」[8]．

　この些細な対話に見られる論理は，国連の中にも見出すことができる．ホッブズ主義に言う自然状態は，ホッブズ主義のたしかな論理の積み重ねによって，ホッブズ主義的な社会契約へと導かれる．自然状態と戦争状態とが等しいのだから，無制限の契約という思いきった解決策が必要になるし，自然状態における諸権利を専制君主に全面的に引き渡さなければならなくなるが，専制君主はこの引き渡された市民的権利を自分に都合のよいように後退させてしまうこともありうる．国連憲章は（留保条件つきながら），こうした無制限契約，すなわちホッブズ主義的契約である．国際社会のようなものは存在しない，あるいは国際関係は戦争状態である，という暗黙の前提の上に国連憲章は成り立っているといっても，まったくの空想とはいえない．実のところ，そこには，1944年秋のダンバートン・オークスや1945年4月のサンフランシスコで憲章が起草されたときの状況についての事実が包み隠さず文字通りに記述されている．1945年4月の時点では，第三帝国と日本帝国はまだ敗北せずに猛威を振るっていた．そのときには戦争状態が**存在していた**．つまり，国際社会は**存在していなかった**，あるいは，潜在的にのみ存在していた．したがって，

　　われら連合国の人民は，われらの一生のうちに二度まで言語に絶する悲哀を人類
　　に与えた戦争の惨害から将来の世代を救〔うこと〕……を決意して[9]，

われわれはここに結集した．そして何を行ったのか．

　　「［われわれは］すべての意志をひとつの意志とする．……［われわれは］ひとり
　　の人間または人びとの合議体を任命して，自分たちの人格をになわせ，……共通
　　の平和と安全に関することがらについて，みずから行為し……かつ，かれがその
　　本人であることを承認〔する〕」[10]．

スマッツ〔南アフリカ首相．国連創設を主導した指導者の1人〕の考えに同調する者は，国連憲章の前文にある「われら人民」とはわれわれ人間個々人が契約の当事者であることを意味すると主張したが，憲章がその第24条で主権国家だけが国際法人であって国際契約の締結，契約という厳粛な行為を遂行できると規定したために，そうした主張は退けられた．主権国家は，「国際の平和及び安全の維持に関する主要な責任を安全保障理事会に負わせるものとし，且つ，安全保障理事会がこの責任に基く義務を果すに当って加盟国に代って行動することに同意する」．それに続く条項では，加盟国は「安全保障理事会の決定をこの憲章に従って受諾し且つ履行することに同意する」(第25条)．さらに第48条では，加盟国は安全保障理事会の決定を履行するために加盟国自身がどのような措置を講ずるべきかを決定する権限を安全保障理事会に与えている[11]．実のところ，主権国家が自らのために創設したホッブズ主義的な意味での主権者とは「われら人民」ではなく，国際連合の加盟国たる諸国家だった．安全保障理事会は国際連合のホッブズ主義的主権機関なのである．

　細かなことだが，国連のホッブズ主義的性格をさらによく示している点がある．ホッブズ主義的な契約は変更できない．つまり主権者は正義を行うのだから，契約破棄は不正義となる[12]．国連憲章を読むと，加盟国が国際連合から脱退するための規定がないことが分かる．国際連盟規約には脱退を許可する規定があったが[13]，国連憲章にはこれに対応する規定は存在しない．加盟国の権利と特権の行使を停止したり，加盟国を除名したりする可能性すら[14]（ホッブズ主義的主権者〔君主〕が臣民を追放できるのと同じように）[15]あるが，憲章には加盟国の脱退を許可する条項はない．「諸国家には自発的に脱退する権利がない．その意味するところは，機構の加盟国たる地位は恒久的なものだということである」[16]．この問題はサンフランシスコ〔国連創立総会〕で小国の間に多少の不安を引き起こした．「われわれの談話室にお入り下さいと大国が小国に言った」．そして審議の結果，加盟国として留まることが「最高の義務」であるという解釈宣言へと導かれていったのである[17]．

　ホッブズ主義的契約に内在する逆説については，次のような見方が受け入れられている．つまり，権限を専制君主のように集中した主権者は，自然状態より悪い耐えがたいものになりうるし（ホッブズは理論上この可能性を認めるこ

第3章 国際社会の理論　　　　　　　　　　　　　　45

とができなかった），あるいは非効率なものになりうる（ホッブズはこのことは認めざるを得なかった）ということである．「臣民たちの主権者に対する義務は，かれがかれらを保護しうる権力が存続するかぎりにおいて，それよりながくはなく，つづくものと理解される」[18]．もちろん，国連のホッブズ主義的主権機関は効率的とはいえず，分裂気味で麻痺している．安全保障理事会がその措置を講ずるには大国の一致が必要とされるため，めったに行動に移ることがないからである．

　現実主義の人間性悪説は，ある逆説に行き着く．なぜならば，「万人の万人に対する戦争状態」というアナーキーの問題に対する古典的な現実主義の解決策においては，単一の主権者の手中に権力を集中させながら，同時にこの専制君主が人は性悪であって不信の目でみられなければならないという法則からの部分的な例外であることを望むからである．これこそがホッブズ主義の逆説である．国連憲章をまとめあげた人々は，同じことを現代の言葉で次のように表現する．

> 憲章の基礎にある原理は，権力と責任は釣り合いを保たねばならないということであり，憲章は国際の平和と安全を維持する主たる責任を諸大国に課している．……したがって，国連の取り組みが成功するか否かは大国間の意見の一致にかかっている［すなわち，ホッブズ主義的主権者は優柔不断ではなく分裂もしていない］．……意見の一致がいちじるしく損なわれた場合には，憲章のどの条項も大きな効果を発揮することはできないだろう．……国連による強制措置が大国に向けて発動された場合には，大きな戦争に至ること……は明らかだ．大きな戦争が起こったとしたら，それは国連がその目的の達成に失敗したことを意味しており，すべての加盟国は当該の状況下において最善と思われる行動をとらねばならない[19]．

　別の言い方をすれば，社会契約は無効となる．ホッブズが悲しみをこめて認めたように，「忠誠をつくす臣民たちに対する，それ以上の保護がないまでになったときには，そのばあいにはコモン-ウェルスは**解体**されたのであり，各人は，かれ自身の裁量が示すとおりの道すじによって，自己を保護する自由をもつのである」[20]．

　国連の中に知的な関心を呼び起こすようなものを見つけ出すことはおそらく

困難である．しかし，そうした数少ないスリルの1つが，偉大な政治哲学者の洞察力に富むビジョンの中にこの種の預言者的性質を見ることである．ホッブズは政治生活の本質を深く見抜いていたので，時の回転木馬によって3世紀後の今日，彼が抽象的なファンタジーの論理において構築したものに類似する状況がもたらされ，彼の予言した出来事が起きることになった[21]．

ここまで述べてきたことは，この問題に関する極端な現実主義の立場を表している．他方で，国際法の実定法学派の立場から描くことのできる一般的または通常の現実主義の立場もある．

国際法は独立主権国家の自由な意志から生ずるというのが，実定法主義の基本的立場である．主権的な権力により「仮定」されたものを除いていかなる法も存在せず，したがって国際法は，国家間の明示的な合意，条約，および国家が暗黙裡に同意したと仮定することのできる慣習の限定的な寄せ集めである．実定法主義者にとって国際社会は国家間の合意の寄せ集め，すなわち構成国がその存在に同意しているもの以外のなにものでもない．実定法主義者は，通常の政治哲学では一般に信用を失った社会契約論を永続させている．彼らは国際法の主体は**国家**であり，国家のみが国際法社会の単位であると強調する．完全な実定法主義者にとっては，国際社会は人格化されたホッブズ的またはヘーゲル的主権者の社会である．そこでは自己自身に上位するいかなる権威も認めることができず，自己の意志が唯一の法源である．実のところ，そこに，社会の名に値するものがほとんどないとすれば，いかなる意味で国際法に拘束性があるのかを説明する法的義務の理論を構築すること，というよりも法に関わる国際的な日々の事実に適合する義務についての純粋な同意理論を作り出すことは，実定法主義にはいささか困難である．

国家のみが国際法人格を有し，国際法の主体であり，かつ国際社会の構成員ないし単位であるという考え方は，（ある種の現実主義者たる）実定法主義者により強調されたものである．それはこの300年間，国際法学者たちにとって（抑制された，しかし執拗な批判的注釈にもかかわらず）支配的な学説であった．それが多数派の主張であったが，少数派の主張も存在した．16世紀から17世紀初頭にかけて，国家または主権者〔君主〕のみが国際法および国際社会の主体たり得るという点は明瞭とはいえなかった．実際，一般的には個人も

また主体であると考えられていた．誰が国際社会の構成員であるのかという問いに対しては，3つの答えが理論的に可能である．第1の答えは，実定法主義者の答えであり，国家のみとするものである．第2の答えは個人のみとするものである．国家は単なる制度であって，擬人化された国家はフィクションにすぎない．この分析では，国際社会は全人類の社会となる．第3の答えは，国家と個人の両方が構成員であり得るというものであり，これはグロティウスの答えである．グロティウスは，国際社会について少なくとも8つの異なる言い回しをしている．(2つの形式による) 人類共通の社会，人類(ヒューマン)社会，大規模な共同体，大規模な大学，大規模な人民の社会，人民相互の社会，世界都市，地球社会である．

テキストに対応させつつ，グロティウスが国際社会を万民 (*gentium*) 社会 (*societas*) ──市民 (*civitatum*) 社会──人民 (*populorum*) 社会，または人類社会 (*societas humani generis*) として見ていたと論じることは可能である．事実，彼は国際社会をその双方として見ていた．この点については，彼の時代には国際法が未発達だったからということで一般に説明されるけれども，彼が用語法の上で国際社会を国家と個人の双方からなる社会であると有益な混乱をしていたことは，国際生活における有益な混乱という事実に対応していたのだと論じることも可能である．

そこには個人を権利と義務の主体とみなすような国際法のある部分，および例えば外交特権・送還・海賊・拿捕・海外にいる外国人に関する法律などのように，個人によりまたは個人に対して直接的に強制することを可能にする国際法のある部分が常に存在したのである[22]．

実定法主義者は，これらのことを例外的または取るに足らないこととして扱い，国家のみが国際法人格を有するという実定法主義の前提がこれによって覆されるものではないことを証明しようと論を立てる．しかし，それとは逆に，これらの点こそ実定法主義者が国際社会とその法の性質を誤って理解してきたことを示す，と論じる法学者もたえず存在してきたのである[23]．

1907年に設立された中米司法裁判所は，国家に対する個人の申立てを審理するための管轄権を有していた．また1919年以降の国際連盟，国際連合，国際労働機関，万国郵便連合は国際法人であると論じること，さらには第2次世

界大戦後の国際軍事法廷を犯罪者個人に対する国際刑事管轄権の始まりとして指摘すること，は可能である．「われら連合国の人民」という言葉で始まる国連憲章はスマッツ主義の繁栄を裏付けており，続く文言で否定されているものの，グロティウスにみられるような実り多いある混乱を示している．

　こうした論法全体の筋道は，国内法と同じく，国際法を制度と人の双方をその主体とする潜在的な法とみなしている点で，合理主義と呼ぶことができる．

合理主義

　ホッブズから遡ること半世紀前，「国際社会とは何か」という問いをめぐって別の答えが繰り広げられていた．この答えは長い間，現実主義者の答えよりも国際理論家の支持を得てきた．この思想学派は，人は自然状態においてなお自然法によって拘束されていると仮定する．この場合の自然法とは，(ホッブズがその誤りを指摘した) ホッブズ主義以前の道徳的自然法であって，ホッブズがそれに代えた科学的，擬似心理学的自然法を指すのではない．

　社会契約によって実際に主権はさまざまな国家に移されたが，人類としての原初的一体性は生きながらえた．主権者〔君主〕たちによって認められた国　際法（ロー・オブ・ネイションズ）は，たとえ侵害されることがあったとしても，存在していたのである．それは本来の自然法であり，単に道徳的な命令を下すだけではなく，法的に拘束するものであった．中世思想の本流の伝統を発展させたこの学派は，法が社会に先行し社会の源となるのであって，その逆ではないと考えた．この学派は法を，神の意志のような，ある種の超越的な法源から生ずると考えた．

　このことはある問題を引き起こした．もしも自然法が存在し，かつ法の存在そのものが社会を生じさせ，他方では社会契約こそが市民社会を生じさせるとするならば，自然状態と人間の社会的状況との間の絶対的な区別とは何なのだろうか．これは単に言葉の問題ではなく，国際関係の経験に関わっている．答えはもちろん，自然状態と社会的状況の間にそうした絶対的区別というようなものは存在しないということである．社会的状況は実際，社会契約によって新たなものとなるが，このことは契約以前の状況つまり自然状態が，非社会的なものであることを意味するものではない．

グロティウスは，社会性という教義を提出することによって，言葉の上ではこの問題を解決した．社会状況を開始したのは実際に社会契約であったが，自然状態は社会性の条件，つまり，社会的となるための能力にとっての条件をなした[24]．自然法は社会性ある行動を支配する．したがって，自然状態は，社会の条件ではないとしても，社会性の条件である．それは，社会の胚胎を含んだ共通の交渉にとっての条件であり，平和の条件であるが，不安定，不定形，不確実であり，戦争に陥りやすい．したがって，自然条件と社会条件の間の対比は曖昧なものとなる．市民社会への移行は道徳的な自然法との決別ではなく，その発展なのである．

これは名指しせずとも，ホッブズに反対するために，ロックが用いた論法である．ホッブズは国際社会が自然状態に等しいというのみでなく，自然状態は戦争状態に等しいと付け加えた[25]．ロックはこれを否定したいと考える．自然状態は戦争状態ではない．この２つの状態は政治的上位者が不在であるということしか共通点がない．戦争状態は敵対状態であり，悪意と相互破壊の状態である．自然状態とは善意，相互援助，保護の状態である．自然状態についてのこの見方は，国際社会をめぐる問題に別の答えを明瞭に与えている．この見方をとる場合，国際社会は本当の社会ではあるが，共通の上位者または司法組織がなく，制度的に不十分である．現実主義者は力が国家間の交際の支配的な方法であると述べるのに対して，合理主義者はそれとは反対に慣習がその方法であると主張する．合理主義者は国際社会を慣習の社会とみなして，現実主義者のように国際法を皮肉にあざ笑うことはせず，革命主義者のように国際法に関する要求を扇動することもない．合理主義者は，欠陥はあったとしても国際法をこの種の法の強靱さも備えた一種の本質的慣習法と基本的にみなすのである．

強力（フォース）と慣習法の間に十分納得のゆく区別をつけて，そのうちの１つが終わって他が始まる地点を見出すことは容易ではないし，また，量的な測定も容易ではない．しかし，いつの時点においても，国際関係を全体として見れば，その大部分は強力よりもむしろ慣習に委ねられていることを無理なく主張できるだろう．例えば，世界の国境線の大部分が力よりもむしろ慣習（この場合，慣習は国境線を変更する積極的な意志がないことを意味する）に基づいている．そのことは，多くの国境線で争いがあるという現実主義者の真実を無効にするこ

となく，真実たりうる．つまり，現実主義者の真実と合理主義者の真実は，対立するものではなく，補完的たりうるということなのである．合理主義者の見解からすれば，強力の役割は慣習の不十分な点を単に補修するのみであろう．慣習は強力による行為を糊塗すると現実主義者たちが言うところを，慣習が崩れたところに強力は介入すると合理主義者は述べるのである．

合理主義的な見解は，イエズス会士フランシスコ・スアレス（1548-1617）により厳密に定式化された．すべての国は1個の完全な共同体ではあるが，にもかかわらず，世界主体（ユニバーサル・ボデイ）または世界全体の一員でもある．この一員であるということが国際法の基礎をなす．

世界主体をスアレスは「擬似政治的・道徳的社会」(*societas quasi politica et moralis*) として描く．グロティウスは，諸国家を「集団の唯一の構成員」(*membra unius corporis*) として有する「人類社会」(*societas humana*) について述べる．トクヴィルもまたこうした世界主体を描きだす．すなわち「個別の人民をいわば市民とする諸国民からなる社会——その社会の構成員の関係を向上させ調整するためにいかなる努力が払われようとも，そのもっとも文明化された時期においてさえ常になかば野蛮な社会」である[26]．

自然状態は戦争状態であるという現実主義者の教義がまさに無制限な契約説に至るように，自然状態は制度的に不完全な擬似社会的状況であるという合理主義者の教義は，制限的な契約説，ロック的な契約説に至らせる．国連憲章の行間にホッブズ主義者の嘲笑を見抜くことができるならば，国際連盟規約にはあたりさわりのない円満なロックの仮説を認めることができる．連盟規約は「相互の誠実信義の仮定の下に成り立っている」[27]．連盟規約の起草者は，第1次世界大戦を国際社会の完全な崩壊としてではなく，国際関係の例外的なかつ異常な中断と考えた．国際社会は紛争の平和的解決の手段を欠いており，ロックが国家の「間に起こり得るあらゆる相違を終わらせるための……仲裁行為」と呼んだものを得ることが必要であった．そのためには，制限的な契約で十分であった．「これらの審議から生じた文書は超国家の憲法ではなく，そのタイトルから明らかなように，主権国家間の厳粛な協定であり，自己自身のかつ世界全体のより大きな善のために，主権国家が自己の行為の完全な自由を幾分か制限することに同意するものであった」[28]．

第3章　国際社会の理論　　　　　　　　　　　　　　　　　　　51

　自然権，つまり自然状態の自由は市民社会の個人に留保された．国家は自己の主権を失わなかったのであり，単に自己の主権の行使を制限する誓約を行ったにすぎない．国連憲章のパラドックスは，同憲章が文言上は加盟国の主権を是認してはいるが，例えば，全会一致の規則を廃止することで，実質上この主権を縮小しているということである．立法機関に与えられた権限は，「最高権は，何人からも，その所有の一部といえども，その者自身の同意なしにとることはできない」29)信託の性質を有する．国連が行っている以上に，連盟規約は国際連盟の諸機関を拘束して，法規則および既存の条約を明確かつ明示的に遵守させていた．契約が恒久的に拘束するかどうかという問題にはロックは否定的に答えていたし，連盟規約は国際連盟からの脱退を認めていた．連盟規約は，ロックの言う意味での「立法府」を設立しなかったし，完全なロック的契約ではない．また国連憲章も完全なホッブズ的契約ではない．だが，連盟規約と国連憲章の間の違いは，本質的にロックとホッブズの間の違いなのである．

革命主義

　革命主義の立場は，現実主義に対する合理主義とは反対側に位置する．他の2つとは異なり，総じてその立場を社会契約や自然状態という言葉で表現することはなかった．現実主義者が自然状態と市民社会の間に絶対的な溝をこしらえ，また合理主義者がこの区別を程度のみの問題にぼかしてしまったのに対して，革命主義者はこれらの言葉に何の意義も認めずすっかり削除してしまった．彼らが行ったことは単一の人類共和国——世界国家（ダンテの言う *imperium mundi*）——という中世の少数派の考え方を復活または永続させること，もしくは国際社会を強化して世界国家にし，それを確固たるものとし，かつ超国家として編成することであった．
　国際法学者の中でこの見解の提唱者としてもっとも良く知られているのは，クリスチャン・ヴォルフ（1679-1754，ハーレ大学教授）である．国際社会とは個別国家を市民とし，これらの国家に対して権限を行使することができる世界国家（*civitas maxima*），すなわち大規模な社会または超国家である，と彼は考えた．この見解は18世紀に数多くの議論を生じさせた．この時代における

もっとも偉大な国際法の理論家はスイス人のヴァッテルであった．彼の国際法に関する著作はグロティウスに次ぐ標準的な権威書になり，いまだに引用されている．ヴァッテルはヴォルフから大きな恩恵を受けていることを認めつつ，世界国家というような危険な考え方とは明瞭に一線を画した．

> このような（大）共和国というフィクションは，合理的でも，十分な根拠があるとも，私は思わない．……私には，自然によって一般的に人間の間で成立した社会以外に諸国民の間に自然な社会があるとは思えない．すべての市民社会において，各構成員は自己の権利のうちのある部分を全体的機関に寄せるべきであり，また命令を出し，法律を定め，それに従うのを拒否する者たちに強制することができる何らかの権威があることが不可欠である．このような考え方は［と，彼は堅苦しげに結論する］独立国家間では顧慮されない[30]．

したがって，ヴァッテルは，自身の著作を書き始めるに当たってはかなり慎重に自らを合理主義者に列している．

世界国家という考え方はヴォルフにより発明されたものではない．彼はたまたまそれを通俗的な形式にしたにすぎない．16世紀には，カトリックもプロテスタントもこの考え方を発展させた．例えば，ドミニコ会修道士，フランシスコ・デ・ビトリア（1480-1546）は，すべての国家を構成員とし多数決が拘束力を有する人類共和国(コモンウェルス)について述べた．また例えばイタリア人のプロテスタントで亡命者であったジェンティーリ（1552-1608，オクスフォード大学の民法教授）は，エリザベス女王の政府に助言して，「世界統治は，世界の多数派の集合体の権限の内にある」と主張したのである．この考え方は，何よりもまず，カルヴァンによって詳述された．

革命主義的理論の本質的特徴は，国際関係を国内政治状況に喩えることである．国際社会が世界国家として考えられれば考えられるほど，国際関係はますます世界的な都市国家（civitas）の国内政治として考えられるようになる．こうした同化をもたらすための試みとしては，3つの道筋がありうる——教義の均一性，教義の帝国主義，そしてコスモポリタニズムである．

教義の均一性

革命主義理論は，国際社会の構成員間すなわち国家間の同質性を求める．そ

れは教義および構造上の一致，また国家間のイデオロギー上の同質性を必要とする．革命主義のこの種の古典的な見解を提示したのはカントの著作『永遠平和のために』である．彼は理想的な，しかし，ありえそうにない恒久平和条約を案出し，その第一確定条項では各国の政体は共和的であるべきだとした（ここでは彼が「共和的」という語で何を意味したのか検討する必要はないし，彼がこの結論に至った論拠を検討する必要もない）．すべての政府が同じイデオロギー的な強い衝動を持つまで国際平和はありえないであろう．

　しかし，国際社会の構成員のイデオロギー的一致という原則は，さまざまなタイプのイデオローグによって使用されうる．カントの原則は，神聖同盟のアレクサンドル1世およびメッテルニヒによって反革命主義的な意味で応用された．国際社会を構成する国はすべて正統王朝派でなければならない．神聖同盟がフランス革命に対峙したのはファシズムが共産主義に対峙したのと同様である．ロシア，オーストリアおよびプロイセンを統治していた3人の独裁君主は，博愛という革命の概念を引き継いで，自分たち自らを「同国人 (fellow countrymen)」と呼んだ．神聖同盟においては単一の主権者は神であり，フランスの革命家にとって主権者は……「人の権利」であった．マッツィーニがこの原則を反対方向に荒々しく押し出した結果，カントよりも極端な位置にまで原則を揺り戻した．マッツィーニによると，あらゆる構成員が国民国家になって初めて有効な国際社会が生ずる．これは1919年に勝利した自決権の原則であった．国際連盟は民主主義国家の連盟であれというウィルソンの当初の要求により連盟には——実際には実施されなかったが——革命的な色合いが与えられた．ウィルソンの初期の演説と彼がドイツ帝国との交渉を拒否したことは，彼が実際になかば革命主義者であることを示している．ただし，〔パリ講和会議の基本となった平和のための〕14箇条は革命主義的ではなかったし，国際連盟もそうではなかったということができる．反ファシストまたは「平和愛好的」であるという意味で加盟国のイデオロギー的な同質性を確保して，スペインを国際社会から除外しようとした1946年の国連の試みは，第2次大戦後の革命主義の一例であった．究極的にはマッツィーニとウィルソンから引き出された同じ原則が，バンドン会議諸国および反植民地キャンペーンの原動力となった．その要求は国際社会を均質化することだった．国際社会は自己決定する

国民国家からなる社会であるべきである．帝国主義は清算されるべきである．西ニューギニアの継続的なオランダ統治やポルトガル帝国のような歴史的な怪物はもはや許容できない．南アフリカは可能な限り〔人種差別をなくして〕国内を調和させなければならない．「どこで，いつ，どのように出現しようとも，植民地主義は邪悪なものであり，地上から消し去られなければならない」[31]．

教義の帝国主義

　世界国家を実現して国際関係を国内政治に同化させることを試みる革命主義理論の第2の方法は，イデオロギーまたは教義による帝国主義，すなわち単一の大国がある信条を広めて均一性を押し付けようと試みることである．数多くの事例がある．スターリン主義はこれを東ヨーロッパに対して行った．フランス第一共和制は，自国の軍隊で征服しえた所ではどこでも人権を強要した．スペインのフェリペは，自己の広大な領土のみでなくキリスト教世界のどこででも異端を抑圧するのが自己の義務であると信じていた．フェリペにとっては，ナバラのアンリがフランス王となるのを妨げることは義務であり，また，異端者であるばかりか求婚を断ることで彼を侮辱したろくでなしのエリザベスをイギリス女王から追い落とすことも自分の義務であった．

　こうしたイデオロギー的な帝国主義の試みの根底には共通の理論があって，それは選民理論あるいは帝国主義的使命と呼ぶことができる．これには2つの出典がある．

　(a) **旧約聖書**．これはもちろん「選民」という言葉の発生源である．ユダヤ人は，歴史上最初の選民であり，独自の排他的な使命感を持つ最初の民族であって，自らを歴史の目的を体現する者と称した．ヨーロッパの歴史と文明は，ユダヤ人，宇宙の摂理を主張するこの不可解な人々の考え方に付きまとわれてきた．そこから反ユダヤ主義とユダヤ人迫害の長い物語が始まる．

　しかし，より洗練されたユダヤ人との付き合いかたは彼らの主張を乗っ取ること，つまり自らを選民とみなすことである．「国家社会主義は旧約聖書の曲解であり，自らを新たな選民に任ずることにより審判を受けることなく神との契約を私物化する．ヒトラーのユダヤ人憎悪の根底には，この精神的な簒奪があった」[32]．ここから彼がドイツ人を支配人種と信ずるまでの道のりはわずか

第 3 章　国際社会の理論

である．ラウシュニングはヒトラーについて次のように記す．

> 彼自身の秘儀的な教義は，ユダヤ人に対する形而上学的ともいえる敵意を含んでいる．超自然な神の民として歴史上実在してきたイスラエル人は，新たな選民たるドイツ人にとっては和解しえない敵でしかない．1つの神が他の神を排斥する．ヒトラーの反ユダヤ主義の背後であらわにされたのは，現実に存在する神々の間の戦争である[33]．

　イギリスは，イギリスのナポレオンともいえるクロムウェルの下でヨーロッパにおける支配的な大国になった17世紀に，自国を選民の地とする信仰を掲げた．「神は彼の教会内に或る新しき偉大なる時代をはじめ，宗教改革それ自身の改革すら為さんと命じ給うているのである．それでは神はどうなさるかと言えば……先ず彼のイギリス国民に〔啓示し給う〕」[34]．だから，「イングランドこそが，諸国民にむかって，いかに生くべきかを教えた先達であったという事実を忘れてはなりませぬ」[35]．清教徒のイギリスは，ルター派のドイツと同じく，旧約聖書と強く結びついていた．同じような信念は，アメリカ合衆国の「明白なる運命」や，「アメリカ人，この新しき人？」[36]という記述のしかた，さらには「自由の精神にはぐくまれ，すべての人は平等につくられているという信条に献げられた，新しい国家」[37]にも見出すことができる．

　(b) **ウェルギリウス**．第1の出典とはまったく異なるが，帝国主義的使命感というこの観念を示すもう1つの出典がある．ウェルギリウスの『アエネアス』は，聖書を除くどの本よりも，おそらくアリストテレスの作品よりも，ヨーロッパの歴史に深い影響を及ぼした．ウェルギリウスは，使命感を持ち，運命に押し流され，神の命に翻弄される，個人の使命と宿命についての究極の文学的象徴である驚くべき人物像を，〔主人公の〕アエネアスとして創りだした．アエネアスは，イタリアの中にトロイを再建するという使命を果たすためにイタリアに上陸すると，パランテウムの王，エウアンドロスの歓迎を受ける．「種々の場合を乗りこえて，あらゆる危難を打ち凌ぎ，ひたすらわれらはイタリアの，ラティウムをさして進みゆく．しずかな佳地は宿命が，そこにあると告げている．われらは神の命のまま，そこでトロイアの王国が，再び興ることを知る……」[38]．「あなたは実に幸運の，招きを受けてここに来た」．アエネア

スは答える．「オリュンポスの神々に，まさにわたしは呼ばれいる」(Ego poscor Olympo)[39]．これはローマ帝国の使命をもっとも適切に表現したものであり，この使命への信念は〔ローマ帝国初代皇帝〕アウグストゥスに影響を与え，かつ中世の文化に浸透した．この信念はダンテの『君主政体論』を通して国際理論の分野に取り入れられた．ダンテがウェルギリウスに依拠していることは『神曲』に見ることができるし，『君主政体論』にはウェルギリウスからの引用が散りばめられている．前提を受け入れさえすれば，それは知的建造物として完璧な満足感を与えてくれる．そこでは簡潔に次のことが主張されている．人類は1つ（人間愛の理念）である，人類は単一の政府の下でのみ自己実現できる，摂理によってこの役割のためにローマ帝国がつくりだされた．このうち最初の2つを信じるならば，ローマ帝国を今日のアメリカ合衆国に置き代えることは容易である．例えばフランスの「偉大な国民」，マッツィーニによる「マッツィーニ的」第三ローマの信念など，帝国の使命はさまざまなラテン語で表現されてきたが，その背後にいるのはダンテである．ロシアの場合は，旧約聖書と東ローマ帝国の出典を一緒にしたものから使命がつくられている．

コスモポリタニズム

　世界国家の実現をめざす革命主義の第3の方法は，民族や国家という中間的な存在を縮小ないし消去して，民族や国家に優先する個人からなる世界社会を宣言することである．そこでは諸国家からなる社会という考え方は受け入れられず，唯一にして真の国際社会は諸個人からなる社会であると唱える．これはコスモポリタニズムである．コスモポリスは世界都市であり，世界都市は世界国家である．これは革命主義的理論の中でもとりわけ革命的な理論であり，国際関係の完全な解体を意味する．したがって，それは理論的には重要ではなく，国際理論の主要な著作でこの理論を提起しているものはない．ただし，現実においては影響力をもつ．

　「理想主義者」を「現実主義者」と対比したとき，おそらくここに国際政治学の上で漠然と「理想主義」と呼ばれているものの本質または中心的なテーマを見いだすことができる．それは，コスモポリスに訴えること，すなわち，主権国家からなる架空の国際社会ではなくて，人間からなる真の国際社会に訴え

第3章　国際社会の理論

かけることである．

　　理想主義者は，自由で人間的な価値の実現のための基本条件として，人類同胞愛を創出すべきことを認識しなければならない．人類同胞愛のもとですべての人間は，肉体的・社会的・宗教的・政治的な違いに関わりなく，平等なパートナーシップを有し，人々の間の争いは物理的力，強制，暴力ではなく，理性，道徳，法によって解決される[40]．

理想主義者は，国際政治が国内政治の状況に同化されていくような人類同胞愛の創出を求める．これは，素人が国際生活の上で厄介な障害——パスポート，ビザ，国境警備所，歴史的憎悪，民族主義的な報道キャンペーン——に初めて遭遇したときに示すごく自然な欲求である．それは，旅行者や，スポーツ・学術・科学の会議に出席する人間の反応である．これらの民間の非政府国際組織はコスモポリタニズムを促進する．なぜなら，そこでは専門的な共通利益を強く有するさまざまな国籍の人々が互いに個人として出会い，皮膚の違いや言語の壁を乗り越えて，人々がみな兄弟であることを認識するからである．

　人類同胞愛は，合理主義的な西欧立憲主義の伝統を国際関係に適用しようと努める限りにおいて，世界連邦を求める運動の，支配的ではないにしても，1つの構成要素である．アメリカ人の見地からすれば，永続的な要素といえる．

　　国際問題においてわれわれが対処せねばならないのは，人民ではなく政府であることに留意することが大切である．多くのアメリカ人はこうした政府への対処を好まない．アメリカ人は心のうちにおいて，政府の有害な介入によって損なわれることのない人と人との関わりに憧れを抱いている[41]．

個人としての外国人に接するときの態度と，われわれが好ましくないと考える国家や政府の「典型」または代表例としての外国人に接するときの態度は，しばしば異なる．多くの者にとってこれは，国際関係の研究におけるひとつの大きな障害である．すなわち，人民とその政府の間，人間愛と外交の間にある政治空間のねじれという問題であり，コスモポリタンは政府も外交も無視することによってこの障害を取り除こうとする．

　国際政治の国内政治への同化を革命主義者が欲する点に，革命主義の1つの特徴がある．革命主義者をさらに一般化して別の形容をなしうるとすれば，彼

らが関心を持つのは事実ではなく願望だ，ということである．彼らの主張は，あるべきこと，についてであって，であること，ではない（革命主義思想の演繹的，教条的，命令的な性格についてはすでに述べた）．革命主義の中心的な問題すなわち難問は，革命主義の処方箋と国際関係の現実の状況との間にある不調和またはギャップである．それに，すべての国家が自決権を備えた国民からなるというわけではない．植民地主義はいぜん健在であり，資本主義はいまだ崩壊せず，共産主義帝国も崩壊していない．国際社会はなお手に負えないほど多様かつ不均質である．そこに革命主義者の問題がある．

　革命主義者にとって，人類は生まれながらに善であり，救済を運命付けられている．しかし，経験的にみるならば，革命主義的な青写真を受け入れる者と受け入れない者（それが常に多数派を占める）とに分かれる．イエズス会士にとってそれは篤信者対異端者である．カルヴァン主義者にとっては救いを予定された「聖徒」対神に見放された者，ジャコバン派の者にとっては有徳者対堕落者（les pourris），マルクス主義者にとっては進歩派またはプロレタリアート対反動派またはブルジョアジーとなる．次の抜粋はマルクス主義者の例を説明する．H.G. ウェルズは，スターリンとの会談で言った．「大きな船とは人類のことであって階級ではない」．スターリンは言った．「ウェルズさん，明らかに人はみな善人であるという仮定からあなたは出発している．しかし，私は邪悪な人々が数多くいることを忘れてはいない．ブルジョアジーの善意など信じられない」[42]．G.A. トカエフは，公式の官僚政治がいかに乱暴に何でもかんでも「人の意識の中にある資本主義の痕跡」との闘争に還元してしまうかを描いている．だから，故意であろうとなかろうと，人が不正を行ったときには必ず，その行為は資本主義の痕跡だというレッテルを貼られてしまったのである（トカエフとその仲間はこれを低俗で単純化のしすぎだと受け止めた）[43]．

　「革命主義者はこの中心的な問題をどう扱うのか」という問いは，前に行った3つの区別とは異なる別の区別を求める．それは実践と理論の区別である．ニーバーは『信仰と歴史』において，ハードなユートピア主義者とソフトなユートピア主義者を区別している．この区別を借りると，レーニンのようなハードな革命主義者と，カント，ウィリアム・ジェニングズ・ブライアン，アンドリュー・カーネギー，ウッドロー・ウィルソン，コーデル・ハル，フランクリ

ン・ローズヴェルト，ヘンリー・ウォーレス，英仏の中立主義者，ネルーのようなソフトな革命主義者とを区別することができる．ハードな革命主義者は，国際政治を国内政治の状況に同化するような人類同胞愛あるいは世界国家を暴力によって創造することが可能だと信じる．ソフトな革命主義者は，切望と対話によってそれを実現しようとするが，現在ではヨーロッパに比べて合衆国にはあまりいない．ヘンリー・ウォーレスは合衆国におけるその最後の1人だった．「水素爆弾によって戦争は不可能になった．だから水爆を禁止して，武装解除し，話し合おう」[44]．コンニ・ジリアクス〔英国労働党の政治家〕は，次のように書いた．「冷戦と軍拡競争を終わらせるにはソ連と交渉するしか他に方法がないこと，そして交渉に必要な共通の場を見つけることのできる唯一の基礎が国連憲章であることを，われわれはいつになったら学ぼうとするのか」[45]．

　われわれが現在手にしている〔国際理論の〕3つの伝統は，図表のように概観することができる（図1参照）．その中で革命主義について〔教義の均一性，教義の帝国主義，コスモポリタニズムという〕3種類の理論を検討してきたが，明らかに第1のもの（教義の均一性）がもっとも極端ではない．そこでは，諸国家から成る社会の存続と，イデオロギー的に純粋な多数派の国々がイデオロギー的に不純な少数派の国々に対して順応するように促したり強制したりすることが想定されている．主権国家はこれまでのところ教義の面でも構造の面でも多様であったので，この教義は現実には，国家の転覆あるいは内政干渉になるか，失敗に終わることになる．失敗の一例が国際連合による1946年のスペイン追放である．その10年後，スペインは国連加盟を承認された．実のところ，革命主義の第一理論は，革命主義の第二理論である教義の帝国主義と相関関係にないかぎり，失敗に終わる．イデオロギーの帝国は，とりわけ諸国家間の均一性を促進する傾向がある．すなわち，可能なかぎり諸国家から成る均一の社会を作り出して，その社会を解体しコスモポリタンな世界国家にする第一歩にしようとするのである．ナポレオンとフランス共和国，1938-41年のヒトラー，東欧におけるスターリニズム，これらはみなそれに当てはまる事例であり，3種類の革命主義がどのように絡み合うかを示している．

　人類共和国と世界国家をめぐる上述のような一連の無味乾燥な理論と定式は，

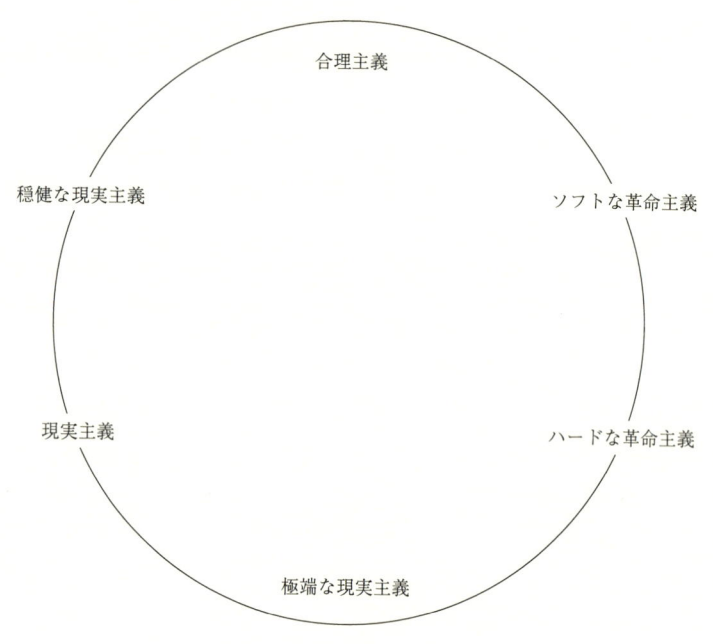

```
              合理主義

穏健な現実主義            ソフトな革命主義



現実主義                  ハードな革命主義


              極端な現実主義
```

図1　3つの伝統の間の関係

ほこりをかぶった〔イギリスの〕教師やドイツの教授たちによって作りだされたのだが，これは政治的には爆薬となりうる．国際社会は超国家たる世界国家である（「である」とは，ここでは，「本質的にそうである」，「そうあるべきである」，または「そうなるようになっている」を意味する）と主張すれば，それはただちに，順応するか順応しないかの問題を引き起こす．世界国家の市民，すなわち国家について，たとえば原理の上で世界社会の権威を拒否し，実践的にもそれに対抗する国家をどう扱うべきなのだろうか．『専制からの自由の擁護』（1579）は，革命主義者に1つの答えを与えた．すなわち同書は，被抑圧者を保護するために介入する権利を人類社会の一体性から引き出したのである．これは，垂直的な結びつきよりも水平的な結びつきの方が重要であり優先されうるという革命主義の観念を早い時期に表明したものである．こうして革命主義は国際関係を国内政治に同化させる．「万国の労働者，団結せよ！」．

　したがって，国際社会の理論は，「国際社会とは何か」という問いに答える

第3章 国際社会の理論

3つのラテン語の標語に要約することができる. 現実主義者にとってそれは「万人の万人に対する戦争」(*bellum omnium contra omnes*, ホッブズ) であり, 合理主義者にとってそれは「擬似政治的・道徳的社会」(*societas quasi politica et moralis*, スアレス) であり, 革命主義者にとってそれは「世界国家」(*civitas maxima*, ヴォルフ) である. 端的に言うと,

1 それは, 社会ではなくてむしろ競技場である.
2 それは社会ではあるが, 国家とは異なる.
3 それは国家である (または国家であるべきである).

注
1) Thomas Hobbes, *Leviathan* (London: J.M. Dent, 1934), part I, ch. 13. J.L. Brierly, *The Basis of Obligation in International Law* (Oxford: Clarendon Press, 1958), p. 33 も参照.
2) Friedrich Hegel, tr. T.M. Knox, *Philosophy of Right* (Oxford: Clarendon Press, 1949), para. 340. 〔ヘーゲル (上妻精・佐藤康邦・山田忠彰訳)『法の哲学』下巻, 岩波書店, 2001年, 550頁〕.
3) Hans J. Morgenthau, *In Defense of the National Interest* (New York: Alfred A. Knopf, 1951), p.34. 〔モーゲンソー (鈴木成高・湯川宏訳)『世界政治と国家理性』創文社, 1954年, 35頁〕. *Dilemmas of Politics* (University of Chicago Press, 1958), pp. 80-81 も参照.
4) A.J.P. Taylor, *Bismarck The Man and the Statesman* (London: Hamish Hamilton, 1955), p. 167.
5) C.R.M.F. Cruttwell, *British History 1760-1822* (London: G. Bell & Sons, 1928), p. 63.
6) ロシア国防相リューコフ将軍による晩餐会についての記事. *Daily Mail*, 10 July, 1956.
7) Dexter Perkins, ed. S.F. Beamis, 'John Quincy Adams', in *American Secretaries of State and their Diplomacy*, vol. IV, p. 52.
8) W.K. Hancock, *Survey of British Commonwealth Affairs* (London: Oxford University Press, 1937), vol. I, p. 460n.
9) L.M. Goodrich and E. Hambro, *Charter of the United Nations Commentary and Documents* (Boston: World Peace Foundation, 1946), preamble, p. 338.
10) Thomas Hobbes, *Leviathan*, ch. xvii, p. 89. 〔ホッブズ (水田洋訳)『リヴァイアサン』第2巻, 岩波文庫, 1992年, 33頁〕.
11) *Charter of the United Nations*, Art. 24, 25, 28.

12) しかし，この規則の例外として行われる続く議論を参照．
13) *Commentary on the League of Nations Covenant* (London: HMSO, 1919), Cmd. 151, Art. 1 (3), p. 3.
14) *Charter of the United Nations*, Art. 5, 6, pp. 340, 341.
15) Thomas Hobbes, *Leviathan*, ch. xxi, p.117. 〔ホッブズ，前掲訳書，第2巻，102頁〕．
16) *Dumbarton Oaks Documents on International Organisation* (Washington, D.C.: Dept. of State Publication 2192, Conference Series 56, 1944), Cmd. 6571, para. 22.
17) 連邦化されたヨーロッパは「指導者に対して，公正かつ平和的に語るよう強制すべきである」とするルソーの主張の要約は，F.M. Stawell, *The Growth of International Thought* (London: Thornton Butterworth Ltd., 1929) にある．これを参照．
18) Thomas Hobbes, *Leviathan*, ch. xxi, p. 116. 〔ホッブズ，前掲訳書，第2巻，100頁〕．
19) *Commentary on the League of Nations Covenant*, para. 85, 87, 88.
20) Thomas Hobbes, *Leviathan*, ch. xxix, pp. 177-178. 〔ホッブズ，前掲訳書，第2巻，254-255頁〕．
21) この点については，今日の現実主義一般だけでなく，ホッブズのルネサンスについての研究も参照のこと；3人だけをあげると，オークショット，シュトラウス，コリングウッド［1950年代に書かれた：編者］．
22) J.L. Brierly, *The Basis of Obligation in International Law*, p. 52, T.J. Lawrence, *The Principles of International Law* (Macmillan Co., 1925) sect. 42, pp. 65, 66.
23) 例えば John Westlake, T.J. Lawrence, J.L. Brierly.
24) いくつかの有用な定義は以下のとおりである．
　　社会の構成員（*socius*）＝提携者，パートナー．
　　社会（*societas*）＝パートナーシップ．
　　プリニウス，社会的な（*sociabilis*）：パートナーになる用意がある．
　　社会性（*socialitas*）：パートナーたる条件．
　　グロティウス，社交性（*sociabilitas*）：パートナーシップの能力．
25) John Lock, *Of Civil Government* (London: Dent & Sons, 1924), bk. II, ch. 3.
26) Alexis de Tocqueville, 'Discours prononcé à la séance publique annuelle de l'Académie de Sciences Morales et Politiques', 3 April 1852, *Oeuvres* (Paris: Michel Lévy Frères, 1866), vol. ix, pp. 120-121 (Author's translation)
27) *Commentary on the League of Nations Covenant*, Cmd. 151, p. 15.
28) *Ibid.*, p. 12.
29) John Lock, *Of Civil Government* bk. II, p. 187. 〔ロック，前掲訳書，第11章，142頁〕．
30) E. De Vattel, *The Law of Nations* (Institution of Washington: Carnegie, 1916), vol. iii, preface, p. 9a.
31) Achmed Sukarno, speech by President Sukarno of Indonesia at the opening of

第3章　国際社会の理論　　　　　　　　　　　　　　　63

the Bandung Conference, *Asia-Africa speaks from Bandung* (Djakarta: The Ministry of Foreign Affairs, Republic of Indonesia, 1955), p. 23.
32) Martin Wight, 'Germany' in *The World in March 1939*, Survey of International Affairs 1939-46 (London: Oxford University Press, 1952), p. 323.
33) Hermann Rauschning, *Hitler Speaks* (London: Thornton Butterworth Ltd., 1939), p. 232.
34) John Milton, *Areopagitica* (Cambridge: University Press, 1928), p. 51.〔ミルトン（石田憲次・上野精一・吉田新吾訳）『言論の自由―アレオパヂティカ』岩波文庫，1953年，58頁〕．
35) John Milton, *Doctrine and Discipline of Divorce*, Pamphlet, 1643.〔ミルトン（新井明・佐野弘子・田中浩訳）『離婚の教理と規律』未来社，1998年，23頁〕．
36) *Democratic Review* 誌の編集人だったジョン・L. オサリバンが1845年7-8月号で初めて使用した．
37) Abraham Lincoln, 'Gettysburg Address, 19 November 1863', *Speeches and Letters* (London: J.M. Dent and Sons Ltd., 1936), p. 213.〔(高木八尺・斎藤光訳)『リンカーン演説集』岩波文庫，1957年，148頁〕．
38) Virgil, tr. H.R. Fairclough, *Aeneid* (London: William Heinemann, 1947), vol. i, p. 255.〔ウェルギリウス（泉井久之助訳）『アエネーイス』上巻，岩波文庫，1976年，28頁〕．
39) *Ibid.*, vol. II, pp. 93, 96-97.〔同上訳書，下巻，49, 54頁〕．
40) R.E. Osgood, *Ideals and Self-Interest in America's Foreign Relations* (Chicago: University of Chicago Press, 1953), pp. 6-7.
41) George F. Kennan, *Realities of American Foreign Policy* (London: Oxford University Press, 1954), p. 42.
42) *Stalin-Wells Talks*, The Verbatim Record and a Discussion (London: The New Statesman and Nation, 1934), p. 11.
43) G.A. Tokaev, *Betrayal of an Ideal* (London: Harvill Press, 1954), Introduction.
44) ヘンリー・ウォーレス．1941-45年にローズヴェルト大統領の副大統領．トルーマンと副大統領を交代させられ，1948年に大統領選挙に出馬したが，落選した．
45) Letter to *The Manchester Guardian*, airmail edition, 17 January 1957.

第4章

人間の理論：「未開人」

「国際社会とは何か」が，まず考察すべき問いとして提示された．これに続く問いが，初めの問いで見落とされがちな「国際社会（というものがあるとして）は，どの範囲にまで広がるのか」である．

もしも国際社会が人類と同一空間上に広がっているのではないとしたら，国際社会の外にある人間や社会とは何であるのか．これは抽象的な問いかけどころか，これまでも繰り返し問われ，また問われていくであろう，ごくごく具体的な問いである．これまで知られた国際社会はいずれも，地球上の居住適地を完全に覆いつくすことはなかったので，その外側には異なるさまざまな社会があることを認識していた．ギリシャ人やローマ人は，これらの諸社会を「未開人」と呼んだが，そこに含意されていたのは文化的劣等性ではなく単なる文化的相違にすぎなかった（これとは異なり，中国人は未開人を本当に劣等な存在と見なしていた）[1]．16世紀の西洋国際社会は，一方において，オスマン帝国のような，いくつかの点ではヨーロッパよりも文明化され高度に組織化されていて脅威を与えるような社会が東方に存在することに気づいていた．他方では，西方の新たに発見されたアメリカには，脆弱であるものの多くの点で同じくらい文明化の進んだエキゾチックな新しい社会があることも認識していた（一例を挙げると，〔画家の〕デューラーは1520年のアントワープへの旅行で，新たに発見されたアステカ文化からもたらされた「今まで見たこともない素晴らしいもの」に魅了され，歓喜した）[2]．ここに横たわっているのは，これらの諸社会をどのように説明するかという理論上の問題であり，どのような拘束力がヨーロッパと彼の地の間に内在しえるのか，である．

世界の大部分が西洋国際社会に包含されるようになったのは，1907年の第2

第4章　人間の理論：「未開人」

回ハーグ会議においてであった．この時初めて，アジアとラテン・アメリカ諸国が国際的な会合に代表を送り出すことが一般に認められるようになり，このことは 1920 年に〔発足した〕国際連盟によって追認された．しかし，問題が消えてなくなったわけではなかった．1945 年以後，世界政治は 2 つの国際社会に分断されたと見なすのが妥当であろう．一方は西ヨーロッパに起源を持つものであり，他方は新しい共産主義者のものである．この 2 つは，例えば国際連合においては重なり合っていたが，共産中国の非承認問題に見られるように，重なり合いよりも相互の排他性のほうが顕著である．

だが，別の問題もある．なぜならば，国際社会の外側にはまだ新しい社会があり，それどころか国際社会の内側に周囲とは異なる孤立した小地域が存在するからである．そうは言っても，失われた文明を求めてアマゾンのジャングルの中を彷徨う探検家や，雪の中で社会生活をしている人間だと想像された雪男について思いをめぐらす必要はない．1954 年，南西ニューギニアにおいて 1 万 4 千フィート〔約 4200 メートル〕の高さの山脈に囲まれたそれまで知られていなかった肥沃な谷に，10 万人の部族の住んでいることがオーストラリア人によって発見された．ニューギニアの航空局長が言うには，上空から見たところ，人々がピグミー人のように小さいのか通常の大きさなのかは分からないが，彼らの村はよく設計されており，大きな堀に囲まれていたということである．オーストラリアの海外領土省は，アメリカ・インディアンをどう扱うべきかをめぐって 16 世紀にスペイン政府を激しく揺さぶったのと同じ論争の渦中に投げ込まれることになった[3]．

国際関係論の魅力の 1 つは，それが他のいかなる社会科学の学問よりも空想科学小説に近いことである．すでに国際法学者は，国際法が宇宙に適用されるかどうか，そこに発見と占有の法が存在するかどうかについて議論を始めようとしている．事実上すべての空想科学小説が，その中で作り出された宇宙の生き物とわれわれ人間との間には当然の敵対状態があると想像していることは，われわれの文化状態を表している．これはもちろん劇的効果のためではあるが，それでもそのこと自体，重要な意味をもつ．

未開人との関係の問題は，国際関係と植民地行政をつなぐ政治問題だった．自己統治していない人々すなわち植民地の住民は，国際社会の中に吸収された

ものの，まだ完全にはその中に取り込まれてはいない未開人であった．

こうして「人間の理論」——本当はもっと適切な名前が良いのだが——は植民地行政の理論と紙一重のものとなる．

現実主義

未開人との関係について現実主義の立場を演繹的に描きだすことは，それほど難しいことではない．もし国際社会が存在しないとしたら，あるいは存在するとしても万人の万人に対する戦争という権力政治(パワー・ポリテイクス)の舞台に過ぎないのであれば，この舞台の向こう側にあるのは同じ権力政治の舞台，しかも明らかにそれがもっと強められたものだ，ということになる．穏健な現実主義であれば，合理主義者が国際社会と呼ぶものを少なくとも外交のある社会としては認める．そこでは，実定法主義法学の言語で記述された形で，なんらかの初歩的な社会的義務が果たされることになる．外交のある社会の外側では，社会的義務の要素はどのようなものであれまったく存在しない．そこには，道徳的体裁によって制限されることのない万人の万人に対する戦争があり，存在するのは自己保存の法則，すなわちジャングルの掟のみである．

驚くべきことに，このことを最初に語ったのはおそらくアリストテレスであって，それはギリシャの国際理論にとって基本的な教義をなしていた．ギリシャ人には国際社会があったが，駐在使節の制度はなかった．デルフィの神託は教皇政治のようなものであり，アイトリア同盟やアカイア同盟が民族間ないし国家間の法において重要な役目を果たした．しかし，ギリシャ人の社会はギリシャ語を話す共同体の境界で鋭く断絶しており，その向こう側は戦争状態であった．このことはアリストテレスによって明白に述べられており，それを述べたアリストテレスという人物が見落とされがちであること自体，記憶されてよい．アリストテレスは，ホイッグ党立憲主義の父，混合政体理論の父，さらにはバジョット〔経済学者〕の祖先，グラッドストン〔英国首相〕とジョー・グリモンド〔英国自由党の指導者〕の教父として考えられている．忘れられがちなことだが，ヘーゲルのようなドイツ・ロマン派思想家たちがアリストテレスを受け入れていたのには充分な理由があった．そこでのアリストテレスは，全体主義

第 4 章 人間の理論：「未開人」

の雛形であり，宗教と世俗とが一体となった全体社会である都市国家に住むアリストテレスであった．「……しかしまた自然には〔本性上は：原訳者注〕，国は家やわれわれ個々人よりも先にある，何故なら全体は部分より先にあるのが必然だからである」[4]．国家に憧れるドイツ人に自分たちこそがギリシャ人の後継者であるとの考えを抱かせたのは，まさにアリストテレスであった．

　プラトンよりもむしろアリストテレスこそが，全体主義の源泉にふさわしい．プラトンは形而上学者であり，何よりもまず宗教哲学者であって，自分の「守護者」や「統治者」として具体的な人々を思い描いていたわけではなかった．「『国家』の主な業績は，邪悪な社会にもかかわらず観想（テオリア）生活を明白かつ正式に導入したことである」[5]．対照的にアリストテレスは，何よりもまず政治哲学者であり，自然科学者であった．未開人すなわち非ギリシャ人は生まれながらに奴隷である，と教えたのも，このアリストテレスであった．

> 未開人の間では……本来的に統治の要素は存在しない……このために，われらの詩人たちはかつて次のように語った．「未開な人々はギリシャ人によって統治されるべきであるという事実を見よ」．ここには未開人と奴隷は生まれつき同一であるという想定がある……［ギリシャ人は］事実上次のことを認めるに至る．生まれながらにして奴隷である者（すなわち未開人）はどこにでもおり，生まれながらにして自由である者（すなわちギリシャ人）もまたどこにでもいる．戦争という技術は，ある意味で自然の獲得様式である．狩猟はその技術の一部であり，そして狩猟は──野生動物に対してだけでなく生まれつき他者に支配されるように意図されている人間に対して，さらにこの意図に従うことを拒絶する人間に対しても実践されるべきである──なぜならば，この種類の戦争は本質的に正しいからである[6]．

　ローマに対する抵抗を議論するため紀元前 200 年に開かれたアイトリア同盟の会議で，マケドニア大使は次のように演説した．

> アイトリア人，アカルナニア人，マケドニア人，同じ言葉をしゃべるこれらの人々は，時に生じるつまらない理由によって，連合したり分裂したりする．外国人や未開人に対しては，すべてのギリシャ人が恒久的な戦争を行っているのであり，行うことになるであろう．なぜなら彼らは日ごとに変わるような理由からではなく，永遠に変わらない自然の意思によって敵だからである[7]．

このような前提から判断すると，未開人との関係をめぐる問題とは，けっして**道徳上の**問題ではなくて，純粋に便宜的なものだということである．彼らは生まれつき奴隷なのであって，力の及ぶかぎり彼らは戦争を仕掛けられ，略奪され，搾取されるであろう．これがギリシャの伝統であった．ギリシャ文明にとって未開人を区別する要因は言語的・文化的なものだった．つまり未開人はギリシャ語を話さない．西洋文明においては，宗教という新しい区分がある．未開人は非キリスト教徒だったので，代わりに「異教徒（pagan）」とか「邪教徒（heathen）」と呼ばれた．未開人に対するギリシャに代わって，異教徒に対するキリスト教世界が現れたのである．しかしながら，キリスト教現実主義は，古典的なギリシャ現実主義と同じくらい明白なものだった．ロランの歌（11世紀）は言う「異教の徒にこそ邪はあれ，キリスト教徒にぞ正はある」（*Paien unt tort a chrestiens unt dreit*）[8]．

ここで語られる中世と近代の西洋現実主義は，辺境社会の哲学である．未開人との遭遇が普通に行われるのは，もちろん国際社会の辺境においてであり，未開人との関係についての現実主義は辺境社会に関する支配的な政治理論となる．社会学的な一般化は危険かもしれないが，辺境社会が自信に満ちていて発展している時には現実主義が盛んとなり，逆に守勢に回って怯えている時には現実主義は栄えない．後者の場合には，嫌々ながら未開人に敬意を示したり，あるいは称賛して彼らの真似さえしようとする辺境住民を見出すことになる．スペインやレヴァント〔ギリシャからエジプトまでの地中海東部沿岸地域〕の十字軍諸王国が，自分たちよりもはるかに文明の進んでいた敵であるイスラム教徒に同化され，そのことを通じて中世キリスト教世界の文化変容がもたらされたのと同じように．辺境社会が勝ち誇っていて満足しきっている時にもやはり現実主義は繁栄しない．この場合には，居留区に追い込まれ寛容と保護を与えられて今や多くの場合「先住民」と改名された，未開人を見出すことになる．未開人担当部局が設置され，搾取から彼らを守り，彼らが摂取できるアルコール量を規制して，女王の巡回視察の時には彼らの中で出来の良い部分が紹介されることになるかもしれない．国際社会の限界に関する現実主義理論が繁栄するのは，辺境社会が力強く攻撃的で，自分たちの目的や強さについての疑いを抱いてはいないときである．西洋文明は，拡張と自信という独特な力を示し，

第4章 人間の理論:「未開人」

現実主義という独特の収穫物をもたらしてきた．ここでは西洋辺境社会の2つの領域，ドイツ-オランダ社会とアングロサクソン社会の背景について言及してみたい．

中世初期のドイツは，東方進出もしくは異教徒スラブ人に対抗するキリスト教世界の辺境であった（英語とフランス語でそれぞれ奴隷を意味する単語である「slave」と「esclave」はいずれも「slav」から来ているし，中世ラテン語の「sclavus」は「スラブ人捕虜」を意味する）．10世紀から14世紀にかけて，ドイツ人入植者たちは，エルベ川からニェメン川にかけての北ヨーロッパ平原に入植し，アメリカ連合に独立を与えた1783年のパリ条約後のオハイオ川から太平洋沿岸までのアメリカ開拓運動，あるいは1529年にオビ川からシベリア平原を越えて太平洋沿岸に至ったロシア開拓に匹敵するような労苦のすえに，森を切り開き沼地を干拓した[9]．ここの異教徒住民たちは改宗させられ，たいていは農奴や奴隷の身分へとおとしめられたが，場合によっては殲滅されることもあった．ときに前進運動は，洗礼かそれとも皆殺しかというスローガンを唱える宗教復興運動の形で新たな駆動力を生みだしたが，このことは，植民者たちを引きつけることになった．この運動の中でも最大の組織がドイツ騎士団であり，1190年に創設された軍事伝道組織として東プロイセンを征服し，そこに国を（〔アメリカ合衆国〕ユタ州のモルモン国家のように）建てた．同国は，厳しい軍事的名誉という美徳と傲慢な軍国主義という悪徳とを伴ったまま，後のプロイセンの起源となった[10]．15世紀のリトアニアにおける人間狩りは，帝国の貴族階級にとって流行の娯楽となっていて，今日オリンピック大会に集まる人々のように，彼らは「競技」のために毎年集合した[11]．これはドイツ人による植民の頽廃であった．ドイツはもはや辺境であることを止めた．ローマ・カトリック教徒，ポーランド人，ボヘミア人，ハンガリー人という，いずれもドイツ人入植者の飛び地によって侵食され部分的には支配されている人々からなる環が，ドイツの外側に生まれたのである．その後ドイツは衰弱期に入り，宗教改革と反宗教改革，三十年戦争，ナポレオンへの従属が続いた．

未開人に関するドイツ現実主義には，ドイツ・ロマン主義の開花におけるギリシャの伝統の衝撃によって，新たな刺激が与えられた（この現実主義におけるギリシャの伝統は，マキャベリには影響を与えなかった．彼は，古代ローマ

人に魅惑されていて，未開人の問題にはまだ直面していなかった）．ドイツ現実主義はドイツ・ロマン主義によって真価を発揮した．それゆえにヘーゲルは書く．

> ある一民族は最初はまだ国家ではない．そして家族，流浪の民，種族，烏合の衆等々が一国家の状態に移行することが，民族において理念一般の形式的実現をもたらす．……
> 婚姻と農業から出発して，法律的規定と客観的制度のうちに現れ出ることが，理念の絶対的法である．その際，この理念の現実化の形式が神の立法や慈悲として現れようと，あるいは権力や不法として現れようと，そうである……
> 前節の規定から，文明化された国民が，国家の実体的契機という点で彼らに劣る他の国民を（牧畜を営むものが狩猟民族を，農業を営むものがこれら両者を，等々），不平等な権利意識をもって，野蛮人とみなし，取り扱い，彼らの独立性を形式的なものとみなし，取り扱うということが生じる[12]．

モムゼンも同じように「国家として成長した人々が政治的幼少期にある隣人を吸収し，文明人が知的幼少期にある隣人を吸収する」法則について語っている．「この法則は……重力の法則と同じくらい普遍的に有効な自然の法則である」．そのおかげでローマは，頽廃したギリシャ人を「支配下におく権利をえ」，ケルト人，ドイツ人，リビア人等々「西洋の中でも文化の低い段階にあった人々から彼らの文化を奪う」権利を獲得した．「それはちょうど，同じような権利を有するイギリスが，アジアにおいて競争相手とはいえ政治的には無力な文明を服従させ，またアメリカやオーストラリアにおいては，さまざまな民族的特徴をもった未開人諸国家を評価し〔その支配者を〕貴族に列してきたし，今でもそれを続けているのと同じである」[13]．この時点において，未開人に対する道徳的義務のまったくの欠如は征服と収奪の権利となり，文明諸国がこのように振る舞うことが普遍的に有効な自然法となったのだった．

未開人に対するドイツ現実主義は，国家社会主義においてその頂点に達した．

> **以上でもって，われわれ国家社会主義者は，わが国戦前の外交政策については終止符を打っておくことにする．……われわれはついに戦前の海外植民地政策および貿易政策を清算し，将来の領土政策へ移行する．**
> だが，われわれが今日ヨーロッパで新しい領土について語る場合，第1にただ

第4章 人間の理論:「未開人」

ロシアとそれに従属する周辺国家が思いつかれるに過ぎない．
今日，われわれはヨーロッパに8千万のドイツ人を数えるのである！ 百年もせぬうちにこの大陸に2億5千万のドイツ人が生活するだろう．しかも他国の工場クリーとして押しつぶされるのではなく，自分達の活動によって相互に生活を保証し合う農夫と労働者として生活するだろう．このようなことが実現されてはじめてこの外交政策は正しいものと承認されることだろう[14]．

この領土に現に住んでいる住民たちに何が起こるのかについては言及されないままである．実際に何が起きたのかを暴いたのが，ニュルンベルク裁判であった．『わが闘争』からのこのよく知られた引用は，独裁者が考えた将来の政策を知るうえで彼らの刊行作品を読むことがどれほど重要であるかを示している．さらに国家社会主義は，歴史が常に現在との関わりをもっていることを例証している．ここに挙げるのは，12世紀前半にザクセンの司教や諸侯たちが入植者たちに対して訴えた宣言である．

> スラブ人は忌まわしい人々である．だが，その土地は食肉，蜂蜜，穀物，鳥がきわめて豊富であり，開墾されたならば，他とは比べようもないほどに肥沃な大地がもたらすあらゆる産物で満たされるだろう……おおそれゆえ，ザクセン人よ，フランク人よ，ロートリンゲン人よ，いとも名高きフランドル人よ，そなたたちはここで自らの魂を救うことができ，もし気に入れば住むに最適な土地をも手に入れるのだ[15]．

1936年9月，ナチスのニュルンベルク党大会においてヒトラーはあまねく知れ渡ることになる不謹慎な演説を行って，スターリンからしっぺ返しを喰らい，ドイツ国民からはみっともなく拒否される結果になった．「ウラル山脈に埋蔵されている測り知れぬ原料と富やウクライナにある尽きることのない肥沃な平原を，かりにわれわれが国家社会主義の統率の下に自由に開発することができるならば，われわれは生産し，わがドイツ人はその豊かな富でいっぱいになるであろう」[16]．個人の魂の解放という動機は抜け落ちて，ドイツ民族の維持に置き換えられたのである．

未開人に関するアングロサクソン人の現実主義の伝統は，これまでみてきたドイツ人の伝統よりも馴染み深い．そこにはスラブ人の辺境ではなくケルト人やアメリカ・インディアンが関係しており，1550年から1900年までの間に起

きた，次のような歴史的大事件が含まれている．アイルランドへの入植とクロムウェルによる虐殺，大西洋奴隷貿易（1806 年に終焉），北米の植民地化とインディアン戦争（1890 年のスー族との戦争が最後），オーストラリアの植民地化と先住民であるアボリジニーをとりわけタスマニア島において皆殺しにしたこと，である．セポイの反乱，中英〔アヘン，アロー〕戦争，義和団の乱を付け加えてもよいかもしれない．

　未開人との関係についての現実主義理論を構成する要素について，4 つの教義を弁別することができる．そのうち 1 つは肯定的，残り 3 つは否定的なものである．肯定的な教義とは，**文明はそれ自身拡大する絶対的権利を持つ**ということである．現実主義は，国際社会の理論について用語上の困難を抱えている．なぜなら，そのようなものが存在すると本当は信じておらず，引用符を用いてしかこの言葉を使うことができないからである．だが，現実主義が未開人についての理論を扱う時には文明について語ることができる．たとえ現実主義が文明を，万人の万人に対する戦争，持てる者の持たざる者への戦争と考えているとしても，少なくとも文明は未開の対極として位置づけられる．これは国際法学者が，国際法とは「文明化された」国家の関係を律する法だというときに，伝統的に用いてきた言葉遣いである．ここにおける文明の定義には，それが歴史的な何ものかであることが，前提として含まれている．文明が，拡大して自らを〔他者に〕課す権利を持つということは〔すでに引用した〕モムゼンによって明確に述べられているし，さらには例えば 1802 年に「ピルグリム・ファーザーズの息子たちの会（The Sons of the Pilgrims Society）」〔アメリカ合衆国に初期入植した清教徒の子孫を名乗る人々の団体〕に対して語ったジョン・クィンシー・アダムズ〔米国大統領〕その他の人々によっても明言されている[17]．

　　文明化された民族の使命は，未開の邪教な土地に文明の旗を掲げることである．
　　このことによる恩恵はこれまで征服と服従という結果をもたらし，諸民族に強制
　　されてきたが，それは慈悲の動機から来るのではなく，未開に対する文明の当然
　　の優越に由来する．未開と恒常的かつ直接的に接触するとき，文明は未開に勝利
　　しなければならないからである[18]．

第4章 人間の理論:「未開人」

　徹底的な現実主義は，この拡張原理を1つの文明から1つの文明内部の個々の国にまで押し広げる．これが19世紀ヨーロッパ帝国主義の前提である．そしてこの前提があったからこそ，2つの鎖国帝国であった中国と日本について，中国に対しては，1839-42年のアヘン戦争と1856-60年のアロー戦争を通じて，また日本については，1853-54年のペリー提督の来航，1863年の鹿児島での〔薩英〕戦争，1865年の大阪湾での英仏蘭米による4カ国艦隊の示威行動を通じて，ヨーロッパとの貿易が強制されたのである．次に挙げるのは，1852年11月5日のペリー提督への指令である．

　　艦船が難破したり島の浅瀬に乗り上げると，乗組員はもっとも残酷な扱いを受ける．これに関する2つの事例が最近起きている……
　　すべての民族は，他の民族とどの程度まで交際するかについて，自分自身で決定する権利を間違いなく持っている．しかしながら，各民族がこの権利を行使することを保証する同じ諸国民の法によって，各民族には無視することが正当と見なされない一定の義務が課されている．これらの義務の中でも，自国沿岸の外洋で危難に遭った人間を救助し，救出する義務ほど絶対に果たされなければならないものはない……
　　もしある民族が，習慣的，体系的にこれを無視するのみならず，そのような不運な人間をあたかももっとも残虐な犯罪人であるかのように扱うならば，そのような民族は人類に共通する最大の敵と考えられても当然のことであろう……
　　もし日本が，アジアの大陸に近いようにヨーロッパやアメリカの大陸の近くに位置していれば，日本政府ははるか前から未開人として扱われてきたか，文明国の慣習を尊重するよう強制され文明国の保護を受けることになったか，のどちらかであっただろうことは，ほとんど疑いようがない……[19)]

アメリカの真の動機は，難破船の船乗りを親切に扱うよう強制することなどではなく，「多くの人口とその豊かな富で知られる国と通商関係を樹立して，商業上の大きな誘因に応えること」だった[20)]．したがって合衆国政府が追求した目的とは，難破した船乗りや避難を求めた船舶を保護するための永続的な取り決め，合衆国船舶に燃料補給や修理改装を認めること，商業目的のために1つ以上の港を開くことを認めること，であった．
　このアングロサクソン的現実主義の理論における否定的要素の第1は，**未開人は権利を持たない**ということである．別の言い方をすれば，自然法であろう

と万民法であろうと，彼らは法の外に置かれているのである．こうした議論は16世紀にとくにスペインにおいて交わされた．中には，自然法であろうと万民法であろうと国際社会は法によって統治されていると想定するほどかなり合理主義的な者もいたが，彼らが論じたのは，未開人に権利を保証する法は国際社会の外側には存在しない，ということだった．結果として未開人は，占有の権利も，征服される権利も，条約を結ぶ権利も，何も持たないことになった．未開人は占有の権利を持たないということはすべてのイギリス植民地の基礎であり，未開人に関する英国国教徒の伝統をカトリック教徒の伝統から区別する根本的な主張である．恩寵に基礎を置く支配[21]についてジョン・ウィクリフ〔宗教改革家〕の教義はこう述べている．すべての権威は神に属し，神の理性的性質を熟考することができ，神の意思に従順で恩寵を受ける者すべてに，神は権威を委任する．これは平等主義であると同時に急進主義である．なぜならば，神の権威は聖ペテロの後継者たちにだけではなくすべての者に委任されたからである．しかし，これは排他的でもある．というのは，その権威が恩寵を受けた者に委任され，異教徒や偶像崇拝者には委任されなかったからである．邪教徒・異教徒・未開人は，有効な統治権を持たない．ウィクリフがそう結論づけたわけではないし，トレント公会議でこの主張は非難されることになったのだが，やがてこの考え方があらゆるイギリス政治思想と法学を形づくり，あるいはそれに反映されることになった．

　16～17世紀，イングランドの初期植民地認可状は「いかなるキリスト教徒の君主によっても占有されていない土地」[22]へ入植し植民地化する権限を個人ないし会社に与えた．言い換えれば，未開人によって占有されている土地は占有されてはいない土地だった．これがアメリカ植民地の建設と，結果的に合衆国自体が建国されたことについての哲学的前提であった．北米のインディアンがまばらに散在し「原始的に」しか組織されていなかったというのは真実かもしれないが，理論は決定的に重要であった．なぜならば，法における「占有」とは，大部分の未開人にはできないことを意味したからである．スペイン領アメリカの事情はやや複雑であった．モンテズマ〔アステカ王国最後の皇帝〕が，コルテス〔スペインの新大陸征服者(コンキスタドール)〕をケツァルコアトル神〔アステカ人の文化英雄神〕と考え，コルテスが代理人を務めていた皇帝カール5世〔スペイン

国王・神聖ローマ帝国皇帝〕に，忠誠を誓ったからである．モンテズマは自分の国の独立放棄を誓ったことになる[23]．このあとに続いたメキシコ人の反乱は合法的な権力に対する反乱となってしまった．ペルーではピサロ〔コンキスタドール〕がコルテスのやり方を繰り返そうとして，インカ帝国皇帝アタワルパを誘拐し，次いで反乱への恐れから皇帝を処刑した．権威の譲渡が明確になされたわけではなく，殺人と虐殺という不名誉を伴ったものの，征服の権利が存在したと主張することは可能であった．

　未開人は占有の権利を持たないという教義は，国際法となった．

　　野蛮部族(サヴィジ)が群がる土地はこれまで繰り返し幾度も盗用されてきたのであり，元々の居住民がごくわずかな程度の文明や政治的結合を有していたとしても，占有によるその土地の取得を禁ずるには不充分であった．国　際　社　会(ファミリー・オブ・ネイションズ)の一員であり，国際法の主体である国家が占有しないすべての領域は，手続き上は無主物（res-nullius）と見なされなければならず，したがって自由に占有することができる．先住民の権利は道徳上のものであって法律上のものではない．国際法ではなく国際的な道義が，先住民を配慮をもって取り扱うことを求めるのである[24]．

未開人の権利は道徳上のものであって法律上のものではないという教義は，現実主義の教義である．なぜならば，たとえそうした権利が法律上のものとして認められたとしても，おそらくその権利は侵害されるだろうし，かりにそれが道徳上だけのものならば，ほとんど何の効力ももたないであろうからである．イングランドの法制においては，未開人には何の権利もなく，征服されるという権利さえもない．というのも，征服の権利といえば征服された者に自分たちを統治する権利が先に存在していて，それが征服者に譲渡されるということを意味するからである．未開人には自分たちを守る権利すらなかった．後に英国海軍の艦長となった海賊ウィリアム・ダンピア（1652-1715）は，アレクサンダー・セルカーク[訳注1]を救出した船の水先案内人であったが，1697年に著した『世界周航記』ではパプアの先住民のことを「荒々しくて扱いにくい残忍で野蛮な種族で，かっとなった時には仕返しに躊躇しない」と書いている．

　未開人は国際法の主体でないために，条約を作成する権利を持たない．だが，19世紀の帝国主義的拡張は主として条約を手段として行われた．北米のインディアン部族がワシントンの合衆国政府と条約を結んだように，おびただしい

数のアフリカの首長やアジアのスルタンが，ヴィクトリア女王と条約を結んだ[25]．これらの条約は，常に困った事態を引き起こしがちであった．というのは，権利を持たない野蛮人(サヴィジ)と条約が締結されたのみならず，官公吏であれ民間の探検家であれ，適切な権限を持たない人物によって条約が締結されたからであった．ニュージーランド会社総督であったソームズは1843年に，陸軍・植民地大臣のスタンリー卿に宛てて，こう書いている．

> われわれは，ワイタンギ条約について常に深刻な疑義を抱いてきた．全権を与えられていない領事によって裸の野蛮人との間でそれは結ばれ，国王による裁可もない．法律家たちからすれば，この条約は，つかの間，野蛮人を楽しませたり宥めたりするための称賛に値する方策などと見なせるものではない[26]．

再びヘーゲルと比べてみよう．「文明化された国民が……不平等な権利意識をもって，野蛮人とみなし，取り扱い，彼らの独立性を形式的なものとみなし，取り扱うということが生じる」[27]．英国憲法体制の基本原則は現実主義であるので，上述したような未開人との諸条約は国際法における条約ではない，という批判が出てくる．なぜならば，先住民の支配者は国際法上の主権を享受しておらず，大英帝国内部の憲法体制における有効性ももたないからである．もし諸条約が義務を課したとしても，それは法的命令ではなくて道徳的命令にすぎず，イギリス国王によって無視されたとしても救済策は存在しなかった[28]．これらの諸条約は，ときに時代遅れで，もはや拘束力を持たないと見なされることもあったが，逆に慎重に遵守されることも多かった．

インドの藩王たちと結んだ諸条約（保護国条約）は，国際法上は有効ではなかった．それらの条約が対外政策や対外関係に対する統制権を放棄しているからであり，また国際法の主体間で結ばれたわけではなかったからである．保護国条約の一般的性格の1つは，保護される側からは拒否することができないということだった．それは権力の点からのみならず法的地位の立場からも「不平等条約」であった．インドの「原住民諸国家」は国内主権を持っており，大英帝国との関係は条約によって明確にされた．しかしこれらの条約には，大英帝国の最高権益が伴う場合，もしくは原住民諸国家自身の権益に大きな影響を及ぼす場合ですら，無視されうるという留保条件が付けられていた．だからそれ

第4章　人間の理論:「未開人」

らの条約は，帝国政府が自らの行動に課した限界の表明を超えるものではなかった．1891年，インド政府は官報通知で，国際法の諸原則はイギリス女王－インド女帝〔ヴィクトリア女王〕と女王の宗主権の下にある諸国家の関係には何ら適用されないと宣言した（とはいえ，原住民諸国家の支配者たちは，イギリスの普通の臣民でもイギリスの保護下にある人間でさえもなかった）[29]．

　北米のインディアン諸部族と比べてみよう．元来それぞれの植民地は，現実主義の原則に基づいて，自分たちの都合にあわせて近隣のインディアンに対処してきた．しかし七年戦争〔1756-63〕によって，イギリス国王がインディアン問題を司ることになった．インディアンがイギリス人とフランス人との間で勢力均衡をとったり，フランス人と同盟を結んだりしたからである．イギリス国王は，インディアン部族(トライブ)をイギリス保護下の独立民族(ネイション)として扱った（土地は彼らに属した）が，完全な土地所有権をインディアンに対して認めることはなく，ミシシッピー川までがイギリスの主権下にあると主張した．ここに実践と理論の不一致が存在した．つまり，インディアンの政治的独立は認めながら，インディアンの土地を購入できる選択権をイギリス国王は主張し，個々のイギリス臣民や外国勢力が土地を買うのを許さなかったのである[30]．合衆国はイギリス国王の権利と政策を相続し，合衆国憲法は，インディアンと条約を結ぶ権利や商業を規制する権利を，州ではなく連邦政府の手に留保した[31]．各州はこれに憤慨した．1820年代にジョージア州はチェロキー人と争論を起こし，1827年には州議会がチェロキー人政府の承認を拒否し，チェロキー人の土地を州の公有地として宣言した[32]．最高裁判所は，1832年のチェロキー民族対ジョージア州判決および1832年のウスター対ジョージア州判決において，ジョージア州の法令を無効とした．ジャクソン大統領は最高裁判所長官についてこう語った．「ジョン・マーシャル〔最高裁長官〕が判決を下した．次は彼に判決を実行させよう」[33]．インディアンと宣教師たちはジョージア州の主張を退ける判決を得たけれども，州は法的勝利を巧妙に無効にしてしまった．こうして人種隔離撤廃をめぐる州と最高裁判所との間の闘いに先手が打たれたのである[34]．

　インディアンに対する，そしてインディアンの地位に対する合衆国の政策は，変則と矛盾に満ちていた．インディアン諸部族は外国の民族と見なされ，その

土地は「インディアンの土地」だったが、しかしながら、これらの民族と土地は、合衆国の境界線の中にあった[35]。18世紀から19世紀初頭にかけては、インディアン諸部族を適切な時期にアメリカ国民として組み入れ、「代表として選ばれた者」を連邦議会に——後にフィリピン人、ハワイ人、プエルトリコ人がしたように[36]——送り出すことを認める計画が立てられた。だが、この考えは消え去ってしまった。1834年の通商法によって合衆国の司法権がインディアンの土地にまで広げられ、合衆国が非インディアンを巻き込んだ犯罪を罰することが可能になった。1871年版改訂法令集ではインディアン諸部族との協定締結が終了し、以後、どのインディアン部族(トライブ)も協定を結ぶことのできる独立民族(ネイション)としては認められなくなった。もっともローン・ウルフ対ヒッチコック判決では、合衆国とインディアン部族との間で結ばれた協定を廃止する権限を連邦議会は持たない、とされたのだが。インディアンは以後、連邦議会の法令で扱われるべき合衆国の「被後見人」(ward)とされることになった[37]。1885年の法令で合衆国はインディアン居留地における一般的な刑事裁判権を持つことになった。1887年の一般分配法によって部族の土地の個人分割ができるようになった。25年後、当局によってふさわしいと見なされたインディアンは市民となることが可能になったが、これによって自分たちの土地を全部売り渡すこともできるようになった（小農民に土地を分け与えた共産党の政策と比較せよ）。1924年、連邦議会は、すべてのインディアンを市民とする法を制定した。この時点ですでに3分の2のインディアンが、部分的に法の下に置かれていた[38]。

未開人は権利を持たないという教義を、辺境から国際社会の中心へと逆輸入したのはヒトラーであった。それが鮮やかに現れたのは、1939年3月にヒトラーがボヘミアを保護国にした時である。イギリスや他の列強は、未開民族を扱うためにこうした範疇を発明したのだった。ヒトラーもまた、ヨーロッパの真ん中に自分の植民地帝国を持とうとして、「ヨーロッパで名の知れた古い国々」の多くからスラブの未開人だという理由で権利を剥奪した。西洋がヒトラーから衝撃を受けた深層に潜んでいる理由は、彼が権力政治の植民地方式すなわち西洋自身の植民地方式を国際関係に採用したからであった。ヒトラーによるユダヤ人大虐殺があったとしても、非ヨーロッパ民族は、ヒトラー方式に

対してヨーロッパが感じたような恐怖を感じることはできなかった．非ヨーロッパ民族からすれば，第2次世界大戦はヨーロッパの内戦であり，その行動様式は自分たちがすでに経験してきたものだった．

現実主義理論を構成するもう1つの要素は，**未開人は搾取されてもよい**ということである．これが，植民地に対する重商主義理論の背後にある．「手段が目的とは異なるように，植民地は王国の各地方とは異なる」．ルイ15世は1765年，マルティニク島の知事にこう指示した．「植民地は本国により本国のためにのみ存在する」〔とディドロは言った〕（*La colonie, disait Diderot, n'existe que par et pour la metropole*[39]）．コンキスタドールを駆りたてた黄金欲がその蛮行の下敷きとなった．こうしたことすべてについての文章が，『ガリバー旅行記』にある．

> たとえば，海賊の一隊が暴風雨にあって海上をあてどなく漂流していたとする．やがて一人の少年がトップマストの上から陸地を発見する．よし，掠奪だ，とばかり一同上陸する．ところがそこに現れたのが罪のない土着民たちで，到れり尽せりの歓待をしてくれる．海賊たちの方はその土地に勝手に新しい名前をつけ，国王の名代として正式な領有権を宣言し，その証拠に朽ち果てた板切れ一枚か石ころ一つをおったてる．そして，なんと土着民を二，三十人殺し，なおその上見本として一組の男女を力づくで引っ捉えて帰国し，今までの犯罪の赦免状を手に入れる．ざっとこんな具合にして，まさに「神権」によってえられた新領土が確立されてゆくというわけだ．早速機会あり次第，艦船が派遣され，土着民たちは追い払われるか皆殺しにされる．彼らの王様たちは，金の隠し場所の白状を迫られ，あげくの果ては拷問にかけられる．どんな非人間的で貪欲な振舞いでも，すべて公然と許される．大地は，原住民の流す血で一面に染まる．かかる敬虔な遠征に参加して，ひたすら虐殺に専念する言語道断な一隊，これこそ，偶像を崇拝する野蛮な土着民たちを改宗させ，文明に浴させるために派遣された「現代の移住民」の偽らざる姿なのだ[40]．

未開人は人間ではないという議論は，未開人には権利はないとの教義から簡単に引き出せた．実際，それは前提だった．未開人は権利を持つことができない．なぜならば，彼らは理性を持つことができないのだから（*insensati vel amentes*）．ピサロの搾取に反対してインディアンの大義を取り上げたフランシスコ・デ・ビトリアに対してフアン・ヒネス・デ・セプールベダはそう主張し

た．これはメキシコ征服に続いて起こった大論争だった[41]．実際，自分たちのものとは著しく異なる文化を持つ人々に対する最初の反応として，これはよく起こることである．彼らは悪意があるか気が狂っているとみなされる．まして異文化の人々がアステカ文明の申し子とすれば，16世紀のスペイン人にはなおさらであった．1850年代オレゴン州への初期移民であったビーソンは，幌馬車時代についてこう書いている．

> オレゴン州への最初の移民の大多数は，ミズーリ州出身だった．彼らの間では，インディアンの男のことを話す時には〔軽蔑的に雄鹿を意味する〕バック (buck)，インディアンの女はスクウォー (squaw) と呼ぶのが通例だった．やがて，こうした用語が一般に受け入れられるようになると，これらの言葉が適用された人々に対して，人間としての権利を認めなくなった．このごく自然で安易な変化によって，獣として呼ばれる存在から，娯楽のために撃たれたり害獣として殺される存在と見なされるようになっていった．これは連想がもたらす影響力を示すと同時に，[ビーソンは付け加える]劣っていると見なした者について軽蔑的用語を使うことの誤りをも示している[42]．

ある一定の型の人間は人間以下の存在であるとする考え方からは，3つの政策が引き出されやすい．従順で筋骨隆々としていれば，その住民は奴隷にされるだろう．手に負えず役立たずなら皆殺しにされるであろう．そして皆殺しにするにはあまりに数が多い場合や組織化が困難な場合は，隔離されるであろう．奴隷化のもっとも顕著な例はもちろん大西洋横断奴隷貿易であり，1,000万人が追い立てられた．

数ある根絶の実例の中で，ドイツ人とスペイン人，すなわちリトアニアのドイツ騎士団とカリブ海西インド諸島のスペイン人の残酷さを，タスマニアのアボリジニーを扱う際のイギリス人の無神経さと比べてみることができる．ドイツ人は誰よりも徹底的に，アングロサクソン人は誰よりも広範囲に根絶を行った．アメリカ・インディアンとの辺境地帯は，恐るべき事例を示している．「よいインディアンとは死んだインディアンだけ」[43]ということが，入植者の一般的な意識で，非戦闘員が次々と虐殺され，女性や子供のいる村が焼き払われた．清教徒の入植者は自分たちを新たなカナンの地〔旧約聖書の中で神がアブラハムに約束した土地〕に入植した新たなイスラエル人と考えていた．「彼

第4章　人間の理論：「未開人」

らが火炙りになるのを見るのは恐るべき光景であった．そして血の川が，その火炙りの火を消し，そこから出る悪臭と臭気には身の毛がよだった．しかし勝利は甘い犠牲のように思えて，神に賛美を捧げた」[44]．

1637年にコネティカットのミスティック川近くにあるピクォート人の村が焼かれた事件について，ブラッドフォード〔ピルグリムファーザーズの1人でプリマス植民地第2代総督〕著の『プリマス植民地の歴史』はこう記録している．「マザー〔リチャード・マザー．マサチューセッツに植民した清教徒の牧師，1596-1669〕は大虐殺を聞いた時，自分の説教壇に入り，『神を称えて，この日われわれが600人の邪教徒の魂を地獄に送ったことに対して神に感謝した』」[45]．1641年，オランダ人は〔殺したインディアンの〕頭皮に対して最初の報奨金を出した．最後の報奨金は，1814年，インディアナにおいて出された[46]．カリフォルニア西海岸の諸部族は，1850年から1870年の間に絶滅した．ある入植者の日記は1871年4月を回顧する．

> 翌日，白人たちは犬を連れてインディアンを追跡し，洞窟の中に彼らを追い詰め，30人ばかりを殺す……洞窟の中ではインディアンの子供らの肉もあった．キングズリーは，自分の56口径ライフル銃で子供たちを殺すことに耐えられなかった．「奴らがバラバラになってしまう」．だから彼は自分の38口径スミス・アンド・ウェッソン製リボルバーでもって殺った[47]．

根絶に走るイスラエル人の風潮をしかと見よ．「1948年4月9日から10日にかけての夜，アラブ人の村デイル・ヤシンで，ある奇襲部隊が組織的に，男，女，子供など全住民254人を虐殺した」[48]．

1958年10月30日付の『マンチェスター・ガーディアン』紙の報道は，南アフリカにおいて同じような風潮が見られることを描いている．

> プレトリア，10月29日．白人の南アフリカ人，ヘンドリック・クラーセンス（41歳）は，アフリカ人の首長が演説した集会で演説者を襲った罪に問われた．クラーセンスは本日，法廷でこう述べた．「もし俺にできさえすれば，俺はあの連中全部を滅ぼしてやったのに」．さらに，8月22日のプレトリア政治研究会の会合にも「会合をぶちこわしにするという明白な目的で」行ったと付け加えた．
>
> クラーセンスの容疑は，アフリカ民族会議の議長であるアルバート・ルツーリ首長が演説している最中に，30人ばかりの集団を率いて演壇に襲いかかったと

いうものである．集会の議長をなぐったのは正当防衛であると彼は主張した．アフリカ人が白人に演説するということに，クラーセンスは憤慨していた．「俺は白人リベラルの連中にもがつんと喰らわせて叩きのめしてやるつもりだった」と彼は続けた……ロイター通信．

第3の政策である人種隔離は，ユダヤ人ゲットーや，（残存する）アメリカ・インディアンの居留地の存在，あるいはインドのカースト制度によって説明できる．カースト制度は，インドにおけるイギリスのプロテスタント現実主義にとってまったくの好都合であった．

> 善いにせよ，悪いにせよ，イギリス・プロテスタント教徒のインド支配者は，厳格にその支配する民族から超然としていたという点で，同時代にヨーロッパ以外の人種を統治していた西欧文明に属する他の国民と大いに異なっている．彼らはインドのカースト制度を喜んで取入れ，もし彼らがインドに来た時，カースト制度がすでに存在していなかったならば，彼ら自身の便宜のため，それを発明したであろうと思われるほどである[49]．

これらの事例を出したことについては，2つの見方がありうるだろう．第1には，なぜイギリス人とアメリカ人について，これほど古傷を明るみに出すのか？ いずれも「はるか昔の不幸な出来事や昔の戦い」である．だが，もしもわれわれが自分たちの民主政治の偉大さに誇りを抱いているとしたら，それが依って立つ不愉快な基礎を思い出すのは悪いことではない．もしわれわれがそうしなくても，われわれの敵や犠牲者の子孫たちが進んで過去を思い起こさせてくれるだろう．第2の見方は，ここには適切な**理論**がほとんど存在しない，というものかもしれない——ここに描かれたものは信条の体系ではなく精神のあり様，政治理論ではなく社会心理学が扱うべき問題である．しかし，ここで描こうとしたのはその質であって，問題を過小評価するためではない．未開人についての現実主義は，基本的な政治的態度であり，根本的な政治的事実であり，ときにわれわれは直面せざるをえない状況に置かれる（例えばマウマウ〔ケニヤの反植民地主義抵抗組織〕）．これは「よいインディアンとは死んだインディアンだけ」といった単純な格言によって説明することが可能であり，洗練された説明は必要としない，あるいは向いていない．より洗練された方式を目にした時は，それでも**現実主義**といえるのだろうかと自問せざるをえない．

第4章 人間の理論：「未開人」

　未開人に関する現実主義の実例は清教徒とナチスから引き出されるし，両者については革命主義を説明するために本書で言及してきた（カルヴァン主義者としての清教徒）．このことはおそらく，現実主義へ転化する内在的な両義性あるいは内在的な傾向が革命主義には存在することを示している．ナチスの理論は，未開に関しては間違いなく現実主義であったし，文明をドイツ・ヨーロッパ的なものとして定義し，侵略的領土拡張を絶対的な権利としてドイツ・ヨーロッパ人に付与した．ナチスはすべての非ヨーロッパ人を未開人と見なしてその権利を否定したうえ，ヴィルヘルム時代の先駆者たちのように，非ヨーロッパ人を人間以下の存在として等級に分け，奴隷化し，人種隔離し，根絶しようとしただろう．他方でナチズムは，（非常に極端な事例ではあるものの）選民思想と世界革命および世界刷新という教義の両方の点において，革命主義の性格を持っていた．ナチズムと他の種類の革命主義との間の本質的相違は，まさにここにある．つまり，ジャコバン派や共産主義者のような他の革命主義が目指した世界の刷新は，原則的に包含的で，すべての人間が参加できるものである．真の信条への転向は可能である．ナチズムは，革命主義の原動力と排他性とを結合させた．世界の刷新は生物学的原理に基づくものであった．ドイツ人がこの原理を他の人々に課し，それらの人々は生物学的階層の中に配置される．「名誉アーリア人」や，イタリアおよび日本（日本は人種理論からはさらに大きく外れていた）との便宜上の同盟が提起されたものの，転向は不可能であった．人間の地位は遺伝と血統によって決められた．

　したがって，ナチスの人種主義は革命主義と現実主義との境界線上にある．それが世界に対して提供するものは何もなかったと言うのは真実ではない（その考えはまだ生きていないだろうか？）．それは生物学的によいと見なされる人々に対して，生物学的に劣ると見なされた人々を彼らが本来いるべき場所に押し込める機会を提供した．これがヨーロッパ新秩序の接合剤であって，恐ろしいほど魅力的な提案であった．そうでなければ，イタリアはなぜ人種法案を受け入れただろうか？　東ヨーロッパの支配者集団は，自国のユダヤ人に対処する機会を与えられた．ナチスの人種主義は，すべての民族に対して，ユダヤ人であれ，黒人，アイルランド人，キプロス人，その他何であれ，自国の「未開人」に対処する際に現実主義の諸原理を採用するための機会を提供した

（あるいは今でも提供する）．

バークがかつて述べたように，

> 真の自由への愛が，否，その観念すらがこの世で極端に稀であることは，余りにも本当の事実である．大多数の者にとっては自由の理念がまるまる傲慢と強情と不遜から成立していることは，余りにも本当の事実である．自分の慈悲にすがって生きる或る種の人間もしくは集団が存在しない限り彼らは自分が隷従状態に置かれていると信じ，自分の精神が完全に縛られているように錯覚する．
>
> 自分の下に誰かを服従させようとするこの慾望は，その社会の最下層の連中にまで浸透している．……この種の感情こそは，極めて貧しい身分の人々が大勢アメリカ戦争に携えて行った激情の，真の源泉に他ならない．つまりそれは**我々のアメリカ臣民**，**我々の植民地**，**我々の従者たち**という観念である[50]．

あるいはもっと最近の例としては，スエズ動乱に対するイギリス人の反応を引いてもよいだろう．「ジポー〔エジプト人に対する蔑称〕に一発喰らわせる」．

未開人に対する現実主義のもう1つの既存の代表例が，南アフリカにおけるアフリカーナー〔オランダ系を中心とする南アフリカ共和国の白人〕の政策，アパルトヘイト政策である．その根源は，オランダ人もしくはドイツ人であろう．オランダ人はアメリカ・インディアン政策では現実主義であったし，最初に頭皮狩りに報奨金を出したのは，マンハッタンのオランダ人であった．アフリカーナーの民族主義は，隠遁主義的であった．国際社会から逃避したいという願望（日本や中国の鎖国と比較しうる）があり，それゆえ世界刷新を目指したナチス思想のような革命主義ではない．おそらくは旧約聖書をアパルトヘイトの拠り所にする点において内向的な革命主義の名残りが見られるが，それは現実逃避主義であって世界の再生を目指すわけではない．「未開人」に対しては，紛れもなくアパルトヘイトは現実主義であり，根絶させることが不可能な状態のなかで，人種隔離（純粋なアパルトヘイト）と奴隷化（実際的なアパルトヘイト）との間で迷走している．

「未開人」に対する現実主義についての最後の言葉はホッブズに語ってもらおう．ある節でホッブズは，自身の容赦なき政治的論理を20世紀のジレンマを予知するようなところまで押し進めている．福祉国家から引き出される当然の帰結の1つは完全雇用と同時に労働の管理である，とホッブズは指摘する．

また，おおくの人びとは，さけられぬ事由によって，かれらの労働をもって自分たちを維持しえないようになるので，かれらは，私的諸人格の慈恵にまかせられるべきではなくて，（自然の諸必要が要求するかぎり）コモン-ウェルスの諸法によって支給されるべきである……．

しかしながら，強い身体をもつ人びとについては，事情はこれとちがう．かれらは，はたらくように強制されるべきであって，そして，仕事をみいだしえないといういいわけを無効にするために，航海，農業，漁業，および労働を必要とするすべての手工業 Manifacture のような，あらゆるやりかたの技術を奨励しうる，諸法がなければならない．

だが，ホッブズは続ける．

まずしくてしかも強い人民の数は，なお増加しつつあるから，かれらは，十分に住民がいない諸国へ移植されるべきである．だが，そこにおいてかれらは，かれらがそこでであう人びとを絶滅すべきではなく，後者に対して，まえより密接して住むように，また，みつけたものを獲得するために広大な土地を徘徊しないで，それぞれの小地片が適当な季節にかれらの生活資材を与えることを，技術と労働によってもとめるように，強制すべきである．そして，全世界が過剰な住民をもったばあいは，すべてのなかでの最後の救済は戦争であって，それは各人に勝利か死を与える[51]．

「未開人」との関係という問題は，文明社会の執拗な外部への拡大が周囲の真空地帯へと広がることであり，その結果として世界の人口過剰が引き起こされることであると考え，この問題に対する究極的な救済策は戦争であるとするのが——現実主義である．

合理主義

中　国

中国の政治理論は，現実主義から合理主義への橋渡しの良い例をなしている．明らかに，ここに見られるものも3つの哲学的伝統である．合理主義哲学を提示するのが儒教，その教えは無定形で，適応性に富み，多様性に満ちている．おそらくそれはヒンドゥー教とも，あるいはキリスト教とさえも比較しうるも

のだが，その中核にあるのは，1人の個人，ある精神のありかたである．この人物は，鋭敏にして思慮分別のある賢人であり，簡潔で時に謎に満ちた格言で自らの知恵を伝えた．彼は中国の教育家の原型となり，その時代におけるもっとも博識な学者となって，やがて大臣や外交官に上り詰めたのち元老として生涯を終えた．(おそらくゲーテが，この例にもっとも近い西洋人である．) その精神的なあり様あるいは哲学的な性格は，部分的には道徳的なもので，倫理哲学を備えている．「孔子の真の偉大さと独創性とは，この儀礼的秩序に倫理的な内容を与えたことにある」[52]．それは互恵主義の原則に立つ道徳であり，「目上の人」に関わる道徳的自己修養である．またそれは政治的なあり様でもあり，統治の諸原則に関与し，「慈悲深い政府」や道徳的な手本に基づく統治にも関わる．さらに言うならば，保守的な伝統主義として，規律や恭順といった古代の規範を再発見することでもある．そこには西洋の合理主義との大いなる類似性がある．

　革命主義を構成するのは，道教(タオイズム)である．道(タオ)とは道路，生活様式，真実を意味するが，これは教義と道徳的原則の両面においてストア哲学の「本質」でもある．道は，宇宙的な広がりとすべての現象の背後にある変わることのない調和を表す[53]．これは，根本的に中国的な概念である．儒教はそれに基づいた1つの変種であり，孔子自身，道を求めて大いなる努力を払った．しかし「道教」は，孔子よりも年配の同時代人である〔その生涯が〕曖昧な老子の名前に結びついて，独自の特異な変種となった．道教の精神のあり様もしくは哲学的性格は，道徳心よりも宗教心の方を強調するものであり，そのうえ秘教やヨガを伴うものとして描き出すことができる．紀元前約300年ごろの墨子とその学派は，絶対的存在としての人間を信じていた．加えて社会政治的な道徳よりも個人を強調した．道徳とは，社会的で功利的なものというよりむしろ個人的で利他的なものであるとされ，普遍的な愛，他人への同情と責務という教義を備えている（孟子，紀元前372-289）[54]．道教の精神のあり方の第3の要素は，静寂主義である．そこにはほとんどアナーキズムともいえるほどの政治と政府に対する不信があり，政府そのものが悪や犯罪の原因と見られている．道教は，無定形で浸透的という中国文明の2つの性格に支配されて，儒教と同じく形を定めぬまま浸透している．

第4章　人間の理論：「未開人」

　中国哲学における現実主義の要素は，法家と法家学派に由来する．法は道徳の代わりを務めるべきで，刑罰と報償の制度を伴った法に信頼が置かれなければならない．伝統に対する拒否と，超自然的宗教への拒否との両面がここにはある．他方で倫理についての個人的規範は存在しない．支配者が望み，国家が善と見なしたことが，唯一の正義である．これはもちろん全体主義である．政府は「今ある世界の現実」に基礎を置かねばならない[55]．

　未開人に関する中国の理論は，時おり合理主義に対して光が向けられながらも，現実主義が長い間支配的であったように見える．儒教は全般的に合理主義の態度を表しているかもしれないが，それはきわめて中華的思想であり中華帝国（Middle Kingdom）のために企図された体系なのであって，人類全体のための生活様式を示そうとするものではない．未開人が自分たちを文明化するか中国化すれば徳を得ることができるが，そうでなければ外縁の暗黒の中に留まる，というのが未開人に対する孔子の態度であるように思われる．現実主義に関して言うと，未開人についての中国の現実主義は，守勢かつ受け身であるのがその特徴である．中華帝国としての中国は，遠隔地にあってその存在があまり意識されない未開人の周縁部を持つ安定した国際社会であった．

　中国には帝国主義と領土拡張の局面があったが，アレクサンドロス大王時代のギリシャ人や正統カリフ時代のアラブ人，チンギス・ハーン時代のモンゴル人や1500年以降の西洋のような，世界征服の狂信とはまったく無縁であった．それは平和で調和のとれた安定した社会であった．中国の古典的な自己描写は，1793年にマカートニー卿〔英国の外交官〕に与えた，乾隆帝〔清朝皇帝〕の答えの中に見ることができる．

> 　ああ，汝，国王よ．多くの大海に隔てられているにもかかわらず，わが文明の恵沢に浴せんとする汝の謙虚なる願望に駆られ，汝はうやうやしく汝の請願書を持参する使節を派遣した．……朕は，汝の請願書を一閲した．そこに書かれている誠実ある語句は，汝の恭謙を示し，朕の嘉する所である．
> 　汝の派遣した大使および副使が，遠路，はるかに汝の請願書ならびに貢物をもたらした労を思い，彼らに優渥な恩恵を加えて，朕の面前に引見することを許可した．また，朕の寛容を表わさんがため，彼らに対して盛宴を張り，彼らにおびただしき贈与をした．汝の信任状を交付した汝の国民の1人を，わが天朝に駐在

せしめ，もって中国と汝の国との貿易を処理せしめんとの汝の請願については，かかる要求は，わが朝廷のすべての慣例に反するがゆえに，考慮の余地はない．
……

たとえ汝が，わが天朝に対する崇敬の念よりして，わが文明を獲得せんとする希望に溢れていると主張しようとも，わが礼式および法典は，汝の国のそれらとはまったく相違しているため，かりに汝の使節が，わが文明の初歩を習得できたとしても，わが習慣ならびに風俗を異邦に移植することは可能であるまい．ゆえに汝の使節が，いかに練達の士であっても，それによって得るところは皆無であろう．

広大な天下を統治する朕は，1つの目的しか有していない．それは完全な政治をおこない，もって国家に尽くすことである．珍奇なもの，高価なものは，朕の意とするところではないのである．ああ，国王よ，汝の献上した貢物を受納するように朕が命じたのは，主として汝をしてかかる遠隔の地より，かかる貢物を献上せしめた精神を嘉したからである．わが天朝の威風徳望は天下の万国に及び，陸路あるいは海路を経て，高価な貢物を献上している．汝の大使がすでに見たごとく，朕はすべてのものを所有している．朕は，珍奇なもの，新発明品等には価値を認めないから，汝の国の製造品は，朕にとって用途がない[56]．

南蛮人たちが来たとき，彼らは外国の悪魔と見なされた．「偉大なるイギリスの悪魔，X領事閣下へ」という奇妙な作法で始まる一片の通信がある．「彼は非常に友好的な中国人官吏で，民族衣装については実用的な考え方をしていたが，会話の中でこのように言った．『あなたたち外国人が，どうしてそんなに窮屈な衣服を着ているのか，私には分からない．それでは蚤を捕まえるのに苦労するに違いない』」[57]．

19世紀を通じて憎悪とうやまいの気持ちが均衡を保っていた．それが1900年の義和団の乱の時には，「外国人たちを皆殺しにせよ！」という皇太后の命令になった．毛沢東はこの時7歳であった（彼は1893年に生まれた）．これらすべてが毛の体制と関連している．毛は外国人を追放し，投獄し，伝道団体，学校，商業活動を根絶した．未開人に対する毛の態度の中にあったのは，前例のないマルクス主義ではなく，パニカー[訳注2]が言うように，伝統的で防衛的な現実主義であったといえよう．

ヨーロッパ

　ヨーロッパにおける合理主義の始まりは，16世紀の第2四半期にスペインで起こったインディアンについての大論争であり，この論争が近代国際法の起源となった．カール5世の司祭にしてフェリペ2世の家庭教師であったセプールベダが，未開人に関する最初の筋道だった現実主義の論文を書き，文明人が原始的な人々を征服することを正当化した．ドミニコ会修道士で偉大な人道主義者のラス・カサスは，アメリカ大陸を14回訪れて情報を集め，インディアンに対して公正で人道的な扱いがなされるよう，カール5世とローマ教皇に嘆願した．1550年には〔スペイン中北部の〕バリャドリドにおいて神学者と法学者とからなる委員会の面前で，セプールベダとラス・カサスの公開討論が行われた．論点は，スペイン支配とキリスト教信仰に従わせるためならばアメリカ・インディアンと戦争を始めることが認められるのか否か，であった．ラス・カサスが論戦に勝ったようである．結局この「大論争」が，スペイン帝国を変容させることになった．

> 　理論においても実際においても，政策においても法においても，**コンキスタドール**たちの強欲と十字軍的熱狂は，正気で良心的で分別のある帝国主義，大胆かつ確信に満ちて批判に応えることのできるような帝国主義へとすぐに道を譲ることになった．そのためもあって，征服は著しく永続することになった[58]．

　カール5世は，自らの巨大な帝国の中をハプスブルク家のダレス〔米国国務長官〕よろしくほっつき歩き，ルター派の反乱や教皇の中立政策に対処した．ウィーンからバレアレス諸島に至るまでのトルコ勢力と対峙しつつ，フランスの仮借ない敵意と向き合った．〔メキシコ征服をした〕コルテスを従え，退役した将軍たちの多くが経験するような退屈と当惑をカールは抱いて，この問題について学び話を聞くためにスペインにたびたび戻ってきた．

　この「大論争」もまた，近代国際法の基礎を据えることになった．国際法に出番を与えたのは，ヨーロッパの外交システムの発展ではなく，ヨーロッパにおける戦争でもなく，キリスト教世界の分裂でも，再統合の必要性でもなかった．それは未開人に関わるこの問題であった．国際法について最初に重要な論文を書いたのは，サラマンカ〔大学〕の神学教授であったドミニコ会修道士の

ビトリア (1480-1546) であった．彼の「インディオについて」は1532年の講義であるが，インド〔西インド諸島〕におけるスペイン支配の合法性と道義を研究し，征服の多くをあからさまに非難していた．ビトリアの教義とは，世界的規模の法的共同体が存在するということだった．これは新しい考え方だった．というのも，中世の思想では国際的な法的共同体がキリスト教共同体に限定されていたからである．だがビトリアは，世界中のすべての人々が「自然社会」(*societas naturalis*) を形成していると記した．未開人は法の内にあり，法の保護を受ける．未開人は完全な所有権を持ち，自分たちの領土に対して真正の統治権を持つ．当然の結果として，スペイン人には暴力を用いて未開人から彼らの国を奪う権利もなければ，キリスト教信仰を受け容れるように彼らに強制する権利もなく，彼らの憎むべき犯罪を〔スペイン〕本国で罰する権利もない[59]．

逆に言うと，未開人の中にいる文明人は，法の保護の下に置かれ，諸権利を享受することもできる．アメリカのスペイン人は，大西洋を越えてきたという事実をもってただちに侵入者だと言い切ることはできない．スペイン人とインディアンとの間には自然社会と連帯感が存在し，スペイン人は自由に旅行し，その場所に入り込んで入植する権利を持つ．「法を破らなければ，スペイン人がフランスに旅行したりフランスに住んだりすることを禁ずるなど，フランスには到底認められないであろうし，逆の場合もまた同じである．未開人が持つ権利もそれ**以上のものではない**」[60]．この考えにたてば，隠者の王国とでもいうべき中国，日本，ソ連，白豪主義のオーストラリアは非難されることになる．移住は自然権，すなわち「交流法」(*jus communicationis*) である．20世紀以前には認識されなかったことであるが，旺盛な社会が弱い社会と接触すると，弱い方はしばしば萎えてしまう，ということについては，ビトリアはまだ理解できなかった．これは，自由放任主義(レッセ・フェール)が強者の権利を意味するもう1つの領域であり，かりに弱者が保護されるべきならば，そのような権利は縮小されなければならなかった．このことは人類学者には認識されていたが，それが植民地政策にまで直接的な影響を及ぼしたようには見えない．未開社会の保護は通常，居留地への隔離を伴う．つまり，未開人を土地の一角へと押し込め，地所の大部分を入植者の自由にさせるということである．ケニアのホワイト・ハイラン

ドにみられるように，居留地の中に〔ヨーロッパ人〕入植者を入れた例もいくつか存在するが，そうした場合には居留地はたいがい拡大されているので，未開人居留地の方の面積が増大した例はない，というのが公平な見方である．国際連盟の委任統治領であったパレスチナにおいては，ユダヤ人の移民制限がイギリスの政策であり，それはアラブ人社会を保護するためだと考えられたが，結局は維持不可能であることが証明された．入植という普遍的な権利を犠牲にして，数的に不利な社会を保護するのにもっとも成功したのは，おそらく白豪主義政策である．そこでは，たかだか1,000万のオーストラリア人が，数においてはるかに勝る北部の非白人の隣人に対して，自らを保護してきた．未開人の中にいるスペイン人が持つもう1つの権利は，ビトリアによれば，取引をする権利，*jus commerçii*（取引法）である．そこにはまた，観念を交換する権利，つまりインディアンに福音を伝道する権利，プロパガンダの権利が含まれていた．インディアンには改宗しなければならない義務はないが，宣教師たちに伝道の自由を与える義務は確かに存在する[61]．

　ビトリアが主張したように，未開人が法の内にあるならば，これが意味するところは *jus gentium*（万民法）であるように思われる．ビトリアは，「諸国民の法」として通常用いられている意味をこの語に最初に与えたことになる．「*gentes*」とは，人類世界の人々を意味する．「万民法」は人類の慣習もしくは普通の習慣であり，公法というよりも今日では，国際私法と呼ばれているもの，つまり外国人である個人間を拘束する法を意味していると理解されねばならない[62]．公の国際法は「国際公法」（*jus fetiale*）であった．共和制ローマにおいては，市民権と市民法は，ローマ市民だけに限られていた．商売をしたり，結婚したり，あるいは定住するためにローマに押し寄せた多くの外国人たち，他の都市から来たイタリア人や，商人や貿易業者たちに対して法廷がどの法を執行できたのかは，明らかではない．明らかなことは，ローマの行政官たちが，公正な扱いや常識，ローマにいる外国人の間で広まっていた慣習の中で共通性がもっとも高かった要素に基づいて，ローマ法ほど専門的ではない一連の規則を作り上げたことである．それは「事実上の商法」であった[63]．これが「万民法」として知られるようになったが，これは立法によってではなく，全面的に法廷によって創られたものだった．インドのイギリス人官吏と比べてもよいだ

ろう．法体系を作りあげる際に，イギリス人は，イスラム教徒とヒンドゥー教徒の習慣を基礎としながら，公平かつ公正という自分たち自身の感覚によって修正を加え，さらに時には思い出したようにイギリス法を大胆に適用したのである[64]．

ローマが世界国家となった共和制ローマの末期には，「万民法」はその特殊性のほとんどを失い，「法の一分野というよりは〔法に〕改革的な影響を与えるもの」となった[65]．

これはおそらく，万民法は体系化された常識であったという考え方によるものであろうが，このことによって「万民法」はかぎりなく自然法に近づくことになった．明らかな逸脱も存在した．奴隷制は自然法と対立するにもかかわらず，「万民法」の制度であり「万民法」によって正当化された．だが「万民法」の実用的側面は，その「哲学的」感覚によって排除される．かりに「万民法」が「常識(コモンセンス)」の法であるとするならば，共通(コモン)の感覚(センス)の法すなわち普遍性を想定した諸規則の集成であり，その固有の道理に基づいてそのまま訴えてくるものである．「万民法」は自然の理性に訴えていたのであり，この点では自然法と同様である[66]．紀元2世紀の古代ローマ法で，こうした〔万民法と自然法の〕結合双生児的状態が並列状態に達し，それは以後も続くことになった．自然法は行為の倫理的基準であり，自然の理性によって達成できる良き立法という理想であった．「万民法」は世界法であり，自然の理性によって純化された人間の慣行の核心部分をなすものであった．自然法と「万民法」というこれら2つの概念，そして両者の関係は，とりわけ，アクィナス，ビトリア，ジェンティーリ，グロティウスによってさらに発展させられ，大成していった．「万民法」がキリスト教世界のためにある一方で，未開人との関係には自然法が適用されるとする考え方がおそらく萌芽的には存在していたけれども，初期の国際法学者たちは，しばしばこの2つを区別することが出来なかった[68]．やがて「万民法」の考え方は，自然法と，発展してきた実定法の狭間で消滅していった[69]．

世界規模の法的共同体という理念は，未開人との関係における合理主義の基本的理念であった．ジェンティーリは，万民社会（*societas gentium*）は世界中のすべての民族から成ると言ったが，これには未発見の民族も含まれていた[70]．さらにフッカーはこう主張した．「われわれは（かなうものならば）全人類に

よるある種の社会やさらには団体までもつくることを切望する．ソクラテスが自らについて，あれやこれやの国家の市民ではなく，世界の市民であると公言したような意味において，である」[71]．

　グロティウスもまた，人類一般の法によって拘束される人類社会を見ていた．しかし，この寛容な見方に固執するのは無理であることが分かった．キリスト教世界もしくはヨーロッパが実際の国際社会を規定する文化的単位であり歴史的現実であった．「キリスト教世界」（Christendom）という単語は，1598年のヴェルニウス条約までの各国際条約に使われており，例えばシュリ〔アンリ4世期のフランスの政治家〕の「大計画」など，17世紀には国際機関を創出する計画の中で，使用されていた[72]．実際，キリスト教会の法理論家たち自身，これ〔この単語〕を認めていた．ビトリアは，キリスト教徒と未開人とを拘束する人類の一般法を主張したが，キリスト教世界内部にはローマ教皇の特別機関を備えた特別な国際体制がいまだ存在しており，戦争に介入したり仲裁したりして，ある状況下においては教皇権は諸侯をも上回る現世の権力を行使できた[73]．言うまでもなくこれは中世的な概念であった．グロティウスもまた，キリスト教世界を団結させる特別な絆を見ていた．キリスト教世界は，イスラム教徒の攻撃に対抗して同盟し，自らの力に応じて人や金を寄付する義務（と伝統）を持つ，王国や共和国からなる側近集団であった[74]．著書『戦争と平和の法』の中でグロティウスは，毒を塗った武器や毒を盛った水は「普遍的ではなく，ヨーロッパの諸民族および，ヨーロッパのより高度の標準に達している他の民族の万民法に反している」[75]と述べた．ここに3つの同心円のある絵が現れ始めた．内側の円は国家であり，国内法，もしくは「民法」（jus civile）を伴う．2番目の円は国際社会であり，諸国民の意志に基づく法，実定法に従う．そして3番目，他の2つを取り囲む一番外側の円は人類であり，自然法に従属する（図2を参照）．この自然法こそ，ビトリアが2番目の円の「万民法」と混同したものである．しかし国際社会が実定法に変わったことで区別は明確になり，やがて実定法主義的な現実主義が成長すると，〔2番目の円は〕法や道徳に拠らない領域となった．

　キリスト教徒でトーリー党員だったジョンソン博士〔詩人・批評家〕は，未開人に対する合理主義的態度をもつ人物の一例として取り上げられてもよいか

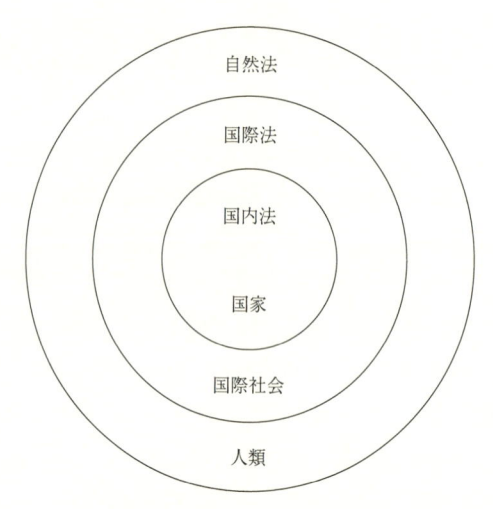

図2 社会と法の3つの段階

(図中:自然法／国際法／国内法／国家／国際社会／人類)

もしれない．彼はヨーロッパの優位性と自然法の両方を信じていた．ボズウェル〔ジョンソンの伝記作者〕が，自分が慣れ親しんだのとはまったく異なる国，例えばトルコを旅行したいと言うと，ジョンソンはこう言った．「その通りだ，君．世界には知るに値する2つの対象がある．——キリスト教世界とマホメット教の世界と．これらに比すればその他の地域はすべて野蛮と考えてもよい」[76]．コル島〔スコットランド西岸沖ヘブリディーズ諸島〕でジョンソンは，滞在先の女主人がいまだに〔ブリテン島〕本土を訪れたことがないことを知る．

> ジョンソン：それは遅れた生活態度というものだ．私ならせめてグレネルグ〔スコットランド北西部の町〕を見て来るだろうに．
> ボズウェル：でも，先生ご自身も，今に至るまでご自分の生まれた所以外は見られたことがないのではありませんか．
> ジョンソン：しかし，君，ロンドンを見ることで，私は世界中から得られるのとほとんど同じぐらいの生活を見てきたのだよ．
> ボズウェル：北京は見られたことはないでしょう．
> ジョンソン：北京とは何だ？　ロンドンっ子が1万人もいれば，北京の全住民は追い立てられてしまうだろう．まるで鹿のように駆り立てられてしまうだろうよ[77]．

同時に，ジョンソン博士は奴隷制度と奴隷貿易を憎悪していた．「彼はある時，

オクスフォードで非常に謹厳な人々と一緒の席で『西インドの黒人の次の蜂起』のために乾盃した」[78]．彼がアメリカ人に対して憎悪を抱いていたのも，それが主な理由かはともかく，奴隷制度のためであった．彼がアメリカ人を憎んだのは，部分的には，彼らがホイッグ党員でしかも反抗主義的な原則をもっていたためであったが，同じように彼は，反抗しなかった西インドの入植者たちをも憎んだ．「一体黒人どもを追い使っている連中の間で自由の**吠え声**が一番高いのはどういう訳なのか？」[79]．ボズウェルが，サラマンカから手紙をジョンソンに出すつもりだと言った時に，ジョンソンはこう返答した．「僕はサラマンカ大学を愛する．スペイン国民が彼らのアメリカ征服の合法性について疑念を抱いた時に，サラマンカ大学はそれが非合法であるとの自己の見解を世に発表した」[80]．この見方は，彼のアイルランド人への態度にも反映されていた．

> 彼〔ジョンソン博士〕はアイルランドの民衆とりわけカトリック教徒の悲惨と苦悩に対して切実な同情を寄せ，ブリテン政府の野蛮な窮乏化政策を厳しく論難して，これは考えられる最も忌わしい迫害の手口だと語った．イングランド政府の権威を維持する上ではこの種の政策も止むを得ないのではないか，と反論した紳士に彼は言った，「不正によって維持されるくらいならば，イングランド政府の権威なんか滅んでしまえ．……」[81]．

すでに述べたような社会と法の3つの段階を示す3つの同心円モデルは，カントの3つの「永遠平和のための確定条項」にも反映されている．第1確定条項，もしくは中心円は，各国における共和的体制であり，第2確定条項，つまり次の円は，自由な諸国家の連合に基礎を置く国際法であり，そして第3確定条項，すなわちもっとも外側の円は，普遍的な友好をもたらす諸条件に限定された世界主義的な法ないし世界法である．友好とは「外国人が他国の土地に足をふみ入れても，それだけの理由でその国の人間から敵意をもって扱われることはない，という権利のことである」[82]．これは，ビトリアの言うところの旅する権利，つまり「交通法」(*jus communicationes*) に相当する．

カントは未開人，とりわけ中国や日本との関係を議論することで，第3確定条項を立証するが，このことは，カントの円が地理的同心円だということを示している．しかし，おそらく彼が提案しているのは，個人を拘束し厳密な意味

での国際法を強化するようなある種の追加的な国際法，すなわち友好的交際の権利である[83]．もともとは威厳ないし論理の優先性によって法の種類が分けられていたのが地理的な遠近によって区別されるようになったのと同じように，今度は地理的な分類が国際法の課題またはその「深遠」の範囲によって区別されるようになった．

　未開人に関する合理主義理論の第3の円を満たしたのは，カントではなく，彼の同時代人であったバークだった．バークがそこに記したのは，「信託（trusteeship）」という語であった．ここに挙げるのは，東インド会社の勅許状についての彼の言葉である．

> 民衆に対して行使されるあらゆる政治権力，同胞を排除して要求され行使されるあらゆる特権はすべて人為的であり，一層それだけ普く人類全体の自然的平等からの逸脱である以上，これらがすべて究極的には何らかの形において彼ら民衆の利益のために行使さるべきであることを承認しなければならない．
>
> 　もしもこの命題が，単にその保有者の純粋に私的な利益のための本来的で自明な基本的権利，下賜に属さない他のあらゆる種類の政治的支配，そしてあらゆる種類の商業的な特権に関して当てはまるとすれば，その当然の結論としてかかる権利や特権は，その他どんな名前で呼ばれようと語の厳密な意味では**信託**であり，それゆえにあらゆる信託行為の本質的要件として**報告責任**の義務を負い，万一にもそれが当初の合法的な存在を保証すべき唯一の目的から大幅に逸脱する場合には完全に**停止**さるべきである[84]．

この信託という考え方は，ビトリアのものでも，未開人に関するスペインの合理主義理論――暗黙のうちに含まれていたのかもしれないにしろ――のものでもない．ロックが詳述しているように，それはホイッグ党の中心原理である．

> 立法権は，ある特定の目的のために行動する信託的権力に過ぎない．立法権がその与えられた信任に違背して行為したと人民が考えた場合には，立法権を排除または変更し得る最高権が依然としてなお人民の手に残されているのである．何故ならある目的を達成するために信託された一切の権力は，その目的によって制限されており，もしその目的が明らかに無視され違反された場合にはいつでも，信任は必然的に剥奪されなければならず，この権力は再びこれを与えたものの手に戻され，その者はこれを新たに自己の安全無事のために最も適当と信ずるものに与え得るわけである[85]．

第4章　人間の理論:「未開人」

　しかし，この信託という理念は，ロックからバークに至る過程で，なんという変化を遂げていったことか！　ロックにとっては，共同体の成員が契約を結んで自分たちの問題を委ねた支配者を，共同体が追い払うのを正当化する教義である．バークにとっては，求めてもいない未開人に支配を押し付ける共同体を正当化する教義である．ロックにとっては反抗の権利を意味し，バークにとっては帝国の権利を意味する．これは，いかに理論が時間の経過とともに本来とは正反対のものに変化するかを示す最良の例である．バークは自らこれに気付いていた．彼は，フォックス〔訳注3〕の東インド法案に関して行った同じ演説の中で続けて，過去20年間の東インド会社による（おそらくは相当に誇張された）略奪と暴力に反対する見事な攻撃を行っている．バークは聴衆にこう語る．これまで会社と接触した諸侯や君主の中で，会社から裏切られなかった者など1人もいない．例えば，ロヒラ人〔北インドのパシュトーン高地人〕は，その豊かな土地を渇望したけれども自分の力では彼らを征服することができなかったアウド〔北インドのウッタルプラデシ中部地域〕のナボブ〔インド太守〕に売り飛ばされた．ナボブは，40万ポンドでイギリス人旅団と陸軍大佐を借り受け，勇猛なロヒラ人を挑発することなく撃破した．その後，ロヒラ人の土地は焼き尽くされ，破壊された[86]〔1774年のロヒラ戦争を指す〕．

　さらにまた，バークはこう主張する．東インド会社が結んだ条約のうち，会社が破らなかったものは1つとして存在せず，東インド会社と同盟を結んだ，あるいは会社を信じたインドの国家ないし勢力のうち滅ぼされなかったものは，1つとしてない．バークは次のように結論づける．「これらの状況はすべてが，われわれがインド統治を試みるうえでの理念にとって必ずしも好都合とはいえない．だが現在われわれはこの地にいる．われわれは至高な神の手によってここに置かれている以上，自分たちが置かれた部署で自ら最善を尽くさなければならない．人間の置かれた場所がその義務を指示する」[87]．

　この時点において合理主義は現実主義に近づく．権力の獲得と増大において，その権力を打ち立てるために犯した悪行について苦しむことなど何の意味もたなくなる時がやって来る．そのときには前進あるのみで，責任をもって権力を行使せよ．権力を放棄することは道徳的に不可能となる．なぜならば，今や後悔している過去の悪以上のさらなる悪を引き起こすアナーキーがもたらさ

るからである．これこそバークが言わんとしたことであった．「自分たちが置かれた部署で自ら最善を尽くさなければならない．人間の置かれた場所がその義務を指示する」．帝国を獲得したときの動機や方法は，幸いなことに帝国を統治していくうえでの動機や方法と同じものではない．合理主義的現実主義は，穏やかに反論すらするだろう．そしてブローガンのようにこう言うだろう．「帝国主義には，すなわち余所者による人民の支配には，何か不自然なところがある」が，「病状の根本は，たいていは被支配者の境遇にある」[88]．

こうしてムガール帝国の解体はインドの過失であって，東インド会社の過失ではなかったと言うことができる．西洋による支配を可能ならしめたのは，おそらくインドとインドネシアの国内状況であった．西洋の策士たちはもともと技術的な優位をもってはいなかった．これは帝国の結果として起こったことだった．〔権力の〕空白状態を彼らは満たしたのである[89]．

われわれはその境遇の下でできるかぎり最善の努力をしなければならないとする合理主義の主張は，もちろん，他の主張と同様に曲解することができる．結局のところ，国際政治における「われわれの境遇」とは，われわれ自身が定義するのであり，われわれの欲求や願望に合わせて定義するのはたやすい．こうして政治秩序が消滅し，その結果アナーキーがますます大きな災厄をもたらすことになるであろう（とバークは論じる）ということを理由に，ほとんど同じ偽善的な決まり文句が使用され，同じ原理が公式化され，数世代にわたり続いた政権や政府を退陣させずに正当化することになる．しかもそれだけでなく，新しい地域を併合することで統治の拡大を正当化するのである．境遇の論理に訴えることは，危険なまでの柔軟性を可能にする．合衆国は1898年，キューバを解放するために米西戦争を始め，フィリピンを併合することで終結した．マッキンリー〔大統領〕はこの事実を，まさにバークの議論と言葉をもって正当化した．彼は講和交渉担当委員に，こう書き送っている．

> 事態の推移は，人間の行動を左右する．「諸国の支配者」〔＝神：原訳者注〕が，この国の発展と行程にたいしその最初から文明の高度な命令と約束とをはっきりと書きしるしたもうた，そのような偉大な国になるとき，われわれの側になんの意図もないのに戦争がそれに対処し遂行すべき新しい責任と義務とをわれわれにもたらしたということに無頓着であることはできない[90]．

第4章 人間の理論:「未開人」

実のところこれはバークとは異なる．なぜならマッキンリーは，必要性による正当化に訴えているからである．ともあれ，バークによる信託の教義の宣言から，さらにはウォレン・ヘイスティングス〔初代インド総督〕への弾劾から，大英帝国は改革されることになった．マコーレイ〔歴史家・政治家・インド最高会議法律顧問〕は1833年，インド政府に対するバークの非難に答えた[91]．そしてこの時から，意気揚々たる西洋文明拡張政策と対をなして，未開人についての合理主義の理論が十全に展開していくことになった．

未開人は自然法もしくは道徳法の下に権利を有する，というのが合理主義理論の原則である．第2次アフガン戦争〔1878-81〕後，ミドロシアン軍事作戦の最中に，グラッドストンはこう書いている．

> 正義が命じることに眼をつぶり民族の誇りに訴えることを許してはならない……過去の過ちは教訓として記録されており，われわれは過ちを繰り返すことを避けることができる．……蛮人と呼ぶ者の権利を忘れてはならず，彼の粗末な家庭の幸福を思い起こせ．冬の雪中，アフガニスタンの小高い村にある生活の神聖さは，諸氏の生活と同じく全能の神の目にも不可侵であることを忘れるな[92]．

さらには，未開人との条約は有効であり，遵守されねばならない．この原理は，イギリス植民地法の中に導入された．アデン保護国の総督に宛てた1937年の国王指令は，次のように述べている．「自分に授与された権力の行使について，正義や道義に反する場合を除き，総督は原住民の既存の法や習慣を尊重するものとする．また保護国の首長と締結した条約をいかなる事情であれ遵守するものとする」[93]．さらにナイジェリア総督に宛てた1946年の国王指令は次のようにいう．

> 故ヴィクトリア女王陛下とその後継者たちの代理として，あるいはその裁可によって，成立した条約や協定により保護国内のあらゆる原住民に保障されたいかなる権利も，いかなる法令といえども侵害または影響を与えるようなことはないものとする．すべてのこうした条約や協定は現在および今後とも効力を持ち，有効であり，その中に含まれるあらゆる誓約や約束は全当事者を等しく相互に拘束し続けるものとする[94]．

未開人に関する合理主義理論のさらなる原理は，国際社会は「二重委任」

(dual mandate)（ルガード卿が 1922 年に刊行した本の題名である）されているというものである．植民地権力は，次の 2 つの被信託者として見ることができる．1 つは従属人種の発達のための信託，もう 1 つは人類の利益のために彼らの有形資源を開発するための信託である．

委任統治制度は，国際連盟規約第 22 条によって，信託という教義の頂点に達したように見えた．この制度は，いまや世界のすべての残余の地（収縮する第 3 の同心円）に正式に法として適用されたのだが，その地は国際連盟の中での国家の地位を得て加盟国になることがいまなおできなかったのである．

> 今次の戦争の結果従前支配したる国の統治を離れたる殖民地及領土にして近代世界の激甚なる生存競争状態の下に未だ自立し得ざる人民の居住するものに対しては，該人民の福祉及発達を計るは，文明の神聖なる使命なること，及其の使命遂行の保障は本規約中に之を包容することの主義を適用す[95]．

ここにはある種のペテン，二重のペテンが存在した．イギリスは，ドイツ植民地の併合と，さらにはオスマン帝国のエジプトからバグダッドまでの併合をも欲した．この行動は，それ自身が汚れたものであり，連合国の間に不和をもたらした．このため委任統治制度が発明され，委任統治国の利益ではなく，自ら存立できない人々の保護という観点から定式化された．ルガードは正直であった．

> 最初から認めよう．ヨーロッパ人の頭脳，資本，精力は，純粋な博愛の動機からアフリカの資源開発に費やされてきたのではないし，将来も決してそのようなことはないだろうと．ヨーロッパは，自分たちの産業企業家階級のためと，土着人種を進歩させてその水準を高めるためというお互いの利益のためにアフリカにいる．利益は互恵的なものになしうるのであり，この二重委任を遂行することが文明化された行政の目的と願望である[96]．

ここにわれわれは，現実主義的な原理の合理主義的解釈を見るのである．つまり，文明は拡大する権利を持っており，それは，相互に利益をもたらすことが可能なかぎりにおいての権利である．

もしも「未開人が持っている権利とは何か」と問われれば，完全な権利でも平等な権利でもなく，特有の権利だというのがその答えになる．被信託人に対

第4章　人間の理論：「未開人」

応するのは**被後見人**であり，ここに合理主義教義の難問が存在する．というのも，被後見人は法的に保護監督を受ける状態にあることを指すからである．被後見人は諸権利を有するが，自分自身で権利を主張することも，権利の形成や範囲に影響を及ぼすことも，権利が不十分であると主張することもできない．国内社会では社会そのものが彼ら自身に代わって彼らを保護する．国際社会ではそういうことが十分にはできない．国際連盟下の常設委任統治委員会と国際連合下の信託統治機関は，被信託人を国際社会に対して責任をもつ存在にしようとした二大実験であった．おそらく常設委任統治委員会の方が，より成功したと言えよう．そこでは委員会の構成員が政治的な被任命者ではなく専門家から成っていた．被後見人の権利を実行するという問題は，被後見人が被後見人であることを止めて独立した成人としての権利をもちたいと望むときに先鋭化する．ここにおいて合理主義の伝統は，保守派とリベラル派とに二分される．

　保守的な合理主義は，被信託人が被後見人の権利を独占的に定義する，という原理を主張する．これは温情主義（パターナリズム）である．理論上は民主的な議会に基づく温情主義であったために，イギリスの温情主義は複雑である．未開人の被後見人の権利を究極で守るのは植民省ではなくイギリス市民であり，イギリスの有権者であった．イギリス市民は，自分が理解しえた所では，植民地の権利問題に敏感であって，例えば，高等弁務官領の後見役を南アフリカに引き渡すことはしなかった（ボツワナ＝〔旧〕ベチュアナランド，スワジランド，レソト＝〔旧〕バストランド）．しかし，周知の事実であるが，植民地をめぐる議論ほど，下院をあっという間に空席にしたものもなかった．実際には，温情主義は次のような命題において頂点に達した．「あなた方がいつ独立する」（つまり，国際社会に加わる）「時かは，私が決定する」．ここでの「私」は，植民省を意味した．

　以下に紹介する報告書は，イギリスの植民地総督の中でももっともリベラルな人物の1人だったウガンダ総督サー・アンドリュー・コーエンが，1954年に行った記者会見の模様である．

> サー・アンドリューの結論は，人民の意思が優先されるべきであるという議論の論理的展開として彼に差し出されたのは，彼らにいま自治を与えよ，ということ

だった．多くの人が嫌悪し，彼自身も［嫌悪する方向に］傾いていることだけれども，肝腎なことは，イギリス政府かバガンダ人〔東部ウガンダに居住〕のどちらかがこの国に責任を負い，最終決定を行う権力を持たねばならないということである．この権力は，不合理に行使されるべきではない――さまざまな問題に関してこれまで譲歩してきた，とサー・アンドリューは言う．――しかし，国家の究極の形態が問題となる時は，最後の決定はイギリス政府が，そして究極的にはイギリス議会が下す．何が民衆の支持を集めるかという問題ではなく，何が正しいかという問題なのだ[97]．

　これは，われわれに温情主義の意味するところは何かを考えさせてくれる格好の見本である．私がもっともよく知っている．それは君自身のためになることだ．自分にとって何がよいことかを君は知らない．そのことは，君以上に私を苦しめる[98]．一般に合理主義政治学においては，人気があることと正しいことの区別は，純粋に学問的なものである．なぜならば，人気のあることが実行されることは慣行として確立されているからである．道徳家の醒めた目には，人気のあることがどれほど気違いじみていて，誤解に基づいた災厄をはらんだものに見えるとしても，である．しかし未開人との関係についての合理主義理論では，人気のあることが，その人気があるという事実のみで権威をもつことにはならない．そのために植民地の人々は，自分たちが経済的，文化的に進歩すればするほどますます独立は遠のくという，絶望的な感情を時に抱いたのである．「彼らにとって，自治の見込みや〔本国〕政府への統合でさえもが，ヨーロッパ文明の保護のもとでは，自分たちの進歩と逆比例すると感じることは，憂鬱で落胆させられることなのだ」[99]．

　この温情主義原理は，国連で絶えず非難を浴びた．国連ではアフリカ－アジア圏の反植民地諸国が，非自治領土がいつ独立の時機を迎えるかについて決定する力を植民地本国から奪うことで国連憲章を修正（もしくは侵犯）しようとした．それに対してイギリスの植民地問題担当国務大臣ヘンリー・ホプキンソンは，1952年に国連でこう述べた．

　　「植民地主義」という言葉は，その目的と趣旨の点において，後進国の経済的，社会的発展のための国際連合の諸計画およびその他の事業から分かつことのできないものである．ただ1つ重要な例外がある．それは，英国，ただ英国のみが，

領土を政治的自治に向けて導く責任を負っているということである．わが国が放棄することのできないこの責任と義務は，植民地と保護国に等しく適用される[100]．

温情主義は，最後の砦ともいうべき思想となる．マコーレイは，インドに対する温情主義者であった．

> われらがインド帝国の運命は，濃い暗やみに覆われている……インドの公共精神は，わが制度の下で拡大して，わが制度をもしのぐようなものとなるかもしれない．よい統治によってわれわれは，わが臣民によりよい統治能力を身に付けさせることができるかもしれない．ヨーロッパの知識で教育されることによって，やがていつの日か彼らがヨーロッパの制度を求めるかもしれない．そのような日が本当にいつか来るのかどうか，私には分からない．しかし，私は決して，それを避けたり，妨げたりはしないつもりである．その日がいつ訪れようとも，それはイギリス史においてもっとも誇らしい日となるだろう[101]．

その時点においてかかる時間の見通しは測定を超えたものだったし，第2次世界大戦まではどの植民地帝国にとってもそうであり続けた．植民地温情主義の鋳型を打ち砕いたのは，ヒトラーと東条〔英機〕であった．とはいえ，未開人に対する合理主義的保護が，それ自身の消滅のために，自己を不必要なものとするために機能するということは，理論的にはすでに認識されていた．これが，合理主義理論のリベラルな側面であった．植民地の人々の不満こそが進歩の尺度であることは，ルガード自身が理解していた．彼の偉大な弟子，マージョリー・パームによれば「もっともリベラルな支配者でさえ，従属民を助けることのできない時がやって来る」[102]．これは，グラッドストンがすでに簡潔に言明していた1つの原理へと結びついた．「人を自由に適合させるのは，ただ自由のみである」．この原理は，イギリス植民地主義に影響を与えたが，その主たる見本はセイロン（現在のスリランカ）であった．タヤ・ジンキンは，1956年になってもセイロンを「植民地主義にとっての最高の広告」と表現し，総督は「これまでで最良の植民地」で「アジアでもっとも安全な場所」とまで述べた[103]．セイロンでは1928年と1945年の2回，憲法改正に関する特別委員会が設置され，それぞれ新憲法を誕生させた．最初の委員会はこう結論する．「投票権を行使することによってのみ，その権利を使用するための政治的な知

恵を発達させることができる，という主張は充分に正当化されると感じる」[104].
第2回委員会は次のように言う．

> 教育の力とさらなる発展を促すための経験から得た教訓を信頼し，われわれは，事態に後れをとるよりも，到達段階よりいくぶんか進んだ憲法を考案するのがいいと考えている．自由の拡大は常に危険を伴うが，アリストテレスのした賢明な観察を心にとめておくのがよいだろう．「フルートの吹き方を学ぶ唯一の方法はフルートを吹くことである」[105].

第2回委員会は，第1回委員会の報告書を読んだうえで，その原理にさらなる機知と学習とをつけ加えたのだった．

「人を自由に適合させるのは，ただ自由のみである」とは，確かに立派な原理であるが，次のような疑問が浮かんでくる．「人間がいつ自由を手にするのかを，どうやって知るのか」．温情主義者の答えは次のようなものである．人間が自由を持つのは，そのような自由を持つことが彼らにとって善であると温情主義者が考えたときである．これは国王チャールズ1世の立場であり，王はホワイトホール宮殿の断頭台からこう演説した．

> 朕は，人民の自由と解放を誰もと同じように願っている．しかし，朕は諸君に言わねばならぬ．人民の自由と解放は，統治機関を持つことの中に，人民の生命と財産がおおよそ彼らのものでありうるとした諸法の中に，存している．統治機関に参加することに存するのではない．そこには人民に属するものは何もないのだ……[106])

この温情主義的な立場に対するリベラル派の返答は，バークによってなされている（広範囲にわたってバークの著作を読めば，すべてのことを彼の著作の中に見つけることができるだろう）．

> もしもこの世でこの上なく自明な1つの事実があるとすればそれは，「アメリカの民衆の気持は，自由な政府以外のどのようなものにも真向から反対である」ということであり，そしてこの事実は誠実な政治家にとっては彼が自己の手中に見出す権力を彼らの主張に如何にして適応させるべきかを教えるに充分であろう．
> 　もしも自由な政府とは何かと聞かれるならば私は，実際問題としてはそれは民衆自身が考える通りのものであり，私でなくて彼ら自身がこの主題の自然的合法的で正当な判定者であると答えよう[107]).

第4章 人間の理論:「未開人」

これは，1950年代にキプロスをめぐり交わされた論争の背後に隠されていたのと同じ原理である．この引用部分は，現実主義についてのさきの説明の最後に引用したホッブズ——世界の人口過剰と「すべての最終的な処方箋」としての戦争と対をなすものとして見ることが可能である．自然法理論がバークの立場の基礎にある．「私でなくて彼ら自身がこの主題の自然的合法的で正当な判定者である」（自治法によってアメリカ人は反逆者とされたが，独立宣言が拠った自然法の下では，そうではなかった）．合理主義理論は逆説をかかえており，理論のリベラルな縦糸は，温情主義に打ち勝つほどには強くはないのである．

革命主義

未開人についての現実主義の理論を要約すると，未開人は権利を持たない（搾取）となり，合理主義の立場からの理論は，未開人は特有の権利を持つ（信託），となる．これに対応する革命主義の理論は，未開人は平等な権利を持つ（同化）となるであろう．しかしながら，ことはそれほど単純ではない．未開人は誰と平等な権利を持つのか，それが意味するところは**完全な権利**（人間としての権利）なのか，もしそう望めば同化されない権利なのか？ 答えがどうであれ，革命主義と合理主義は人類を同胞とみなす原理について合意し，さらに革命主義は次のことを強く主張する．革命主義は合理主義が付加する慎重な制限を拒否するのみならず，制限そのものをすべて拒否するということである．人類同胞という概念は，ある1人の人間の考えにさかのぼることができる．バルカン半島の君主の中でももっとも魅力的な人物，マケドニア王アレクサンドロス3世（一般にはアレクサンドロス大王として知られる）——史上もっとも偉大なアルバニア人である．アレクサンドロスは，マケドニア王宮の家庭教師であったアリストテレスから教育を受けた．アリストテレスは，アレクサンドロスに対して（おそらくは）次のように教育したであろう．都市国家は，人間が到達可能な最高の政治形態であり，ギリシャ語を話さない者はすべて未開人であって，そうした未開人は生まれながらにして奴隷である，と．マケドニアで7年を過ごした後，アリストテレスはアレクサンドロスの後援を受けてリ

ュケイオン〔アテネ郊外の学園〕を建てた.彼はアレクサンドロスよりも長生きし,紀元前322年に死んだ.つまり彼は,自分の弟子の生涯すべてを目撃したのである.彼はアレクサンドロスに,ギリシャ人に対しては指導者として振る舞い,未開人に対しては主人として振る舞うようにさとし,ギリシャ人は友や親戚として扱い,未開人は動物もしくは植物として扱うよう教えた[108].これらすべてを,アレクサンドロスは払いのけた.

アレクサンドロスは,都市国家を世界帝国に,ギリシャ人と未開人との間の区別を,ホモノイア(*Homonoia*)ないしコンコルディア(*Concordia*)の理念——それぞれ「心の結合」ないし「精神を1つにすること」の意——に置き換えた[109].彼の生涯に起きたいくつかの出来事は,このことを反映している.リビア砂漠のアンモニウム(〔現在の〕シーワ)を訪れた後,彼はこう述べたと伝えられている.「神はすべての人間にとって共通の父であるが,人間の中でもとりわけ最良の人間を神によって選ばれし者とした」[110].これは,すべての人間が兄弟であることを,少なくとも西洋において最初に言明したものとして知られている.彼は遠くパンジャブ〔インド北部〕まで征服したが,そこでマケドニアの古参兵たちがそれ以上の進軍を拒否したため,バビロニアに戻って,自らの帝国を建てた.彼は民族融合政策を追求した.彼は,マケドニアの王であると同時にアジアの大王であった.アレクサンドロスはペルシャの衣装を身にまとい,ペルシャの王女と結婚し,自分の将校たちに異民族間結婚を促し,マケドニア軍事組織に「原住民」を入隊させた.このことはついに,(現在のバグダッド近郊の)オピスにおいてマケドニア人の反乱を引き起こすことになった.全軍が帰国を求めたのである[111].アレクサンドロスは全軍を軍務から解き,2日間閉じ籠もった後に,ペルシャ人の指導者を招集し,古いマケドニア名を持つ連隊からなるペルシャ軍を編成し始めた.マケドニア人はこれに打ち砕かれた.彼らはアレクサンドロスの天幕に来て号泣し,やがて和解した.9千人のために開かれた宴会の場で,ギリシャ人,ペルシャ人,すべての民族が,親愛の杯として巨大な銀製の酒杯を共有した.この祝典におけるアレクサンドロスの祈りの言葉は,「その他の善きことのために,ホモノイアのために,王国でのマケドニア人とペルシャ人との間の協力のために,祈ろう」というものだった[112].エラトステネスによれば,「アレクサンドロスは,広く人

間を調和させ，世界の和解者となることを，神から与えられた自らの使命と信じた．彼は至るところから人間を集めて1つとし，彼らの生活，習慣，結婚，社会通念を混合し，親愛の杯の中に収めようとした」[113]．

1933年に行われた英国学士院の講演で，アレクサンドロスの伝記作家であるサー・ウィリアム・ターンは，アレクサンドロスの思想の3つの側面を確認した．第1に，すべての人間は兄弟である．ギリシャ人と未開人の区別なく，全人類にこの考えを適用したのは，西洋では彼が最初であった．〔第2に〕彼は，心と精神を1つにしてすべての人間をホモノイアの中で兄弟として住まわせるために，世界の調和者かつ和解者となることが自分の神聖なる使命であると信じていた．〔第3に〕彼は，自分の帝国内のすべての人民が，臣民ではなく仲間であることを望んだ．彼が生きているうちにこれが実現することはなかった[114]．

アレクサンドロスの死後，ストア派哲学者のゼノン（紀元前335-263）が，最終的に民族の区別のない，神と人間とからなる1つの巨大な都市としての世界（the universe）を心に描いた．マルクス・アウレリウス〔・アントニヌス．ローマ皇帝・ストア派哲学者〕もそうした．「私の属する都市と祖国は，アントニヌスとしては，ローマであり，人間としては世界である」「人間は，至高の都市の市民であり，他の諸都市は至高の都市にとってのいわば家々をなす」「他のいかなる政体をすべての人類が共有しえようか」[115]．アレクサンドロスの思想は，後にキリスト教に反映された．キリストにおいては，「かくてギリシア人とユダヤ人，割礼と無割礼，あるいは夷狄，スクテヤ人・奴隷・自主の別ある事なし，それキリストは万の物なり，万のものの中にあり」[116]．これは，革命主義的友愛主義の行動様式となった．「キリストにおいて」であれ，「人間の権利の原理において」であれ，「マルクス－レーニン主義において」であれ，人間の間には区別など存在しない．おそらく，この思想をもっとも完全に実現したものは，イスラムの中に見出される．カトリック普遍救済説にも確かに存在しており，そこではキリストの代理人としての教皇の普遍的支配権が宣言され，教皇の権威は，キリスト教徒だけでなく，ユダヤ人や異教徒の上にも及ぶのだとされる[117]．イスラムを別にすれば，キリスト教世界もしくは西洋文明は，こうした普遍主義的主張を公式化して，そこに政治的表現を与えようとし

た唯一の文明であった．これが，大部分の西洋帝国主義の根底にある．ダンテの『帝政論』は，普遍主義的帝国主義の頂点を印している．第1巻の中でダンテは,「全体としての人類文化の目的」を考察する[118]．人間を他のすべての生き物と区別する人間が持つ特殊な能力とは，知的潜在力である．この潜在力は，単一の個人によって行動に移されることはありえない．知的実現は社会的条件と人類全体としての協同を必要とする．「人類に固有な仕事は，全体として見ると，この潜在的知性の全能力をあげて，第一には思惟のために，第二には拡充と他人のために，絶えずその実現をはかることにある」[119]．世界平和は，このための必要条件である．これは，ジルソンによれば，「近代思想でいう人間性についての，知られるかぎり最初の表現」である[120]．つまりこれは，同胞としてだけではなく，共通の目的と共通の任務を持つ共同体としての人類という考えである．ダンテはこの人類の市民世界（*universalis civilias humani generis*）という前提から，普遍的帝国もしくは世界国家に至るまでを議論した．ただ普遍的帝国もしくは世界国家のみが，人類の目的を達成するために必要な平和を与えることを可能とするだろう．人類は**法的**共同体（国際法の始まり）をつくりあげ帝国主義を放棄したので世界国家は存在すべきでないとビトリアが唱えたとき，普遍的帝国もしくは世界国家という考え方は近代化され合理主義の核心へと転換していった．

　未開人との関係についての革命主義的教義が出現しうる状況は2通りある．1つは未開人自身が先導する場合，もう1つは国際社会内部で革命主義者が先導する場合である．未開人が率先した場合の原型は，フランス革命中，〔当時の〕フランス領サントドミンゴ，〔今の〕ハイチで起こった黒人反乱である[121]．1789年，ハイチにはおそらく1万4千人の白人，4千人のムラート〔混血〕の自由民，17万2千人の黒人奴隷がいた．パリのフランス革命は，ハイチにおいて，白人，ムラート，黒人からなる反乱を相次いで爆発させた．裕福な植民者は，合衆国の仲間と同じく，フランス革命を支持したが，ムラートは公民権から除外された．ムラートは反乱を起こし，白人の手で冷酷に鎮圧された．黒人も暴動を起こし（最初は旧体制（アンシャン・レジーム）の名の下に！），生き残ったムラートがそれに加担した．こうしたことすべてが，パリからの遠隔操作だけで発生したのである．革命議会は，植民地のことには無知蒙昧なままで，立法は成り行きに

第4章　人間の理論：「未開人」

遅れがちであった．1792年3月28日，立法議会はすべての自由な黒人に完全な政治的権利を拡大し，1794年2月4日，国民公会は歓呼の中にフランス帝国全土で奴隷制を廃止した（これは1833年にイギリスが奴隷制を廃止するより40年も前のことであった）．もっとも，暴動と内戦という状態の中で認められた諸権利は，理論の域を超えるものではなかったが．これとは対照的に，イギリス人としての完全な公民権を備えた「貧しい黒人」のために，シエラレオネが1787年に設立された[122]．ハイチでは混乱，戦争，スペインとイギリスによる干渉が続いたが，同時に天才的な黒人の軍人，トゥサン・ルベルテュールの下で，徐々に黒人権力が固まっていった．フランスは1794年，彼を軍の最高責任者と認め，後にルベルテュールは黒人共和国を宣言して，「合衆国以外の新世界における最初の独立元首」となった[123]．彼の歴史的重要性は小さくない．黒人反乱の成功を新世界が見守り，10年後にラテン・アメリカ全土で起こった革命と独立の先例となったからである．ナポレオンは西インド諸島に幻滅し，〔仏領〕ルイジアナをジェファーソンに売却するに至った．ハイチは〔近代主権国家として〕最古の黒人国家であり，ハイチの黒人革命は，1907年のハーグ会議においてラテン・アメリカ諸国が国際社会に参加する権利を認められたこと，ひいては主に1945年以降，全体としては暴力をほとんど伴わずに，アジア・アフリカ諸国が国際社会に参加する権利を認められたことの歴史的な先駆けとなった．

　こうした運動のすべては，〔西洋から見た〕余所者もしくは未開人の政治哲学によるものだったが，それは以後，反植民地主義と呼ばれることになった．その哲学は4つの要素から成る．第1の要素は，自由に対する絶対的な権利の主張である．われわれが見てきた合理主義の伝統は，信託原理に関する温情主義的解釈，および急進的ないしリベラルな解釈の2つに分かれていた．革命主義の伝統は，急進的要素を断固支持する．つまり，グラッドストンに例示されるように，「人間を自由に適合させるのは，ただ自由のみである」．これは国際連合の場で，インドによって再度主張された．「インドは，人民に自治の用意がないなどということは，けっして認めない」[124]．「……まだ独立の機は熟していないと，これまで何度も言われてきたアジアのすべての国々を代弁して，インドは次のように言いたかったのだ……たとえ到達した発展段階がどうであ

れ，すべての人民はその時すでに自治の権利を持っていた」[125]。

第2の要素は，平等主義である．新興国家は法的には自由であるが，植民地主義は新興諸国の貧困と植民地支配諸国の富の間に巨大な経済的不平等を残した．非同盟主義政策の根源には，国内問題を解決して経済成長の達成を急ぎたいという強い願望があったが，それは同時に，感情の表現でもあった．1957年に勅選弁護士クリストファー・ショークロスがガーナ再入国を禁じられたとき，『デイリー・スケッチ』紙はこう報じた．「ガーナが英連邦に相応しい一員であることを，ヌクルマ〔ガーナ首相〕は今なおわれわれに示さねばならない」．ガーナの『イヴニング・ニュース』紙はこう反論した．

> 独立はわれわれにとって神聖なものである．そのためにわれわれは多くを犠牲にした．われわれはあらゆる使いうる正統な手段をもって，独立を守るつもりである．イギリスであれ他のいかなる国であれ，われわれが彼らより劣っているなどという主張を受け入れるわけにはいかない．われわれは同じ資質を備えた人間である．われわれがイギリスに与えるのと同じ敬意を，われわれにも与えるべきである．ガーナはもはやイギリスの踏台ではない[126]．

この反植民地主義哲学の第3の要素は，おそらく友愛の不在として表現されよう．多くの反植民地主義声明には憤りとプロレタリア的姿勢，ある種の余所者意識が存在する．これがバンドン哲学の中でもっとも頻繁に現れる特徴的側面であり，多少なりとも分析する価値がある．ロシアと日本がかつて実践したように，アジアが西洋を模倣し対等になろうとしながら，同時に西洋を拒絶しようとするということは，一般に広く認められている．平等に対するこうした願望は，それを要求することで自己憐憫と要求せざるを得なかった相手に対する憤りへと容易に化した．人種差別は，最深部における敏感な感覚を再生し続けている．「白人の重荷」「文明の使命」（*mission civilisatrice*）「黄禍」などの古い成句は西洋ではほぼ忘れられてしまったが，アジア・アフリカ人の心には鮮明に残っている．彼らがまず最初に求めた自由は，軽蔑からの自由である．

このことは，転倒した人種主義とでもいうべきものを引き起こした．「この大広間に集まっている著名な賓客の方々を見渡して私の心は高ぶっている．これは人類の歴史において初めての，大陸を跨いだ有色人種による会議である」．これはスカルノ大統領によるバンドン会議の開会演説である[127]．(1958年12

第4章　人間の理論：「未開人」　　　　　　　　　　　　111

月に〔ガーナの首都〕アクラで開かれた全アフリカ人民会議で，「アフリカ人の特性」が強調されたことと比較できよう．）『ミドル・イースト・ジャーナル』誌は1955年にこう報じた．「合衆国がドイツ人ではなく日本人の頭上に原子爆弾を落としたのは，ヨーロッパの白人は助けたかったがアジア人は殺しても構わないと考えていたからだと，大多数のインド人は実際に信じている．またそれによれば，合衆国が太平洋でのみ水素爆弾を実験するのも，同じ理由からだ」[128]．1955年，ウガンダのマケレレ〔大学〕の一学生はこう話した．「アフリカ人は，ケニヤッタ〔ケニア初代大統領〕が有罪か無罪かなんてことには関心がない．問題なのは，白人対黒人ということなんだ」[129]．

またここにあるのは，道徳的および法的な糾弾の態度である．「われわれは，間違ったことがなされたか否かを決めるために，今日ここにいるのではない．間違ったことがなされたと確信している者として，われわれはここに集っているのだ」．1949年1月にデリーで開かれたインドネシアに関するアラブ - アジア会議の席上で代表団の1人はこう言った[130]．さらに，バンドン会議でスカルノはこう宣言した．「どこで，いつ，どのように現れようとも，植民地主義は邪悪なものであり，地球上から根絶されねばならない」[131]．アジアとアフリカを搾取してきたというだけでなく，西洋によって支配されるほどまでにアジアとアフリカが弱い状態にあったということに対しても，西洋は非難されている．自国の後進性に不満なアジアとアフリカが，西洋に対する苦情としてこの不満を国外に投影したかのようだった．こうした見解の論理的極論として，1958年12月に全アフリカ人民会議でなされた2つの発言がある．「アフリカにいるヨーロッパ人は，アフリカ人の支配者や主人としてここにいるのではない．彼らは，アフリカ人によって統治され支配されるためにここにいるのである」[132]．「われわれは，自分たちの鎖を取り除きたいとは思わない，この鎖で植民地主義者をつないでしまいたい」[133]．

こうした議論とともに，道徳的優越性という想定がしばしば登場した．

　　こうした緊急かつ重大な仕事について西洋の知恵は失敗した．では，アジアやアフリカ諸国民が成功する望みはあるのだろうか？　私はあると考える．この地域の諸国民は，実際に何か提供できるものがあるのだろうか？　私はあると思う．それを提供する時が来たのだろうか？　私は来たと思う．この地域の宗教すべて

の素晴らしい特徴をなす生命の霊的な価値や人間の個性のもつ尊厳に対する伝統的な尊敬を，今日の世界の諸問題に適用する力をこの地域の人民がその歴史上初めて備えるに至ったと，きわめて真剣かつ謙虚に私は言いたい[134]．

これはバンドンにおける最大の名言家であったセイロン首相サー・ジョン・コテラワラがバンドン会議で行った言い回しであり，それまでキリスト教西洋によってなされた主張を面白いほど借用したものである．ある種の自己憐愍——「何世代にもわたってわが人民は，世界で発言する機会のない存在であり，貧困と屈辱の中で無視され生きてきた」——とともに，そこには自らの優越が想定されている．

> 恐怖，暴力，憎悪という幽霊があらゆる場所に存在することによって世界は狂気に瀕しているが，世界はそこから逃れることはできない．たとえいかに遅ればせであっても，いかに遠く離れたものであったとしても，そこから抜け出す希望の道を提示することはわれわれの持つ歴史的特権であり，われわれの厳かな義務である．……偉大なる強き者に欠けている何かをわれわれは手にしている，と私は敢えて信じたい．その何かとは，われわれの弱さという強さである[135]．

革命的高揚と反理性寸前の感情表出の感覚がここにはある．「法の知的素養に行き詰まるよりも，感情に流されるほうがよい」[136]．

同じ月，国連総会の社会文化人道委員会に派遣されたサウジアラビアの代表が，民族自決権に反対するプロパガンダをしているとして『ニューヨーク・タイムズ』紙を非難した．社説が述べたのは次のようなことだったのだが，この代表は社説を客観的に捉えることができなかったのである．「『魔法の言い回し』として描かれた国家主権は，ある特定の問題を解決するよりも……さらに深刻な問題すら新しく創り出すことが多かった」[137]．バンドン会議開会時のスカルノに戻ろう．彼が感情表出の一例を提供しているからだ．「この審議では，こうした恐怖［水素爆弾，世界的緊張など］に動かされるのではなく，希望と決意，理想，そしてそうです，夢によって動かされなければなりません」[138]．

反植民地主義の第4の要素を構成する修正主義と干渉主義は，自由意思論に基づく想定からもたらされる．1948年の国連総会でネルーが語ったように，「アジアにおけるわれわれは，植民地主義と帝国主義支配のあらゆる悪を被ってきたからこそ，すべての植民地国家を自由にするために，全力を尽くさざる

第4章 人間の理論：「未開人」 113

を得なかった」[139]．だからこそ，エジプトはアルジェリアに干渉したのだし，ラジオ・カイロのスワヒリ語放送が，マウマウを解放運動の手本としたのだった．グアテマラ代表団の声明は，温情主義を次のように興味深く言い換えた．「南アフリカは自分の出口を見つけなければならないが，われわれは南アフリカを助けねばならない．われわれは温情主義的な援助でもって南アフリカを助けなければならない」[140]．解放と侵略から干渉を分かつものは，細い線でしかない．攻撃的発言としてのもっとも著しい例は，1955年9月にデリーでなされたネルーの上院演説である．これは彼の手痛い失策となった．「わが政府は，ゴア〔1961年までポルトガル領〕に住むポルトガル人の存在を容認することはできなかった．たとえゴア人がポルトガル人を必要としていたとしても」[141]．

興味深いことには，こうした態度や政策すべてが大戦間期の枢軸国で観察された．すなわち，平等な権利の要求，ヴェルサイユ条約の不当さに対する不満，としてである．国際舞台において「持たざる（have-not）」国というプロレタリア的着想を発明したのは，ムソリーニであった．西洋の横柄な態度に対する大いなる憤慨は，ヒトラーによって表明された．「ヴェルサイユ条約の時代から受け継いだ気取った態度をイギリス人が少しずつであれ弱めていくのなら，それはいいことである．女家庭教師どもの保護監督には，もはや我慢ならない」[142]．「西洋民主主義諸国は世界統治という願望に支配されているので，ドイツやイタリアを自分たちと同じ階級とは見なさないだろう．侮辱というこの心理的要素は，すべてのことの中でおそらく最悪のものである」[143]．ドイツとイタリアは，ヨーロッパ社会の中の未開人あるいは除け者であった．

この持たざる国の憤慨という特殊な心理は，20世紀になって生じた新しい現象である．興味深いことは，ヨーロッパ社会の弱国であった持たざる国に最初に現れた態度であったということである．（カイザー〔ヴィルヘルム2世〕が述べたように）「日の当たる場所」への要求とは，未開人を搾取するための機会の平等への要求であった．この態度はその後国際社会に闖入した未開人自身によって，再生産されることになった．しかし，ドイツとイタリアが最初の持たざる国だったわけではない．16世紀には，スペインとポルトガルが強国で，イングランド，オランダ，フランスは持たざる国であった．だがエリザベス1世時代のイングランドの人々は，こうした自己憐愍も，憤慨も，プロレタ

リア的姿勢も持っていなかった．それどころか彼らは自信に満ちており，自由なプロテスタントの方が異端審問に支配されたスペイン人よりもずっといいと確信していた．サー・フランシス・ドレイクが，カディス港でスペイン艦隊を焼き払ってスペイン王をジリジリさせたとき，そしてホーン岬を回って南アメリカの太平洋岸に到達し，スペイン帝国に厳しい肘鉄を食らわせたとき，そこにあったのはスポーツ精神であり（結局のところ，「彼はイングランド人だった」），世界の優勝者になったという陽気な気分であった．20世紀になってなぜ憤りの感情が忍び寄ってきたのかは，はっきりしていない．大衆文明のせいなのか，ひょっとすると国際プロレタリア主義によるものか[144]．

　未開人との関係についての革命主義的教義を発展させてきたより一般的な状況とは，革命主義が国際社会内部で主導権を発揮する場合である．ごく単純に言えば，革命主義は，革命を支持するよう，あるいはむしろ旧秩序の土台を掘り崩すよう，未開人を奮起させる．小規模には，それはフランス革命で起こった．ハイチの黒人革命は土地の人々の手により始まったが，その後奴隷反乱はイギリスの支配が優勢であった西インド諸島に広がり，ジャマイカにも波及していった．ひとたび〔革命〕フランスとヨーロッパとの戦争が燃え上がると，フランスはこうした〔西インド諸島の〕同盟者たちを持つことの利点を読み取り，フランスの手先の者たちが彼らを煽動した．ところがフランス革命の軍事拡張主義が終わるやいなや，フランスは未開人に対する新しい政策と教義として，同化を平和的に発展させることになった．ここで「平和的に」というのは相対的意味においてである．ジャコバン主義を全世界に伝えるという使命の放棄は他のヨーロッパ諸国との平和を意味したが，未開人に対する選択的な軍事拡張は続けられた．1830年代のアルジェリア征服も，1860年代と1880年代のインドシナ征服も，ヨーロッパの戦争ではなかった．アフリカにおけるヨーロッパすべてによる領土的帝国の中でも最大の帝国をフランスは確立したが，それはアフリカ争奪戦の中で他のヨーロッパ諸国と協力して行われた．フランスは，現地で政治権力を確立するまでは，いかなる植民地の人々も同化させることはなかった．だがこれは19世紀的拡張のことであって，その時フランスは国際社会の全般的拡張を主導したのではなく，一同調者であったにすぎない．同化は，イギリスの植民地政策に対する一般的なアンチテーゼである．信託は

第4章　人間の理論：「未開人」

バークに由来し，同化は人権に由来する．それは，フランスが統治したすべての人間への人権の延長である．これは実際上，植民地の人々をフランス人に変えることを意味した．フランス人は，人間の普遍的な権利とフランス文化ないしフランス・ナショナリズムとをきちんと区別することができない．文明＝フランスであるという考え方が深く根づいていて，これはもちろんフランス革命以前から存在する考え方である．フランスは，指導者であり，中世キリスト教世界の精華であり，キリスト教会の長女であった．アラビア語，トルコ語，ペルシャ語でヨーロッパ人全体を指す単語は，「フランク (Franks)」であり，西ヨーロッパは「フェリンギスタン (Feringhistan)」である（なぜならフランス人が十字軍を主導したからである）．1922年の火事以前は，スミルナ（トルコの現イズミル）にある第1の商店街は，「フランク通り (la Rue Franque)」と呼ばれていたし，トルコ語で梅毒を意味する言葉は「フランク・ザーメティ (Frank Zahmeti)」である[145]．そしてもちろん，フランス語は国際社会の正式言語であった．

　同化と信託という慣例的に正反対のものとして見なされてきた理念は，実際上はけっして完全なものではなかったが，部外者にとって驚くべきことは，フランスが植民地の臣民をフランス人に変えることにこれほど成功したことだった．インドシナ人，セネガル人，マルティニク島出身の黒人は，フランス文化を輝かせた好例であった．ハイチでさえ，1957年のフランソワ・デュバリエ〔大統領〕いわゆる「パパ・ドク (Papa Doc)」が選ばれるまでは，フランス領カリブ海地域や〔新オルレアンを意味する〕ニューオーリンズなどと同じく，文化的，精神的には「フランス的」であり続けた．この精神的な推進力，すなわち文化的宗派の建設は，あらゆる試練にもかかわらずフランス連合〔1946-58〕の存続を可能ならしめたものである．それは，英連邦よりも深奥部まで到達し長続きするような効果をもたらすかもしれない．しかし，未開人は平等な権利を持つという革命主義の主張からは，では彼らは同化され**ない**権利を持っているのか，という問題が引き出される．理論的には，否である．1958年，ギニア一国だけが独立に賛成してフランス連合残留に反対の投票をした時，ドゴールとフランスの反応は，アイルランドやビルマが英連邦から脱退した際のイギリスの寛容な受諾とは異なるものだった．政治的な形式を除けばこれら2

国とイギリスとのつながりの多くがそれまでと変わらず残ったが，ギニアは感情的な破門と遺産喪失を色濃く経験することになった．

フランス革命の様式は，ボリシェヴィズムによって繰り返された．明らかに1918年か1919年までには，ロンドンとパリへの道はカルカッタと北京を経由して通じるという有名な言い回しをトロツキーがつくりだしていた．その意味するところは，ヨーロッパ革命という希望から離れてソ連の対外政策を方向づけし直すことだった．ソ連の対外政策の最初の偉業の1つは，植民地大衆を覚醒させるために1920年にバクーで開かれた東方諸民族大会であった．「われわれには，イギリス政府に対するいかなる革命闘争をも援助する用意がある……われわれの任務は，イギリス帝国主義から東方が解放されることを助けることである」[146]．スターリンは1918年11月，『プラウダ』紙に書いた．

> 十月の変革の大きな世界的意義は，主としてつぎの諸点にある．すなわち十月の変革が，
> （一）民族問題のわくをひろげ，これを，ヨーロッパにおける民族的抑圧にたいする闘争という部分的な問題から，被圧迫諸民族と植民地・半植民地の帝国主義からの解放という全般的な問題に転化したこと．
> ……
> （三）まさにこのことによって社会主義的西欧と奴隷的東洋とのあいだに橋をかけ，世界帝国主義にたいする西欧のプロレタリアからロシア革命をへて，東洋の被圧迫諸民族にいたる新しい革命戦線をうちたてたこと．
> 　東洋と西欧の被搾取勤労大衆が，げんざいロシアのプロレタリアートによせている，あの筆舌につくしがたい熱狂的感激もまた，ほんらい，これによって説明される．
> 　全世界の帝国主義的略奪者どもが，こんにちソヴェト・ロシアにおそいかかるときにしめす，あの狂暴さも，主としてこれによるのである[147]．

レーニンは人生の最後に，この新しい方向性を受け入れた．彼は1923年3月2日に書いている．

> 闘争の結果は，結局のところ，ロシア，インド，中国などが，住民の圧倒的多数を占めていることにかかっている．ところがまさにこの多数の住民が，近年，異常な早さで，解放闘争に引きいれられており，したがって，この意味では，世界

的闘争の終局的な解決がどうなるかについては，いささかの疑問もありえない．この意味では，社会主義の終局的な勝利は，完全にまた無条件に保障されている[148]．

レーニンは3月9日に2度目の発作を起こしたため，すべての仕事を放棄せざるをえなくなり，ゴーリキーの田舎の邸宅に引退して余生を過ごすことになった．

これは，政治における量的原理と呼べるかもしれない．分析のとどのつまりは，西側陣営と共産主義陣営との闘争は，政治は質によって決まるとする信念と，量によって決まるとする信念との対立になる——政治にはグレシャムの法則〔悪貨は良貨を駆逐する〕が存在するのか？ 量の政治は，革命的状況の特徴である．制御できない大衆や暴徒という感覚が，常にそこにはある．1653年のリルバーン〔英国清教徒．水平派の指導者〕裁判では，6千人もの見物人が取り囲むなか，宣伝ビラが次のような繰り返し文句とともに回された．「ならば，死ぬるや，正直ジョン・リルバーン？ なじか知るべし6万人」[149]．1688年，ブリストル主教のサー・ジョナサン・トレロウニーを含む7人の主教の裁判では，コーンウォール人の群衆が次のように歌った．

> 何処にて，また何時にや決まりき
> トレロウニー骸となるべく
> 2万のコーンウォール人
> なじょう知るべき[150]

だが，20世紀以前には，量的原理はたまにしか現れなかった．工業化した大衆社会によって，この原理が決定的となったのかもしれない．レーニン自身，別の有名な言説でその基本形式を明らかにしている．「政治というものは，数百万のいるところではじまるものであり，数千人ではなく数百万のいるところでのみ，真剣な政治ははじまるのである」[151]．未開人ないし世界政治との関係に応用すると，この原理は，互いに分かつことのできない2つの命題に公式化されよう．第1に，人類の圧倒的多数が支持しているがゆえに革命は勝利する．また第2に，革命が歴史の実現であるがゆえに人類の圧倒的多数は革命を支持する．どちらを強調するかは，読者が共産主義をどう理解するかにかかってい

る.

　ついでに言えば，量的原理は国連でソ連の政策を弁護したヴィシンスキー〔ソ連外相〕によって，とりわけ国連草創期の拒否権をめぐって展開された．1948年パリで開かれた原子力の国際管理について討議する国連総会において，彼はこう発言した．

> 多数派による議決は，少数派の見解をことごとく無視し，ソ連率いる少数派に代表される膨大な数の人民について完全に忘れさってしまっている．「ここにいる多数派は世界では少数派なのであり，ここにいる少数派は世界では多数派だ，という事実を彼らは忘れてしまっている．多数派は世界の人民の意見を無視しているのであり，それゆえにわれわれにとって必要なことは自分たちの見解を定式化することである．そうすれば外の世界は真の声を聞く」[152)]．

これは，その時ロシアが行使した拒否権の大いなる正当化であった．拒否権は国連安全保障理事会を麻痺させ，ロシアは自分で評判を下げてしまった．ヴィシンスキーは言う．

> 拒否権は，非常に強力な政治的武器である．そうした武器を持ちながら政治闘争のさ中にこれを利用しない愚か者はどこにもいない．少数派は，率直かつ国連憲章に基づいてそのことを認める．多数派は拒否権行使を控えることに気前のいい保証を与えるが，実際にはそのような処理などできないし，もし彼らが少数派になったとしてもそんなことはしないであろう[153)]．

朝鮮戦争における侵略国に国連が制裁を科した際の，これが党の路線であった．〔イギリス共産党の〕『デイリー・ワーカー』紙の外交特派員は1950年10月9日の紙面で次のように論じた．朝鮮に関する決議に反対投票したり棄権した国は，賛成投票した国よりもはるかに多くの人口を抱えている．ソ連を含む反対5カ国には，合計で2億3千8百万人，インドとインドネシアを含む棄権8カ国には4億3千5百万人の人々がいる．そして中国がもしも代表を送っていたら反対票を投じたであろうが，その人口は4億7千5百万人である．これらすべてを合わせると，11億4千8百万人にのぼる．一方で47カ国からなる「アメリカの自動投票機」は，合計6億4千9百万人である．「だがこれらの数字は……すべてを物語っているわけではない．というのも，アメリカ圏諸国の多

第4章　人間の理論:「未開人」

くの政府は，自国人民の願望を代表してはいないからである」[154]．

　この種の議論は，アジア人やアフリカ人自身によっても用いられた．1950年の国連総会で，共産中国に代表権を与えようとするインドの決議案は，33票の反対，16票の賛成，10票の棄権で葬られた．批評家はこれを「圧倒的」敗北と主張したが，サー・ベネガル・ラウは，人口計算によってこの決定に異議申し立てをした．決議案に賛成票を投じた国の総人口は8億9百万人，反対票を投じた国の総人口は4億1千2百万人，棄権国の総人口は1億1千7百万人であった．それから2年後，再び国連総会で，パンディット夫人〔インドの政治家・外交官．ネルーの妹〕はこう述べた．

> アパルトヘイト〔人種隔離政策〕の問題は，6億もの人口を抱える国々によって提起された．南アフリカ政府はその政策によって，世界世論の潮流に真っ向から敵対し，国連憲章の命じる人類の集団的良心に背いている，というのが，提起した国々の立場である[155]．

国際組織における「民主主義」とは何か？「世界世論」は，大ざっぱな統計で飾り立てることができれば，よりはっきりとした効力をもつ神性を発揮する．バンドン〔会議〕においてスカルノは，人類の多数派という議論を用いている．

> われわれに何ができるのか？　われわれには多くのことが可能だ！　われわれは世界中の問題に，理性の声を注入できる．われわれはアジア，アフリカのあらゆる精神的，道徳的，政治的強さを平和の側に動員することができる．われらアジア，アフリカの人民は，総勢14億，世界人口の半数をはるかに凌駕し，平和を支持する諸国民の道徳的な声と呼ぶべきものも動員することができる．われわれ多数派が平和に賛成し戦争に反対していることを，他の大陸に住んでいる世界の少数派に証明することができる[156]．

　V.K. クリシュナ・メノン〔インドの政治家・外交官〕は1952年，国連やその諸機関がアジアを十分に代表していないと主張した．しかし，1956年にはアジア - アフリカ・ブロックが国連総会の最大勢力となったから，このころが転換点だったと言えよう．これ以降，国連内部の多数派は国連外部の多数派に対応することになった．もっとも，代表国の数としてであって，人類の多数派ではなかったが．量的原理はここでは，国際社会の中に未開人を引き込む際の

革命主義の原理である．

　ボリシェヴィズムとジャコバン主義がともに示したもう1つの特徴が，植民地化された未開人の同化である．フランスとソ連の植民地政策の比較によって，同化の命題にはいろいろあることが分かるだろう．対照的な点を1つだけ記そう．フランスは，自らの未開人臣民ないし保護民をフランス人へと変えてきた．しかしロシアは，彼らを同じようにロシア人に変えようとはせず，単に共産主義者に変えただけだった．ソ連の植民地政策は，文化的民族的な自決を目指した．ソ連と共産党の公式目標は，社会主義経済の枠組みの中で，それぞれの人民の民族生活の文化的多様性を維持することであった．（毛沢東以前におけるレーニンの主たる後継者であった）スターリンとチトーがともに，マルクス主義の教義に対してなした主たる理論的貢献は，共産主義連邦制度の中での民族集団の文化的自律性に関わっていた．おそらく現実には，ロシア皇帝の政策と同じように，ソ連の植民地政策はロシア化政策であって，ロシア人党官僚や技術者と中央アジアの「原住民」との間には，肌の色に基づく障壁すら存在するのだろう．しかし理論上は，共産主義の教義とロシア民族文化は同じものではない．ソ連は，その国名に領土的もしくは民族的意味が込められていない世界で初めてかつ唯一の国家である．またソビエト社会主義共和国連邦は，公式名称を変更することなしに，世界を征服し，他のあらゆる政治的単位を吸収することのできる唯一の国家である．ここで比べうるのが中国である．漢民族の子孫たる中国人が昔の中華帝国（その境界線はおおよそ今の人民共和国のそれと同じ）において占める数的優位は，ロシア帝国（その境界線はおおよそ今のソ連と同じ）におけるロシア人のそれよりも勝っている．つまり，ロシアと比べて中国は民族的少数派が少なく，はるかに同質性の強い帝国なのである．中国人の自惚れは，フランス人のそれと同じくらい，一点の曇りもない．「中国＝文明」という方程式は「フランス＝文明」という方程式よりも古くから存在し，根深いものである．前にも述べたように，中国の植民地政策の目的は，単に未開人を漢民族の子孫に変えて真の同化をもたらすということに他ならない．これに匹敵するような自惚れをロシア人は持っていない．むしろロシアが持っているのは，西洋に対する劣等意識である．中国人やフランス人とは違って，ロシア人は自分たちが未開人であり余所者であったことを思い起こすことができ

るのである．ロシアのメシア主義は，爆発と収縮とを相互に繰り返し，世界を導くために外部へと押し出したのち縮小し，ドストエフスキー的な変性を遂げる．共産主義世界，そしておそらくやがては地球の征服をめざす闘争において，どちらがより強固で持続的な態度であると証明されるかは，まだ分からない．

　未開人は同化されない権利を持つか否かという問題が，マルクス主義について提起されたならば，その答えは，レーニン主義のおなじみの教義の延長線上にあることになる．すなわち，民族自決に分離権は含まれるのかという論争である．レーニンによれば，ブルジョア帝国主義は，「民族自決」の旗の下で第1次世界大戦に偽善的に参加した．例えば，イギリスはベルギーのため，ドイツはポーランドのために[157]．ソ連政府は，フィンランド，バルト諸国，ポーランド，グルジア，アルメニア，アゼルバイジャンの自決を承認していたが，これら分離した国境地帯は必然的に国際帝国主義の奴隷に転落した．こうした分離は反革命的だったのだ．1923年までに，コーカサスの3共和国で農地革命が発生し，いわゆる民族政府が，自国の労働者や農民に対抗してイギリス人やフランス人など西ヨーロッパの帝国主義者に〔支援を〕訴えなければならなかったが，結局，民族政府は追い払われた．1940年，同じことがバルト諸国で起こった．これらの国々にはドイツ帝国主義者が侵入しつつあったのである．スターリンが1918年から1923年にかけて執筆した考え方，すなわち「現下の国際状況の下」[158]における分離を要求する反革命主義についての考えに従うならば，原則の公式化は可能である．すなわち，世界にブルジョア帝国主義国家が1つでも残されているかぎり，その国家は当然ながら社会主義世界にとって敵対状態にあることになる．社会主義陣営からの分離も同化に対する拒絶もしたがって中立ではありえず，その国は帝国主義陣営へ向かう運動という性質を帯びざるをえない．それゆえ，社会主義陣営からのいかなる分離も反革命的である．よって自決が容認されるのは，ただ1つの方向においてのみである．つまり，歴史自体が向かっている方向，社会主義陣営の主人たちによって定義される社会主義の方向である．

　革命主義的思考のこうした特徴はよく知られている．より適切な言い回しが見つからないので，一方通行規則とでも呼んでおこう．革命主義者は，運命の過程，宇宙の仕組みをよく知っているから，どんな重要問題についても批判に

対して次のように答えることができる．「表が出たら私の勝ち，裏なら君の負け」「賛同しうるすべての原理は，自分に適した方向に向かうならば応用可，相手の方向ならば応用不可」．これはトランプのエースの独占である．これについて詳しく検討しよう．この節の最初で示唆したように，未開人に対する革命主義の教義の型は，次のような聖パウロの教えに見られる．キリストにおいては「ユダヤ人とギリシヤ人との区別なし」．レーニンにとっては，社会主義革命における人権について文明人と未開人の区別はない．しかし，この教義の点から見て，理由は良かれ悪しかれ，もしも「キリストにおいて」の中に含まれないとしたら，どうなるのだろうか？ キリストに従う者は，従わない者も同じく愛し続けるというのが，本来の答えかもしれない．だが政治的，歴史的な答えは，別のものだった．紀元258年にローマ皇帝ヴァレリアヌスのもとで殉教したカルタゴ司教キプリアヌスが，すでに紀元250年までに有名な原理を公式化していた．それは，コンスタンティヌス帝の改宗後，キリスト教が政治的に優勢になった時に，教会の行動の基本になった．'Nemini salus …nisi in Ecclesia'——教会の外には救済はない，のである[159]．

ことによると，国際革命主義は，国際社会を教会に変えることを目的としていると言えば，本質を言い当てているのかもしれない．教会は，国家とも，諸国家からなる社会とも，世界国家とも異なる形態の組織である．キリスト教会の政治言語を用いることなしに，国際革命主義を表現するのは不可能である．この意見は，時代を遡ってまさにダンテを思い出させ，ダンテに当てはまる[160]．ダンテは全人類のための君主，人類にとって最上の羊飼いを大声で主張した．そのような権威を通じて，人間は自分の利益にならないある特定の目的のために利用されるのではなく，自分自身の利益のために統治されるだろう．これはダンテ自身の理想であり，情熱である．それはスコラ哲学ではない．トマス・アクィナスは，自分の著作の中ではけっして皇帝には言及しなかった．

> 不思議な逆説によって，ダンテは，全人類のための教皇に相対する，全人類のための君主を掲げることができた……もしもダンテのいう *genus humanum*（「人類」）が，本当に近代の理念である人間性（Humanity）を初めて表現したものだとするならば，われわれはこう言えるかもしれない．人間性という概念が，最初ヨーロッパ人の意識に現れたときには，教会という宗教的観念を世俗化して模

第4章　人間の理論:「未開人」

倣した形でしかありえなかった[161]．

ダンテの理想は，「法的原理を具体化したのと同様，道徳上の目的を具体化したもの」であった[162]．

　革命主義者は，宣教師的な熱意をもって，未開人を改宗させるために出かけてゆき，彼らを檻の中に囲い込む．しかし，他の者に対抗するための補強材として未開人を連れて来るという教会政治における意味あいを否定することは困難である．聖パウロが，異邦人への伝道とユダヤ人との関係について説明した中に，これが表れている．

> されば我いふ，彼らの躓きしは倒れんが為なりや．決して然らず．反って其の落度によりて救は異邦人に及べり，これイスラエルを励まさん為なり．もし彼らの落度，世の富となり，その衰微，異邦人の富となりたらんには，まして彼らの数満つるに於てをや[163]．

カミュはこの概念を，『反抗的人間』の中で展開する．この書は，政治哲学の実存主義作品の1つであり，革命主義についての現代最良の分析である．その深遠だが簡潔な頁の数々は，それ自身の表現でマルクス主義を分析し批判している．弁証法的な奇跡すなわち量から質への転化は実際のところ，全体主義体制の中における個人の完全な隷属状態を集団的な意味における「自由な個人」と呼ぶことに決めたことによって生じる[164]．人民の政府から対象の管理への弁証法的な変化は，実際には，人民と対象を区別できなかったロシアの奴隷収容所をもたらした[165]．カミュは，共産主義の目的は，世界都市(ユニバーサル)，ストア派のコスモポリス，人類の都市という古くからの夢の実現であると主張する．「歴史と教義の論理によって，『世界都市』は，卑しめられた者の自然発生的反乱のなかで実現されるべきだったにもかかわらず，権力を媒介として押しつけられた帝国によって，すこしずつ覆われてしまった」．そしてカミュは最後にこう付け加える．「帝国の外には救いはない」[166]．

注
1) A. Toynbee, *A Study of History* (London: Oxford University Press, 1934), vol. I, p. 161.〔トインビー(「歴史の研究」刊行会訳)『歴史の研究』第1巻，経済往来社，1969年，249-250頁〕．

2) Heinrich Wölfflin, tr. Alistair and Heidi Grieve, *Die Kunst Albrecht Dürer's* (London: Phaidon Press Ltd., 1971), p. 243.

3) News reports, *The Times*, 12 and 17 June, 1954.

4) Aristotle, tr. H. Rackham, *Politics* (London: William Heinemann Ltd., 1932), p. 11.〔アリストテレス（山本光雄訳）『政治学』岩波文庫，1961年，35-36頁〕.

5) A.S. Ferguson, 'The Platonic Choice of Lives', *Philosophical Quarterly*, vol. I, no. 1, October 1950.

6) Ernest Barker, *The Politics of Aristotle* (Oxford: The Clarendon Press, 1946), pp. 3, 16, 21.

7) *Livy*, tr. Evan T. Sage (London: William Heinemann Ltd., 1953), vol. IX, book XXXI, xxix, p. 87.

8) *The Song of Roland* (Faber & Faber, 1937), v. 1015.〔（有永弘人訳）『ロランの歌』岩波文庫，1965年，67頁〕.

9) H.A.L. Fisher, *A History of Europe* (London: Edward Arnold, 1938), p. 203.

10) エイゼンシュテイン監督の映画『アレクサンドル・ネフスキー』（1938年）を参照.

11) Henri Pirenne, *A History of Europe* (London: George Allen & Unwin, 1939), p. 476.

12) Friedrich Hegel, tr. with notes by T.M. Knox, *Philosophy of Right* (Oxford: Clarendon Press, 1949), pp. 218, 219.〔ヘーゲル（上妻精・佐藤康邦・山田忠彰訳）『法の哲学』下巻，岩波書店，2001年，556-557頁〕.

13) Theodor Mommsen, tr. W.P. Dickson, *The History of Rome* (London: J.M. Dent & Sons, 1930), vol. IV, p. 196.

14) Adolf Hitler, tr. James Murphy, *Mein Kampf* (London: Hurst & Blackett Ltd., 1939), pp. 553, 549, cf. 128.〔ヒトラー（平野一郎・将積茂訳）『わが闘争』改版下巻，角川文庫，2001年，358，385頁．なお原書注のp. 553は誤記，正しくはp. 533〕.

15) Rudolf Kötzschke, *Quellen zur Geschichte der Ostdeutschen Kolonisation im Zwölften bis vierzehnten Jahrhundert* (Leipzig: Teubner, 1912), p. 10, freely translated in H.A.L. Fisher, *A History of Europe*, p. 203.

16) N.H. Baynes, 'Speech to the Labour Front at the Nuremberg Parteitag', *Hitler: Speeches* vol. I, p. 929 in *Survey of International Affairs 1936* (London: Oxford University Press, 1936), pp. 381-382 and note.

17) W.C. Macleod, *The American Indian Frontier* (London: Dawson of Pall Mall, 1928), p. 463n. を参照.

18) Brodie Cruikshank, *18 Years on the Gold Coast of Africa*, Reprint of 1853 (London: Cassell, 1966), p. 7.

19) Ruhl J. Bartlett, sel. and ed. *The Record of American Diplomacy* (New York: Alfred Knopf, 1947), pp. 268-289.

20) *Ibid*., Instructions, *ab init*.

21) Ernest Nys, *Les Origines du droit international* (Paris: Alfred Castaigne, 1894), pp. 147-149.
22) *Ibid.*, p. 368.
23) Maurice Collis, *Cortés and Montezuma* (London: Faber & Faber, 1954), pp. 147-148.
24) T.J. Lawrence, *The Principles of International Law* (London: Macmillan & Co Ltd., 1925), p. 148.
25) 例えば，1840年のワイタンギ条約，カハナの民族主義者に要請されて〔西アフリカのガーナの〕ファンティ人の首長たちとイギリス国王が結んだ1844年の盟約，1887年にモルディブ諸島のスルタンと結んだ協定，1890年にザンジバルのスルタンと結んだ協定，1900年のウガンダ協定，マレーのスルタンたちとの協定，特にマレー連邦諸州を創設した1909年の協定，〔現在のジンバブエの〕マタベレランドで1888年に結ばれたロベングラ〔王〕との条約など．
26) Letters by J. Somes, Appendix to the 'Report on the New Zealand Committee', *British Parliamentary Papers*, vol. XIII, 1844. を参照．
27) 本書p. 54.〔本訳書，70頁〕を参照．
28) Martin Wight, *British Colonial Constitutions 1947* (Oxford: Clarendon Press, 1952), pp. 8-9.
29) アラン・ジェイムズ教授の忠告によると，上記の一節は法律用語としてよりも政治的用語として理解されるべきであるという．保護国に関する彼の考えについては，以下を参照．Alan M. James, *Sovereign Statehood* (London: Allen & Unwin, 1986), pp. 99-104. eds. W.E. Hall, *A Treatise on International Law* (Oxford: Clarendon Press, 1924), p. 28n. も参照．
30) W.C. Macleod, *The American Indian Frontier*, pp. 402-404.
31) *Ibid.*, pp. 442, 553.
32) *Ibid.*, pp. 464-465.
33) H.W. Faulkner, *A Short History of the American People* (London: George Allen & Unwin Ltd., 1938), p. 193.
34) D.W. Brogan, *The American Political System* (London: Hamish Hamilton, 1945), p. 29.
35) W.C. Macleod, *The American Indian Frontier*, p. 533.
36) *Ibid.*, pp. 445, 535.
37) *Ibid.*, pp. 535-536.
38) *Ibid.* chap. 'The Liquidation of the Indian Problem in the United States', pp. 533ff.
39) *Encyclopédie politique de la France et du monde* (Editions de L'Union Française, 1951), vol. III, p. 36.
40) Jonathan Swift, *Gulliver's Travels* (London: Oxford University Press, 1938), pt. IV, pp. 351-352.〔スウィフト（平井正穂訳）『ガリバー旅行記』岩波文庫，1980年，421-422頁〕．

41) 'Reste l'argument principal: les Indiens sont privés de raison, *insensati vel amentes*: les creatures non raisonables ne peuvent avoir des droits, par consequent ni proprieté ni souveraineté,' François de Vitoria, *Les Fondateurs du droit international* (Paris: V. Giard & E. Brière, 1904), p. 18.
42) W.C. Macleod, *The American Indian Frontier*, p. 485.
43) Attrib. to Philip Sheridan (1831-88) at Fort Cobb, *Dictionary of Quotations* (London: Oxford University Press, 1953), p. 499.
44) W. Bradford, *History of Plymouth Plantation* in W. C. Macleod, *The American Indian Frontier*, p. 216.
45) *Ibid.*, p. 216.
46) *Ibid.*, pp. 223, 488.
47) *Ibid.*, p. 487.
48) M. Rodinson, *Israel and the Arabs* (London: Penguin Special, 1968), p. 39.
49) Arnold Toynbee, *A Study of History*, vol. I, p. 213. 〔トインビー、前掲訳書、45-46頁〕.
50) Edmund Burke, *The Works of the Right Hon. Edmund Burke* (London: Samuel Holdsworth, 1842), vol. I, p. 270.〔「自己の議会内の行動の若干の事柄に関して」(中野好之訳)『エドマンド・バーク著作集』第2巻, みすず書房, 1973年, 274-275頁〕.
51) Thomas Hobbes, *Leviathan* (Oxford: Blackwell, 1946), ch. 30, p. 185. 〔ホッブズ(水田洋訳)『リヴァイアサン』第2巻, 岩波文庫, 1992年, 273-274頁〕.
52) C. Dawson, *Progress and Religion* (London: Sheed & Ward, 1931), p. 122.
53) Arthur Waley, *The Way and its Power* (London: George Allen & Unwin, 1936), pp. 50-51.
54) Arthur Waley, *Three Ways of Thought in Ancient China* (London: George Allen & Unwin, 1939), pp. 115ff., 163ff.
55) Han Fei Tzu, Arthur Waley, *Three Ways of Thought in Ancient China*, p. 199 より再引用.
56) A.F. Whyte, *China and Foreign Powers* (London: Milford, 1927), appendix, p. 41 に引用. Arnold Toynbee, *A Study of History* (London: Oxford University Press, 1935), vol. I, p. 161 より再引用.〔トインビー、前掲訳書、第1巻, 249-250頁〕.
57) H.A. Giles, *The Civilization of China* (London: Thornton Butterworth Ltd., 1929), pp. 214, 217.
58) J.H. Parry, *New Cambridge Modern History* (Cambridge: University Press, 1958), vol. II, p. 589.
59) G.H.J. van der Molen, *Alberico Gentile* (Amsterdam: H.J. Paris, 1937), p. 108. および *Les Fondateurs du droit international* (Paris: V. Giard & E. Brière, 1904), pp. 7-8. を参照.
60) *Les Fondateurs du droit international*, p. 8.

61) *Ibid*., p. 9.
62) しかし，James Bryce, *Studies in History and Jurisprudence* (Oxford: Clarendon Press, 1901), vol. II, p. 572, n. 2. を参照.
63) F. de Zulueta, 'The Development of Law under the Republic', *Cambridge Ancient History* (Cambridge University Press, 1951), vol. IX, ch. XXI, p. 867.
64) James Bryce, *Studies in History and Jurisprudence*, vol. I, pp. 97-101, vol. II, p. 573.
65) W.W. Buckland, 'Classical Roman Law', *Cambridge Ancient History*, vol. XI, p. 808.
66) *Ibid*., p. 810, および James Bryce, *Studies in History and Jurisprudence*, vol. II, p. 583. を参照.
67) F. de Zulueta, *Cambridge Ancient History*, vol. IX, p. 866. を参照.
68) van der Molen, *Alberico Gentili*, p. 115. を参照.
69) Otto Gierke, tr. Ernest Barker, *Natural Law and the Theory of Society 1500-1800* (Cambridge: University Press, 1934), vol. I, p. 38.
70) van der Molen, *Alberico Gentili*, p. 115. を参照.
71) *The Works of Richard Hooker* (Oxford: Clarendon Press, 1863), vol. I, bk. i, p. 250.
72) Denys Hay, *Europe The Emergence of an Idea* (Edinburgh: University Press, 1957), pp. 114-115. を参照.
73) Walter Schiffer, *The Legal Community of Mankind* (New York: Columbia University Press, 1954), p. 31.
74) C. van Vollenhoven, *The Framework of Grotius' Book De Jure Belli ac Pacis (1625)* (Amsterdam: Noord-Hollandsche Uitgeversmaatschappi, 1932), pp. 8, 87.
75) Hugo Grotius, tr. F.W. Kelsey, *On the Law of War and Peace* (Oxford: Clarendon Press, 1925), bk. III, ch. IV, p. 653.〔グローチウス（一又正雄訳）『戦争と平和の法』〈復刻版〉第3巻，酒井書店，1989年，977頁．現代かなづかいに改めた〕．
76) James Boswell, *Life of Samuel Johnson* (London: Oxford University Press, 1946), vol. II, p. 480.〔ボズウェル（中野好之訳）『サミュエル・ジョンソン伝』第3巻，みすず書房，1983年，233頁〕．
77) James Boswell, *The Journal of a Tour to the Hebrides with Samuel Johnson* (London: Dent, 1958), p. 74.〔ボズウェルの本とは別に，ジョンソン自身が執筆した旅行記の日本語訳として，サミュエル・ジョンソン（諏訪部仁・市川泰男・江藤秀一・芝垣茂訳）『スコットランド西方諸島の旅』中央大学出版部，2006年〕．
78) James Boswell, *Life of Samuel Johnson*, vol. II, pp. 153-154.〔ボズウェル，前掲訳書，第2巻，408頁〕．
79) *Ibid*., vol. II, p. 154.〔同上訳書，同頁〕．
80) *Ibid*., vol. I, p. 303.〔ボズウェル，前掲訳書，第1巻，336頁〕．

81) *Ibid*., vol. I, pp. 415-416.〔同上訳書，466頁〕.
82) Carl J. Friedrich, ed., *The Philosophy of Kant* (New York: Modern Library, 1949), p. 446.〔カント（宇都宮芳明訳）『永遠平和のために』岩波文庫，1985年，47頁〕.
83) Walter Schiffer, *The Legal Community of Mankind*, p. 112, Hegel, *Rechtslehre*, para. 62, and W. Hastie, tr., *The Philosophy of Law* (Edinburgh: T. & T. Clark, 1887), pp. 226-227. を参照.
84) Edmund Burke, 'Speech on Mr Fox's East India Bill, 1783', *The Works of the Right Hon. Edmund Burke* (London: Samuel Holdsworth, 1842), vol. I, p. 276.〔「フォックスのインド法案についての演説」（中野好之編訳）『バーク政治経済論集』法政大学出版会，2000年，463頁〕.
85) John Locke, *Of Civil Government* (London: Dent, no date), ch. xiii, para. 149, p. 192.〔ロック（鵜飼信成訳）『市民政府論』岩波文庫，1968年，151頁〕.
86) John Morley, *Edmund Burke* (London: Macmillan, 1867), pp. 204-205, and V. A. Smith, *The Oxford History of India* (Oxford: Clarendon Press, 1919), pp. 517-518.
87) Edmund Burke, *The Works of Edmund Burke*, vol. I, p. 283.〔「フォックスのインド法案についての演説」，前掲『バーク政治経済論集』，483頁〕.
88) D.W. Brogan, *The English People* (London: Hamish Hamilton, 1944), ch. VI, pp. 141ff. を参照.
89) V.A. Smith, *The Oxford History of India*, pp. 465, 558. を参照.
90) Reinhold Niebuhr, *Moral Man and Immoral Society* (New York: Charles Scribner & Sons, 1949), p. 101.〔ニーバー（大木英夫訳）『道徳的人間と非道徳的社会』白水社，1998年，119頁〕.
91) T.B. Macaulay, *Selected Speeches* (London: Oxford University Press, 1935), p. 136.
92) W.E. Gladstone at Dalkeith, 26 November 1879. Philip Magnus, *Gladstone* (London: John Murray, 1954), p. 262 より再引用.
93) Martin Wight, *British Colonial Constitutions 1947* (Oxford: Clarendon Press, 1952), p. 168.
94) *Ibid*., p. 231.
95) F.P. Walters, 'Article 22.1', *A History of the League of Nations* (London: Oxford University Press, 1952), vol. I, p. 56.〔「国際聯盟規約第22条第1項」大沼保昭編『国際条約集2006年度版』有斐閣，2006年．ひらがな表記に改めた〕.
96) F.D. Lugard, *Dual Mandate in British Tropical Africa* (Edinburgh and London: Blackwood & Sons, 1922), p. 617.
97) おそらく，1954年2月22日，イギリス連邦議会協会（Commonwealth Parliamentary Association）の会合の演説の後で.
98) Martin Wight, *The Gold Coast Legislative Council* (London: Faber & Faber Ltd., 1946), pp. 82-84.

第4章　人間の理論：「未開人」　　　　　　　　　　　　　　129

99) 'Petition to the Crown of the Gold Coast Aborigines', *Rights Protection Society* (London: 1934), p.19.
100) Henry Hopkinson, *Fourth Committee of the UN General Assembly, VII Session 1952* (New York: Headquarters, Summary Records of Meetings, October-19 December 1952), 1421, p. 6.
101) T.B. Macaulay, 'Speech on the Government of India', Selected Speeches, 1833, p. 155.
102) Margery Perham, *Native Administration in Nigeria* (London: Oxford University Press, 1937), p. 363.
103) *The Manchester Guardian*, 2 April 1956, p. 5.
104) Donoughmore Report, 1928, VII, Cmd. 3131.
105) Soulbury Report, 1945/6, Cmd. 6677.
106) O. Firth, *Cromwell* (New York and London: G.P. Putnam's Sons, 1900), p. 228 より再引用。
107) Edmund Burke, 'Letter to the Sheriffs of Bristol, 1777', *The Works of Edmund Burke*, vol. I, p. 217.〔「アメリカ問題に関してブリストル執行官への書簡」，前掲『エドマンド・バーク著作集』第2巻，209-210頁〕。
108) Eratosthenes, in W.W. Tarn, *Alexander the Great* (Cambridge: University Press, 1948), vol. II, p. 439.
109) *Ibid.*, p. 400.
110) Plutarch, *ibid.*, p. 435.〔Plutarch は誤りと思われる〕。
111) *Ibid.*, vol. I, p. 115.
112) *Ibid.*, vol. II, p. 444.
113) *Ibid.*, pp. 439-440.
114) *Ibid.*, pp. 400, 447-448.
115) Marcus Aurelius, 'Meditations', *The Cambridge Ancient History* (Cambridge: University Press, 1936), vol. XI, p. 367 より再引用。〔マルクス・アウレーリウス（神谷美恵子訳）『自省録』岩波文庫，1956年，95, 37, 45頁〕。
116) St. Paul's 'Letter to the Colossians', III, 11, King James version.〔「コロサイ人への書」第3章，第11節『新約聖書』日本聖書協会〕。
117) R.W. Carlyle, *A History of Medieval and Political Theory in the West* (Edinburgh and London: Blackwood & Sons Ltd., 1950), vol. V, p. 323.
118) Dante Alighieri, ed. Donald Nicholl, *Monarchy* (London: Weidenfeld & Nicholson, 1954), p. 5.〔ダンテ（黒田正利訳）「帝政論」『世界大思想全集』哲学・文芸思想篇4，河出書房新社，1961年，62頁〕。
119) *Ibid.*, p. 8.〔同上訳書，63-64頁〕。
120) Etienne Gilson, *Dante the Philosopher* (London: Sheed & Ward, 1952), p. 179.
121) Salvador de Madariaga, *The Fall of the Spanish American Empire* (London: Hollis & Carter, 1947), pp. 317ff.
122) Martin Wight, *The Development of the Legislative Council 1606-1945*

(London: Faber & Faber, 1945), p. 43.
123) Salvador de Madariaga, *The Fall of the Spanish American Empire*, p. 321.
124) V.K. Krishna Menon defending the timetable in the report on Tanganyika to the Trusteeship Council of the UN, published January 1955.
125) Mrs Lakshmi Menon in 1950 at the UN General Assembly 5th Session, *Yearbook of the UN*, 1950.
126) As reported in the *Manchester Guardian*, 20 September 1957.
127) Achmed Sukarno, *Asia-Africa speaks from Bandung* (Djakarta: The Ministry of Foreign Affairs, Republic of Indonesia, 1955), p. 19.
128) 'India and the Cold War', *Middle East Journal*, vol. IX (1955), no. 3, p. 263.
129) George W. Shepherd, Jr., *Christianity and Crisis*, 6 February 1956, p. 5.
130) 報告の要約については Keesing's *Contemporary Archives* (London, Keesing's Publications Ltd., 1948-50), vol. VII, p. 9733. を参照.
131) A. Sukarno, *Asia-Africa speaks from Bandung*, p. 23.
132) Nstu Mokhele of Basutoland.
133) Bhoke Munanka of Tanganyika.
134) Sir John Kotelawala, *Asia-Africa speaks from Bandung*, p. 52.
135) *Ibid.*, pp. 20, 53.
136) Ashmed S. Bokhari, Pakistan Delegate in the UN General Assembly, as reported in the *Christian Science Monitor* (Boston, Mass.), 20 November 1952.
137) 449th Meeting of the Third Committee, 'Social Humanitarian and Cultural Questions' (19 November 1952), p. 192.
138) A. Sukarno, *Asia-Africa speaks from Bandung*, p. 22.
139) Jawaharlal Nehru, UN General Assembly, Paris, Palais de Chaillot, *Official Records, 3.1948*, 1, Plenary Meetings, 3 November 1948.
140) Guatemalan delegate, UN General Assembly, 2 November 1955, reported in the *Johannesburg Star*, 3 November 1955.
141) Nehru reported in the *Manchester Guardian*, 7 September 1955, p. 12.
142) Adolf Hitler, 'Speech at Saarbruecken, 9 October 1938', N.H, Baynes, ed., *The Speeches of Adolf Hitler* (London: Oxford University Press, 1942), vol. II, p. 1536.
143) Hitler to Ciano, 13 August 1939, *Nazi Conspiracy and Aggression* (Washington, DC: US Government Printing Office, 1946), vol. VIII, p. 527.
144) あるいはドイツの場合は，人種理論が原因か．（編者）
145) Arnold Toynbee, *A Study of History* (London: Oxford University Press, 1939), vol. I, p. 33n.
146) G. Zinoviev, opening speech. E.H. Carr, *The Bolshevik Revolution* (London: Macmillan & Co., 1953), vol. III, p. 261 より再引用．〔ワイトの注に対応する邦訳書の箇所は，E.H. カー（宇高基輔訳）『ボリシェヴィキ革命1917-1923』新装版，第3巻，みすず書房，1999年，198-199頁．ただし，ワイトの引用文とは一致しな

第4章　人間の理論:「未開人」　　　　　　　　131

い〕.

147)　Joseph Stalin, *The October Revolution and the National Question; A Handbook of Marxism* (London: Victor Gollancz, 1935), pp. 820-821. 〔「十月変革と民族問題」『スターリン全集』第4巻, 大月書店, 1952年, 190-191頁〕.

148)　V.I. Lenin, 'Better Fewer, but Better', *Selected Works* (Moscow and Leningrad: Cooperative Publishing Society of Foreign Workers in the USSR, 1936), vol. IX, p. 400. 〔「量はすくなくても, 質のよいものを」『レーニン全集』第33巻, 大月書店, 1959年, 522-523頁〕.

149)　G.M. Trevelyan, *England under the Stuarts* (London: Methuen & Co. Ltd., 1930), p. 294.

150)　'Song of the Western Men' by the Revd. R.S. Hawker (1803-1875). 'The last three lines existed since the imprisonment of the seven Bishops by James II in 1688.' *Oxford Dictionary of Quotations* (London: Oxford University Press, 1982), p. 243.4.

151)　V.I. Lenin, 'Report on War and Peace, to the 7th Party Congress, 1918', *Selected Works*, vol. VII, p. 295. 〔「戦争と講和についての報告　3月7日」『レーニン全集』第27巻, 大月書店, 1958年, 95頁〕.

152)　UN General Assembly 156th Plenary Meetings, 4 November 1948 (Official Records), p. 408, as quoted by the Special Correspondent, *The Manchester Guardian*, 5 November 1948.

153)　A. Vyshinsky, 24 November 1948, Ad Hoc Political Committee, Summary Records of Meetings, 1948, Paris, Palais de Chaillot.

154)　*Daily Worker*, 9 October 1950.

155)　Mrs V.L. Pandit, as reported in *The Times* on 13 November 1952.

156)　A. Sukarno, *Asia-Africa speaks from Bandung*, p. 24.

157)　V.I. Lenin, 'Socialism and War, 1915', *A Handbook of Marxism*, pp. 686-687.

158)　*Pravda*, 10 October 1920.

159)　Th. C. Cyprianus: Epistle iv, ch. 4, in Arnold Toynbee, *A Study of History*, vol. VIII, p. 111n.

160)　ダンテの政治学についての最良の本2冊は, Etienne Gilson, *Dante the Philosopher* と A.P. D'Entrèves, *Dante as a Political Thinker* (Oxford: Clarendon Press, 1952). ジルソンがこの指摘をし, ダントレーヴがさらに発展させた.

161)　E. Gilson, *Dante the Philosopher*, p. 179.

162)　A.P. D'Entrèves, *Dante as a Political Thinker*, p. 50.

163)　St. Paul, tr. J.B. Phillips, 'Letter to the Romans xi, v. 11-12', *Letters to Young Churches* (London: Fontana Books, Collins, 1957), p. 42. 〔「ロマ人への書」第11章, 第11, 12節『新約聖書』日本聖書協会〕.

164)　A. Camus, *The Rebel* (*L'Homme Révolté*) (London: Hamish Hamilton, 1953), p. 203. 〔「反抗的人間」『カミュ全集』第6巻, 新潮社, 1973年, 208頁〕.

165)　*Ibid.*, p. 208. 〔同上訳書, 212頁〕.

166) *Ibid*., pp. 204, 208.〔同上訳書,209,212頁〕.

訳注
1〕 アレクサンダー・セルカーク(1676-1721)は南太平洋のフアンフェルナンデス諸島に漂着したスコットランド人の船乗りで,ロビンソン・クルーソーのモデルといわれる.
2〕 このパニカーについてワイトは何も説明していないが,宗教哲学者で,マドリッド大学教授,ハーバード大学教授などを歴任したライモン・パニカー(Raimon Panikkar, 1918~)を指すと思われる.
3〕 フォックス(Charles Fox, 1749-1806, イギリスの政治家)はバークと親交を結び,共にヘイスティングスを弾劾した.

第5章

国力の理論

すべての政治理論の基礎には，人間の本性についての教義がある．その土台にあるのは，政治権力(パワー)の性格と目的についての一般的教義である．国力(ナショナル・パワー)の理論は，国際的行為の基本的方法は何であるのか，「いかに行動するか」を問いかける．

合理主義

政治の根本問題は権力の正当化(ジヤステイフイケーシヨン)である．権力とは問題を意味する．権力とはおそろしいもので，馴致し方向づけをしなければならない．合理主義者が信じないのは，(現実主義者のように)人間ではなく，権力をもっとも重要なものにする一定の状況であり，それは政治社会において人間が集団を形成するとともに生起する．権力は自己正当化されえない．権力の外ないしそれを超えたところの拠り所に照らし合わせて権力は正当化されなければならず，したがって「権威」へと転換されなければならない．

人間は個人として論理的かつ道徳的に国家に先行し，人間のために政治制度がつくられるのであって政治制度のために人間がつくられるのではない——こう合理主義者が主張するとき，人間の制度を究極のものとすることは否定される．権威の行使には内在的な限界があると合理主義者は言い，究極の意味は政治以外の範疇において見いだすことができると宣言する．アリストテレスなら究極の意味は徳にあると言うであろう．人間の良心によって承認された，善と正義という超越的な理念にしたがって自己達成することに究極の意味はあるという者もいるであろう．この究極の範疇にかかわらない政治は，政治として説

得力がない．グロティウスが『序言(プロレゴメナ)』で語るように，正義から切り離された権力は賛同を得ることができない．トーニーは『西欧の政治的伝統』で述べる．

> 自然法という考え方は今風の流行ではない．だが，かつて真実は自然法によって表された——合理的存在としての人間の特性に根ざしている以上，政治的道義(モラリティー)は本質的に存在する，という真実である——自然法を捨て去るべきではない．

そしてまた，全体主義はかつて西欧において潰えた．それというのも

> この世にあるさまざまな権力によって象徴されるいかなるものよりも上位の法則が存在するという確信があったためである．実践的にも理論的にもその中核にあるものは，人間の制度を終局的なものとすることに対する拒絶である．そのため，西欧の政治的伝統——その危機のみならず栄光や救済——におけるもっとも顕著な性格は次のような特質であると言い切っても逆説にはならない．その特質とは，大はソクラテスから小は独裁に抵抗した者までが，「政治的」という言葉で表現するのは不適切だと思うほどに深遠な源から自らの義務を受け止めていたことである[1]．

こうした見方はもちろん，道徳的現実主義，すなわち近代的あるいは政治的な意味の現実主義ではなく，古典的ないし哲学的な現実主義を想定している．つまり，善，義務，価値といった，道徳的規範は人間の関心や評価からは独立し自然に根ざしているという教義，これらの規範が所与の道徳的体験に対応する実在範疇であるという教義である．政治における道徳的現実主義とは自然法の教義を意味する．「自然法」は議論によって汚されており，主題を法的正義理論に閉じこめるようにみえるので，かわりに道徳的現実主義という言葉を使う方がよいかもしれない[2]．

自然法は「法の背後にある法」，法定の法の背後にある道義(モラル)の法として描きだされてきた．自然法を貶め暴露しようとする試みが幾度となく繰り返されたが，（自然法についての最大の歴史研究者である）ギールケが述べたように「その精神は，実定法の体内に入り込むことが認められないならば，幽霊のように部屋のあたりを羽ばたき廻り，法の身体から生血を吸い取る吸血鬼と化するおそれがある」[3]．哲学的・法律的議論においては，自然法の擁護者が優位を保ってきたようにみえる．だが，自然法には実践的な困難ないし不十分さが

2つある．あまりに漠然としていて厳密でなく，あまりに高尚で難しいように見える点だ．「いまだに納得してない哲学の読者は，そこで詳述されている主要な教義に不平をもらすだろう．それが間違いだというのではなく，情報や知識を得るための明確さに欠けているという理由からである．『自然な』行為と『不自然な』行為をいかにして厳密に区別するのだろうか？」[4]．自然法の曖昧さはジョン・ワイルドの『今日におけるプラトンの敵』の叙述に活写されている．

> 協力活動は人間の本性を満たすゆえに善である．こうした行為を挫き妨げるものは不正義であり邪である．したがって［グロティウスを引用して］「己れ自身の便益のために他者から奪うことは自然に反する……というのも，それが平常のごとくなされたとすれば，人の普段の生活は不可能になるであろうから」[5]．……世界人権宣言は……プラトンの……自然法哲学に基づいている．人間の本性の実現を促すものは解放であり，人の自然を阻み妨げるものは専制である[6]．

約束や取り決めを尊重すべきである，あるいは市民に不必要な残虐を加えるような戦争を行ってはならない，ということを信じるための確かな哲学的土台を自然法は提供することができる．だが，その哲学的基礎を分析せずとも，こうした倫理的一般化はおそらく受け入れられるだろうし，これらの倫理的一般化は国際問題を解決するにはたいした助けにはならない．現実には「自然の正義」とはそれを執行する人間の倫理的偏見を意味する．自然法に実用的価値がないわけではない．例えばニュルンベルク裁判では驚くべきことに自然法が倫理的な基礎とされた．裁判では，上位者の命令だからといって不正義の命令に従うことを正当化することは不適切だとして，実定法を犯したのではない人間に有罪が宣告された．だが，これは例外的な状況においての話である．

人間の良心が究極的には自然法を確認する．文学におけるアンティゴネ，歴史におけるソクラテスにその諸原型をみいだすことができる．

> わたしは，アテネイ人諸君よ，君たちに対して切実な愛情をいだいている．しかし君たちに服するよりは，むしろ神に服するだろう．すなわち，わたしの息のつづくかぎり，わたしにそれができるかぎり，けっして知を愛し求めることはやめないだろう．わたしは，いつだれに会っても，諸君に勧告し，言明することをやめないだろう[7]．

個人の良心に基づき不正義の権力に対してこうした不服従を表明することは困難で稀であり，考える以上にきわめて稀である．たとえば1956年のハンガリー動乱などがおそらく例になるような，抑えようもない人間の自由の精神についてあれこれ言うことはできるものの，大衆的蜂起は孤独な個人的不服従とはまったく異なるものであり，異なる種類の道徳的勇気を必要とするものである．ルネサンスのソクラテスともいえるトマス・モアはまぎれもない〔個人的不服従の〕実例であった．だが，聖ジャンヌ〔・ダルク〕は彼女を捕えた者からすれば敵の司令官であり捕虜であった．ガンディーは大衆運動の指導者であり，理解を超えた政治的聖人であったし，いずれにしろ極刑を受けることはなかった．またサッコとヴァンゼッティ[訳注1]のような人々や，エセル・ローゼンバーグ[訳注2]には，道徳的というよりは政治的な動機があり，疑わしい事例である．マサリク〔チェコスロバキアの外相〕が1948年に自殺したのは良心に忠実たらんことを表明した顕著な例だが，おそらく近代における最良の例はレジスタンスに立ち上がったドイツ人であろう．望みの薄いまま政治的反対派として立ち上がったドイツ人からは，ディートリッヒ・ボンヘッファー〔ナチスに処刑されたルター派牧師〕，ルーペルト・マイヤー〔反ナチス運動に従事し強制収容所から解放された直後に死去したイエズス会神父〕などの個人的英雄が生みだされた（ただし，〔1944年〕7月20日の〔ヒトラー暗殺〕陰謀計画に加わったものは暴力に依拠した点で異なる）．

　ソクラテスの事例で知られる殉教，すなわち，不正義の権力に対してただ1人，良心に基づく不服従を貫くことは，拷問，洗脳，全体主義から加えられる懲罰的隔離の幅広い展開によって，今日でははるかに困難になっている．のみならず，20世紀の多数派世論に照らすと，ソクラテスの道徳的地位すら疑わしいといえる．ジュリアン・ベンダは逆説的にこう言う．

> 自身が市民であるところの国家の現実主義を今日批判する知識人は，その国家に対して真の害をなしているのである．それゆえ，国家は，その存在の拠り所たる被保護者たちの実際的利益の名において，彼を押しつぶす権利とおそらくは義務すらもつことになる．したがって，こうなるのはことの理であろう．知識人はまさにその本質において国家の現実主義を弾劾し，その結果として国家はまさにその本質において彼に毒を呷らせる[8]．

自然法の教義，あるいは人間の良心にしたがった，政治における道徳的現実主義の意味するところは，政治の究極的な現実と政治的な健全さの保証が，民主主義・投票・自決・経済援助などといったことがらや市場でも囃されるもののなかにあるのではなく，己を裁く判事と拷問者の過てる正義と無法な権力に対して孤独な個人が下す判定のなかにこそ存在する，ということである．このことは，人が考えたがるように，政治の見苦しい例外ではなく，絶えざる政治的再生の源であり，政治的健全さの究極的基盤をなす．それは当然ながらごく困難な教義であり，政治がふつう意味するものとは関係を失うほど困難な教義である．

　自然法に寄せられる2つの反対意見，すなわち「曖昧すぎる」「難しすぎる」に対しては，これらの反対意見が考え出された道筋を問い質すことで答えることができる．何に対して曖昧すぎる，難しすぎるのか？　言いまわしからすれば，自然法が実用には曖昧すぎ，難しすぎることが示唆されている．だが，自然法が主張するのは効用ではなく真実である．それは存在論的原則に基づく基本的倫理範疇なのだ．現実についての，道徳的宇宙についての，宣言である．それは世界連邦主義とか〔原水〕爆弾禁止といった政治的妙案ではない．曖昧にみえたとしたら，それは，無限に多様で具体的な政治的経験を通じて詳細部分を埋めていくしかない一般原則を自然法が述べているからにほかならない．「目的には普遍的に通用する序列があっても，行動には普遍的に通用する決まりはない」[9]．

　自然法は，共産中国を承認すべきか，原子力についての知識を蓄えるべきか，欧州共同市場に加入すべきか脱退すべきかなどについては，教えてくれない．曖昧で難しい教義のようにみえるとしたら，それは，政治における人間の状態が理解されてこなかったからにほかならない．

現実主義

　現実主義者は政治の主要問題として別の側面を強調する．彼らにも尊敬（マキャベリすら上回る尊敬）を受けるべき祖先はいる．アリストテレスは言った．「人間は自然に国的動物である……国は家やわれわれ個々人より先にある，何

故なら全体は部分より先にあるのが必然だからである」[10]．この教義は合理主義者に横取りされ——「こうした社交性と社会的組織の基礎は，人間がともに暮らすいかなる集団からもなくなることはけっしてない」[11]——それがやがて17世紀にはグロティウスによって再発見され影響力を及ぼしていくようになった．人間は政治的共同体においてのみ自己を充足する．これがギリシャ都市国家の理論だったが，それはルネサンスの理論にも生き続けた．そしてヘーゲルが描き出した全体社会像の究極の源となる——「神とともに人が暮らす真の都市においては，有限と無限は1つになって生命に満ちた共同体の一体性を形づくる」[12]．

　だが，近代の現実主義は新たな教義を推し進めた．それを暗示したのはマキャベリである．政治とは国家権力を獲得・維持すること自体を目的とする実用的技術であり，政治権力それ自体が統治(ガバメント)の必然かつ十分な目的になるとマキャベリは理解した．合理主義者にとって統治の技術と政治の実務は，目的——合理的人間にとっての安全保障と相対的自由——にむかうための手段である．マキャベリにとって個人は，支配者が国家権力を造りだす統治の生の素材である．この点はマキャベリ，ボダン，ベーコンにおいて，いや実のところ，超国家的な宗教的忠誠を押し退けて近代主権国家が発展してきた全過程において，暗黙の前提とされている．現実主義は政治を終局的なものとして断定する．人間のあらゆる制度において政治的な範疇が終局的な意味をもつ．政治は政治のためにある．これは，以下の諸点にかかわるホッブズの議論においても暗黙の前提となる．それらは，(a)実証的感覚心理学(センセーショナル)，(b)哲学が対象とするのは因果過程だけであり，それゆえ，いかなる哲学であれ，永遠ないし超越的たりえないという教義，(c)「あの偉大な**リヴァイアサン**，むしろ（もっと敬虔にいえば）あの可死の神 Mortall God の，生成であり，われわれは不死の Immortall 神のもとで，われわれの平和と防衛についてこの可死の神のおかげをこうむっている」国家——についての議論である[13]．

　だが，この教義をもっぱら暗示しているのは，道徳と法はその権威を力から得ているのであってその逆ではない，というホッブズの教義である．「正と不正という名辞が場所をもつためには，そのまえに，ある強制権力〔の存在が必要である〕」[14]．力は正義に付随するものではなく，正義に先行する．のみなら

ず「宗教は哲学ではなく法である」[15]．国家によって公認された神学を受け入れるのはわれわれの義務である．それが真実だからでなく公のものだからだ．神に対するわれわれの義務は主権者〔君主〕にたいするわれわれの義務とは対立しえない．というのも，われわれは神に対する義務を聖書によってのみ知ることができるのだが，その正典としての地位も真正な解釈も，ともに究極の審判者である主権者によって公認されるものだからである．

　現実主義者の教義における政治的義務の要点は，政治が道徳と法の源であり，したがって力は自ら正当化するものであり，政治の範疇が究極の意味をもつ，ということである．それゆえE.H.カーはいう．「およそ国際道義的秩序というものがあるとすれば，それは，何らかの力の主導権に依拠しなければならない」「すべての法の背後には，この不可欠な政治的下地が伏在する．法の究極の権威は，政治に源をもつのである」[16]．モーゲンソーは記す．「国家は法律をつくるとともに道徳をも創造する，国家を離れては道徳も法律も存しない．というホッブス〔ホッブズ〕の極端なことばのなかには，隠れた深い，しかし無視された真理がある」[17]．国家の内部において道徳的価値は具体的な意味をもつにいたるとモーゲンソーはいう．だが「国家の目的は何か」と聞かれたら，それは何よりも権力を維持するための機関であると徹底した現実主義者は答えるであろう．そしてこの答えは「権力は何のためにあるのか」というさらなる問いをあらかじめ排除する，ないしはそれに対して向けられたものであろう．国家は国際的アナーキーの中で生き延びるための組織であり，その政策は国際的アナーキーのなかで受ける紛争の圧力によって決定される．国家とはバターより大砲，自由より安全保障，国内政策より対外政策によって決される組織である（合理主義者にとっては，逆が真となる．国内政策が対外政策に優先し，後者は前者の目的に奉仕する．外務省は品行方正な家の入り口に控える番犬である）．対外政策の優先性という教義は，現実主義者に特徴的な教義である．「対外政策が優先する」(*Das Primat der Aussenpolitik*) とは，ヨーロッパの大国すべての対外政策についての古典を著したランケが造りだした言葉である．A.J.P. テイラーは記す．

　近代の政治思想がやらかした大失策の1つは，国家と呼ばれる抽象的実在を発明

したことである．国家は多く福祉あるいは国内秩序，そのほか理論家の考えるもろもろの目的のための組織でありうる．だが，大国とよばれる5，6カ国はもっぱら権力のための組織，すなわち戦争を戦うかそれを防ぐための組織である．したがって，ハプスブルク王朝と例えばスイスとのいかなる類比も成り立たない．ハプスブルク王朝は大国でなければ無である．ハプスブルク王朝が他の大国との戦争に生き残れていたならば，諸民族に分裂することはなかったであろう[18]．

権力組織としての国家という教義は，その当然の結果としての対外政策の優先性という教義とともに，歴史についての権力政治理論へと導かれうる．この理論は歴史を階級ではなく諸国の紛争と因果的連鎖として提示する．それは，少なくとも経済的解釈と同じ程度には有効である．それは，トライチュケ，シュペングラー，トインビーの理論である．シュペングラーはいう．「〔対内政治と対外政策という〕この二者のなかで前者はもっぱら第二のために現存在している」[19]．

革命主義

革命主義者は，現実主義者と違って，力の自己正当化をしない．革命主義者にとって権力の正当化は権力という事実の中に存在せず，それを超えたいずこかにある．カーによれば「一貫したリアリズムは，およそ実質的な政治思考の本質的な構成要素であると思われる四つの事柄を考慮に入れていないのである．限定された目標，心情的な訴え，道徳的判断の権利，そして，行為のための根拠，の四者である」[20]．

これら4つの必要要件を提供するのが革命主義である（実のところ，宗教的な革命主義者にとって限定された目標は果てのない目標に，行為のための根拠は義務ないしは政治的命令になる）．これらすべては1つに収斂して，既存組織と権力分配を拒絶することになる．だが，既存の権力システムに欠点があると判定する基準は，合理主義者におけるように，政治的範疇の外部から得られるのではない．合理主義者が政治の究極性と人間の制度の終局性を否定するのにたいして，革命主義者は既存の権力システムを，その権力システムの外部にありながら政治的範疇の内部にある基準によって非難する．革命主義者は究極

の意味を政治の領域内部にみいだす点においては現実主義者に類似する．実際，革命主義者は政治的範疇を神格化する．人間の目標，道徳的判定を下す権利と行動の義務を定めるのは政治である．これは，ジャコバン派，マルクス主義者，民主的ユートピアンなど，硬軟の世俗革命主義者においては明らかな真実である．またおそらくは初期の宗教的革命主義者にとってもある程度まで真実であった．16世紀の宗教論争は基本的には教会の性格にかかわるもので，他の教義をめぐる議論は副次的な意味しかなかった．だが論争は神学というよりも教会学をめぐるものであったのであり，教会学は宗教におけるもっとも純粋に政治的な部門である．

3つの伝統の間においては，それぞれが他のパラダイムに再現されるという関係のパターンがみられる．この関係について，革命主義者は原則の点で合理主義者に，その実践において現実主義者に類似すると一般的に言明してみたい誘惑にかられるが，それが単純化のしすぎであること，慎重に検討しなければたいして前に進めないことは明らかである．革命主義者は，その原則の点で合理主義者に実際には似ていない．まさにそのために，その実践の点で現実主義者に近づくことができる．また革命主義者はその原則の点で現実主義者に似ていない．まさにそのために，彼らはその実践にもかかわらず，合理主義者に訴えかけ，あるいは合理主義者を再現することができるのである．3つの伝統の相違は，人間と歴史理論についてのそれぞれの教義のところまで戻らなければならない．繰り返すならば，それぞれの違いは，以下のようなよく知られた3つの寸言に要約される．

現実主義を言い表したものは，すでに引用したこともあるベーコンの言葉である．「マキャベリとその仲間の著述家に感謝しよう．人は何をなすべきかではなく，人が何を実際になしたかを述べよと言ってくれたことに」[21]．人が何をなすべきかという単なる憶測よりも，実際に何をなすかのほうが大事な真実である．人は理想ではなくその行為において，また行為の動機ではなくその結果において，存在し，理解される．人間の行為にはある種の反復性ないし画一性があり，それは研究によってあらわにすることができる．

合理主義はアクトンの言葉が答えになる．「大事なことは，政府が定めてい

ることではなく，何を政府が定めるべきかを見つけ出すことである．というのも，人類の良心に反するいかなる定めも有効たりえないからである」[22]．理想と道徳法則は現象世界の変動よりも重要で真実である．長い目でみると歴史は，ギボンが言うような「人類の犯罪と愚考と災難の記録」ではなく，人間の良心の物語である．

　革命主義は，偽善的ブルジョアジーと感傷的ブルジョアジーの間のこの論争を，鳴り渡るマルクスの声とともに超える．(ロンドンのハイゲート墓地にある彼の墓に刻みこまれたように)「哲学者たちは世界をたださまざまに解釈してきただけである．しかし肝腎なのはそれを変えることである」[23]．義務や良心，その他の理想主義者の抽象概念を語るな．人間がなすべきことは，革命的達成に向けての，国際社会の根底的な再編に向けての，歴史の内在的目的を促すことにあるとのみ語れ．支持するか，粉砕されるか，のいずれかである．スターリンは言った．「批判の武器を武器の批判に変えよ」[訳注3]．

> ボルシェヴィキは，左翼社会民主主義者の多数がなしたように，平和にあこがれ，平和の宣伝にだけ浮身をやつすような，単なるパシフィスト（平和主義者）ではなかった．ボルシェヴィキは，平和のための積極的な革命闘争を主張し，それが好戦的な帝国主義ブルジョアジー権力の顛覆のところまで，徹底することを主張した[24]．

　権力の正当化を権力という事実に帰すことはできないと考える点で，かりに革命主義者が合理主義者に似ているとすれば，革命主義者は権力の行使という点では現実主義者におそらく似ているかもしれない．ここではついでに革命主義者と現実主義者の弁証法的な相互依存関係に注目しておき，この点はあとでさらに詳しく検討することとする．

　目下，検討しているパラダイムのレベルでは，3つの理論の間の相違は，3つの重なりあう言葉を厳密なものとすることによって描きだすことができるだろう——権力（パワー），権威（オーソリティ），強力（フォース）である．

　権力は現実主義者の概念である．それは，現存する政治組織が服従を確かなものとする能力（キャパシティ），国家がその意志を対内的および対外的に押しつける能力で

ある.

　権威は合理主義者の概念である．それは，道徳的原則と調和することによって正当化される力(パワー)であり，対内的および対外的に自発的な合意と協力を国家が確かなものとする能力である．

　強力は革命主義者の概念である．それは権力を転覆し，革命主義の教義の名のもとに既存の政治組織を破壊する能力，必要な再建を実行するために破壊する能力である．

「強力」はレーニン主義思想の鍵をなす言葉で，解放をもたらす何か，慣習に従うことや歴史の型を打ち破る暴力を，常に暗示してきた．強力によって既存の権力と役立たずの権威は打ち破られ，新たな社会的要素と衝撃力が解放される．「〔暴力は〕社会にとって助産婦である……」[25]．強力は歴史における陣痛，新たな生命がもたらす歴史の呻き，産みの苦しみである．強力は「社会運動が自己を貫徹し，そして硬直し死滅した政治形態をうちくだくための道具である」[26]．

> 民族の生存をめぐる重大問題は強力によってのみ解決される．反動階級は通例，かれら自身がまず暴力に，内戦に，訴える．ロシアの専制政治がそうしているように，反動階級が最初に「銃剣で決着をつける」[27]．〔そして〕……歴史的な重大問題は暴力によってのみ解決できる[28]．

　対外政策に関する革命主義者の教義を見てみると，革命主義者と合理主義者の対照的な点，および両者と現実主義者の類似点をみることができる．国際的革命主義の特徴は，一国内における聖人の統治に満足することができないことである．一国内における聖人の統治は，カルヴァンの下のジュネーブ，国民議会の下のフランス，レーニンの下のロシアにおいてなされたように，達成可能である．だが，それは本質的には最終ではなく最初の達成と見なされる．革命主義者の教義においては，革命国家が良き生活を追求して落ち着くこと，すでに達成された革命を守りつつその対外政策を国内政策の単なる補助策とすることは不可能である．戦術的必要性から一国内での聖人の統治を黙認し押しつけることもありうるだろうが，革命主義者の信条と永遠に両立することはない．

資本主義の不均等発展は社会主義をすべての国で同時に勝利することを不可能にしたので，社会主義はまず1ないし2カ国で勝利をおさめるであろうというレーニンの教義は，世界革命を推進するという義務の放棄を意味するものではなかった．

対外政策と国内政策のどちらに力を注ぐのか，かりにこう尋ねられたら，革命主義者は愚かなことを聞くなと答えただろう．2つは分かちがたく結びついている同じコインの表と裏なのだ．問題は**どのような国家なのか**である．革命主義者は第1に教義が最重要であることを，第2にその教義を国内において具体化すること，そしてその結果として対外政策が決定されることを信じる．国家が正しければ政策も正しい．「ある特定国の対外政策は階級関係という内的システムの関数であって，その逆ではない」し[29]「国民国家はその市民に対して行動するように他の国民国家に対して行動する」[30]．ヒトラーは断言する．「対外政治の重要な成功はすべて国内において好ましい反応を呼び起こさずにはいられない」[31]．したがって，われわれはここにも「民主的」ないし「共産主義的」国家は平和であるのに対して資本主義ないし独裁的国家は本来的に好戦的であると信じる革命主義の水平的分断化をみることができる．

転倒した革命主義（インバーテッド）

国力と国の義務についての理論を終える前にもう1つ考察すべき政治的立場がある．この立場は合理主義者の権力不信を権力の拒絶にまでもっていく．それは政治が正義の道具とされうることを否定し，政治的義務にいかなる根拠をも認めず，政治的範疇いっさいを拒否する．国家についての政治理論ではこうした哲学的立場はアナーキズムと呼ばれるが，これは関係ない．国際理論においてこうした立場は普通には絶対平和主義（パシフィズム）と呼ばれる．これは重要かつ魅力的な立場だが，学問的な主題としては無視されてきた．だが，絶対平和主義というのは広義でやや不鮮明な言葉であり，分別することが必要だ．今日主流となっている絶対平和主義はソフトな革命主義ともハードな革命主義とも異なる転倒した革命主義として描きだすことができる．それを「転倒した」というのは，それが権力の使用をいっさい拒否するからである．それが「革命主義」なのは，

第5章　国力の理論　　　　　　　　　　　　　　　　145

この拒否を普遍的に通用する原理と捉えて，それを受け入れるよう精力的に促すからである．そこには宣教師的性格がある．

　転倒した革命主義には2つの主要な源がある．1つはヒンドゥー哲学であり，ガンディーを例とする．もう1つはアングロサクソン流キリスト教であり，クエーカーの例にみられるが，もっともわかりやすい理論家はロシアのトルストイである．トルストイ自身はキリスト教の伝統に依拠していた．実際，転倒した革命主義は原始キリスト教的革命主義の再生あるいは遺物である．初期のキリスト教教会は非常に強い非政治的あるいは反政治的な思想的立場をとっていた．政治権力は受動的に黙認されるか，ときには断固として非難すべきものとみなされた．それは革命主義的でもあり，戦闘的な宣教師的性格を帯びていた．聖パウロの手紙はマルクス主義者の著作のような戦闘的暗喩で満ちている．クリスチャンの生活は戦争や闘争として語られた．初期の教会は2つの概ね同時に進行する発展を経験した．

(a) クリスチャンの生活における軍事的性格という初期の傾向からは，隠喩的で霊的な面が直截で物質的な面に変質していくことになる．初期の宗派の中には宣教師的情熱がその博愛心を凌いでしまい，福音を広めるために闘い，あるいは鉄拳と棍棒と剣をもって敵と争ったものもあった．精神的革命主義が政治的革命主義に転じたのである．
(b) 4世紀にキリスト教がローマ帝国の公認宗教になると，当初から思想に潜在していたそのほかの要素が発展し，そのことによって権力の受容と行使に順応することが可能となった．その政治哲学は主としてアウグスティヌスを媒介してもっぱら合理主義的な性格のものとなった．ここにおいて革命主義は合理主義に転じたのである．

　中世を通じて，キリスト教の政治的性格にみられるこれら2つの要素は共存し，ある種の安定的な平衡状態に達した．カトリック教会公認の政治哲学は合理主義あるいはアリストテレス主義であった．だが周辺的かつ現実においては，教会は政治的な性格の革命主義を表出した．十字軍を通じたキリスト教世界外部の異教徒に対する政策においても，アルビジョア十字軍〔13世紀初め，教

皇から異端とされたフランス南部のカタリ派に対して行われた武力征服〕や異端審問を通じた異端者に対する政策においても，それはいえた．さまざまな宗派——原始的，絶対平和主義的，アナーキスト的，またフランシスコ会や正統派のみならず異端派——において原始的・霊的革命主義の不規則で間歇的な噴出がみられた．

　16世紀に入ると，この平衡状態が破れた．政治的革命主義が火山のように破裂して溶岩流とともに噴き出し破壊をもたらした（ルソー主義であれマルクス主義であれ，あらゆる革命主義がキリスト教と同じパターンを辿るということは特記に値する．その専売特許は，またおそらくその責任も，キリスト教徒にある．古代世界には革命主義に匹敵するような政治思想の伝統はなかった）．あらゆる中でもっとも初期のもっとも原始的な種類の革命主義である霊的革命主義もまた噴出した．再洗礼派，クエーカー教徒，絶対平和主義者，すべて転倒した革命主義である．

　だが，転倒した革命主義の霊的な伝統が圧倒的にクリスチャンであるとするなら，その知的根源は現実主義者の政治分析にある．初期のクエーカー——彼らにとって人間は「怒れる獅子」のごときものであった——はその好例であるし，トルストイもしかりである[32]．古典的な形態における転倒した革命主義は人間の本性についての悲観的な見方によって育まれたのであって，楽観的な見方によってではない．人間に対するこうした荒涼たる見方が，なぜ絶対平和主義者が——かりに超然としたところから下界に降りて論争に加わった場合——現実主義者の立場にたつ傾向を示すのかを説明しうるかもしれない．人間の特質にたいする同じ冷徹な見方は，現実主義の他の側面ともども，カウティリア（紀元前4世紀）の『実利論（アルタシャーストラ）』にもみることができる[33]．ヒンドゥーの政治的な思索のなかには合理主義の伝統はない．

　3つの教義を区別する公式はすでに述べた言葉で表すことができるであろう．政治とは，合理主義にとっては良き生活のため，現実主義にとっては政治のため，革命主義にとっては教義のため，にある．

注
1) R.H. Tawney, 'The Burge Memorial Lecture', *The Western Political Tradition*

第5章 国力の理論

(London: SCM Press, 1949), pp. 12, 15-16.
2) C.J. Wild, *Plato's Modern Enemies and the Theory of Natural Law* (Chicago: University of Chicago Press, 1953), p. 111.
3) O. von Gierke, *Natural Law and the Theory of Society*, vol. I, p. 226. A.P. D'Entrèves. *Natural Law* (London: Hutchinson, 1951), p. 113. より再引用.〔ダントレーヴ(久保正幡訳)『自然法』岩波モダンクラシックス, 2006年, 175頁〕.
4) C.H. Whiteley review of 'The Return to Reason', ed. J. Wild, *Philosophy*, vol. xxix, no. 111, October 1954, p. 362.
5) C.J. Wild, *Plato's Modern Enemies*, p. 120, における Grotius の引用.
6) *Ibid*., p. 36.
7) Plato, tr. H.N. Fowler, *Apologies of Socrates* (London: Heinemann, 1943), p. 109.〔プラトン(田中美知太郎・藤澤令夫訳)『ソクラテスの弁明ほか』中央公論新社, 2004年, 44-45頁〕.
8) Julien Benda, *La Trabison des clercs* (Paris: Bernard Grassét, 1928), p. 265.
9) Leo Strauss, *Natural Right and History* (Chicago: University of Chicago Press, 1953), p. 162.
10) Aristotle, tr. H. Rackham, *Politics* (London: Heinemann, 1932), 1253a, pp. 9, 11.〔アリストテレス(山本光雄訳)『政治学』岩波文庫, 1961年, 35-36頁〕.
11) A.E. Taylor, *Thomas Hobbes* (London: Archibald Constable & Co., 1908), pp. 72-73.
12) C. Dawson, *Understanding Europe* (New York: Sheed & Ward, 1952), p. 195.
13) *Leviathan*, ch. xvii, A.E. Taylor, *Thomas Hobbes*, pp. 31, 117 より再引用.〔ホッブズ(水田洋訳)『リヴァイアサン』第2巻, 岩波文庫, 1992年, 33頁〕.
14) Thomas Hobbes, *Leviathan* (London: Dent, no date), ch. xv, p. 74.〔同上訳書, 第1巻, 237頁〕.
15) A.E. Taylor, *Thomas Hobbes*, p. 32.
16) E.H. Carr, *Twenty Years' Crisis 1919-1939* (London: Macmillan & Co., 1939), pp. 213, 231.〔カー(井上茂訳)『危機の二十年:1919-1939』岩波文庫, 1996年, 305, 330頁〕.
17) Hans J. Morgenthau, *In Defence of the National Interest* (New York: Alfred Knopf, 1951), p. 34.〔モーゲンソー(鈴木成高・湯川宏訳)『世界政治と国家理性』創元者, 1954年, 35頁〕.
18) A.J.P. Taylor, *Rumours of Wars* (London: Hamish Hamilton, 1952), p. 71.
19) Oswald Spengler, tr. C.F. Atkinson, *The Decline of the West* (London: George Allen & Unwin Ltd., no date), vol. II, p. 398.〔シュペングラー(村松正俊訳)『西洋の没落』第2巻, 五月書房, 1978年, 370頁〕.
20) E.H. Carr, *Twenty Years' Crisis*, p. 113.〔カー, 前掲訳書, 174-175頁〕.
21) *Works of Lord Bacon* (London: Henry G. Bohn, 1864), bk. VII, ch. ii, p. 281, 'The Three Traditions', p. 17. より再引用.
22) J.E.E. Dahlberg-Acton, *The History of Freedom* (London: Macmillan & Co.

Ltd., 1922), p. 24.
23) Karl Marx, 'Thesis on Feuerbach 1845 no. XI', *A Handbook of Marxism* (London: Gollancz, 1935), p. 231. 〔マルクス「フォイエルバッハについて」フリードリヒ・エンゲルス（藤川覚・秋間実訳）『フォイエルバッハ論』国民文庫，1972年，82頁〕.
24) Joseph Stalin, *History of the Communist Party of the Soviet Union* (Moscow: Bolsheviks Foreign Languages Publishing House, 1945), p. 167. 〔ソ同盟共産党（ボルシェヴィキ）中央委員会所属特別委員会編『ソヴェト同盟共産党（ボルシェヴィキ）歴史　小教程』モスクワ：外国語図書出版所，1950年，271頁〕.
25) Karl Marx, *A Handbook of Marxism*, p. 391.
26) Friedrich Engels, 'Anti-Dühring', *A Handbook of Marxism*, p. 278. 〔エンゲルス（粟田賢三訳）『反デューリング論』下巻，岩波文庫，1966年，67頁〕.
27) V.I. Lenin, 'Two Tactics of Social Democracy 1905', *Selected Works* (Moscow: Co-operative Publishing Society, 1933), vol. III, pp. 126-127.
28) *Ibid.*, p. 312.
29) Palme Dutt, *World Politics, 1918-1936* (London: V. Gollancz Ltd., 1936), p. 181.
30) Harold Laski, *Grammar of Politics* (London: George Allen & Unwin Ltd., 1941), p. 238.
31) Adolf Hitler, tr. James Murphy, *Mein Kampf* (London: Hurst & Blackett Ltd., 1935), p. 495.
32) G.W. Knowles, ed., *Some Quaker Peace Documents 1654-1920* (London: Grotius Society, 1921) を参照.
33) Kautilya, tr. Dr. A. Shamasastry, *Arthasastra* (Mysore: Weslyan Mission Press, 1929) を参照.

訳注
1〕アナーキスト．アメリカ合衆国マサチューセッツ州でおきた強盗事件の犯人として世界中の抗議のなか2人とも1927年に処刑された．50年後の1977年，マサチューセッツ州知事は2人の冤罪を正式に宣言した．
2〕夫のジュリアス・ローゼンバーグとともに1953年，原爆スパイとしてアメリカ合衆国で処刑された．
3〕もともとはマルクスの『ヘーゲル法哲学批判序説』の中にある言葉．

第6章
国益の理論

　国力と国益(ナショナル・インタレスト)は，相互に関連する．つまり，国力は能力に，国益は権利に関わっている．両者はコインの裏表の関係にある．国際社会の問題とは，かつて自然状態の問題と呼ばれていたものを現代風に言い換えたものであるし，国益の問題とは，生まれながらにもっている自由の問題として議論されていたものを現代風に定式化したものである．これらは，自然状態における自由あるいは自然権である．自由は権利を生み出し，権利は義務をともなう．そこから現代的な利益の概念と主権という法的概念が生まれる．これらの経糸はすべてこのパラダイムの中で互いに織り合わされている（同時に，「権利」についての議論には倫理的な含意があって，そこから第9章〔11章の誤りか？〕で論じる国際的義務の理論が生まれる）．「利益」が，個人的道義と国家的道義の違いを説明する．1878年1月17日に貴族院で行われたグランヴィル〔伯爵〕対ビーコンズフィールド〔伯爵〕論争において，ディズレーリ〔ビーコンズフィールド伯爵，首相〕は，こう述べた．「われわれが『イギリスの利益』について語るとき，われわれはイギリスの物質的な利益のことを指している．つまり，富の源泉となるか，あるいはわが国の強さを保障するような類の利益のことである」[1]．

　この定義に立つと，合理主義の見方と現実主義の見方はとりあえずは一致することになる．しかし，現実主義者はあらゆる利益を死活的な利益とみなして，異なる利益の区別をぼやけさせる傾向が強い．ある国の利益と他の国の利益が両立するかどうかという問題（加えて，〔英仏がヒトラーの要求に屈した1938年の〕ミュンヘン〔協定〕やスエズ〔危機〕で問題になったように，ある国の諸利益相互の融和性という問題）についてなんらかの見解をもつことなくして，

「国益」を定義することは不可能である.

現実主義

　現実主義の教義は，おそらくもっとも簡単に説明ができる．かりに，国際社会が存在しないとするならば，すなわち国家が自然状態において万人の万人に対する戦争状態にあるならば，国際関係とは諸利益が対立する状態のことである．

　だから現実主義の議論の前提は，国益が何であれそれは他国の国益と衝突しがちなものであり，したがって，国益の基本は行動の自由を確保することにある，ということである．「君主たる者は，可能なかぎり，他者に隷従するがごとき状態は逃れねばならない」（マキャベリ）[2]．もう1人のイタリア人政治家の言葉を用いるならば，もっと広い意味を込めてこのことを表現できる．イタリア首相のサランドラは1914年10月16日に外務大臣を兼務したとき，第1次世界大戦に対するイタリアの政策を問われて，「イタリアの神聖なるエゴイズム」（*sacro egoismo par l'Italia*）と答え，その後確かにイタリアは行動の自立性を見せつけた．サランドラの言葉は，そのあからさまな現実主義のゆえに有名だが，1914年8月にヴィヴィアーニ〔フランス首相〕がドイツの最後通牒に次のように応じたのもまったく同じ趣旨からだった．「フランスは自国の利益を考慮に入れる」[3]．〔アメリカの〕元国務次官でローズヴェルトの個人的使節だったサムナー・ウェルズは，より快活かつ人受けのする表現で同じ立場を次のように述べた．「アメリカ合衆国の対外政策が，他の国々の政策と同様に，啓発された利己心に基づくものでなければならないというのは自明のことだ．それは，自国の長期的な利益にもっとも役立つのは何かという観点から決定されなければならない」[4]．

　一国の根本的な利益は行動の自由を確保することであると主張したり「自国の利益を考慮に入れる」つもりだと主張することは，次のような主張を含意する．国家は何が自国の利益なのかを決める排他的な権利を持つ，ということである．行動の自由は決定の自由を暗に意味する．だから，何が自国の利益かを決める自由とは，何が自国の義務かを決める自由を意味する．国際理論の古い

第 6 章　国益の理論　　　　　　　　　　151

言い回しを使うと，何が自国の義務かを決める自由とは，国民が生まれながらにもつ自由の 1 つ，つまり，自然状態における基本的自由の 1 つである．この考えは，自然法の教義が自然権の教義に置き換えられた 18 世紀に定式化された．行動の客観的規則であるノルマ・アゲンディ（norma agendi）は，行動の主観的権利であるファクルタス・アゲンディ（facultas agendi）となった．「ウォルフ（Wolff）は……きわめてきっぱり次のように断言している．すなわち，右の後者の〔主観的〕意味が自然法の唯一本来の意味であって，そして『われわれがユス・ナトゥラエ（ius naturae）について語るときは，いつも，自然法を意味するのではなく，むしろ，自然法の力によって，すなわち自然的に，人間に属する権利を意味する』」[5]．ヴァッテルはこう書いた．

> 人が生まれながらにして自由であり独立しているのと同様に，国家も互いに自由で独立しているので，国家がその良心から自らに求めるものは何か，国家は何ができて何ができないか，を決めるのは個々の国家であり，……それゆえに，自国に対する義務を損なわずに他国に対してどのような義務を果たすことができるのかを考慮し決定するのも個々の国家である，ということになる．したがって，ある国が自国の義務の範囲を判断することがその国に属するようなすべての場合において，他のいかなる国もその国に対して行動の仕方をあれこれと強制してはならない[6]．

グロティウスの最大の擁護者だったフォレンホーフェンは，ヴァッテルがグロティウスを裏切って現実主義の陣営に身を投じたとして告発したが，上記の一文はその告発に利用した文章だった[7]．いかなる国といえども，他の国家の利益や義務を定めることはできないし，あるいは定めてはならない．そうするだけの能力も権利もないからである．現実主義者が主張することの多くと同様に，この見解の有効性についても経験に照らして判断する方法がありそうだ．国家は実際のところ，自国の利益や義務が何であるかについて他国から口出しされることには慣れていない．ローズヴェルトがイギリスにとっての利益と義務に関してある一定の道筋を提案したとき，チャーチルは，「私は大英帝国の清算を統轄するために国王陛下の首相になったわけではない」[8]と述べた．これと同じ立場は，必要に応じた変化をさせたうえ（mutatis mutandis）ではあるが，たとえば 1957 年にベングリオン〔イスラエル首相〕がガザ地区とアカ

バ湾から撤退するように忠告されたとき，あるいは，ソ連が第2次世界大戦後に東ヨーロッパに対する手綱を緩めるように繰り返し要請されたときなど，その後も多くの国々の指導者が採り入れた立場だった．いかなる国家も他の国家の利益や義務の内容を定めることはできないし定めてはならないという原則の前提は，いかなる国家も他の国家の利益と利害関係を持たない裁判官にはなれないということである．これは，自然状態における利害の対立という仮定から生じる．国家はそれぞれ自国の利益によって動かされているのだから，その利益によって行動が制限されているし，自らの色眼鏡を通してしか他国の利益を判断できない．ビジネスマンがライバル企業の利益について第三者的な進言ができないのと同様に，国家は他の国家の利益について第三者的な進言をすることはできない．助言はもともと偏向している．慈悲心のある現実主義者であれば，この問題を深く考えるときは認識論上の懐疑主義の立場から表現する．そのよい例がケナンである．ケナンは，もっともよく知られたその格言でこう言っている．「われわれが本当によく知り理解し得るものは，われわれ自身の国家的利益だけであることを認める謙譲さを持つ［べきである］」[9]．

　ここには惜念の思いがうかがえる．他国の国益を理解することは好ましいことだが，われわれにはそれは不可能である．われわれにせいぜいできることと言えば（ケナンはそう言いたいかのようだ），自国の利益が何かを知ることだけであって，他国の人々の利益に精神を集中することなどできはしない．これは外交上の唯我論(ソリプシズム)である．

　行動の自由，決定，利益の定義に関する教義は，諸利益の基本的な対立という前提から特殊な推論として引き出される．それは，それぞれの国を個別に検討するときに行われる推論である．しかし，利益を求めるときには，自由だけでなく力(パワー)も必要であり，力関係の全体像を考慮に入れることで一般的な推論をすることができる（現実主義者は，「国際社会」の存在を否定するので，「力関係の全体像」のような何らかの代わりの語句を用いなければならない）．その推論とは，ある国の安全は他の国の不安全だということである．一般的な福祉とか安全が拡大され配分されて，理論上どの国もその適正な取り分を享受できる，ということはありえない．国ごとの福祉や国ごとの安全があるだけであって，ある国が享受すれば他の国はそれを失う．現実主義者にとって安全保障と

第6章 国益の理論　　153

は力(パワー)の一機能であり，力は相対的な概念である．「合衆国の力(パワー)」とかイスラエルの力(パワー)が意味するものは，「潜在的な攻撃国」というあの外交上の婉曲表現を正確に適用して，それに対処する際の両国の力(パワー)である．同様に，安全も相対的な概念である．つまり，いったい誰からの安全なのか．一方の国がますます安全になってきたと感じたときには，他方の国はますます不安全になったと感じるものなのだ．証拠が必要だと言うのならば，あらゆる軍備拡張競争が証明済みだ．したがって，一般的な安全保障条約というものはありえない．世界の安全保障とか地域の安全保障について話し合っても無駄である．問題は，「誰にとっての安全なのか，誰からの安全なのか」である．政治家は，ヨーロッパや中東の「安全保障」を論じるときに，NATO（北大西洋条約機構）などの条約についてそれが一般的な安全保障であるかのように語る．しかし言うまでもなく，それらが意味するのは他陣営に対する自陣営の安全保障であり，他陣営における不安全の増大なのだ．国家の利益と政策の一般的な目的は国家安全保障である．これは，平和のような抽象的で一般的なものではなくて（平和は政策の目的ではありえない），具体的で利己的なものであり，『国益を擁護して』〔モーゲンソーの著作の表題，邦訳書の表題は『世界政治と国家理性』〕行われる．

革命主義

国益に関する現実主義の教義が，利益の対立という前提から出発して国益の自律性を主張するのならば，革命主義の教義は明らかに国際共同体と利益の一致というまったく逆の前提から立論を始める．逆の前提とは，世界国家（civitas maxima）すなわち諸国家から構成され人間らしい友愛に満ちた社会の利益というものは明確にすることができるしそれを達成することもできる，という主張である．その利益は，人々が想定する偏狭な国益を受けつけない．大が小を兼ねるように，その利益がすべての真の国益を包摂するからである．国際理論が歴史の理論にもっとも近づくポイントの1つがここにある．なぜなら，国際的な利益の永遠の一致という革命主義の教義には，このような利益の収斂は歴史に内在する運動によって現実のものとなるということが含意されている

からだ．それはアダム・スミスの「見えざる手」に似ている．利己主義的な産業家はその手に導かれて「自分の意図とは違う別の目的を実現する」．（ビクトリア朝時代のイギリスの統治において主導的な哲学だった自由放任(レッセ・フェール)の教義は，フランス革命期のジャコバン主義のように真に革命的な教義だった点に留意する必要がある．そのもっとも優れた理論的唱道者がコブデンだった．）さらに言えば，それは，バークの「神聖なる戦術」であり，ヘーゲルの「理念の狡猾さ」であり，マルクスの弁証法である．特殊な諸利益を心の内側で織り合わせて一般的な善に仕立て上げるというこの一般的概念は，しばしば「諸利益の調和(ハーモニー)」と呼ばれるが，その命名ゆえにカーによって攻撃された[10]．それは誤った命名である．今からでも遅くはないなら，「諸利益の調和」という言葉を救い出して，革命主義とは対照的な合理主義の教義を説明するために使用すべきだ．音楽の比喩を正確に使って表現すると，革命主義の教義は諸利益の斉唱(ユニゾン)でなければならない．それは諸利益が次第に1つに収斂したものであり，内在的な一致(ソリダリティー)なのだ．そのことはカントの『永遠平和のために』において描かれている．そこでは，難しい部分へ国際理論を展開するために，歴史哲学が非常に強く現れてくる．たとえば，付録1の終わりでは，道徳と政治の不一致について素朴にこう述べている．

> 創造ということ，つまりこのような種類の堕落した［人間としての］存在者が，そもそも地上に存在するように定められたことは，（もし人類は決してこれ以上よくならないし，なることもできないと仮定するならば）いかなる弁神論によっても正当化できない．……もしわれわれが，純粋な法の諸原理が客観的実在性をもつことを，つまりそうした諸原理が実現されることを想定しないならば，どうしてもこのような絶望的な結論に追いやられるであろう[11]．

言い換えると，現実があまりにもひどいので，人の信念はますます強まり，進歩が現実を変えるだろうと信じなければならない．カントは，ほとんど転倒した革命主義すなわち純粋な絶対平和主義(パシフィズム)に飛躍してしまった．諸利益の内在的な一致という理念は，「永遠平和の保証について」と題された第一補説の初めに記されている．保証するのは自然そのものである．「自然の機械的な過程からは，人間の不和を通じて，人間の意志に逆らってでもその融和を回復させるといった合目的性がはっきりと現れ出ている」[12]．少しあとはこう続く．

第6章 国益の理論

自然はこの意図において，人間自身の理性が人間に義務として負わせる目的にかんして，したがって人間の道徳的意図を促進するために，なにをなすのであろうか．……私が自然について，自然はこれこれのことが生ずることを意志する，と語るとき，その意味は，そのことをなす義務を自然がわれわれに負わせるというのではなく（なぜなら，それは強制から免れている実践理性だけがなすことができるのであるから），われわれが意志しようとなかろうと，自然がみずからそれをなすということなのである（運命は従順な者を導き，反抗する者を引きずる fata volentem ducunt, nolentem trahunt) [13]．

これは，歴史理論の立場から見た仮定である．

外交の分野について言うと，国際的な利益の内在的な一致に対する信念は，興味深いことに，アトリー〔イギリス首相〕とマッケンジー・キング〔カナダ首相〕のために1946年11月にホワイトハウスで開かれた夕食会の席上，アトリーによって語られた．それは，外交政策に関する彼の発言の中で，社会主義イデオロギーが見うけられるおそらく最後のものの1つである．

> 今日われわれが追い求めているのは，普通の人々（コモンマン）の世界政策を立案し遂行することです．……何よりもまず必要なのは普遍的な対外政策でありますが，それは，特定の国の当面する利益のためではなくて，世界のすべての人々の利益のために構想されたものでなければなりません．だからと言ってわれわれがイギリスの独自性に配慮を加えないと言うわけではありませんが，今日，まず最初に念頭に置くべきは，世界文明というわれわれの特別に重要な諸利益であると私には思われるのであります[14]．

こうした見解はたびたび表明されたが，ここではとくにはっきりとかつ率直に語られた．世界文明には特別に重要な諸利益が内在しており，したがって，われわれは世界のすべての人々の利益のために構想される普遍的な対外政策，すなわち普通の人々のための世界政策を必要とする．しかしこの「普遍的な対外政策」とは，すべての外務省が，一斉に，自国の利益よりも世界文明の最重要利益を追求するということなのか，それとも，たとえば，世界中の人々が外務省を迂回してこの普遍的な対外政策を目指す，ということなのかは明らかではない．これらはきわめて重要な問題である．しかし，ソフトな革命主義者はそれに対して満足の行く答えをけっして出せないので，実際には，合理主義につ

きものの妥協と当座しのぎに陥りがちだ．しかし，明快で権威ある解答はハードな革命主義者が与えてくれる．彼らには，諸利益から成る国際共同体という理念上の主張と多数の国がこの共同体の存在を拒絶するという現実とのあいだの溝を経験的に認識する用意があるからである．人々の規則とは，人々の代弁者の規則であり，国際利益共同体とは，国際共同体の代弁者の利益である．ハードな革命主義者は，真の意志は特定の国に体現されるという教義を唱える．「ソ連の人民の利益すなわちソビエト社会主義共和国連邦の利益を考慮することがわれわれの責務である．……ましてや，われわれはソ連の利益は他の国々の人民の基本的な利益と一致していると強く確信しているからこそなおさら，それは当然の責務となる」[15]．「ソ連の『堅固な平和政策』はアメリカ人民や他の幅広いすべての人民大衆の利益にかなうものだ．『軍備拡充による利益で自分のポケットを膨らませている』ような輩はべつにして」[16]．

　こうして革命主義者が国際利益共同体なるものを主張するとき，それは現実には，革命主義の国家が国際共同体の真の利益と意志を定義し言い表すということを意味する．こうして，ある国が他の国々の利益を定義することが**できる**ということになる．外交行動において，ある国が他の国の利益を定義することが不適当であるのは言うまでもない．もちろん，強い国は弱い国に対して威張り散らし影響力を行使するものだが，その際にも，通常は，自然的自由という礼儀正しい外観を損なうことはないし，弱い側の「真の」利益について主張をひねりだすこともない．例外的な事例はふつうきわめて目立つから，無関心を装うのは不可能になって，ほとんどいつも注目を集め非難を受けることになる．

　他の国に対して何がその国の利益かを語ろうとすることは，必ず革命主義の証し，と言うのは公平ではないだろう．1957年2月10日，『ニューヨーク・タイムズ』紙のワシントン発特電は，イスラエルがガザ地区とアカバ湾からの撤退を拒否したことに対してアメリカ政府が「怒って，不満を募らせている」と報じた．怒りと不満の理由が列挙されていたが，その中の第1番目は，「イスラエルが国連の決定を無視することは……同国の長期的な利益を必ずや損なうだろう，とアメリカ政府は確信している」ということだった．イスラエルの利益に対するこの熱い思いの源泉は，革命主義の哲学ではなくて（ダレス外交の明らかな反革命的性格を強調しようと思わないかぎり），単なる外交上の当

惑だった．この当惑は，列挙された怒りの理由の最後に出てくる．「イスラエルは，国連と対決することによって，アメリカを2つの当事者のいずれかを選ばなければならないという気まずい立場に追い込んだ」．

そうは言っても，革命主義の国家は他の国家に向かってその国がやるべきことについて口出しをし，保護者のようなポーズをとりがちだ．ナチス外交の最大の特徴がそれだった．ドイツがユーゴスラビアとギリシャに侵入した1941年4月6日，リッベントロップ〔外相〕はベルリンで外国人記者を集めて記者会見を開いた．ユーゴスラビアに求められていたのはヨーロッパに新秩序をもたらすために枢軸国と誠実に協力することだけだった，と彼は述べた．「ドイツの目的はただ1つ，ユーゴスラビアにとっての最善の利益に沿って，ヨーロッパ新秩序の中でユーゴスラビアに一定の地歩を確保することだった」[17]．同じ日にギリシャに送られたドイツの覚書は，ギリシャ政府が中立を保っていたら（この仮定は，ギリシャがムソリーニの攻撃を受けて戦争に引き込まれたことを無視している）ギリシャ国民の利益にもっともよく貢献できただろうに，と述べていた．他国の利益が何かを決定するこの能力は，ヒトラーにより，逆に弱点となってしまう地点まで発展させられた．1939年8月23日，ヒトラーはベルクホフで参謀会議を開いて，もしドイツとポーランドのあいだに紛争が生じても，イギリスは「そのような状況では戦争をする必要がなく，したがって戦争の意思がない」から介入してこないだろう，ということを最大限のレトリックを駆使して将軍や提督に納得させようとした．海軍司令長官のエーリッヒ・レーダーは，ニュルンベルク裁判の際に，気落ちして海軍参謀たちと一緒にその会議から退出したときの様子に触れて，彼らが次の意見で一致していたと述べた．

> イギリスはそれまで——客観的に見れば——戦争をする必要がないからという理由で戦争を回避したことはなく（必要がない場合にはほとんど戦争をしたことがないことは確かだが），反対に，自国の国益を守るためには戦争をする必要があると信じたときには必ず戦争を始めた[18]．

ヒトラーが犯し歴史的に重大な結果をもたらしたこの誤りは，革命主義が内包する非現実主義の極端な事例であって，こうした方向で探求していった場合

の極限に立つ記念碑として描き出すことができる.

　国際的な利益の一致について,最後にもう1つの側面に言及しなければならない.国際利益共同体の利益とは国際共同体の代弁者の利益であって,代弁者だけがそれを定義できる.学校全体の利益は何であるかを言えるのは教師であって,放校処分にふさわしい非行生徒ではない.革命主義の思想を構成するもろもろの範疇がいずれも特殊で排他的であり,普遍性や一般性をもたないのはよく知られた現象である.それらの範疇は,革命主義の運動に特有であって他の誰も使わないために,特権的なまでに内向きである.社会の中に新しい階級制度を作る前に,革命主義は哲学のカースト制度を築き上げるのだ.人は自分の行動の目的だけでなくその直接の結果によっても評価を下されなければならないとする一般的な道義規範から,革命主義者は免れている.彼らは,その行動がそう判定されたときですら,「帝国主義者」とか「侵略者」とかいう述語には無縁で,したがってその立場上,反植民地運動の標的となることもない.彼らは諸利益からなる国際共同体の内容を決める排他的な権利を有する.興味深いことに,冷戦時代のごく初期の1946年7月にベヴィン〔英国外相〕が〔連合国内部の〕利益の一致が薄らいできたことに注意を促そうとした際にそれが表れた.「〔イギリスの〕中東における地位を保持することが世界平和の維持にとって非常に重要な意味を持つことを,アメリカ政府と同様にソ連政府も正しく認識していると思う」.『イズベスチア紙』〔ソ連政府機関紙〕は,共産主義者の言葉を盗み取るかのようなこの試みに反応して,訳知り顔に応酬した.「〔イギリスの〕政策に対するソ連の態度に言及したこの声明は,事実にまったく符合しておらず,ソ連の背後に隠れようとする不当な試みにしかすぎないことを指摘しておかねばならない」[19].

　国益に関する革命主義の教義から1つの特別な推論が引き出されるが,それは代議制民主主義国の対外政策に関するものである.確固とした国家（これは,成熟した経験豊かな国というよりも,ムソリーニやフランコのような暴君の気まぐれによっては支配されていない国を意味する）であればどの国であれ,通常,対外政策の継続性を想定している.これは現実主義者にも合理主義者にも共通する.国家の死活的利益は,長きにわたって変化しない諸条件によって決められる地理的・経済的・人口的・権力政治的な条件である.これらの諸条件

第 6 章　国益の理論　　　　　　　　　　　　　159

に対応した政策は，弾力的ではあるが，伝統に則ったものとなる．アメリカやソ連あるいはイギリスの対外政策にははっきりした継続性があって，そのことは，それぞれの国益については政権が変わっても一般的なコンセンサスがあることを示している．1886 年にドイツ大使から，内閣が変わると対外政策も変わってしまうと不満を言われたイギリス外相のローズベリーは，その通りだとしても，成功した対外政策は変わらないと答えた．継続の条件は成功であった．これは現実主義者と合理主義者による通常の想定を表している．人が革命主義を感知するのは，特定の争点に関わって対外政策が変化したときや修正されたときではなくて，対外政策の継続性という原則そのものが挑戦を受けたときである．共和党は 1952 年の選挙戦で，民主党政権の対外政策がアメリカと自由世界の真の利益をおろそかにしてきたので，純粋で穢れていないまったく新しい対外政策が必要だと主張した．そうした対外政策こそが共産主義の脅威にもっと効果的に対処するだけでなく，逆説的ではあるが，目下の共産主義との戦争を終わらせるものにもなるだろう．これは，反革命主義の中にある革命主義の一例である．議会内に労働党という野党が存在する限り，この問題はイギリスの対外政策につきまとった．1945 年の選挙で労働党議長のラスキが対外政策の継続の原則を繰り返し攻撃したことでそれはあらわになった．「私は対外政策を政治から切り離そうとは思わない．労働党員は対外政策に大きな関心を持っているのに，それに関わるなと言われていて一種のトーリー〔保守党〕的真空状態に置かれているが，私は対外政策を，あらかじめ決まっていて疑問の余地のないものとして〔そのまま維持して行こうとは思わない〕」[20]．「われわれ〔労働党〕は，対外政策の継続性というトーリー的教義を受け入れるつもりはない．保守党の政策の継続には関心がないからである」[21]．「われわれ社会主義者は，社会主義と一致するような決定をもたらすのみである」[22]．

　伝統的に認められてきた国益よりも社会主義のほうが優先されることになった．実際には，アトリーもベヴィンも先人たちと同様に伝統的な国益の強力な唱道者であることは明白だったが，労働党の左派はいまだに社会主義そのものの対外政策に拘泥していて，国民の一致した利益を労働党がいかにうまく実現するかということには関心を持とうとしないのである．

合理主義

　現実主義者によって占拠されている領域の地図を作るときに，現実主義者と合理主義者〔の居住区〕を分ける線をどこに引くかという問題についてはすでに触れた．サムナー・ウェルズが，対外政策は啓発された利己心に基づかなければならないことは公理のように明白なことだと言ったとき，彼は「啓発された」利己心とは何かという問いを提起したのだった（112頁〔本訳書150頁〕を参照）．ここでは少なくとも3つの答えがありうる．第1は，賢明な自己利益．啓発されたとは，先を見通す眼をもち，現実の複雑な内実を理解していることである．だから啓発された自己利益とは，利益を実現する途上におけるあらゆる障害や偶発的事象を計算に入れたうえでの自己利益である．第2の答えは，他国の自己利益を侵害したり侮辱したりしないように消極的に行動する利己心．それは非常に賢明で洞察力に満ちた自己利益なので，利益実現の道程で生じる重大な障害の1つが他者あるいは他国の反応であることを認め，それゆえに，紛争を起こさないように心がける．第3の答えは，他者や他国の利益が生存の権利を有することを認めるがゆえに，それらの利益を積極的に考慮に入れ尊重する立場に立って自らの利益を修正し制限することに同意するような利己心．これほどまでに修正された自己利益が果たして本当に「自己利益」と言えるのかについて疑いを持つ者もいよう．自己利益と啓発性とは，同じ比重を持つことになるのである．「啓発された利己心」のそのような理解は，十分に合理主義の領分内に納まる．啓発された自己利益のような言葉はいろいろな意味合いをもちうるので，その言葉を使う人々は，自分が言っていることの含意に気づかないまま次から次へと違う意味を伝えているかもしれない．

　ジョージ・ケナンを批判的に検討すると，現実主義から合理主義への旅の道筋が見えてくる．彼は，国家が知ることのできるのは自国の国益だけであるという現実的かつ懐疑的な主張をした（113頁〔本訳書152頁〕を参照）．ところが『アメリカ対外政策の現実』ではこう言っている．「私は，わがアメリカが，対外関係において，他国に対する品位，寛大さ，節度，思いやりを欠いた行動をとるのを見たくはない」[23]．矛盾は明らかだ．他国に対する寛大さ，節

第6章　国益の理論　　　　　　　　　　　　　161

度，思いやりは，自国が寛大さ，節度，思いやりを向けている国々の利益を推し量ることができるという前提に立っている．これは，それぞれの前後の文脈を無視すれば，前者の有名な一文よりも，むしろケナンの立場の特徴をよく表している．ケナンは，細心の注意を払い大きな敬意をもってロシアの利益を考慮した外交政策のスポークスマンとして，西側の政府関係者の中で特別に目立つ人物である．彼は，1つひとつの事態をソ連の眼で見ようとした．つまり，〔社会主義の〕教義に則った帝国主義の要素は非難して切り捨てたが，ソ連の国益の核心部分については帝国主義とは別のものだと強調して，アメリカがそれを尊重すべきだと主張した．たとえば，彼は（1957年の上院の委員会で），東欧におけるロシアの権益を認めるべきであり，ロシアの権益に異議を申し立てることによってロシアを妥協できない立場に追い込むことのないようにすることが大切だと主張した．「われわれが本当によく知り理解しうるものは，われわれ自身の国益だけであることを認める謙譲さを持つべきである」という先に引用した言明は，ケナンの思想の全体的な意味合いに沿って，次のように言い換えられるかもしれない．われわれは，他国の利益をわが国の利益に調和させることのできる一般的利益という明確な概念を持っているが，傲岸にも他国に向かってその国の利益は何かを押し付けがましく教えようとしてはならない．これは，国際的関係についても個人的関係についても誰もが納得する格言となるだろう．だからこれもまた，合理主義の国の核心なのである．

　同じような批判的検討をモーゲンソーにも当てはめることができる．彼は，『国益を擁護して』の中で，こう述べている．「リシュリュー〔17世紀フランスの宰相〕からチャーチルにいたる近代の卓れた政治家たちはみな，国家的利害を政策の最後の基準としていた．国際問題について道徳主義者であった者で，その目的を達成したものは誰もいないのである」[24]．しかし，これは真理だろうか．とりわけ問題になるのは，政治における成功の基準は何かということだ．成功した政治家とは国益を追求した政治家だ，とモーゲンソーは言っているように聞こえる．だが，政治的成功の基準はきわめて分かりにくい．成功したかどうかはすぐに分かり皆の意見が一致するものだと言わんばかりのモーゲンソーには，歴史的な眼と哲学的な眼が欠けている．彼は非歴史的だ．なぜならば，何をもって政治的成功の基準とするかというこの問題こそがまさに歴史家の重

要な論争のテーマの1つだからである．歴史家は，反芻動物が咀嚼を繰り返すように，歴史的名声を絶えず吟味し，新たな視点に照らして実績評価と判定をしなおすものなのである．モーゲンソーは，非哲学的だ．なぜなら，このなかなか決着のつかない論争においては，単なる専門知識を意味する技術的成功という基準と道義的基準とのどちらを重視するかというバランスの取り方が，人により世代によって異なっているからである．道義的基準そのものに，動機の高邁さへの判断と人類の善に対する究極的な貢献度への判断という2つの意味がある．

　ビスマルクが1898年に死去したとき，ドイツも世界中もかれを偉大な歴史的人物の1人として，すなわち統一ドイツの創造者として，また眩いばかりの職業上の成功を成し遂げた偉大な外交官として，大いに称賛した．1世代のちに彼のつくった統一ドイツが崩壊し敗北すると，彼の名声は地に落ちて，プロイセン立憲主義の破壊者，現実政策(レアルポリテイーク)の中心的な主導者，国際社会に向かって尊大な態度で威張り散らしてドイツを崩壊に導いてしまった人物，国民を誤った方向へ導いた大詐欺師と見なされるようになった．ウィルソン大統領の場合はそれとは対照的だった．ウィルソンは死去したときには失敗者，役に立たない強情な理論家と言われた．1世代のちに運命がアメリカを孤立主義から救い出して現代版の国際連盟の指導的な国に押し上げると，彼の名声は再上昇した．道義に基づく彼の展望の壮大さは歴史に残るある種の成功と見なされ，上院やアメリカ世論にうまく対応できなかった彼の職業上の無能さは覆い隠されてしまった．

　この問題に対して完全に懐疑的になってはいけない．その時代その時代の問題を解決しその解決策が長く価値を保った政治家ないし政治指導者については，歴史的文献において一定のコンセンサスが確かに生じる．モーゲンソーに最初の例として挙げられたリシュリューがよい例だ．国内ではユグノーに対するフランス王国の権力を強化し，国外ではハプスブルク家に対するフランスの優位を確立することを彼は目指した．彼が成し遂げた成果はその後150年間保たれた．近代の歴史家は，リシュリューの国内政策こそがフランス革命の究極の原因の1つになったと主張し，さらに，彼の対外政策が，国際政治を非道徳化し，古いヨーロッパ共同体(コモンウエルス)の最後の痕跡を消滅させ，あからさまな現実政策に勝

第6章 国益の理論　　　163

利をもたらした主要原因となったと見なしてきた．しかし，リシュリューの成功が道義的には疑わしい成功であったとしても，それでもなお誰もが認めうる成功だったことは明らかだろう．

　では，チャーチルはどうか．たしかに彼は，第2次世界大戦でイギリスを戦勝国にしたが，それが彼の唯一の目的ではなかった．職業上の政治そのもののレベルでは，彼には他に少なくとも2つの目的があった．〔第1の目的は〕ヨーロッパに勢力均衡を回復することで，これには失敗した．戦前のドイツ軍と同様に，戦後はロシア軍が均衡をひどく混乱させた．この責任はたいていローズヴェルトとヤルタ〔会談〕に帰せられるのだが，チャーチルの失策でもある．1942年の英ソ同盟条約は，1939年の独ソ〔不可侵〕条約でスターリンが獲得したすべてのものをイギリスが追認することを前提としていた．英ソ条約はもともとバルト諸国をソ連が併合することを認める条項を含んでおり，ローズヴェルトはチャーチルからこれに同意するように説得されたが，拒否した．この危機的状況で発揮されたアメリカの法律尊重主義（リーガリズム）は先見の明のある現実主義だった．1943年，ロシアはポーランド亡命政府との外交関係を断絶した．チャーチルはカーゾン線〔第1次世界大戦後に英外相カーゾンによって提案されたロシアとポーランドの国境線．現実には実現しなかった〕の東のポーランド領を自発的に割譲することによってロシアを宥めるようにポーランド人を説得しようとしたが拒否された．テヘランでは，3大国がイギリスの主導権のもとで，カーゾン線を将来のポーランド国境とすると決めたが，英米は，その見返りとして残りのポーランド領の独立を間違いなく保証するという確かな言質をロシアから引き出すことはなかった．「結局のところ，イギリス人よりもアメリカ人のほうが速やかにかつ広範囲にロシアを宥和する行動をとったことは事実としても，〔宥和という〕罪を犯すように最初に教えてくれたのはイギリス人だったとアメリカ人が主張することにも一理ある」[25]．

　チャーチルの第2の目的は，大英帝国を維持することだった．「私は，大英帝国の清算を統轄するために国王陛下の首相になったわけではない」（113頁〔本訳書151頁〕に引用あり）．チャーチルは，インドに責任政府を認める1935年インド統治法に反対した．しかし，1945年に首相の座を追われ，その後数年間のうちには大英帝国の大部分が失われた．チャーチルの政治的後継者

であるイーデンは，1956年にスエズで冒険的行為を引き起こしたが，その事件は大国としてのイギリスの終わりを告げるものになったと言ってよい．これらはみな，チャーチルが望み支持したものと正反対の結果だった．それでも彼は成功者と言えるだろうか．クレマンソー〔第1次世界大戦後のベルサイユ会議を主導したフランス首相〕と同様に彼もまた，未来を切り開くのではなくて，過去を清算するためにひとつの時代の終わりにときとして現れる傑物の1人だったのかもしれない．彼が偉大な人間であり彼には人格的道徳的な高潔さがあったことをほとんどの人が認めるだろうが，だからといって彼が成功者であると主張することにはならない．

（興味深いことに，3つの伝統のあいだには，言葉と概念に関して多少の違いがあることに気づく．政治家をもっとも称賛する表現は，現実主義者からすると，彼が成功したと言うことだ．合理主義者からすると，彼が「偉大な」人間だったと言うことだ．革命主義者からすると，最大の賛辞は「正しい」人だと言うことである．「正しさ」の内容は革命主義の教義が決める．マルクス主義において必要なのは，科学的な観点に照らして「誤りがない」ことだ．ソフトな革命主義者やダレス型の反革命主義者からすると，「道義的に正しい」ことになる．）

モーゲンソーは，チャーチルが国益を自分の政策の「究極的な規準」としたと主張する．ここではモーゲンソーの無節操な言葉遣いが問題となる．「究極的な規準」が，チャーチルが最終的な判断においては国益にとって最善と思ったことを実行したということを意味するのであれば，それは真実である．しかし，このことが当てはまらない政治家はほとんどいないのだから，それでは何も言ったことにはならないし，特徴を言い表したことにもならない．もし，国益がチャーチルの政策の通常の規準であり彼の統治技術の特徴だという意味なら，それは真実ではない．リシュリューについてならそれは真実だろうが，リシュリューとチャーチルの質的な相違を見逃してはならない．チャーチルの国益理念の特徴は，国益をもっと幅広い全体の一部分すなわち「ヨーロッパの自由」の一部分と見なしたことにある．たとえば，チェンバレンとチャーチルの違いは，国益を排他的な概念とするか包括的な概念とするかの違いである．チェコスロバキアは，チェンバレンにとっては「自分たちが何も知らない遠隔の

地の人々」だったが，チャーチルにとってはわがイギリスの利益と合致する利益を持つ「古くからのよく知られたヨーロッパの国」の1つである．チャーチルは，国際連盟，集団安全保障，勢力均衡の支持者として，イギリスの利益をヨーロッパの利益というより大きな文脈の中に見出したのであって，その見方は彼の演説すべてに貫かれている．すでに記したスターリンに対するいちかばちかの宥和政策よりも，こちらの事実の方がチャーチルの特質を表すものとして重要である．戦後，ヨーロッパの人々は，チャーチルを解放者として歓呼して迎えたり崇めたりすることはなかったが，チャーチルが自分たちの首都に自由をもたらしたことには敬意を払った．チャーチルがイギリスの国益に忠実に奉仕したと彼らは考えていたが，チャーチルが自分たちの利益つまり「ヨーロッパ」の利益あるいは「文明」の利益に貢献したとも見ていたのである．

　モーゲンソーの言明には，別の問題もある．「国際問題について道徳主義者であった者で，その目的を達成したものは誰もいない」というのは真実なのかという疑問である．偉大な道徳主義者の名前が挙げられたり，例を用いた説明はされていないが，ウィルソンとローズヴェルトはたぶんそこに入るだろう．ウィルソンが成功したのか失敗したのかはすでに論じた．アトリーとグラッドストンもまた，おそらく「道徳主義者」と見なされるだろう．アトリーは，インド，パキスタン，ビルマ，セイロンに独立を認めた人物として歴史に名を残すだろう．南アジアで帝国を維持することは，1945年以降にはおそらくイギリスの力をはるかに超えることだったので，植民地の切り離しはイギリスの国益に合致していた．だが，そのことにより自分の軍事顧問や文官との折り合いをつけることになったことは確かだけれども，それがアトリーの動機だったわけではない．アトリーは，老練なフェビアン社会主義者として原則に忠実に行動したのである．それでも彼は道徳主義者だとして非難されるのだろうか．

　イギリス政治史上おそらくもっとも偉大な道徳主義者だったグラッドストンは，イタリア人がオーストリアの支配から，あるいはバルカンの人々がトルコの圧制から脱するために主張した自決権を支持した．情に動かされやすいこのような傾向は，イギリスの統治階級の人々の多くに共通して見られたが，実は，それはイギリスになんら犠牲を強いるものではなかった．外交および海軍による控えめな支持をほんのわずか与えるだけでよかったのである．しかし，グラ

ッドストンは，70歳を過ぎると，グース〔ガチョウのメス〕に合うソースはギャンダー〔ガチョウのオス〕にも合うのだから，もし自由が南ヨーロッパの抑圧された国民にとってよいものであるなら，イギリスの統治する島々の抑圧された国民にとってもよい，という道徳的な信念を持つようになった．彼は，晩年の13年間（首相職の最後の2期を含む）をアイルランド自治法の制定運動に捧げたが，当時の国民の多くはこれは明らかに国益に反すると考えた．彼は自分の党〔自由党〕を分裂させてしまったし，生涯，イギリス国民の考えを変えることはできなかったが，彼の死後24年目にアイルランドは民族の独立を達成した．彼は成功したのか，それとも，自分の目標を達成できなかった道徳主義者という意味で失敗したのか．彼がその後の結果を目撃していたら，きっと失敗したとは認めないに違いない．グラッドストンは，イギリスの政治的道義の範囲を広げた．1930年代の全体主義革命が昔の思い出を消し去ってしまうまで，グラッドストンは，イタリア，バルカン諸国，アイルランドの人々が記憶にとどめ崇敬するただ1人の外国の政治家だった．

　政治的な行動や政策の中には，排他的な国家の自己利益という型に当てはめるのが難しいものがあることは確かだ．奴隷貿易の廃止や，占領したフランス植民地を1814年にカースルレー〔英国外相〕がフランス人に返還したような領土の引渡しは，そのよい例である．しかし，たいていの場合，そういう行動をとった動機は，国家としての立場や威信の発揚だったとみてよい．「私が思うに，われわれ〔イギリス〕が，強さ，力，確信という特性によって大陸で名声を博することは，われわれにとっては，［こうして］フランスの領土を獲得するよりもずっと重要なのである」[26]．カースルレーが行った疑いの余地のない国益の追求とは，リシュリューやカニング〔イギリス外相，首相〕が孤立主義へ戻ってしまったのとは質的に違っていた．彼は大国の間での利益の融和を追い求め，「1つの集団（ユニオン）として諸大国の外相の間で恒常的に行われる内密かつ自由な交流」を実現しようとしたのである[27]．彼は1818年10月のエクスラシャペル会議〔ロシア・プロイセン・オーストリア・イギリスの4カ国同盟にフランスが参加して5カ国同盟が成立した〕の際にリバプール〔首相〕にあてた手紙の中で次のように書いた．

第6章　国益の理論

この繰りかえし行われた会合について，遠隔地ではさぞや悪評が響いているでしょうが，きわめて堅実な成果が生みだされ，しかも困惑するような事態がほとんど起こらないことが分かって，私は満足しています．私にとってそれは，ヨーロッパ統治についての新発見のように思われ，外交の見通しを暗くしていたもやもやがやがてすっかり消え去ってくれました．かくて，このシステムに関する主張のすべてが明るみに出され，諸大国間の協議が単一国家と同じような効率性と簡明さを持つようになったのであります[28]．

カースルレーは内閣に宛ててはこう書いた．「諸大国は，〔ヨーロッパに対して〕共通の利益を持つだけでなく共通の義務を負ってもいると感じています」[29]．

このような事例を見ると，国益を追求してそれを実現した政治家を現実主義者（リアリスト），国益を追求せずに国益を実現しなかった政治家を道徳主義者（モラリスト），と分類するのは誤った図式化であり，政治的経験に照らすと真実ではない．両者の違いには無限の段階があり，後世の人々が覚えていて取り上げるに値すると考える政治家の大多数は両極端の間のどこかに位置する，と言うのが正しいのかもしれない．政治家は，啓発性の度合いにいろいろと差のある自己利益を代表し，他国の利益にさまざまな度合いの配慮を加えた上で国益を追求する．モーゲンソーは，国益がこのように調和する可能性があることを認めている．彼は『国益を擁護して』でこう述べる．

> 自国が安全であるためには，何を必要とし何を望むか．また他国がその安全のために何を必要とし何を望んでいるのか，そしてこれらのいくつかの必要と要望の間には避けられない抗争があるのか，それとも調整の可能性があるのか，ということを突きとめること——この仕事こそは頭脳の仕事であって，ハミルトンのようなひとや，ピットのような，カニングのような，ディズレリーのような，そしてまたチャーチルのようなひとが直面し，また解決した建設的な仕事の最高のものであり，しかもそういう人間の存在は素人にはわからないのである[30]．

国益の調整を知的作業と見なすこのような見方は，先に示唆した啓発された自己利益の第2段階の意味を明らかにするために活用することができる（120頁〔本訳書160頁〕）．つまり，複雑な状況の中には他の国々の反応も含まれ，そうした中で国民的な自己利益も追求しなければならないということを十分に認

識するほど知的な自己利益であるということである．モーゲンソーは『国際政治論』において別の言い方で次のように説く．わが国を含むすべての国々がそれぞれの国益を追求しているのだと考えるならば，われわれは道義上の独善性から免れてすべての国に対して正義を行うことができる．

> われわれは，自分たちの国家を判断するように他国家を判断することができる．……われわれは自国の利益を保護，助長すると同時に，他国の利益を尊重する政策を追求できるのである．政策の中庸は必ずや道義的判断の中庸を反映するものである[31]．

ここで彼は，他国の利益を「確かめる」だけでなく「尊重する」ことにも言及している．すなわちそれは，知的な任務であるだけでなく道義的な任務でもある．モーゲンソーはケナンと同様に，合理主義者の領分に片足を置いているのである．

したがって，国益に関する合理主義者の教義では，国家間の利益の緊張関係を想定し，それが常にとはいわないまでも時には利益の対立に発展してしまうと考える．それと同時に，諸利益を互いに調整する可能性がかなりあると主張する．対外政策という統治技術の重要な目的は，他国あるいは国際社会全体の利益に対して敬意を払いつつ国益を追求し守ることにある．だから，合理主義者からすれば，カースルレー，チャーチル，ローズヴェルト，あるいはダレスに関して興味を惹かれる重要な問題は，彼らの政策の究極の規準が国益であったかどうかではなくて，国益とより幅広い利益の間でどうやって，かつどんな違いをもたせて釣り合いをとったかにある．ワシントン〔アメリカ初代大統領〕の告別演説〔大統領任期を終えるに当たって1796年に新聞紙上に発表した声明〕には合理主義者の立場がよく定式化されている．

> 自由で開明的な国民であり近い将来に偉大な国民となるであろう人々ならば，つねに高度な正義と博愛に導かれる度量の大きい新しい国民になることが可能であります．
> 　われわれが，有能な政府のもとにある1つの国民として存続するならば，……正義に導かれたわれわれの利益の指し示すところにしたがって，平和か戦争かを選ぶ，そのときがそう遠くない時期に来ることでしょう[32]．

第 6 章　国益の理論　　　　　　　　　　　　　　　169

現実主義者は，死活的利益（死活的利益とは，厳密には，調整も調節もできなくてそれをめぐって闘争が起きるような利益を指す）の原理を拡張しがちで，すべての国益が死活的利益になってしまいかねない．それに引き換え合理主義者は，この原理の有効性を縮小し，死活的とされる特殊な利益の数を最小限にしようとする．

> どの国も，自国の死活的利益については，他国の利益と矛盾したり敵対的になったりしないように解釈すべきであって，それこそがまさに政策に関する真の技術である．各国は，自国の安全を，他国の征服や従属化にではなくて，各国の対等な独立と安全に結びつけるよう目指さなければならない[33]．

チャーチルは，1945 年 2 月 27 日に下院でこう演説した．

> 私は次のことを請い願う．戦争が終わったときに，アラブ世界と中東全体にとっての平和と進歩を保障する適切な取り決めが結ばれることを，そしてイギリスとこの地域への関心をいっそう高めているアメリカが，昔の自由貿易主義者の「正統性のあるすべての利益は調和する」という有名な格言を証明するために重要な役割を担うことができるようになることを[34]．

この引用文は興味深い．中東に言及することによって，合理主義者の教義の真実性には限界があることを示しているからである．これはまさに現実主義者による批判である．合理主義者はそうあって欲しいという自らの希望もあって利益の調節を想定するようになる．だから利益の調和についての主張はいつも事実の表明ではなくて希望の表明に過ぎない．

さてここで，チャーチルの言葉に意を強くして，「利益の調和(ハーモニー)」という語句を窮地から救い出してみよう．比喩を尊重するつもりならば，この語句は，革命主義者がいうような，漸進的な収束とか，内在的な一致とかいうようなことを意味するものであってはならない．煎じ詰めると，和音(ハーモニー)とは，すべての音が同じ高さで揃うことではなくて，違う高さの音が組み合わさって 1 つになることである．和音は，歴史的進化の産物ではなくて，音楽的営為の産物である．和音は倍音律に一致するが，その法則に合わない不協和音，耳障りな音，調子の合わない音が常に存在する．これは，国益の間の関係についての合理主義者の着想にきわめて近い．それは，利益の対立でも利益の内在的一致でもな

くて，部分的解決が可能な利益の間の緊張関係であり，和解に至る可能性を持つものである．これは和音の真の意味により近い．おそらくこのような用語法では「利益の調和」という文言は復活されえないが，明確に違う2つの見方があることを認識していて，かつ，いま問題になっているのがどちらの見方なのかが分かってさえいれば，たいした問題にはならない．

　国際政治の大部分は，諸利益の間の緊張関係がおおむね解決可能な状況のもとで行われてきた．その舞台に革命主義の国が上がったら，利益をめぐるさまざまな緊張関係が解決できなくなるのは当然である．なぜなら，そのような国によって自国の利益の内容を決められることに反発する国との間で聖戦が勃発するからである（しかし，たとえばNATOの政治は，国益の間の緊張関係は解決できるという仮定に立って行われてきたのだが，その仮定が崩れたのは，イーデンとダレスが〔スエズ危機をめぐって〕一時的ではあれ同盟関係を事実上破綻させたために，国益はすべて究極的には対立するものだとする現実主義者の主張の正しさが実際に証明されたように思われたからである）．合理主義の政治がもっと長く続いた例は，1920年代の国際連盟のなかでの欧州協調（コンサート）とその後のなり行き，ないしその結果だった．欧州協調は，大国と大国の間および大国と弱小国の間には，その関係を規律する節度ある一定の基準あるいは信頼関係が存在しているという暗黙の了解を諸大国が共有していたから可能になった．この了解は，第1次世界大戦によって痛手を受け，ムソリーニ，日本の満州攻撃，ナチス革命によって粉砕された．1831年のベルギー会議の公式議定書には，次の文言がある．「各国はその国固有の権利を持つ．しかし，ヨーロッパもまたそれ自身の権利を持つ．ヨーロッパにその権利を与えてきたのは社会秩序である」[35]．これは興味深い命題である．なぜなら，これは外交上公式に表明されているからであり，かつ社会秩序を構成する3つの概念を（マルクス主義者にも分析可能な形で）手際よく要約しているからである．社会秩序は国際社会として具体化されており，そこでは国際社会の権利と主権国家の権利がうまく釣り合っている．イギリスの政治家の中で，もっとも進んだ欧州協調の理論を持っていたのはグラッドストンだった．彼はいつも，偏狭なイギリスの利益からではなくてヨーロッパ全体の利益の観点から考えていた．もちろんイギリスの利益が何かを認識できなかったわけではないが，イギリスの真の

利益はヨーロッパの利益と相容れないことはないと信じていた．しかし，グラッドストンは革命主義者ではなかった．彼は，ヨーロッパの真の利益がイギリスの利益と同一だとは考えなかったし，教義に沿って国際社会を作り変えようとはしなかった．彼は，国際的正義を求める要求が出されるたびに1つひとつそれに対応し判断を下した．彼は，現実的な用語を使って，欧州協調はそれぞれの大国の目的が持つ利己的な性格を打ち消すような協力の伝統であると説明した．「自国本位の目的にとって共同行動は重大な障害になる．……2つの大国が共通目的のために同盟を結ぶ場合，両国は互いに助け合うだけでなく，互いに相手国の行動をチェックしあうことになる」[36]．この理念はより聡明な解釈者によって，国際連盟と国際連合に適用されてきた．

したがって，合理主義の理論からすると，国家間の利益の緊張関係は解決できることになる．つまり，国際社会全体の利益と個々の国家の利益は釣り合いがとれている．ここで統治技術の判断基準となるのは，他国の利益と国際社会全体の利益を見極めることのできる技量，判断力，道義的洞察力である．国益の絶対的な自立性と主観性を主張する現実主義の教義と，教義上の権威者が国益を定義することによって国益は教義に則った客観性をもつとする革命主義の教義との間には，中間の道がある．合理主義者の考えでは，他国の利益や義務の内容を決めるのは無礼な行為かもしれないが，一方では，国際社会の統治機構や諸組織を通して特殊利益を包み込んだ共通の国際利益の存在について一般的な意見を述べることは可能である．「外交官の仕事は，自国の利益と他国の利益を和解させることだ」[37]．

極端な例は，国際社会が法の制定にきわめて似た行動をとった場合だろう．たとえば，領土的解決であるのみならず，より一般的な問題についての法制定でもある，平和解決の諸事例である．1815年6月のウィーン会議最終議定書は，奴隷貿易の禁止やバーバリ地方〔現在のマグレブ地域〕での海賊行為の禁止を盛り込み，外交代表の地位を規定し，ドイツ在住ユダヤ人の市民権を保証し，スイスを中立化した．1839年には諸大国がベルギーの中立化で合意した．1856年にパリで結ばれた条約は，ドナウ川の交通を管理する国際委員会を設立し，そのパリ会議では戦争行為の限界と戦時における中立国の権利も明確にされた．1919年のヴェルサイユ条約は，紛争の平和的解決のための制度を整

えるとともに，マイノリティ保護条約制度を確立し，委任統治制度を導入し，国際労働機関（ILO）を設立した．新たに国家を設立する国際条約も，ギリシャの独立を宣言した1830年の条約から，セルビアとルーマニアを創設した1878年のベルリン決議，国連による1947年のイスラエル承認に至るまで，すべてその例に漏れない．戦争を規制するたくさんの約定を生み出したハーグでの諸会議も，合理主義者の伝統の一部を構成している．1939年以前の正統派の国際理論を構成していた合理主義学派の多数派は，これらの法制定的な達成を，立憲主義の発展に寄与しグロティウス主義の伝統を全うするものと受けとめて，これを賞賛した．彼らの中にはグロティウスやバークやヘーゲルに匹敵する第一級の人物はいなかったが，尊敬を集めた多くの著述家がいた．アルフレッド・ズィマーン，ノーマン・エンジェル，レオナード・ウルフ，ギルバート・マレイ，デ・マダリアーガ，オッペンハイムなどである．彼らは，ヒトラー時代の著述家やE.H.カーその他の人々によって，現実の世界ではなくてユートピアの世界を描き出したにすぎないと厳しい現実主義的な反論を浴びせられた．ユートピアだと決め付けた根拠は，これらの「法制定的」達成はすべて死活的利益とは何の関係も持たない，とされたためである．だが，結局のところ，グロティウスが記述したのは，三十年戦争ではなくて，その時代には隠れて見えなかった人間の本性と政治に内在する諸要因であった．文明化された生活の全面的な解体や野蛮な生活の完全な勝利を防止するための防壁あるいは防波堤として，これらを強調することは望ましいことだった．国際関係に適用された立憲主義の諸概念は，たいていの場合，合理主義的であり，国際関係の全体が法の支配のもとにあると見たアリストテレスやグロティウスの伝統に沿うものである．

　このような合理主義の理論からはさまざまな推論(コロラリー)が派生する．第1に，現実主義の原理では，一国の安全は他国の安全と逆比例の関係にあり，安全それ自体は相対的な概念であるとするが，合理主義はそのような考えを否定する．現実主義は，安全と力(パワー)を同一視して安全は力の関数だと考えるが，合理主義は，力と安全は別のものだとする．たとえば新兵器の開発によってある国家の力が増大したときに，同時に他のすべての国家の力が減少したとみなすのは正しい．前者の命題には後者の命題が含まれているからだ．しかし，合理主義者に言わ

第6章 国益の理論

せれば，力は安全と同じものではない．安全は，国力以外の諸要因の中にもある．たとえば，同盟関係が強力であるとかそれを頼りにできるとか，他の国との利益対立がないとかといった要因である．理論的には，最大の安全はすべての国の国力を最小化することによって達せられる．もしすべての国家で軍隊が廃止されて警察力だけになったら，どの国家の安全も確実になるだろう．繁栄と同様に安全も，すべての国家がおそらく一斉にそれに向かって動くことのできる目標なのだ．これがフォックスの『超大国』という著作で展開されている主張である[38]．

合理主義理論から出てくる第2の推論は，原理というよりは態度であって，小国を擁護する立場から推定するということである．現実主義の場合には，大国を擁護する立場から推定する．つまり，国際政治における大国の優位を知的レベルで（たぶんいやいやながら）受け入れるのか，それとも，たとえば力には責任が伴うといった国連草創期に流行ったやや未熟な教義のように，この優位性を道義や感情のレベルで承認するのか，のいずれかである．大国が近隣の小国を治める勢力圏という形態が必要だと主張するのは，現実主義者である．この考えには，国際法の発展に貢献したと現実主義者がいうナチスの大秩序圏理論から，世界を米ソそれぞれの勢力圏に分割することをよしとするモーゲンソーの主張まで，いろいろある[39]．小国が消えていくのを喜ぶのも現実主義者である．「小国の時代はとうの昔に終わって，帝国の時代がやってきた」（ジョセフ・チェンバレン，1904年）．「小国が生き延びられるのは，大国との永続的な連携を追及した場合だけだ」[40]．小国には，限られた利害関係しか存在しないので，狭量で偏狭な展望しかもてないのだと現実主義者は主張する．小国は大国のような大きな世界像がもてなくて，もっぱら陰謀，いさかい，駆け引きに没頭しているというのである．

一方，合理主義者はそれと正反対の推定をする．合理主義者は力(パワー)を恐れ疑うので，小国よりも大国を恐れ疑う．大国が重要な責務を担えるかどうかを疑い，大国ではなくて小国こそが文明化された価値の真の代弁者だと信じる．国際連盟が享受した成功はどれも小国の成し遂げたものだ．大国はむしろ成功を妨害した．問題を国連にまで押し広げると，合理主義にとっては困ったことが起こるかもしれない．合理主義の諸原理は，国連で力を持つ小国グループに対して

は国際連盟の時代ほどには活力を与えていないからである．ただし，1950年代後半以降は，合理主義者が小国に言及することが多くなった．小国がいかに順法精神に富み，犠牲をいとわず，頼りになり，平和愛好的か，などなどという論調が，『ニューヨーク・タイムズ』紙の記事の中や，国連平和維持軍をめぐって見受けられるようになった．主たる論調は，大国でなくて小国こそが責任を果している国なのだという点にあった．

　小国に好意的なこのような推論は，合理主義者の立憲主義が最近になって発展させたものだが，それは小国が20世紀になって発言力を高めたことや，ハーグの諸国際会議そして国際連盟の結果でもある．初期の合理主義者にまで遡ってその由来を見つけられるかどうかははっきりしない．この推論は，諸国家の平等という法的教義とは関係がない．国家の平等というフィクションは，18世紀の自然法学派(ナチュラリスト)に由来する．彼らは形式的にはそうではなかったが実質的には現実主義学派だった．彼らは，すべての国家が完全な自由を持つという（ホッブズ主義的な）自然の法則を除くと，国際法などというものは存在しないということを強調した[41]．しかし，忘れてならないのは，メロス対話[42]〔紀元前5世紀のペロポネソス戦争の際の侵攻したアテネと侵攻されたメロスとの関係を論じたトゥキディデスの著作〕においては，自国の利益を主張する（現実主義）のが大国のアテネで，全体の利益を主張する（合理主義）のが小国のメロスであるということだ．トゥキディデスの著作においては，ある特定の事件が一般的な真実の伝達手段である．たいていの場合，小国が一般的原則，道徳法，自然法の主たる提唱者であるのは，他に自己防衛の手段を持たないからである．

　合理主義者が，国際社会における利益の緊張関係は解決できると信じるがゆえに，国際立憲主義と国際組織の提唱者となりその理論家になったとするならば，彼らは自分たちにふさわしい実際的で目立たないやり方で国際政治を国内政治に同化させようとしているということにはならないだろうか．つまり，われわれが革命主義の特徴と見なしてきた世界国家（*civitas maxima*）の設立を，立憲的なものとはいえ，目指しているのではないか．概して言えば，もちろん答えは然りである．しかし，2つの伝統は明確な線を引いて区別することができる．それはおそらく，単一政府の理論と連邦政府の理論の違いという生得的な違いにある．合理主義者は連邦主義者(フエデラリスト)，というよりもむしろ国家連合主義者(コンフエデラリスト)

だ（もしいま国家連合の理論を書くとすると，それは，アメリカ建国当時の13の州〔国家連合を超える連邦国家を志向していた〕にとっては満足できないが，〔現代の〕国際社会の構成員がいずれもこれまで満足してきたレベルは超えるものになるだろう）．

革命主義者と違って，合理主義者は国家の権利に関する国際的な教義を持っている．私は本章の始めで，国益の理論は，国家が自然状態でもっている自由の理論，国家の義務，（法的ではなくて政治的な）主権，国内管轄権から構成されていると述べた．国益というコインを裏返すと，国益論の下位パラダイムとしての国際的権利の理論を定式化することができる．

国際的権利の理論によって，個別の国家の権利と国際社会全体の権利の均衡を明確にすることができる．この理論は干渉（intervention）^(訳注1)の理論とほぼ同じになるだろう．干渉は，国際的権利が国益と衝突し国際政治が国内政治と交錯する国際政治上の現象である．これは，フランスの革命国家に反対したバークの議論の核心をなすテーマだった．干渉とは，革命主義が世界国家を建設するために用いる独特の行動様式である．世界国家ではなくて，国際的アナーキー状態の緩和に努力するために合理主義者が採るそれに匹敵する行動様式が，欧州協調・国際連盟・国際連合に見られるような国家間の立憲的な協力である．

国際的権利の理論について対立するこの2つの立場について，さらに詳しく説明しよう．

国際的権利：合理主義

これはバークの立場である．権利は，規定と受容によって与えられる．ケントの『アメリカ法注釈』の文言を引用すると[43]，

(a) すべての国家は自国の問題について干渉を受けることなく自由に処理する権利を持つ．
(b) いかなる国家も，他国の政府への敵対の原則に基づいて政府を樹立する権利はない．そのような原則を持つ国に対しては，干渉が許される．
(c) どの国家も，可能な限り，自国の国益を他国の国益と調和させる義務がある．

最後の点についてはすでに検討した．それは，第2点の限定がある限り，真理である．ある程度の信頼関係がなければ利益の調整は不可能だ．バークは，フランス革命政府の「不誠実と背信行為」に言及して，こう言った．「平和のための交渉という理念そのものが，当事者の内心の信条がいかなるものであれ，他国の誠実さを多少なりとも信頼すること，すなわち交渉に際してなされた意思表明をある程度信用すること，を意味している」[44]．

これが，1789年から，フランスの革命主義と神聖同盟の反革命主義の力が衰退し始めた1830年までの期間における，国際政治の全体を貫くテーマだった．イギリスはこの期間を通して，綱渡りの張り綱の上を歩くような合理主義の政策をとった．バークの口を通じて，イギリスはフランス革命の暴力的な干渉主義と帝国主義に強く反対したのである．

> この国〔フランス〕は，その存立条件そのものによって，つまりその本質的な構成そのものによって，われわれおよびすべての文明国国民と敵対関係にある．フランス人は，あらかじめ決められた見取り図に従って自分たちを法の外におき，自らの力で，他国の人々をもそうしてしまった．
> フランス人は，世界全体から分立し，その分立は大なり小なりほとんどすべての問題に波及した[45]．

振り子が揺れ戻ると，イギリスの政策は，カースルレーの外交によって，神聖同盟というずっと控えめな干渉にも反対するものになった．

干渉の問題は，1945年以降の国際政治において，全体に関わるテーマとは言えないとしても1つのテーマになっている．合理主義の立場は，ケナン著『アメリカとロシアの将来』においてもっともうまく表現されている．

> われわれは，世界共同体の中で責任を持つ立場にある構成員として，他の国家とくにロシアの個性の中にどんな特質を見出すべき立場にあるのだろうか．
> 1. われわれは……ロシア政府に対して……自国の支配下にないすべての統治体制が転覆され事実上破壊されない限りはロシアの目的は最終的には成就したことにはならないというイデオロギー的立場をとらないように求めてもよい．
> 2. [われわれは，ロシア政府に対して国内での全体主義を思いとどまるように要求する権利を持っている．なぜなら] 国内的な権力が過大になると，必然的に，諸政府の中の政府として非社会的で侵略的な行為をすることになり，それは国際

社会にとって憂慮すべき事態だからである．
3.［われわれは，ロシア政府が，民族としての自由を享受できる他国の人々を抑圧しないように期待してもよい．もしロシアが］その期待に応える用意があるならば，アメリカ人はロシアの本質や目的にこれ以上関わり合う必要がなくなるだろう．そのときには，もっと安定した世界秩序を構築するのに必要な基本的な条件が実現されているだろうし，外国の人々が自分たちの思想や提案を生かすことのできる領域が満たされていることだろう[46]．

このような見方がいかに非現実的か，いかに実現可能性に乏しいかを考えると，これはみごとなまでに合理主義である．これと比べると，革命権力の承認を遺憾に思って，それとの長期の容赦ない厳しい戦いを主張したバークは，合理主義から反革命主義になってしまったように思われる．

国際的権利：革命主義

権利は，法の規定や社会の受容によってではなく，教義によって与えられる．(a)国民は誰でも自分たちの問題を教義に基づく規範に従わせる権利または義務を負っている．すなわち，権利を有する国家など存在しない．いかなる国家も，内部から，すなわち国民あるいは国民の中の活動的な政治的代弁者から異議を唱えられたときには，転覆させられうる．(b)異端の教義をもつ国家も，他国において教義に基づいて規範が確立されることを妨げる権利を持たない．(c)自国の教義に基づく規範を取り入れた国家はすべて，本来的に他国に敵意をもつ義務を有する．利益の調整など不可能である（上記のうち最初と最後の点については，「権利」という言葉を使ったらよいのか「義務」という言葉を使ったらよいのか，明確でない．この不明確さは，通常の政治理論や道徳理論に比べて国際理論が未成熟であることから来ている．倫理に関する理論は，何世代にもわたる議論を経て，諸概念を磨き上げ明確化してきたので，「権利」，「義務」，「善」などの言葉を混同すると語法違反になる．権利と義務は必ずしも相関的な概念ではない．だが，国際理論では，言葉と概念をはぐくむ土壌を耕す作業が，倫理の理論のようには，まだ行われていない）[47]．

これらの理論のいずれにおいても体現されているのは，不干渉（non-intervention）の教義である．〔不干渉に関する〕合理主義の教義は，単純で，2つ

の次元から成るのだが,革命主義の教義は,複雑で,3つの次元から成る.合理主義にとって,不干渉は規範(ノーム)である.なぜなら,国際的権利の理論の第1原則によって,どの国家も干渉を受けることなく自国の問題を自由に処理する権利を持つからだ.ここには例外が認められている.もし他国への敵意の原則に基づいた統治形態をある国が取り入れた場合には,国際共同体の利益のためにその国への干渉が許される.「唯一の確実な原則は,国際法の原則である.すなわち,いかなる国家も国内の手続きによって隣国を危険に陥らせる権利はないということ.そのようにして危険にさらされた隣国が健全な思慮分別を発揮している国であった場合には,隣国には介入する権利があることは明白である」[48].これは,カースルレーの言動の中で神聖同盟にもっとも近い発言であり,合理主義の教義を極端な形で表現したものである.それが実際に実践されることはめったになかった.たとえば,ナチスドイツに対してもそうだった.

不干渉に関する革命主義の教義は2つの点で合理主義と違う.ひとつは目的について,もうひとつは手段について.つまり,何を想定するか,どう対処するか,である.合理主義は,バークのように,現実に存在する国際社会を支持して想定を立てるが,革命主義はそれに反対する立場から想定する.国際秩序が道義に照らして有効なものだと立証される前に,まずそれ自体を矯正してきちんとしたものにしなければならない.それゆえに,人々はみな自分たちの問題を教義上の規範に適合させる権利または義務を持ち,いかなる国家も人々のそのような行為を阻止するために干渉することは道義上禁止される.合理主義者の不干渉の理論は,旧秩序に適用された場合には,非道義的になる.不干渉が道義に反する国際秩序を助長してしまうからだ.この考えはマッツィーニが練り上げた主題であって,国際理論に対する彼の重要な貢献はおそらくこれである.

> この不介入(Non-interference)の原則に関しては,この原則を表現する言葉そのものが,必然的に何らかを前提条件とし,何らかを自明のものとしていることに注意を払わねばならないことがわかっていた.諸国家(ネイション)の相互関係の真の原則は「不干渉」(Non-intervention)の原則だと言うときには,国民(ナショナリティー)の認定に必要なすべての条件が整っていることが前提に置かれている.不干渉の原則が適用されるのは,国家(ネイション)と呼ばれるもの相互の間である.不干渉の原則は,当事者が

第6章　国益の理論　　　　　　　　　　　　　　　179

まぎれもなく国家だと言えるという仮定に立つとき以外は有効性を持たないのである[49]．

マッツィーニはイギリスに憤慨した．イギリスが不干渉の原則に固執して，イタリアとハンガリーにおけるオーストリアの支配やポーランドにおけるロシアの支配を支持し，自由を求めて戦っていたこれら諸民族に**反対する**立場から干渉したからである（この立場は，敵であり反革命の立場に立つ神聖同盟の存在によって複雑になった．神聖同盟は，それらの民族運動を抑圧するためにヨーロッパ中に干渉し，それによって国際的権利に関する革命主義理論の第2の原則を侵害するのに忙しかったからだ）．マッツィーニをもう一度引用しよう．「不介入を国際政治の第1番目の法則だと宣言するならば，その理論は，第2の法則として，不介入の法則へのあらゆる重大な違反行為を修復するための介入の権利を含まなければならない」[50]．

不介入の法則へのこのような重大な違反行為は，絶えざる矯正を求められる国際秩序においては，実際上，不正義に等しい．つまり，オーストリア人がイタリアを，ロシア人がポーランドを，あるいはポルトガル人がゴアを，フランス人がアルジェリアを，イギリス人がキプロスを支配していることである．アフリカとアジアの反植民地主義の諸原則は，マッツィーニの考えと同じであり，干渉しない怠惰なイギリス人に対して彼が感じた憤怒の気持ちは，ネルーがゴアについて，アラブ人がアルジェリアについて，アメリカ人に向けた怒りと同じものである．

合理主義の教義は，外交の領域つまり国家と国家の間の関係に限定されるので，2つの次元から成る．革命主義の教義には第3の次元があるが，それは外交の観点からすると地下に隠れて見えない人民の間の関係である．合理主義者は不干渉が正当だと信じる．なぜなら彼らは概して干渉したくないからだ．革命主義者は不干渉を信じる．なぜなら干渉されたくはないからだ．革命主義者は，外交レベルすなわち国家間の関係では（このレベルでは彼らはふつうは干渉する意思もその能力もない）干渉権をまったく主張しない．干渉権を主張するのは，人民の間の関係という地下のコスモポリタンなレベルだけであって，彼らの干渉はたいていはそのレベルで行われる．だから周恩来は1954年6月

にジュネーブ会議から帰国するときにこう言明した．「革命は輸出できない〔マルクス主義の標準的な考え〕．同時に，人民の表明した意思に外から〔国家が〕介入することも許されるべきでない」[51]．

革命主義者が国際政治で不干渉の教義を使うのと，彼らが非革命主義の国の国内政治で市民的自由の教義を使うのとは，きわめてよく似ている．いずれの場合でも，合理主義の原則は，非合理主義の，あるいはむしろ反合理主義の目標にとって必要とされる．こうして合理主義者は自らの唱える原則の囚人となる．マコーレイ〔英国の歴史家〕は有名な一節で次のように説明している．

> 宗教対立が始まったまさにその起源から，あらゆる宗派のすべての頑迷固陋な人々が絶えず持ち続けた教義は，それを数語に縮め，美辞麗句によるごまかしをすべて取り除くと，次の単純な言葉になる．私は正しい．貴方は間違っている．貴方が私より強いなら私に対して寛大でなければならない．真実を受け入れることが貴方の義務だからだ．しかし私が貴方より強いときには，私は貴方を迫害することになる．誤りを咎めて抑圧するのが私の義務だからだ[52]．

これは次のように言い換えることができる．国際的権利に関する革命主義の理論は，美辞麗句によるごまかしをすべて取り除くと簡単に次のように言うことができる．貴方が国際社会で主導権を握っているなら私たちに干渉してはならない．なぜなら，諸国家が自国の問題を自由に処理する権利を尊重することが貴方の義務だからである．しかしもし私たちが主導権を握っているなら，私たちは貴方に対して干渉することになる．なぜなら，諸国の人民に対して自分たちの問題を教義上の規範に適合させるように働きかけることが私たちの義務だからである．

国際的権利の理論は，何よりもまず，革命主義者と合理主義者の間の争点である．それに照応する現実主義の理論を構築するのは，それほど困難な作業ではない．「不干渉は，干渉と同じ意味内容を持つ政治的で形而上学的な用語である」というタレーラン〔フランス外相〕の格言を後押しするような理論をマキャベリ，カー，モーゲンソーから引き出すことができるからである[53]．

注
1) *Hansard's Parliamentary Debates*, (vol. CCXXXVII), col. 34.

第6章 国益の理論 181

2) Machiavelli, *The Prince* (London: J.M. Dent & Sons, 1928), ch. XXI, p. 181.〔マキアベッリ（河島英昭訳）『君主論』岩波文庫，1998年，167頁〕.
3) C.R.M.F. Cruttwell, *A History of the Great War* (Oxford: Clarendon Press, 1934), p. 133.
4) Sumner Welles, *The Time for Decision* (London: Hamish Hamilton, 1944), p. 307.
5) A.P. ダントレーヴは次を引用している．'Ius naturae Methodo Scientifica Pertractatum', 1741, tom I, Prol., para 3, in *Natural Law* (London: Hutchinson, 1951), p. 60.〔ダントレーヴ（久保正幡訳）『自然法』岩波モダンクラシックス，2006年，89-90頁〕.
6) E. de Vattel, translation of the edition of 1758, *The Classics of International Law* (Washington, DC: Carnegie Institution of Washington, 1916), vol. III, pp. 6, 7.
7) C. van Vollenhoven, 'Three Stages', *The Evolution of The Law of Nations* (The Hague: Martinus Vijhoff, 1919), p. 28.
8) Winston S. Churchill, 'Mansion House Speech, 10th November, 1942', *The End of the Beginning* (London: Cassel & Company Ltd., 1943), p. 215.
9) George F. Kennan, *American Diplomacy* (Chicago: University of Chicago Press, 1955), p. 100.〔ケナン（近藤晋一・飯田藤次・有賀貞訳）『アメリカ外交50年』岩波文庫，2000年，155頁〕.
10) E.H. Carr, *The Twenty Years' Crisis* (London: Macmillan Co. Ltd., 1939) を参照．
11) W. Hastie, *Kant's Principles of Politics* (Edinburgh: T. Clark, 1891), p. 136.〔カント（宇都宮芳明訳）『永遠平和のために』岩波文庫，2005年，97-98頁〕.
12) *Ibid.*, p. 105.〔同上訳書，54頁〕.
13) *Ibid.*, pp. 110, 111.〔同上訳書，65頁〕.
14) *The Manchester Guardian*, 12 November 1946.
15) V. ミハイロヴィッチ・モロトフの最高ソビエト会議での演説（1939年8月31日）．'Four Speeches by V. Molotov', *Soviet Peace Policy* (Lawrence & Wishart, 1941), p. 14.
16) A. アンドレヴィッチ・グロムイコの国連総会政治委員会での演説（1953年3月26日）．*The Manchester Guardian*, 27 March 1953.
17) *New York Times*, 7 April 1941.
18) *Nazi Conspiracy and Aggression* (Washington, DC: US Government Printing Office, 1946), vol. VIII, p. 701.
19) BBC Monitoring Report, 3 and 4 July 1946, quoting *Izvestia*, 4 July 1946, *The Times*, 5 July 1946 より再引用．
20) ハロルド・ラスキのニューアーク演説．1945年6月16日．*Reynolds News*, 17, June 1945.
21) 'What Mr. Laski said', Churchill's letter to Attlee, 2 July 1945 reported in *The*

Times, 3 July 1945.
22) *Ibid*.
23) George F. Kennan, *Realities of American Foreign Policy* (London: Geoffrey Cumberlege, Oxford University Press, 1954), p. 61.
24) Hans J. Morgenthau, *In Defense of the National Interest* (New York: Alfred A. Knopf, 1951), p. 34. 〔モーゲンソー（鈴木成高・湯川宏訳）『世界政治と国家理性』創文社, 1954 年, 35 頁〕.
25) G.F. Hudson, *Questions of East and West* (London: Odham Press Ltd., 1953), p. 13.
26) C.K. Webster, *The Foreign Policy of Castlereagh* (London: G. Bell & Sons Ltd., 1931), Vol. I, 1812-15, p. 273.
27) *Ibid.*, vol. II, 1815-22, p. 56.
28) *Ibid.*, vol. II. p. 153.
29) *Ibid.*, vol. II, p. 160.
30) Hans J. Morgenthau, *In Defense of the National Interest*, p. 149. 〔モーゲンソー, 前掲訳書, 150 頁〕.
31) Hans J. Morgenthau, *Politics among Nations* (New York: Alfred A. Knopf, 1954), p. 10. 〔モーゲンソー（現代平和研究会訳）『国際政治論──権力と平和』福村出版, 1998 年, 12 頁〕.
32) Ruhl J. Bartlett, ed., *The Record of American Diplomacy* (New York: Alfred A. Knopf, 1947), pp. 86, 88. 〔大下尚一・有賀貞・志邨晃佑・平野孝編『史料が語るアメリカ』有斐閣, 1990 年, 64 頁を参照〕.
33) J. Headlam-Morley, *Studies in Diplomatic History* (London: Methuen and Co. Ltd., 1930), p. 166.
34) *Hansard's Parliamentary Debates*, 5 th series, vol. 408, col. 1289.
35) H.L. Bulwer, ed., *The Life of Henry John Temple Viscount Palmerston* (London : Richard Bentley, 1871), vol. II, appendix, p. 391.
36) W.E. グラッドストンのウェストカルダー演説（1879 年 11 月 27 日）. *Selected Speeches on Foreign Policy 1738-1914* (London: Worlds Classics, Humphrey Milford, Oxford University Press, 1914), p. 372.
37) E. Satow, *A Guide to Diplomatic Practice* (London: Longman Green & Co., 1922), vol. I, p. VI.
38) W.T.R. Fox, *The Super-Powers* (New York: Harcourt, Brace & Co., 1944)
39) Hans J. Morgenthau, *In Defense of the National Interest*, pp. 150ff. 〔モーゲンソー, 前掲訳書, 151-159 頁を参照〕.
40) E.H. Carr, *Conditions of Peace* (London: Macmillan & Co Ltd., 1942), p. 55.
41) G. Butler & Maccoby, *The Development of International Law* (London: Longmans, Green & Co., 1928), pp. 248-253 を参照.
42) Thucydides (London: J.M. Dent & Sons Ltd., 1936), verses 84-117, pp. 393-401.
43) Chancellor James Kent (1763-1847), 4th ed., *Commentaries on American Law*

第6章　国益の理論　　　　　　　　　　　　　　183

(New York 1840), 4 vols.; J.T. Abdy, ed., *Kent's Commentaries on International Law* (Cambridge: Deighton Bell & Co., 1877) も参照.

44) Edmund Burke, *Writings and Speeches* (London: The Worlds Classics, Henry Frowde, Oxford University Press, 1907), ch. VI, p. 119.
45) *Ibid.*, ch. VI., pp. 146, 147, 158.
46) George F. Kennan, *America and the Russian Future* (Chicago: University of Chicago Press, 1951), pp. 128, 130, 134.
47) E.F. Carritt, *The Theory of Morals* (London: Humphrey Milford, Oxford University Press, 1928), pp. 100-101 を参照.
48) Viscount Castlereagh, 'Memorandum of 19 October 1818', in H. Temperley and L.M. Penson, *Foundations of British Foreign Policy* (Cambridge: Cambridge University Press, 1938), p. 44.
49) 'Non-Intervention 1851', *Life and Writings of Joseph Mazzini* (London: Smith Elder, 1870), vol. VI, p. 301.
50) *Ibid.*, vol. VI, p. 305.
51) Coral Bell, *Survey of International Affairs 1954* (London: Oxford University Press, 1957), section II, p. 86 より再引用.
52) T.M. Macaulay, 'Essay on Mackintosh's History of the Revolution', *Critical and Historical Essays* (London and Glasgow: Collins, 1965), p. 189.
53) Thomas Raikes, *A Portion of the Journal from 1831-1847* (London: Longman, 1856), vol. I, p. 106 より再引用.

訳注
1〕 intervention と interference について，国際法学者が前者を干渉，後者を介入と訳す（たとえば国際法学会編『国際法辞典』鹿島出版会，1975年）のに対して，国際政治学者は前者を介入，後者を干渉と訳す（たとえば川田侃・大畠英樹編『国際政治経済辞典』改訂版，東京書籍，2003年）傾向がある．本書では国際法学者の伝統に従った．すなわち，原則として intervention は干渉，interference は介入である．

第7章

外交の理論：対外政策

　外交の理論とは，もっとも広義の外交を意味する．そこでは，単に諸政府が固有の使命に動かされて交際する関係だけでなく，平時におけるすべての国際的な交際とその目的・目標をも外交と呼ぶ．3つの伝統がそれぞれ異なった視点から論じている国際社会に関する理論が国際関係の静力学だと受け止められるとすれば，外交の理論さらにおそらくは戦争の理論も国際関係の動力学と見てもよい．

契約理論

　社会契約の思想は，17～18世紀には，社会の起源に関する説明と政治的義務に不可欠の神話とを提供した．それがそのまま国際関係に適用されたことはない．だが，契約によって生み出された諸社会相互の間に社会契約が結ばれるということがあってもよいのではないか．実際にはそうした契約が結ばれたことはないが，そうした契約が推奨されたり望ましいと見られることもなかったのはなぜだろうか．この疑問が，政治哲学者だけでなく国際法学者も含む契約理論の専門家に突きつけられ，彼らはある意味ではいつもそこへ立ち返ってくる．多くの政治思想家がこの論争に貢献した．

　マキャベリは，契約理論以前の思想家だった．だが，グロティウスより前の時代に，マキャベリと反対の立場を確立した国際法の創始者でもあるスペインの新スコラ主義者は，諸国民から成る社会あるいは人類から成る社会について語った．そうすることによって，そのような社会の成立に契約が必要なのかという問題を提起したのである．ビトリア（1480-1546）は，諸国民から成る

第7章　外交の理論：対外政策　　　　　　　　185

自然社会（societas naturalis）について語り[1]，おぼろげながら契約理論の原型を提示した．その自然状態には共同所有があった．諸国民が形成されると土地が国民の専有となった．だが，それは同時に，いわば相互の合意によるものでそれぞれの国民はそれ以降，国際関係の中で生き残るために交易権などの自然権を確保した．スアレス（1548-1617）は，人類が国ごとに分かれていようともある種の政治的，道徳的な統一性を持っていると言う．各国家が，まとまっていて内部に必要な物をすべて持ち外部に優越者を持たない1つの有機的な全体をなす完全なコミュニティであるとしても，それは互助，社会，コミュニケーションを必要とする人類にとっては部分でしかない．経済的に自給自足が可能だとしても，人類全体にとっては自由貿易の方が望ましいのである．

　ここにはすでに3つの概念が存在する．〔第1に〕諸国民(ネイション)の集まったものが国際社会である．〔第2に〕おぼろげな社会契約が諸国民を結びつけうる．〔第3に〕そうは言いながらも，国家は完全なコミュニティである．スアレスと同じくグロティウス（1583-1645）も，国際社会を想定した．「人類の共通社会」とか，「巨大コミュニティ」とか，「巨大な総合大学(ユニバーシティ)」とかである．彼は，『捕獲法論』で，「世界都市」（illa mundi civitas）や「地球社会」（societas orbis）について論じた[2]．しかし超国家の存在は信じないと明言してもいる．グロティウスは，ダンテに次いで世界国家（これを標榜したローマ帝国をそれ以前の論者は役立たずだと退けた）の可能性を実践的に検討した人物であるが，世界国家は人類にとって有利だとするダンテの主張に異議を唱えた．「それがもたらす利益はそれに伴う不利益によって相殺されるからである．事実，船がそれを支配し得ないほどの大きさに達し得る如く，人間の数および土地と土地との間の距離は，1つの統治を不可能ならしめるほど大きくなり得るからである」[3]．

　そこにホッブズ（1588-1679）がやってきてそれを一撃で覆してしまう．かれは，国際関係は，万人の万人に対する戦争という契約以前の状態——ホッブズ的な自然状態——以上のものではありえないこと，そして「人間の生活は，孤独でまずしく，つらく残忍でみじかい」[4]ことを「発見」しあるいは教えた．『リヴァイアサン』の第13章では，自然状態を記述した上で，多分そのような状態は存在したことはないと考えられうると言いつつ，北アメリカの未開の人々や主権国家がつねに相互の恐怖，不安全，軍備競争にさいなまれている状

態に目を見開くことを読み手に求めている（原著, p. 65）．少し後の部分でホッブズは，国際法はある主権者の他の主権者に対する役目に関心を持っており，自然の法則と同じであると言う（ここでは，主権という語も自然の法則という語もグロティウスとは違う意味で使われている）．「そして各主権者は，かれの人民の安全をもたらすために，あらゆる個人がかれ自身の身体の安全をもたらすについてもつことができるのと，おなじ権利を有する」[5]．自然状態と国家間関係を同一視するこのような見方は，ホッブズの『市民論』にも見られ，プーフェンドルフ（1632-94）によって国際法上の常識になった．

国際社会の本性

マキャベリ主義者〔現実主義者〕は，国際社会については唯名論者(ノミナリスト)である．つまり，「国際社会」というものは存在しないし，万人の万人に対する戦争があるだけだと言う．外交システムとしての国家間システムは存在する．それは権力政治の舞台としての「国際社会」であって，その実在を信じるようなことがなければ法的な擬制としてはおそらく有用だろう．では，冷戦を作り出したのはいかなる社会だったのか．アラブとイスラエルの紛争についてはどうか．後者はシチリアに見られるような原始的な復讐の連鎖状況になぞらえることができるが，シチリアの場合には，「社会」はすでに一般の用法とは違う意味を持っており，国際社会も同様である．ブライアリはこう書いた．「国際社会でもっとも目立つ2つの特徴とは，構成員が少なく，かつ不均一なことだ」[6]．国際連合の加盟国は81カ国だが［1958-59年現在．1989-90年には2倍になった．編者］〔2007年1月現在の加盟国数は192〕，それは「社会」という言葉が適用された中では最小の数だろう．加盟国間の不均一または不平等は（安全保障理事会は別として），中国とベルギー，アメリカとグアテマラ，ソ連とモンゴルの間の平等というフィクションによって示されている．数の少なさと不平等という2つの特徴から，目端の利く国際法学者が引き出す結論がいくつか出てくる．一般規則を作り，個人を法的状況の型と見なし，それが適用される社会の平均を算出すると，法が形成される．社会の構成員の数が少ないほど，また構成員が多様であるほど，極端なケースを不当でないとするような規則をつ

くることは困難になる．この点が，国際法が弱体である理由の1つである．背理法（*reductio ad absurdum*）を使って，4人から成る社会を想像してみよう．身長20フィート〔6メートル〕で肉それも人肉を好んで食べる人食い鬼，身長6フィート〔1.8メートル〕で日本語を話せないイギリス人，日本の軍人貴族である英語を話せないサムライ，旧石器時代初期の中央アフリカのピグミー人，の4人で，全員がマルタ島程度の大きさの島に住んでいるとする．これが国際社会と呼ばれるものの喩えである．

　政治組織にとっての究極の言葉が国家なのだから，国際法の創始者たちと同じくマキャベリ主義者にとっても，国際社会は完璧な諸社会から成る社会である．これはヘーゲル主義からそう言うのではなくて，冷厳な事実である．国家は，構成員に保護を提供し福祉を与える主体である．今日，ほとんどの国家は圧政的で腐敗しているが，国家がまったく解体してしまったら各国の住民はいっそう劣悪な条件に置かれるだろう[7]．防衛機能や福祉機能などの国家機能を国際機関へ委譲することは，誰も考えていない．反乱派（たとえば，1956年のハンガリー）でさえ，主権の喪失ではなくて別の国家を望んだのであり，いったん権力の座につけば自らも国家を羨望するのである．

　カント主義者〔革命主義者〕にとっては，これらすべてが抽象的で非現実的だ．すべての社会が人間から構成されることを見過ごすから問題が起こる．国家は究極の存在と思われているが，単なる人間の集合体であり，国際社会もまた別の側面から見れば同じ人間の集合体に過ぎない．このことは，「人間の心の諸法則」（ルソー）が分からないと理解できない．今日の国家は，かつての都市国家や封建公国と同じく究極的なものではない．ソ連はキエフ公国やモスクワ大公国と同様に，アメリカ合衆国はイロコイ人の7つの民族（ネイション）と同様に，イギリスはウェセックス王国と同様に，究極的なものではない．のみならず，マキャベリ主義者の分析は，いつものことながら，洞察力が足りない．国際社会の存在を否定するにふさわしいケースを想定するためには，その国際社会が常に輪郭が曖昧で構成員が明確でないということを指摘しなければならない（つまり，構成員を明確にできない社会の存在を信じるのは難しいだろう，というわけだ）．諸国民から成る家族あるいは諸国家から成る社会というものには，あいまいさが絶えず付きまとってきた．17～18世紀のトルコ，ロシア，

19世紀の中国，ペルシャ，シャム，日本を見よ．20世紀になって漸くあいまいさは薄れ，国際社会が人類全体と同一境界内にあると見られるようになり，このような形で確定されることによって難しさはなくなった．

　グロティウス主義者〔合理主義者〕が割って入るとすればこの地点においてである．彼らはこれまで言われてきたことには同意するだろう．社会が個人から構成されていることも，国際社会が人類全体と同一のものだということも当然と認めるだろう．しかし，いま具体的に問われているのは，現代の国際問題であり，マキャベリ主義者が国際社会について言うことは記述的な真実に過ぎない．マキャベリ主義者がどう言おうと，それは，国際社会の存在を論駁したものではなく，単に国際社会を描写したにすぎない．それは，数の少なさと不平等という特徴を持つ諸社会から成る1つの社会であるが，だからといって，それが社会ではないとは言えない．国際社会はたしかに社会だとするさまざまな学説がある．もっとも大切なことの1つは国際制度の存在である．法のあるところに社会があることは明確だ．それと同じく，諸 制 度(インスティテューション)のあるところ社会がある．ここで「制度」とは，パレ・デ・ナシオンの中にあった国際連盟やイースト・リバー・ビルの中の国連のように，見て分かる建物に納まった具体的な制度を意味するわけではなくて，歴史家や社会学者が思い浮かべるものであって，たとえば「所有」とか「婚姻」など，「個人やグループの間の関係を律するために受け入れられ確立された慣行である」[8]．この意味における制度とは「永続する，複雑な，統合され，体系付けられた行動パターンであり，この行動パターンによって社会統制が行われ，社会の基本的な願望や必要が満たされる」[9]．

　グロティウス主義者は，1500年ごろからはっきりしてきた国際社会のいろいろな制度を区別しようとする．外交はそれ自身が交渉の制度である．同盟は，共通利益を実現し保護を与え圧力を加えるための制度であり，勢力均衡は国際社会のメンバーの独立性を維持する制度である．保 証(ギャランティ)は，一方的に支持や防衛を提供すること．同盟が相互義務の取り決めであるのに対して，保証は特定の問題解決を支える誓約を仲 介 者(ミーディエーター)として一方的に引き受けること．たとえば，イギリスは，1839年にベルギーの中立を保証し，1950年にはイスラエルの国境線を3カ国が保証した．仲　裁(アービトレーション)は小さな食い違いを解決する制度．戦争は，

食い違いを最終的に解決する制度．これらの基本的な国際制度は，国際連合や国際連盟などの政治構造の中でいろいろな形で結びついている．これは狭義の意味での「制度」であるが，このように受け入れられ確立された慣行は，マキャベリの時代まで遡ることができる．

　この点についてマキャベリ主義者だったら，グロティウス主義者の言説の中に現実主義への道筋を見出すことに関心があると答えるだろう．グロティウス主義者の語る同盟，勢力均衡，戦争については，別の議論が必要だ（その分析の結果は惨憺たる評価ということになるだろう）．他方でマキャベリ主義者は，他の範疇についてのグロティウス主義者の法律尊重主義(リーガリズム)についてもコメントを加えることになる．保証と仲裁が外交上のおしゃべりに役割を果たすのは確かだが，まったく中身が伴っていない．保証と仲裁なしになされなかったことが，保証と仲裁によってなされることはありえない．だからイギリスは1914年にベルギーのためではなくて自国の利益のために戦争に突入した．1938年のミュンヘンでのチェコスロバキア保証〔ドイツによるズデーテン地方の併合は認めるがそれ以上の拡大は認めないとする英仏の保証〕は効果がなかった．イスラエルへの1950年の3カ国保証も効力を欠いた．これらの出来事を国際生活の「確立された慣行」と呼んだとしてもそれは儀礼上のことにすぎない．誰もが保証と仲裁の事例をよく覚えていることができるのは，まさにそうした事例が数少なくかつ例外的だからである．諸国家に対して「社会的統制を加える」と言うことも，儀礼上のことにすぎない．

　マキャベリ主義者にしてみれば，グロティウス主義者はそのような諸制度を想定することによって問題をはぐらかしている．グロティウス主義者は諸制度のあることが国際社会の存在する証拠だと言うが，そのような制度を意味あるものとして受け入れることはできない．それにマキャベリ主義者は国際社会の存在をかつて信じたことはない．「制度」という概念は放棄され，語られるのは「法」である．国際関係には，さまざまな行動様式すなわち行動パターンがあって，政治的な「法」（規範的な意味ではなくて記述的な意味で）の特徴を帯びていて，この法が，国家間の関係を理解するうえでより納得のいく出発点となる．それは諸関係に関する記述的な法である．

　〔第1には〕勝者と敗者の関係が国際生活の基本的な法あるいは「制度」で

ある．それがあらゆるものの根底をなす．防御的な国と潜在的な侵略国との関係，現状維持と現状修正主義との関係は，そのバリエーションにすぎない．この関係こそが，国際連盟の歴史の底流をなす決定的事実であった．実のところ，どの外交官にも政治家にもそのことは分かっていた．だからサブロフ〔ロシアの駐独大使〕は1880年5月12日にジョミニに宛ててこう書いた．

> 永続する平和の時代に到達するためには勝者と敗者が必要になる．それが世界の法である．フランスは1815年には偉大な敗戦国だった．欧州協調が築かれた．しかしその特徴とは何であったのか．それは満足した勝者の間の協調であって，敗者が復活して復讐のために行動するのに必要な時間だけ存続が可能だったにすぎない．それは40年間続いた．
>
> 今日（1880年）でも状況はあまり変わらない．あいかわらず敗者がいて，欧州協調が存在するのだが，現在の状況で，そこに裏表のない正直さの証しを見出すことができるだろうか．そうは思えない．一般的合意の見せかけの裏に隠されているのは，真の同盟の欠如である[10]．

これは洞察力に富む一文である．勝者と敗者の基本的関係を明らかにしただけでなく，勝利が達成されると勝者の間の共通利益が失われるという基本法則も引き出している．

第2の基本的関係は，力（パワー）の（均衡というよりは）パターンである．奇数偶数システム（ネイミアの用語）あるいはチェス盤システムである．共通の辺境は係争の只中にある辺境であり，隣人は敵だというのが国際政治の法則である．すなわち，「生まれながらの同盟者」とは，隣国の背後にある国のことである．したがって，「同盟のサンドウィッチ・システム」，言い換えると包囲システムがある[11]．それが普遍的な真実味を持つことは，ポルトガルとスペインの間，スペイン，フランス，ドイツの間，フランス，イングランド，スコットランドの間，フランス，ドイツ，ロシアの間，エジプト，イスラエル，シリアの間，アフガニスタン，パキスタン，インドの間，に存在した対立と同盟を見ると分かる[12]．1951年1月にアフガニスタン首相がデリーを訪れたときに，インドのラジャゴパラチャリ内務大臣はこう言った．「わが国の対外政策がインドとアフガニスタンの関係をきわめて重要なものと考えていることは明確です．両国が友好関係で結ばれたとき，私たちは他の国々を両国の間に押し込め同じよ

うな愛情をこめて抱擁するでしょう．言わば，平和のための挟み撃ちです」．
もちろんこの法則は的確に理解することが必要であって，はっきりした理由によって隣国が敵対よりも友好に傾く例がある．1815年以降のアメリカとカナダ，ビスマルク時代のロシアとドイツ，日本からより大きな脅威を受けていたときのロシアと中国，がその例である．この法則からは，より遠くの同盟国に接近することが好まれる場合があるという結果が導き出される．トルコが近代史の大部分を通じて最初はイギリス，のちにアメリカと友好関係を結んだのが，その例である．

　ここで，国際政治の中に法と制度の双方を見るカント主義者が割って入る可能性が生まれる．マキャベリ主義者が不毛で無目的な紛争にとらわれていて，国家を堅い一枚岩のまとまりと見ていることが，カント主義者には残念でならない．マキャベリ主義者は国家と国家の水平的な関係にのみ関心を持っていて，諸国家の階級構造とか国際社会自身の階級構造には関心がない．勝者と敗者の関係という第1の法則を考えてみよう．この原理は間違ってはいないが，それを現実に適用すると的はずれになる．永遠の勝者とか敗者とかはいるのだろうか．国際社会が周辺地域ではいかにあいまいなものであるかについてはすでに指摘された．1492年以降の国際社会は2層構造になっていた．上層階には，誰もが認める（または自ら主張する）諸国民から成る家族がいて，人類の4分の3を占める下層階の人々を搾取し，貢納を課し，浮かび上がれないようにしていた．スペインの16世紀の征服に資金を供給したのは誰か．インド諸国〔西インド諸島〕だ．18世紀のイギリスについてはどうか．インドと奴隷貿易だ．1914年以前の欧州協調を築いた諸大国に資金を供給したものは何か．世界の植民地分割だ．こうして，非ヨーロッパの植民地の人々は国際プロレタリアートとして永遠の敗者となった．マキャベリ主義的な勝者‐敗者関係は，応接間に居て下層階の悲惨さを忘れている上流社会の内部の争いのようなものだ．かりに，いまはフランス，次はドイツが敗者だとして，それが歴史にとって何だというのだろう．

　マキャベリ主義者は，勝者‐敗者関係は国際連盟の時代にも底流として流れていたと主張したが，では国際連合の時代にもそうなのか，検討してみよう．第2次大戦後，国際関係にとって最初の重要なテーマとなったのは，このよう

な難解かつ社会的な意味における勝者－敗者関係であり，したがって解決の糸口もそこから見えてきた．いまや国際社会は初めて正式に人類と重なり合うことになり，生まれながらの敗者だった者は解放された．ここでは，国際政治がどの方向に進んでいるかを指し示すことによって，マキャベリ主義者が試みたことよりもはるかに深い分析がなされているのであり，国際政治の1つの解釈が体現されているのである．

　第2の法則である力(パワー)のパターンも，同じ批判にさらされる．第2法則もそれ自体の限りでは真実である．しかし，この原則を適切に適用するためには，恣意的で，無味乾燥で，地理的な並置ではなくて，ダイナミックな社会運動と階級に着目することが大切だ．本来の同盟相手は，隣国の向こうにある国ではなくて，隣国の中の不満を抱く被支配者なのである．19世紀のパーマストン〔首相・外相〕時代のイギリスが本質的に親近感を持ったのはヨーロッパの自由主義運動だった．今日，アメリカが本質的に親近感を持つのは，東ヨーロッパで奴隷状態にある人々．今日のロシアが親近感を持つのは，今なお植民地のくびきに縛られている人々だ．国際政治に意味を与えるのは，このような力のパターンそのものなのである．

　国際制度について言うならば，カント主義者はグロティウス主義者が言うほどにはそれを重要なものとは考えない．国連を排除したような形で「制度」を定義することにより国連を暗に誹謗するようなことを，カント主義者は嫌う（結局のところ，ほとんどの人にとって国連はもっとも優れた国際制度なのである）．カント主義者は，グロティウス主義者が陳腐で誤った推論や古くさい妄想を勢力均衡と呼び，戦争を（**他ならぬ戦争を！**）国際的な制度と呼ぶことに驚く．カント主義者は，国際制度（「社会統制を行う行動パターン」）の例としては，2つがより重要だと考える．第1は，商業精神で，「商業精神は，戦争とは両立できないが，おそかれ早かれあらゆる民族を支配するようになる」[13]．これはコブデンの言う「自由貿易」と同じである（「諸国民の間の自由貿易，平和，善意」はコブデン・クラブ〔コブデン死後の1866年に創立〕のモットーだった）．これは，社会変化，産業化，物質的相互依存の進展の全過程を巧みに略記したものだが，グロティウス主義者にもマキャベリ主義者にも無視されている．第2の制度は世界の世論であり，長期的にはすべての要因の

第7章　外交の理論：対外政策　　　　　　　　　　193

中でもっとも強力である．それは1815年以降，民族自決を生み出し，植民地支配勢力にその帝国の解体を強要した．民族自決は国連の強力な原則である．それはおそらく，知的変化，教育，人類の精神的・道徳的な拡大する相互依存の全プロセスを簡略に表現したものと言える．カントはこう記している．「啓蒙は，人類を独善的で膨張主義的な支配者から引き離さざるをえない偉大な善である．……それは，次第に玉座に近づき，統治の諸原則に（さえ）影響を与えるに違いない」[14]．さらに「哲学者の格言を……考慮に入れなければならない」［なぜなら，それは開明的な世論だからだ］[15]．

基本的な統治技術(ステイトクラフト)の諸原理

　（外交という言葉は，国家間の交渉についてのより厳密で正確な用語法のためのものとする．）現実の政策は，原理や理論と同じく，あるいはそれ以上に，状況の産物，必要な枠組みの産物であることを忘れないことが肝要だ．とはいえ，理論傾向の違いを見分けることは可能である．2つの基本原理をマキャベリ主義に，2つの対抗原理をグロティウス主義に帰することができる．マキャベリ主義者は，政治的な自給（「単独で行動せよ」）が望ましいという前提に立って，分割支配の原理を採用する．グロティウス主義者は，協力が望ましいという前提に立って，協調の原理を採用する．マキャベリ主義者にとって，国際生活の基本はおおよそ明快である．国家と呼ばれる100を超える権力の単位が，政治的に優越するものが存在しない状況の下で，地球の表面で共存したり衝突したりしている．国家はいつも相互不安全の状態にあるので，第1の関心は自己保存であるしまたそうでなければならない．国家は，防衛の自給つまり武器の自給によって，可能な限り自己保存を追求する．政治的な自給は必ずしも常に達せられるわけではないが，究極的には望ましいものである．国際問題には利益対立という現実があり，国際関係は権力を求める闘争であって，それは〔チェスゲームで〕指し始めに決まりきった手を指すようなものだ．すべての関係は権力関係である．だから，政治的に最高の善は，独立していること，一匹狼としてうまくやること，単独でやることである．「熟慮しておくべき点がある．すなわち，必要のさいに，君主が独力で対抗できるほど充分に強い政権

を持っているのか，それともつねに他者の防衛力に頼ろうとしているのか」[16]．「君主たる者は，可能なかぎり，他者に隷従するがごとき状態は逃れねばならない」[17]．

かくして，カースルレー〔英国外相〕の始めた〔大国が平和維持のために定期的に集まる〕会議システムが 1823 年に最終的に崩壊したとき，〔カースルレーの政敵だった〕カニングはサンクトペテルブルク駐在のイギリス大使にこう書き送った．「……再び健全な状態に戻りつつある．すべての国民は自らのために，神はわれわれすべてのために．自国の皇帝には，アレオパゴス会議〔有力者が集まって協議したアテネの会議〕やその類の間は静かにしているようにただ請願すればよい．そうすればそんなものは過ぎ去るものだ」[18]．(「人は自分のために，神はわれわれすべてのために，というのは，象がひな鳥の間でダンスをしたとすれば，嘯いた(うそぶ)であろう言葉である」)[19]．ビスマルクは回顧録で，ロシアの皇后マリアがドイツの外交官に「貴国の友好はあまりに精神的(プラトニック)だ」(*Votre amitié est trop platonique*) と述べた旨を記して，「大国にとって……他の国々との友好関係は常に，ある程度までは精神的なものにとどまることは事実だ．大国は決して他国の意のままにはならないからだ」[20] と言っている．

友好が精神的なのは，他国への依存や奉仕が自国の私的利益の追求という意味での「単独で行動する」ことを制限するからだけではなく，他国に依存し奉仕する結果，他国の対立関係に巻き込まれ，そこから他国と友好的な関係になる自由が制限されるからでもある．ビスマルクはさらにこうも言っている．「大国は，他国との現在の関係だけでなく将来の関係も視野に入れなければならないし，可能な限り，他国との敵意が根本的で永続的とならないように留意しなければならない」．他国の意のままにはなりたくない，単独でやってゆきたい，という基本的な願いが，今でも，軍事ブロックの解体や核〔保有国〕クラブの拡大を求める力として存在することは明白である．

こうした戦略的・軍事的な配慮を強調すると，国際関係について歪んで偏った見方を生み出してしまうことになると，グロティウス主義者は主張するだろう．ときには明白な誤りに陥らせることもある．諸国が通常は防衛を単独で行い孤立を求めるものだというのは明らかに真実ではない．諸国は協力と防衛同盟の中に安全を求めるのである．なぜなら，国際社会では秩序をひっくり返そ

第7章　外交の理論：対外政策　　　　　　　　　195

うとする侵略国よりも平和を維持したい法遵守国の方が常に多いからだ．これが国際社会を支える主要な政治的共通利益であって，諸国民を集めて家族となし，目の前のアナーキーな状態を和らげる．いつの時代であれ，国際的な協力とは，経済的・商業的な相互依存関係，文化的なつながり，昔と同じく飢餓に苦しむ地域を援助する人道的義務を受け入れることなどを通して，経験されてきたものだ（ヴァッテル）．あらかじめ抜き出しておいた証拠や要素を自分に都合のよいように取り上げて分析する視野の狭さという方法論上の欠点がマキャベリ主義者にはある，とグロティウス主義者はたえず見なす傾向がある．そもそもNATOの内部に緊張関係があるという事実と，NATOについて大西洋諸国の間に十分な共通目的と協力関係が存在するにいたったという事実のどちらが，より重要で論理的に優先されるべき事実なのか．ビスマルクが他国に依存することを恐れたのは，依存することによって，主権国家であるドイツが状況に応じて世界に対して非友好的になる権利を制限されるからではなくて，ドイツが状況に応じて世界に対して友好的になって利益共同体を追求する必要が生じてもそうする主権が妨げられるからだった．ビスマルクのこの偉大さと度量の大きさは特筆に値する．

　立場の違いをこのように一般的に対比すると，次には別の画が描ける．自給自足を主張するマキャベリ主義者は，部外者には判断できないという原理を固持する．相互依存を主張するグロティウス主義者は，社会は利害を共にする団体であって妥当な判断力を持っているという原理を固持する．部外者は判断できないというのは，現実主義的政治家の好む考え方だ．極端な例を2つあげてみよう．ナチスは1930年代初頭に，外部の世界はドイツにおけるユダヤ人問題について判断できないと主張した．他の国々は文明化されたユダヤ人を同化しえたのかもしれないが，ドイツ人はユダヤ人とともに敗戦とインフレの時代を生きてきたのだからドイツのユダヤ人は特殊な問題だ，というのである．今日，南アフリカ人（ヨーロッパ系の白人〔をここでは意味する〕）は，小さなヨーロッパ系社会の者が自分たちよりずっと多くのアフリカ人の海の只中で暮らすことがどんなことかが外部の人間には分からない，と譲らない．余所者が何を知っていると言うのか．経験すらしていないのに．判断できるというあんたは何様か．

したがってマキャベリ主義者の立場からすれば，ある問題に関与するということは，介入されずに自分が妥当と思えるよう問題を解決する排他的な権利が生まれるというだけではなく，紛争の性格に対する優れた洞察力が排他的に身につくことでもある．関与すると知識が増え，知識が増えれば客観性が高まる．関与しないと無知になり，無知は歪んだ判断をもたらす．こうして日本と満州の問題をめぐり生じた厄介な紛争の間（1931-32），余所者は日中間の緊張の原因と性格について深く理解していないために日本の行動に道義的な判断を下す立場にはないし，紛争を解決する方法を断定する立場にもないと日本は絶えず主張した．国際連盟理事会に対する日本の回答（1932年2月23日）は，日本が国際連盟の「手中に無条件で落ち」なかったとすれば，それは「日本が必然的にかつ当然にもいかなる遠くの国よりも事態を適切に処理できる立場にあると信じていたからだ」[21]，というものだった．同じように，フランスはアルジェリアをめぐって世界の報道機関の反感を買い，憤りと非難を浴びた．アルジェリアで軍務についている息子から手紙を受け取ったフランス人たちは，**自分たちこそ現実を理解しているが外国人はそうではないと思った**．余所者は，何が問題になっているのか分からないし，判断できない．現場にいる者こそもっともよく知っている．

　これとは対照的に，グロティウス主義者は，外部の人間こそが適切な判断ができると考える．これは一般的利害という教義である．すなわち，紛争や論争はどれも私的なものと見ることはできない．なぜなら，すべての紛争や論争においては社会それ自身が当事者なので，中立者や外部者が判断する権利を持つからだ．さらに言うならば，そうした見方にはこのような道義的な側面だけではなく認識論的な側面があり，政治知識についての1つの仮説が立てられている．そこにあるものは，問題に関与すると知識や洞察力がもたらされるのではなく判断の歪曲がもたらされるという，否定的な前提である．人も国家も自分の問題についてはよき裁判官たりえない．特殊な経験を通して訓練された人は独自の見方を持っているが，それは経験の特殊な性格によって制約されている．専門家にたいする懐疑はグロティウス主義の伝統である．だからセシル卿〔国際連盟の創設に尽力して1937年にノーベル平和賞を受けた〕はこう言った．「海軍の専門家が国際的な軍縮を妨げたのと同じ方法で，法律家が国際的な仲

裁を妨害した」[22].「私は，庶民を恐れはしない．私を不安にさせるのは専門家だ」[23].〔セシルの父の〕ソールズベリー卿は1877年にリットン卿〔インド総督〕にこう書き送った.

　　専門家を決して信頼しないという教訓ほど，生涯の経験を通して私に深く植えつけられたものはないでしょう．医師を信じるなら，健康によいことは何もない．神学者を信じるなら，罪なき者はどこにもいない．兵士を信じるなら，安全なところはどこにもない．専門家はみな，自分の度数の高いワインにつまらない思慮分別を混ぜ合わせて薄めたがるものです[24].

パーマストンは言った．「ある国について誤った情報を持とうとしたら，そこに30年間住んでいる者に尋ねればよい」[25]. あまりに知りすぎていると正しい判断ができない．関与すると知識が歪むので，優れた知識を持とうとしたら関与しないことがおおよそ必要になる．正しく判断するためには，きちんとした情報を持ちながらしかも余所者であることが必要である．

　マキャベリ的な統治技術(ステイトクラフト)にとって，分割支配の原理は重要である．この用語は16世紀にメディチ家のカトリーナが言った支配のための分割（*diviser pour régner*）から広まり，19世紀を通じて大いに利用された．この原理を最初に定式化したのは，ルイ11世時代（1461-83）のフィリップ・ドゥ・コミーヌ〔外交官・著述家〕だった．「われらが主君ルイ国王は，私の知る限り，どの王よりも同盟を破壊し分裂させること〔の重要性〕をよく理解していた」．……「彼はその知識を完璧に使いこなした」[26]. ルイは，ミラノ公爵（1450-66）フランチェスコ・スフォルザからの助言が軍事援助にも匹敵すると高く評価し，いかなるものであれ敵が結んだ盟約を崩壊させ，その軍事力を破壊し，しかも自国の軍事力をそのまま保持した[27].

　分割支配の原理を適用するには2通りの方法がある．〔第1には〕植民地政策や衛星国において，従属民や臣民に対してなされる場合．これがもともとの意味である．第2に，対等な国に対して国際関係，対外政策の中の一政策として行われる場合．マキャベリ主義者だったら，植民地政策における従属民や臣民に対する分割支配政策は，実のところほとんどの帝国が採用した方法だと言うだろう．中国の伝統的な政策は，「未開人に未開人を監視させよ」という格

言に表現されている. ビザンチン帝国も同じ政策を採用し, 外国の部族を助勢し唆して他の部族を攻撃させた.「まず説明すべきは, ローマ人を助けたり傷つけたりできるのはどこの民族か……, 戦闘を仕掛けて占領できる可能性のあるのはどこの民族か, それぞれの場合にどのように戦闘と占領が行われるべきか, この目的のために他のどの民族を利用したらよいのか, ということである」[28].「他の民族をして敵国に対抗させ, そうすることによって戦争の費用とリスクを小さくすることが, ビザンチンの対外政治の基本的なやり方だった」[29].

イギリスはインドで同じやり方を採用した.〔1857 年のセポイの〕反乱のとき, 大きな藩王国 (保護国) はみな〔イギリスに〕忠実だったが, その理由は, 発展が遅れていて住民の不満があまりなかったか, あるいは, イギリスの強さの根源について的確に理解していたからである. 反乱の後, イギリスでは, 藩王国を併合するというそれ以前の政策も, 藩王国による統治よりも英領インドにおける直接統治の方が優れているという信念も消え去り, 藩王国はラージ〔イギリス支配下のインド〕の構造に組み込まれた[30]. インド全体がチェス盤になった. 藩王国は, 紛争地域で友好関係にある要塞のネットワークのようになり, インドを席巻する反乱が起こってもイギリスに「忠実な」障壁として立ちはだかった. イギリスは再び, 不満を抱く多数派ヒンドゥー教徒に少数派の「忠実な」イスラム教徒を対抗させた. この方針は, 意識的かつ慎重に考えた上でのものだったのだろうか, それとも, 深い考えなしに行われたのだろうか. 1909 年のインド参事会法 (モーリー＝ミント改革) は, 立法参事会に特殊利益や少数派を代表する地域代表制を初めて導入した. ミント夫人〔インド総督ミント伯爵の夫人〕は日記に, ある役人からの手紙をありのままに記録している.「……今日は実に重要なことが起こった. 大政治家の手腕になるこの仕事は, インドとインドの歴史に長期間にわたって影響を与えるだろう. 6,200 万人の人々を治安妨害の反対運動から引き戻す役割を果たすことは明白である」[31]. この政策は結局のところ, パキスタンを生み出してしまった. しかし, その責任はおそらく, マキャベリ主義的政策ではなくて当時の政治状況が負うべきものである. 植民地政策における間接支配は植民地の一体性を長続きさせた. だが, 政治的技量は衰弱させられた. イギリスは中東でも, ユダヤ人をア

ラブ人にけしかけた．またヨルダンやイラクのフセインの息子たちによる砂漠ナショナリズムを，パレスチナやイラクにおける都市の中産階級都市ナショナリズムに対抗させた（イギリスがインドで，扱いやすい藩王国を会議派に対抗させたように）．

　ラテン・アメリカの人々は，アメリカ合衆国がラテン・アメリカで同じような政策を採っていると非難している．ボリヴァールは対外共通政策を作りだすために，1826年に初の汎アメリカ会議をパナマに招集した．合衆国はこの会議をボイコットしたうえで，「われわれこそがアメリカ体制だ」と宣言した．ラテン・アメリカの人々は，合衆国がブラジルをアルゼンチンにけしかけ，独裁者を民主主義国にけしかけ，反動派を進歩派にけしかけている，と考えている．ただし公平な眼で見ると，合衆国の政策はむしろ，ヨーロッパ諸国をラテン・アメリカから排除し（モンロー・ドクトリン），その後で，他国の無節操なやり方を非難してきた合衆国自身が同じやり方で優位を振りかざすことを目指しているように見える．ソ連についていうと，中央アジアと南アジアには民族自決の問題があって，その地域の人々がトルコ系言語を話すゆえに単一の国民を形成しうるかどうかが問われる．ロシア人は，永らく，汎トルコ・汎トゥラン運動を嫌ってきた．1920年代はじめにエンバー・パシャが中央アジアにおけるボリシェビキ支配に叛旗を翻したとき，ソ連政府は実務的な行政上の決定をする必要に迫られ，汎トルコではなくて多民族体制という解決策をとった．1947年，ディミトロフ〔ブルガリア人〕は，南スラブ人の同盟とくにブルガリアとユーゴスラビアとの同盟計画を推進する中心人物だった．1948年1月，『プラウダ』〔ソ連共産党機関紙〕は，連邦制と関税同盟を非難した．これらの諸国に必要なのは国内の民主勢力を強化して独立を守ることだ，というのである[32]．チトー〔ユーゴスラビアの首相，大統領〕は，スターリンの「分割支配」を非難し，南東ヨーロッパで統一の動きが高まっていたことが，ユーゴスラビアがコミンフォルム〔共産党労働者党情報局，1947-56〕から除名された理由だと述べた．分割支配の原理は，シリアとレバノンにおけるフランスの政策にも見ることができる．シリアとは一般的に異なる過去を持つレバノンがキリスト教のアラブ国家として創立されたことは，アラブ・ナショナリズムの先覚者だったキリスト教徒のアラブ人の意識が変わってマイノリティ意識を持つ

ようになり，アラブの統一に呑み込まれるのではないかと恐れるようになったことを意味していた．

分割支配の原理はしばしばマキャベリに由来するとされるが，それは一面の真実でしかない．彼は『論考(デイスコルシ)』でこう言う．「都市が分裂しているから占領は容易だろうと期待してそこを攻撃するのは間違った政策である」[33]．彼の主張によると，共和国の不統一は無為無策と平和のゆえであり，一方，統一は戦争と恐怖の結果なのだから，敵国が戦時に分断されれば無力になるだろうと期待するのは（ヒトラーがイギリスとアメリカがそうなると期待したように）馬鹿げている．戦争は統一への努力を高める効果をより強くもっている．分裂している都市についてよい結果が得られるのは，攻撃ではなくて「平時に利用される策略」によってである．

> そのことに着手する方法は，分裂している都市の信頼を獲得すること．住民が殴り合いを始めない限りは当事者間の仲裁者として行動すること．殴り合いが始まってしまったら，双方が殴り合いを続けて共に疲れ果てるように，ぐずぐずしつつ弱い方に味方するよう，戦いを始めること——である．というのも，強硬な策を採れば，自分の力で住民を服従させようとしてもできないことがすぐ明らかになるからである[34]．

限られた状況の下においては，支配権の獲得のために金をかけないで熟慮された分割支配を採用するというのは，こういうことだ．支配権を維持するためにこの政策を利用することを，マキャベリは非難してこう言う．「都市の占領を維持するために都市を分断し続けなければならないと考えることは……間違っている」[35]．ついで彼は統一を回復する方法に触れ，従属した都市を分断しようとするのは無駄なことだと強調する．そんなことをしたら，従属した都市の政治生活のレベルを低下させ，おそらく本国の政治生活までもが腐敗してしまうだろう．まさに現代がそうだ．ヨーロッパ人をアフリカへ入植させる政策を進めた結果，保守党員は自分たちを入植者のパトロンだと考え，労働党員は自分たちをアフリカ人のパトロンだと考えるようになった．また，1912-14年のアイルランド問題は，イギリス本国の政治を台無しにしかねないアルスター地方〔アイルランド北部のイギリス領〕を生み出してしまったのである[36]．

さらに言うならば，戦争になると，敵は分裂した都市の中の本国をひどく嫌

第7章　外交の理論：対外政策

悪する徒党の中に，第五列〔敵への内通者〕を持つことになろう．そのことは『君主論』でも強調されている．

> この政策は，イタリアがある程度まで均衡を保っていた時代には，それなりに有効なものであっただろう．だが，今日では規範としてすでに成り立ち得ないものと，私は考えている．なぜならば，分断工作が何らかの良い結果をもたらすものとは，到底，私には信じられないから．それどころか，外敵が近づいてきたときに，分断された都市がたちまちに失われてしまうのは，必然の結果である．なぜならば，弱い党派のほうはつねに外部勢力と通じあうし，残る党派のほうは自力では支え切れないから[37]．

マキャベリが陳腐なマキャベリ主義者と決定的に違うこと，彼の忠告が非常に洞察力に富みマキャベリの弟子を自称する者たちより一歩抜け出ていること，を示す好例をここに見ることができる．マキャベリは小国からなるイタリアの国家システムがもっと大きくもっと遅れた外部の君主国に圧倒されるのを見ていた．その事情は〔現代において〕ヨーロッパがアメリカとロシアによって圧倒されてきたのと似ている．彼があらゆる政策を試した際の最終のテストは，全面占領の脅威にさらされる最高度の危機に陥ったときにどうしたら持ちこたえることができるのか，というものだった．この問題に関する彼の結論を一言で表すと，植民地政策の格率としての従属民にたいする分割支配は，自滅的で危険な策であるということだった．敵国がわが国に向けて対外政策としての分割支配を採用したいと思うようになるからである．

グロティウス的な対抗原理は，協調の原理である．だが，その前に，グロティウス主義者は何よりもまず分割支配を批判する．行為を結果から判断したり，ことに意図を結果から推測するのは，マキャベリ主義者の思考特有の粗雑さである．分断による支配，すなわち，集団や国家を分裂させて他の集団や国家にけしかけたり互いを対立させる支配，と表現できるような政治パターンが顕著な国がある場合，マキャベリ主義者はその国がそうした目的を持っていたと安易に考える．しかし，そうとは限らないし，妥当な根拠もなしにそう想定すべきではない．ルイ11世がコミーヌに，敵の同盟を解体するのが自分の基本原則だと言ったとしたら，それはルイ11世については真実だ（とはいえ，コミーヌの著作の中で，実際には，それが彼自身の解釈ではないということを立証

するものは何もないのだが).インド局あるいはインド総督がイスラム教徒をヒンドゥー教徒にけしかける(あるいは植民省がユダヤ人をアラブ人にけしかける)政策を作り上げたということを示す歴史資料が証拠として存在するならば,イギリスのインド政策(あるいは中東政策)はこのような観点から説明しなければならない.しかし,もしその証拠がないなら,この解釈を受け入れる必要はないし,他の解釈が可能な程度に応じて,おおよそ受け入れてはならない.西欧諸国は〔第2次大戦世界で〕ドイツとロシアが東部戦線での戦争で互いに疲弊することを期待して自分たちは漁夫の利(tertius gaudens)を得た,というのが1945年以降におけるソ連の西側諸国非難の1つとなった.これは根本的に,歴史の問題である.ローズヴェルトやチャーチルがそのような意図を持っていたことを立証する文書があるなら,非難は正しい.証拠がないなら,モロトフ〔ソ連外相〕は間違っていた.証拠があっても数が少ないなら関連は薄い.もちろん分割支配政策であった可能性はあるが,非難がましい雰囲気がここにあることに注意すべきだ.総じて分割支配は,議論の余地ある定式であり,非難であって,自国の政策には触れずに敵対国の政策を説明するだけなので,〔現代の国際社会には〕これを否定して承認しないというコンセンサスがある.アリストテレスは『政治学』の中で,分割支配は僭主の政策だと述べている.「互に仲違いをさせて,友人を友人と,民衆を知名の士たちと,金持をお互に衝突させることがそれである」[38].彼はまた分割支配について,民衆指導者や寡頭制論者によって国が2分される誤った政策であると述べている[39].

分割支配の政策は,政治的分割の存在から必然的に推論されるというものではない.たとえば,政治的分割は行政上の便宜や効率性を考慮して生まれることがある.統治の単位は大きいほどよいという行政上の議論があるが,それと同じように,小さいほどよいとする議論もたくさんある.ソ連政府は,中央アジアを1つの大きな汎トルコ系国家(ナショナリティ)としてではなくていくつかの副次的国家からなる1つの地域と見なすことにしたが,それは主に,広い区域に分散している多数の農耕民や遊牧民を取り扱う実際的な必要性から生まれた決定だった.また,自然権への配慮から政治的分割が生じることもある.少数派が,分解されて他の多数派民族に呑み込まれることなく自立的な暮らしを発展させる権利である(グロティウス主義者が,政治的に多様でいろいろな形態があるこ

とはそれ自体がよいことだと信じていることについてはすでに述べた）.「諸民族(ネイション)が集まって1つの国家(ステイト)に結合することは，人が集まって社会を作るのと同様に，文明生活にとって必要な条件である」[40].

　インドが独立以降，言語的に分裂していることが，インドにおけるイギリス植民地政策の中で分割支配が出現した主たる理由を説明する．アジア・アフリカでのイギリス（およびオランダ）の植民地政策は，人類学者を大いに活用した．こうして植民地行政当局は少数民族を理解できるようになったが（例えば，インド-ビルマ国境のナガ人），総じて彼らはそのままの状態におかれた．植民地のナショナリストは，これを分割支配政策と見たが，独立が達成されたあとには人類学者を無視し，少数民族を新たに生まれた国民国家(ネイション・ステイト)に同化させようとした．例えば，イギリスはビルマのカレン人を庇護し，カレン人は初めて草原とデルタ地帯を自由に移動できるようになった．キリスト教の宣教師はカレン人の間での布教に成功して，多くのカレン人がビルマのイギリス軍に入隊した．その多くは，第2次大戦中も忠実に英米側に立ったことで，ビルマ人の親日派から報復を受けることになった．ビルマが独立すると，カレン人は自治国家を要求して1948年に反乱を起こした．これはビルマ連邦政府が蒙った最悪の反乱だった．イギリスは非公式には「忠実なる」カレン人への同情を表明したが，イギリスの政府と大使は，ビルマ連邦政府にカレン人の秘密活動家についての情報を漏らし，武器を供給して政府側を支援したのである[41].

　グロティウス主義者にとって統治技術の真の原理は，カレン人やビルマ人の例が示すような統一と権勢(インフルエンス)でなければならない．それは，分割支配のようなどちらにも解釈できるような原理とは違う．その適用は，統一しようとする集団の自然権によって制限されている．もう1つの例は，戦時中の1943年，イギリス外務省がアラブ連盟（League of Arab States）を設立したことである．イギリスは，統一が妨害されていると信じて不満を募らせている数多くの小国よりも，満足している統一国家に対処するほうが容易だと信じていた．マキャベリ主義者の解釈によれば，イギリスの狙いは，熱狂的な者や過激派に対抗しつつイギリスとの協力に信をおくアラブ中道派を強化してパレスチナ問題を政治舞台から消し去ることにあった．

　統一と権勢の原理は，2つの仮説に立脚している．〔第1に〕善意が友好と

相互的善意を引き出す．〔第 2 に〕共通利益というものがありうるしそれはこの協力関係から生み出される．それは 19 世紀的な言葉を使うと，協調の原理である．19 世紀のイギリス外交には，その独自的行動がもっとも懸念される大国とこそ協力してやって行くという伝統が貫かれていた．そうしたのは，カニング，パーマストン，グラッドストンであり，大国とは通常はロシアを指していた．カニングは 1826 年にギリシャ問題に関してウェリントンをサンクトペテルブルクへ派遣した．トルコと対立するロシアの勝手な行動を恐れ，かつ，ロシアとの協力関係を望んだからである．ウェリントン公爵への指示は，〔ロシアとトルコの間の〕戦争を防止ないし先送りするために，「ロシアとイギリスとの間で秘密の協調」を実現することだった[42]．パーマストンは，1839-40 年のムハンマド・アリ危機〔エジプトの太守ムハンマド・アリがシリア領有をめぐってロシア・トルコなどと争った事件〕の際にも，コンスタンチノープル防衛の仕事をロシアだけに任せないほうがよいと信じて，この政策を採った．「……信頼と不信の間には賢明な中間の道はないように思われる．もしロシアと提携するのであれば，われわれはただひたすらロシアを信頼し，われわれの信頼に疑惑の痕跡は残さない方がよい」[43]．

　グラッドストンは，1870 年代のバルカン危機の際にこの先例に言及した．ロシアあるいはオーストリアを監視する最善の方法は，南東ヨーロッパのキリスト教諸国からの好意を獲得してこの 2 つの国の競争相手になることだ．2 つの大国が共通目的を持って同盟関係に入ったとき，両国は互いに助け合うだけでなく，互いにチェックし合うものだ（1876 年 12 月，ロンドンのセント・ジェイムズ・ホールでの演説）[44]．欧州協調の理論に触れた 1879 年の演説でも，グラッドストンはこう言った．「すべて［の国々］を連合させることによって，各国のわがままな目的を中和し，束縛し，結びつける．……共通の行動は共通の目的を意味する．すべての国々に共通する善と結びついた目的がなければ，諸国を統合することはできない」[45]．ここで，統一と権勢の仮説（善意が善意を喚起しうる．共通利益を見つけうる）に 3 番目の仮説が加わる．すなわち，共通行動が敵意とわがままな目的を中和し，相互チェックのシステムを確立する，である[46]．これは，19 世紀における協調原理をもっとも理論的に練り上げたものであって，集団的安全保障理論の基礎になっている．それが今でも有

第7章　外交の理論：対外政策

効なことは，西側諸国は米ソのどちらにも加担していない世界の好意を得るためにロシアと競争すべきだという考えを見れば分かる．

　こうしてわれわれはマキャベリ主義者とグロティウス主義者の対話の両側面を見てきた．基本的な統治技術に関するカント主義の原理は少し違う．マキャベリ主義者のように政治的な自給自足が望ましいとか，グロティウス主義者のように政治的な相互依存が望ましいと決めてかかるのではなくて，カント主義者は対外政治そのものをなくすことが望ましいと考える．そこからカント主義者は，分割支配や協調ではなく孤立主義を採用する．すでにみてきたように，カント主義者は対外政策を放棄しようとする．国際社会の存在を根本から信じないで，人間を信じるからである．諸国家の間に国際社会を組織することは，カント主義者からすると，つまらない，ささいな，一時的なことでしかない．国際社会は消え去る運命にあり，対外政策も外交システムもすべて，「商業精神」（物質的な相互依存の発展）や世界世論（道義的な相互依存の発展）の自由な発露を妨げてきた古くさい障害として消えて行くであろう．したがって，カント主義者が，何よりもまず伝統的な外交システム全体を一掃し，ボロを脱ぐようにそこから離れて，信念とイデオロギーだけを身に付けようとするのは，ごく自然なことである．

　トロツキーが〔ロシア革命後〕初代の外務人民委員〔外相〕になったのは，革命のために「ヨーロッパと対決する」のにふさわしい人物だったからだ．しかし彼は自分の計画についてこう記している．「私は世界の諸国民に少しばかりの革命的宣言を発して，その後は店じまいするつもりである」[47]．フランス革命の時にも同じような考えが表明された．ブリッソー派すなわちジロンド派と呼ばれた共和派の戦争勢力が，1792年3月にフイヤン派と呼ばれた王党派の平和勢力を倒したとき，外相はデュムリエだった[48]．彼は前年に書いたメモで自分の政策を詳しく説明しており，ジャコバン・クラブでそれを読み上げた．すべての省の中で外務省は分かりやすくて不可解な部分がほとんどない．フランスの対外政策は人権宣言に基づくべきだ．偉大かつ自由で廉直な人民は，ヨーロッパのどこの人民とも本来的に盟友になれるのだから，自分たちをあちらこちらの人民の運命，利益，感情に結びつけるような同盟関係をそれぞれ別個に結んではならない．長くとも50年以内にはヨーロッパ全体が共和政になり，

新しい公明正大な公開外交が古い時代の外交につきまとった神秘さや陰謀性を払拭するだろう[49]。

リソルジメント〔イタリア統一運動〕において〔サルデーニャ王国首相の〕カヴールに対抗したマッツィーニの立場もまったく同じだった。カヴールは，練達の外交家でまさに実践的なマキャベリ主義者であり，イタリアの民族感情を利用してピエモンテ〔サルデーニャ王国〕を強大化することを狙っていた。彼は，イタリアをオーストリアの支配から独立させようとしただけだったので，1856年になるとイタリアの統一という理念はまったく無意味だとして投げ捨ててしまった。1859-60年に現実に達成されたイタリア統一は，便宜主義の勝利であり，経験的に何とか切り抜けただけのことだった。彼の政策でただ1つ確かな枠組みは（のちにそれも確かではないことが分かったとしても），ナポレオン3世との同盟だったが，ナポレオン3世に対するカヴールの立場は，1950年代のアメリカに対する李承晩〔韓国大統領〕および蔣介石〔台湾総統〕の立場と同じだった。カヴールに真っ向から反対したマッツィーニは，19世紀のガンディー，そしてナショナリズムの聖人だった。マッツィーニにとっては，純粋で熱烈な理想主義があればそれで十分だった。彼は，使命とか原理に，「イタリア」という神話や「青年イタリア党」〔マッツィーニが1831年に結成した政党〕の神話に，疑う余地のない信義を寄せ，それを実際に表現するのが人民反乱だと信じていた。人々の心を浄化し，彼らに神聖かつ民族的な大義を教えることができさえしたら，彼らは自ら立ち上がるだろう。かくして抑圧者であるオーストリア人と〔それに協力している〕イタリア人は逃げ去り，わが民族は自由になるだろう。マッツィーニは，カヴールの「マキャベリ主義」と外交上の打算にうんざりしていた。外交は常に無益で一般に有害だと信じていたのである。1860年9月，フランスとの同盟はいつ壊れてもおかしくないとマッツィーニは確信した。何が可能か何が都合よいかをうまく計算することは，行動を無にする結果をもたらすだけだと彼は信じていた。「外交とは1815年の諸条約を意味する。……それによってニースとサヴォイがイタリアから強奪された。……外交は，統一の理念の前で優柔不断に決断しないこと……そしてナポリでブルボン王朝と交渉することを意味する。……外交は，ガリバルディに1人で戦わせることを意味するのである」[50]。マッツィーニとカヴールの争い

は，大変興味深い．そこには国際政治の歴史における外交学派（マキャベリ＝カヴール）と反外交学派（カント＝マッツィーニ）との間の理論論争がすべて含まれている．両派には，それぞれ有力な論客がついた．またこの論争は，ガリバルディによるシチリアとナポリの征服〔1860年〕という反外交学派が実際にもっとも成功した例を伴った．

同じように外交を清教徒的な激しさで嫌うことが，アメリカ合衆国の孤立主義のイデオロギー的基礎をなしている．アメリカの孤立主義が生まれたのは，地理的に離れていて侵される恐れのない自給自足の大国という立場にあり，かつ，手付かずの大陸を開拓するという事情があったからだけではない．合衆国が新しい社会として，人類の模範として，革命を永続しているという観念があったからでもあった．

> 自由かつ開明的で……偉大な国民が，つねに最高の正義と博愛に導かれながら，高潔にしてあまりに新しい人間の模範を人類に［示しています］．……［したがって］諸外国に関するわれわれの行動の一般原則は，通商関係を拡大するにあたり，できるかぎり，政治的結びつきをもたないようにすることであります．……どうして，われわれの運命をヨーロッパのどこかの運命と織り合わせ，われわれの平和と繁栄とを，ヨーロッパの野心，敵対，利害，気分，気紛れの網のなかに絡ませることがありましょうか[51]．

ワシントンの告別演説（1796年）の趣旨は，ウィルソンの人格と政策の中に典型的に見ることができる．個人的にはウィルソンは，交渉と妥協のプロセスが大嫌いだった．彼は，プリンストン〔大学〕でもホワイトハウスでも，方針を曲げることができなくてただ突破するだけだった．彼の特徴的なやり方は，交渉ではなかった．彼は大衆に訴えた．相手政府の頭越しに**その国の大衆に訴えた**のである．外交を放棄したからできたことだ[52]．もし世界世論がもっとも優れた国際制度であるとしたら，外交というクモの巣を突破して，率直に世界世論に働きかければよい．

F.D. ローズヴェルトは，交渉や妥協を受け付けない人物ではなかった．彼は偉大な「仲介者（フィクサー）」だった．彼はウィルソンほど世界世論に働きかけなかった．チャーチルと比べてさえそう言える．しかし，彼の特質は公式の外交に対する不信だった．だから彼は，第2次世界大戦を，外交上のやりとりとまったく関

係のない純軍事的行動つまり「外交なき戦争」だと見なした．外交の文脈におけるイギリスの関心事は，巧みな陰謀とビクトリア朝的イギリス帝国主義にあると考えた．テヘラン〔第2次大戦中に米英ソ首脳が初めて一堂に会した1943年の会議〕で彼は〔息子の〕エリオット・ローズヴェルトに，自分は「ヨーロッパ大陸におけるイギリスの利益が，実際にあるものなのか想像上の産物に過ぎないのか，ということには関心がない．われわれはいま戦争をしており，われわれの仕事は冒険を犯すことなくできるだけ早く勝つことだ」と語った[53]．しかし，「われわれ」はなぜ戦争に勝ちたいと思ったのか．戦争のあとの外交上のやりとりや政治パターンを生み出すための措置とは違う，彼の望んだ「冒険」とは何だったのか．カント主義者の外交嫌いは，もう1つの結果を生み出した．外交活動や正式の外交官の値打ちが下がり評価が低下したのである．今日，外交官の自律性が小さくなっている原因の1つがここにある．ローズヴェルト大統領は自分自身が国務長官のようだった．〔国務長官の〕コーデル・ハルは，自分が通商条約を結んだときでも詳しいことは知らされていなかった．アメリカの大使は，専門能力を少しもひけらかさずにアメリカ的生活様式を宣伝するPRの専門家であった．ソ連にもよく似た状況があった．ボリシェビキ革命以降，外務省には自律性がなく，1918-30年に外務人民委員〔外相〕だったチチェリンは，コミンテルン〔共産主義インターナショナル〕と張り合うことの多かった共産党政治局によって常に決定を覆された．リトビノフ〔外務人民委員〕は，「私が何者かと言えば，外交文書を手渡すだけの人間だ」[54]と言った．モロトフ〔首相，外務人民委員〕にはもっと大きな自律性が与えられていた．フルシチョフ〔首相，共産党第一書記〕は外相のように振舞ったので，グロムイコ〔外務人民委員〕は，彼の下ではただの公務員でしかなかった．1950年代にモスクワが「世界全体に向けて核軍縮」を呼びかけたのは，外交が放棄されたことをきわめて鮮明に示す例となった．

　カント主義者は，分割支配や協調の代わりに，道義的孤立主義の立場を採用する．カント主義的な国家は，純粋な権利の体現者，実践理性の媒体である．したがって，カント主義的な国家は，他の国々とは違って，外交を放棄し世界世論に訴えることによって神聖さを保たなければならない．1848年にロンバルディとヴェニスがオーストリアに抗して立ち上がったとき，カルロ・アルベ

表1 マキャベリ主義とカント主義の統治技術

	マキャベリ主義	カント主義
植民地	垂直的な分割支配	同化による支配
国　際	勢力均衡	水平的な分割支配

ルト〔サルデーニャ国王〕は支持宣言を公けにした．「……神は，かくも驚くべき力でもって，イタリアが自らを救済することを可能にしたもうた」．「イタリアのことはイタリアが自ら面倒をみる」(*Italia farà da se*)[55)]という言葉は，その誤りが災難によって分かるまでは，国全体の合言葉になった．そこにあったのは，誰にも頼らずに自分たちの力だけで独立を達成したいという強い願いである．ネルー〔インド首相〕は1949年に，「インドは独立国であり，物乞いの皿を他国に差し出そうとは思わない」[56)]と語った．

　インドが短期間に成熟したことは，その後のインドが援助を求めて物乞いの皿を差し出すようになったことに見てとれる．しかし，時代が下って1960年になってもネルーの声明には，道義的孤立主義の痕跡を見ることができる．この年，ネルーは，バンガロールでの会議派の集会で，中国の挑戦を歓迎すると述べ，国民を奮い立たせようとした．「インドは，それほど弱体なのだろうか．……国民を助けるように他国に依存することを国民に訴えなければならないほど．そんなことなら，会議派が消滅することを望む」[57)]．彼は同盟関係を求めなかった．インドのことはインドが自ら面倒をみる（*India farà da se*）．アクシオン・フランセーズ〔フランスの国粋主義団体〕の1940-45年のスローガン「フランスのみ」(*La France seule*)も同じような背景から生まれた．これはドゴールの立場を構成する要素の1つでもあった．ソ連の「一国社会主義」も1934年までは道義的孤立主義を消極的に外国に適用した例だった．だが，これは，自給自足とか「単独で行う」というマキャベリ主義的原理の1つの解釈にすぎないとはいえないか．それは，能動的で攻撃的というよりは受動的で内向きであった．だがおそらく，そうした区別すらされていなかったであろう．

　マキャベリ主義と似た点は他にもある．カント主義的な統治技術に特有の分割支配である．それは，政府の頭越しにそこの国民に訴える，垂直的なものとは異なる水平的な分割支配である．広さではなくて深さで区別される分割支配

であり，表1のような違いがある．革命主義国家が純粋なカント主義の立場から移り変わって行く様子を見極める1つの方法は，その水平的な分割支配政策の衰退に注目することだ．単独で行うことを前提とするマキャベリ主義者の分割支配と，外交を放棄し自分のことは自分で行うことを前提とするカント主義者の分割支配との間にある相似点をさらに検討してみよう．するとカント主義的統治技術はマキャベリ主義的統治技術に近づいていくように見える．実際のところ，20世紀には，グロティウス主義的統治技術はカント主義的統治技術に，カント主義的統治技術はマキャベリ主義的統治技術に近づいた．現代ではこれは避けられない傾向だ．したがって，マキャベリ主義とカント主義の違いは重要ではないようにも見える．スターリンとヒトラーはともにマキャベリ主義者だった．それ以上に，別の範疇が必要だろうか．問題は，ある範疇と同一視できるかどうかではなく，類似しているかどうかなのだ，というのが，部分的な答えになる．カント主義的な政治がその第1原則に立ち戻ったとき，カント主義的な政治をマキャベリ主義的なものと理解してきた観察者は驚くことになる．裏をかいたり抑制するのだったら，カント主義者よりもマキャベリ主義者の方が扱いやすい．例を挙げれば，もしムソリーニが純粋なマキャベリ主義者だったら，ヒトラーから距離をおいただろう．しかし彼は「ファシストのムソリーニがイタリア人のムソリーニを征服した」という自分の信条を信じ込んだのである．

伝統の間の相互関係

3つの伝統は，互いに重なり合って境目がはっきりしない．それぞれの伝統は，さらに2つ以上に細分化でき（図3を参照），それらは互いにつながり合っている．したがって，グロティウス主義者とマキャベリ主義者は現実主義者であり，政治の世界の諸事実を受け入れることでは一致するが，「事実」という項目が意味する内容はそれぞれ異なることが分かる．したがって，グロティウス主義者とカント主義者は理想主義者であり，政治の世界で理想を追い求めることでは一致するが，理想の持つ力の評価，理想を実現する方法については異なる（表2を参照）．

第 7 章　外交の理論：対外政策　　　　　　　　　　　　211

（図：円を6分割した図。上部「マキャベリ主義」、右下「グロティウス主義」、左下「カント主義」。内部のセクションには「防御的」「攻撃的」「現実主義的」「革命的」「理想主義的」「進化的」の文字）

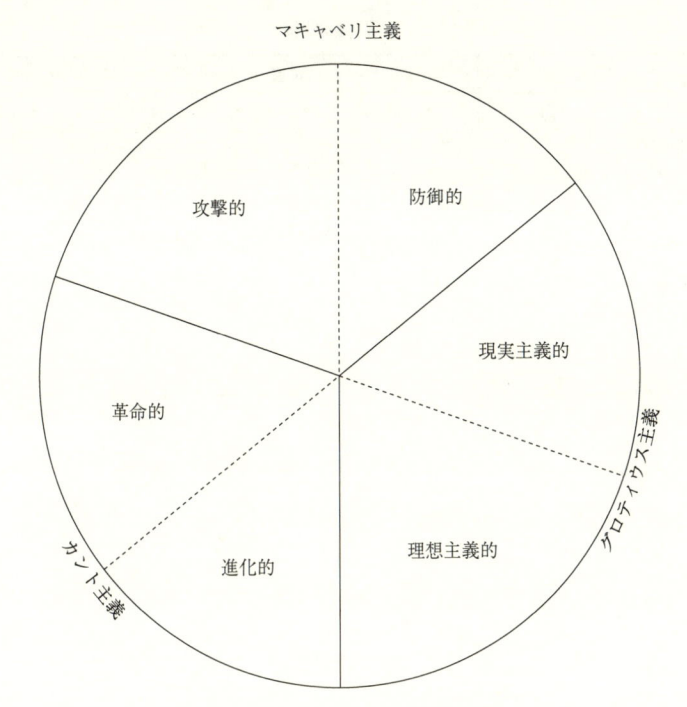

図3　3つの伝統の副次的分割

　3つの伝統の間の対立は，理念(アイデア)よりも事実を重要と考えるか，理想(アイデアル)よりも人間を重要と考えるか，という問題の中に存している．防御的なマキャベリ主義者は，理念ではなくて人間が世界を導くと信じる．1880年5月，サブロフはジョミニに宛ててこう書いた．政治は，人間の情熱の領域であり意志の偶然的な衝突であるが，歴史は，理念の領域であり過去を振り返って哲学を生み出す．「理念は，［人にとって］弾薬としてのみ役立つ．理念は，マスケット銃や大砲に火薬を装てんするのと同様に，電報や演説に弾薬を供給する」[58]．攻撃的なマキャベリ主義者であるムソリーニは，抜け目ない小農民的な現実主義の立場からこう言った．「政治的な教義がなくなっても，人間は残る」[59]．革命的なカント主義者のスターリンも，それに呼応した．「人民だけが不朽の存在だ．他のものはすべて一時的だ．われわれが人民からの信頼を高く評価できる理由はそこにある」[60]．

表2 典型例

マキャベリ主義		グロティウス主義		カント主義	
攻撃的	防御的	現実主義的	理想主義的	進化的	革命的
カヴール				ウィルソン	マッツィーニ
初期ビスマルク	後期ビスマルク				レーニン
	ソールズベリ	チャーチル	グラッドストン		
			後期ネルー	初期ネルー	
			リンカン		
ヒトラー					ヒトラー
ムソリーニ		アチソン		ダレス	
ウェレンスキー		モーゲンソー		ムボヤ	ナセル
					フェアウォールト
				フルシチョフ?	スターリン
				理想主義的	現実主義的
				マッツィーニ	レーニン
				ウィルソン	スターリン
				ナセル	ヒトラー
				初期ネルー	
	疑問：パーマストン？				
	ドゴール				
	メッテルニヒ				
	ダレス				

マキャベリ主義		カント主義		グロティウス主義	
攻撃的	防御的	革命的	進化的	理想主義的	現実主義的
		ダレス			
		ドゴール			
			進化的	革命的	現実主義的	理想主義的
		ダレス		メッテルニヒ	
				パーマストン	

注：それぞれの名前は，著者のオリジナルの図式通りの位置に置かれている——編者．

　対照的に進化的なカント主義者だったウィルソンの「人は死んでも，理念は生き続ける」というコメントを考えてみよう．このコメントは，ウィルソンが1918年12月に初めてパリに到着した際にハウス大佐〔パリ講和会議でのアメリカ代表の1人〕が世界の安全にとっての障害が多いことを悲観的に指摘したときのものである[61]．同様に，理想主義的グロティウス主義者のシュトゥルツォ〔イタリア人民党党首〕が1923年のトリノ党大会〔ムソリーニ政権から党員を引き揚げることを決定した〕へ送った最後の言葉は，「勝利はわれわれにではなく理想に属する．敗北は理想にではなくわれわれに降りかかる」であっ

第7章 外交の理論：対外政策

た[62]。

このようにピタリと当てはまるパターンや対照的なパターンは、他の分野でも見られる。グロティウス主義者とカント主義者は、歴史が目的と意味を持つと考える点で一致する。カント主義者は歴史を、波のように前進する人類全体と足の裏で踏みつけられる個人の総体として見る。これに対してグロティウス主義者は、個人が自分の目的あるいは意味を見出し、全体の意味については懐疑的になる場が歴史だと見る。だが、少なくとも、歴史がダイナミックなものでありその中で個人が責任を負うということについては両者は一致する。しかしマキャベリ主義者は、歴史を静的あるいは循環するものと見なし、その中で個々人は人生に見出しえた片隅になんとか潜り込むか場を占めるかする、と考える。

マキャベリ主義者とカント主義者は、歴史の理論では一致しないが、政治が本来的に罪深いものだということでは合意して、「罪に対する罰と救済」(*poena et remedium pecati*) という聖アウグスティヌス的な国家論を信じる。それは、古びた少年院や教護院と似ている。

> 正義が存在しないならば、強奪ではないと言える国家はいったいいくつあるのだろうか……。(*Remota itaque justitia, quid sunt regna, nisi magna latrocinia? ……*)[63]

> 正義がなくなるとき、王国は大きな盗賊団以外のなにであろうか。ある海賊が捕らえられて、かのアレキサンデル〔アレクサンドロス〕大王にのべた答はまったく適切で真実をうがっている。すなわち大王が海賊に、「海を荒らすのはどういうつもりか」と問うたとき、海賊は少しも臆するところなく、「陛下が全世界を荒らすのと同じです。ただ、わたしは小さい舟でするので盗賊と呼ばれ、陛下は大艦隊でなさるので、皇帝と呼ばれるだけです」と答えたのである[64]。

世俗的な状況においては、これは人間の邪悪さの中に国家の起源を見出したマキャベリとホッブズに行き着く。国家の重要な目的は、人間を抑制することなのだ。抑制すべき理由が、人間の貪欲さ、暴力、愚かさのどれから来るにせよ、マキャベリ主義者とカント主義者は、人間の強欲と愚かさによって政治が支配されているという点で一致するが、カント主義者は、政治をある特別な人間集

団の愚かさという特殊な見方で見る．そう見ると，「人は生まれながらにして自由である．しかもいたる所で鎖につながれている」（ルソー）ことが説明できる．言い換えると，マキャベリ主義者が政治の罪深い本質は変えられないと信じるのに対して，カント主義者は変えることができると考えるのである．それに対して（聖アウグスティヌスと対峙したアクィナスのように）グロティウス主義者は，政治生活は人間にとってごく自然であり，人間の適切な発展に必要なものだと信じる．国際社会については，マキャベリ主義者とカント主義者はそんな社会は存在しないということで一致する．マキャベリ主義者が，そんな社会は存在しないし存在するはずがないと信じるのに対して，カント主義者はその社会を作るべきだと考える．しかしグロティウス主義者は，現にある外交システムこそ国際社会なのだと信じる．

倫理的な判断には，2つのよく知られた基準がある．1つは，動機や意図に基づくもの．もう1つは，成り行きまたは結果に基づくものである（こうして，〔1938年の〕ミュンヘン協定を擁護する者はチェンバレンの意図を擁護し，それを批判する者は結果を非難する）．政治は本来的に結果倫理の世界なのだから，他国に対する「善意」はその結果ほどには重要たりえない，と論じることはできるだろう．しかしグロティウス主義者は寛大にも，政治的な正しさや成功ではなくて品性の高潔さによってしばしば人を判断する[65]．しかしマキャベリ主義者とカント主義者は，だいたいのところ結果で判断することで一致する．マキャベリ主義者の原理は，「狙い通りうまくやり通す」という，成功による正当化である．革命主義的なカント主義者の原理（カントの原理ではない！）は，目的が手段を正当化する，である．「目的」とは，意図と結論のどちらを意味するのか．両方である．それが意図を意味するとき，カント主義者はいっそうマキャベリ主義者に接近する．どちらにせよ，「目的が手段を正当化する」というのは，成功による正当化の変種だ．目的は，成功を確保するための道徳的装置あるいは技術的原理を提供する．

こうしてグロティウス主義者とカント主義者が，理想主義と歴史理論においてつながるのにたいして，グロティウス主義者とマキャベリ主義者はある種の現実主義を共有する．マキャベリ主義者とカント主義者は，政治の起源について，国際社会（の不存在）について，国際道義の基準について一致する．概括

第7章 外交の理論：対外政策　　　　　215

的に言えば，グロティウス主義者とカント主義者は理想をめぐって接近し，カント主義者とマキャベリ主義者は手段をめぐって接近するのである．

補　遺

諸伝統の相対的な強さ

1. マキャベリ主義は15世紀末に優勢だった．そのときグロティウス主義はまだ退廃的なスコラ哲学から脱していなかった．
2. 宗教改革の教義上の熱情が宗教的なカント主義を生み出した．宗教的なカント主義は，1648年まではマキャベリ主義に対抗したが，以後はおおむねそれと融合した．
3. グロティウス主義は，ゆっくりと，そして退行的ではあったが，ビトリア（1480-1546）とともに現れた．
4. 1648-1789年にはマキャベリ主義が優勢で，グロティウス主義がそれに次ぎ，カント主義は潜伏した．
5. 1789-1815年にはカント主義とグロティウス主義が対抗関係にあった．
6. 1815-1848年にはグロティウス主義が優勢で，カント主義は後退し，マキャベリ主義は潜伏した．
7. 1848-1878年にはカント主義が優勢で，グロティウス主義とマキャベリ主義が等しくそれに続いた．
8. 1878-1914年にはグロティウス主義とマキャベリ主義が優勢で，カント主義は後退した．
9. 1914-1939年にはカント主義とマキャベリ主義が崇高なグロティウス主義者の実験を打ち砕いた．
10. 1939-1960年にはカント主義が優勢で，グロティウス主義は後退した．（マキャベリ主義はその両派に呑み込まれたのか）．

［上記は，著者本人が記述したもの．最後の第10段階の最終年が1960年になっている理由が，中ソ対立によるものなのか，単にリストを記述した年だからなのかは，定かでない．第10段階が1989年まで続き，いまわれわれは第

11 段階を見ているのだと言えるかもしれない．グロティウス主義が再生したが，それはマキャベリ主義的で，カント主義は一時的に力を失っている．――編者，G. ワイト，B. ポーター〕

注

1) *Les Fondateurs du Droit International* (Paris: V. Giard & E. Brière, 1904), pp. 7-8.
2) C. van Vollenhoven, *The Framework of Grotius' Book De Jure Belli ac Pacis (1625)* (Amsterdam: Uitgave van de N. V. Noord-Hollandsche Uitgeversmaatschappij, 1932), p. 11.
3) Hugo Grotius, tr. F.W. Kelsey, *De Jure Belli ac Pacis* (London: Wildy & Son Ltd., 1964), bk. II, ch. XXII, para. XIII, p. 552.〔グローチウス（一又正雄訳）『戦争と平和の法』〈復刻版〉第2巻，酒井書店，1989年，830頁を参照〕．
4) Thomas Hobbes, *Leviathan* (London: J.M. Dent & Sons Ltd.), ch. 13, p. 65.〔ホッブズ（水田洋訳）『リヴァイアサン』第1巻，岩波文庫，1992年，211頁〕．
5) *Ibid.*, p. 189.〔同上訳書，第2巻，282頁〕．
6) J.L. Brierly, *The Outlook for International Law* (Oxford: Clarendon Press, 1945), p. 40.
7) レバノンとウガンダの最近の歴史は，国家が実質的に消滅した結果生じる悲劇を示している［編者］．
8) Morris Ginsberg, *Sociology* (London: Thornton Butterworth Ltd., 1934), p. 42.
9) H.P. Fairchild, ed., *Dictionary of Sociology* (Iowa: Littlefield, Adams & Co., 1955), p. 157.
10) J.Y. Simpson, *The Saburov Memoirs or Bismarck and Russia* (Cambridge: University Press, 1929), p. 137.
11) L.B. Namier, *Conflict Studies in Contemporary History* (London: Macmillan & Co., 1942), p. 14 を参照．
12) ワイトがこれを書いて，インドとソ連およびそれに対抗する中国とパキスタンの連繋は，「チェス盤」現象の格好の事例となってきた［編者］．
13) Emmanuel Kant, *Perpetual Peace* (London: Peace Book Co., 1939), p. 41.〔カント（宇都宮芳明訳）『永遠平和のために』岩波文庫，1985年，70-71頁〕．
14) Carl J. Friedrich, ed., 'Idea for a Universal History with Cosmopolitan Intent', *The Philosophy of Kant* (New York: The Modern Library, 1949), p. 28.
15) *Ibid.*, p. 455.
16) Niccolò Machiavelli, *The Prince* (London: Dent & Sons Ltd., 1928), ch. X, p. 85.〔マキアヴェッリ（河島英昭訳）『君主論』岩波文庫，1998年，81頁〕．
17) *Ibid.*, ch. XXI, p. 181.〔同上訳書，167頁〕．
18) A.G. Stapleton, *George Canning and his Times* (London: John W. Parker &

19) G.L. プレスティジが, *The Life of Charles Gore* (London: W. Heinemann, 1935, p. 93) の中でヘンリー・スコット・ホランドから引用したもの.
20) Otto von Bismarck, tr. A.J. Butler, *Reflections and Reminiscences* (London: Smith, Elder & Co., 1898), vol. II, p. 235.
21) *League of Nations Official Journal*, Jan-June 1932 (London: G. Allen & Unwin Ltd.), p. 385.
22) *The Times*, 12 May 1929.
23) *News Chronicle*, 10 April 1946.
24) Lady Gwendolen Cecil, *Life of Robert, Marquis of Salisbury* (London: Hodder & Stoughton, 1921), vol. II, p. 153.
25) A.P. Thornton, *The Imperial Idea and its Enemies* (London: Macmillan & Co. Ltd., 1959), p. 41 より再引用.
26) Philip de Commynes, tr. A.R. Scoble, *French Memoirs* (London: Henry G. Bohn, 1855), vol. I, p. 89.
27) *Ibid.*, p. 52.
28) Ernest Barker, *Social and Political Thought in Byzantium* (Oxford: Clarendon Press, 1957), p. 102.
29) Steven Runciman, *Byzantine Civilisation* (London: Edward Arnold & Co., 1936), p. 158.
30) V.A. Smith, *The Oxford History of India* (Oxford: Clarendon Press, 1919), pp. 721-722, 739.
31) Mary, Countess of Minto, *India, Minto and Morley 1905-10* (London: Macmillan & Co. Ltd., 1934), pp. 47-48.
32) Peter Calvocoressi, *Survey of International Affairs 1947-1948* (London: Oxford University Press, 1952), p. 175.
33) Niccolò Machiavelli, tr. L.G. Walker, *The Discourses of Niccolò Machiavelli* (London: Routledge Kegan Paul, 1950), bk. II, 25, p. 435.
34) *Ibid.*, p. 436.
35) *Ibid.*, bk. III, ch. 27, p. 540.
36) Keith Hancock, *Survey of British Commonwealth Affairs* (London: Oxford University Press, 1937), vol. I, pp. 466-467.
37) Niccolò Machiavelli, *The Prince*, p. 169 (cf. Discourses, vol. III, ch. 27, p. 542) 〔マキアヴェッリ, 前掲訳書, 157-158 頁〕.
38) Aristotle, tr. E. Barker, *The Politics of Aristotle* (Oxford: Clarendon Press, 1946), p. 245. 〔アリストテレス (山本光雄訳)『政治学』岩波文庫, 1996 年, 271 頁〕.
39) *Ibid.*, p. 233. 〔同上訳書, 258 頁〕.
40) John E. Dalberg-Acton, 'Nationality', *The History of Freedom and other Essays* (London: Macmillan & Co. Ltd., 1922), p. 290.

41) Hugh Tinker, *The Union of Burma* (London: Oxford University Press, 1957) を参照.
42) R.W. Seton-Watson, 'Wellington Despatches, 10 February 1826', *Britain in Europe 1789-1914* (Cambridge: University Press, 1937), p. 109.
43) H.L. Bulwer, 'Letter of H.L. Bulwer, 24 September 1839', *The Life of Henry John Temple, Viscount Palmerston* (London: Richard Bentley, 1871), vol. II, p. 301.
44) *The Times*, 9 December 1876.
45) E.R. Jones, ed. 'Right Principles of Foreign Policy' (West Calder Midlothian, 27 November 1879), *Selected Speeches on British Foreign Policy 1738-1914* (London: Oxford University Press, 1924), p. 372.
46) Lady Gwendolen Cecil, *The Life of Robert, Marquis of Salisbury*, vol. II, pp. 331-332.
47) L.D. Trotski's Autobiography 'Moya Zhizn' (Berlin, 1930), vol. II, p. 64. E.H. Carr, *The Bolshevik Revolution 1917-1923* (London: Macmillan & Co. Ltd., 1953), vol. III, p. 16 より再引用.〔カー（宇高基輔訳）『ボリシェビキ革命：1917-1923』第3巻, みすず書房, 1971年, 18頁〕.
48) デュムリエは, オランダの征服には失敗したが,〔1792年の〕ヴァルミーの戦いで勝利し, ベルギーを征服した. 彼は, フランス革命の裏切り者とされ, 亡命して1800-22年にはイングランドに住み, 83歳で死去. ヘンリに埋葬された.
49) J.M. Thomson, *Leaders of the French Revolution* (Oxford: Basil Blackwell, 1932), p. 256.
50) *L'Unita Italiana* (Florence), 1 September 1860. D. Mack Smith, *Cavour and Garibaldi 1860* (Cambridge: University Press, 1954), p. 247 より再引用.
51) George Washington in Ruhl J. Bartlett, *The Record of American Diplomacy* (New York: Alfred A. Knopf, 1947), pp. 86-88.〔大下尚一・有賀貞・志邨晃佑・平野孝編『史料が語るアメリカ』有斐閣, 1990年, 64頁〕.
52) このことは, 1918年12月-1919年1月のヨーロッパとローマにおけるウィルソン, また, 彼がそれ以前に同盟国側にあてた訴え, さらには, 1917年から外務人民委員だったトロツキーによって例証されている.
53) Elliot Roosevelt, *As He Saw It* (New York: Duell Sloan Pearce, 1946), p. 186.
54) Sir Lewis Namier, *Personalities and Powers* (London: Hamish Hamilton, 1955), pp. 122-123 を参照.
55) Bolton King, *A History of Italian Unity* (London: James Nisbet & Co. Ltd., 1899), vol. I, p. 192.
56) *The Hindu*, 29 March 1949.
57) 'Bangalore Session of the Indian National Congress', Keesing's *Contemporary Archives*, vol. XII, 1959-60, p. 17288.
58) J.Y. Simpson, *The Saburov Memoirs of Bismarck and Russia* (Cambridge: University Press, 1929), p. 136.

59) D.A. Binchy, *Church and State in Fascist Italy* (London: Oxford University Press, 1941), p. 353 より再引用.
60) George Plekhanov, *The Role of the Individual in History* (London: Lawrence & Wishart Ltd., 1940), preface, p. 8 より再引用.
61) Thomas Jones, review of Stephen Bonsal, *Unfinished Business* (New York: Doubleday, Doran Co., 1944), *Observer*, 15 October 1944.
62) ドン・ルイゴ・シュトゥルツォ (1871-1959) は，シチリアの司祭で，「ポプラリ」(のちのキリスト教民主同盟) の指導者. D.A. Binchy, *Church and State in Fascist Italy*, p. 159 より再引用.
63) St. Aurelii Augustini, ed. J.E.C. Welldon, *De Civitate Dei Contra Paganos* (London: Society for Promoting Christian Knowledge, 1924), vol. I, bk. IV, ch. 4, p. 153.
64) St. Augustine, tr. G.G. Walsh S.J., *The City of God* (New York: Doubleday & Co., 1958), bk. IV, ch.4, pp. 88-89.〔アウグスティヌス (服部英次郎訳)『神の国』第1巻, 岩波文庫, 1982年, 273頁〕.
65) Alexander Hamilton, *The Federalist* (London: Dent & Sons, 1934), no. I. John Morley, *Edmund Burke: A Historical Study* (London: Macmillan & Co., 1867) も参照.

第8章

外交の理論：勢力均衡

　国際社会の本質および統治技術の基本原則について検討した後は，勢力均衡(バランス・オブ・パワー)を検討する番となる．この言葉を神のごとく信ずる者にとっては，周期的に生贄を捧げてこの神をなだめる「均衡の維持」と呼ばれる行為それ自体が統治技術の根本原則となるからである．勢力均衡は，つかみどころがないことでは定評のある考え方であり，その検討には，言語分析とともに政治上，外交上の語法の精緻な研究が求められる．「この文脈においてこの言葉はここでは何を意味しているのか」が問われなければならないのである．

グロティウス主義〔合理主義〕

　グロティウス自身は勢力均衡に言及していないが，彼の時代以前から，勢力均衡概念にはすでに関心が向けられていた．この概念はグロティウス自身の原則と調和するものとして，彼の公式の後継者により発展させられた．これを勢力均衡の**古典的教義**と呼ぶことができるであろう．グロティウス主義者にとって，「勢力均衡」という言葉は2つのことを意味する．第1は，勢力の均等(バランス)な配分であり，これが基本的な意味である．第一義的には文字通りの平衡(エキリブリウム)状態であって，どの国家も他の国家を危険に陥れる可能性があるほどに優勢ではないという状態を指す．このような意味での勢力均衡は，維持すると保持する，覆すと転覆する，矯正すると回復する，といったような動詞の目的語となる．だからマキャベリは，1494年のフランス侵攻以前には「イタリアはある程度まで均衡を保っていた」と言ったのである[1]．チャーチルは，1925年のロカルノ会議を評して次のように書いた．「したがって，ドイツとフランスの間の争

第8章　外交の理論：勢力均衡

いを止めることに大きな利益を見出していたイギリスが，たいていの場合に仲裁者となり審判者となって，均衡が生み出された」[2].「恐怖の均衡が勢力均衡にとって代わった」[3] というレスター・ピアソン〔カナダ首相〕の寸言も，「核の対等性」という表現も，こうした意味を例証するものである．

そこにある想定は，勢力の均等な配分は考えられるいかなる代案よりも良いということであり，このため，この言葉は記述的なものから規範的なものになって，グロティウス主義者にとっての第2の意味——勢力は均等に配分されるべきであるという原則——へと変わる．勢力均衡が，国際関係のシステムまた国際政治上の根本的制度とすらみなされ，さらには言うまでもなく対外政策の基本原則と見なされてきたのは，この意味においてであった．これは，国際政治の「古典的な時代」だった1648-1914年には勢力均衡についての支配的な理解であって，ある意味で国際社会における不文憲法を提示したものだとされた．それは1713年のユトレヒト条約〔スペイン継承戦争を終わらせた講和条約〕に「……キリスト教世界の平和と静謐が（相互の友好および永続的な一般的約定のための最善にして最も強固な基礎である）正しき勢力均衡によって定められ安定させられるために……」[4] と書き込まれ，それによって実定法になったと主張する者もいた．この文言は，その後もビスマルク時代に至るまでしばしば引用されることになった．バークは次のように書いた．「欧州において勢力均衡は，よく知られた普通法(コモン・ロー)と見なされてきた．（起こるべくして）起こる問題とは，多かれ少なかれバランスの傾き具合についてだけであった」[5].

したがって，勢力均衡は18世紀においては国際社会の憲法であった．革命フランスとナポレオンに対する闘争は明らかに均衡を回復するための試みだった．勢力均衡の原則——均等な配分であるべきこと——はウィーンに集まった政治家たち（カースルレー，メッテルニヒ，タレーラン）によって明確に受け入れられ，欧州協調の基礎を形成した．欧州協調は，その起源の面でも本質の面でも勢力均衡の保持に関する共通の合意であった．勢力均衡の原則は，恐怖の均衡の時代だった冷戦下において半ば公式に復活した．（かつてないほど20世紀には政治の真実から遠ざかることになった）外交文書の中ではないとしても，少なくとも報道記者や戦略専門家の詳細な論評においてそれは復活したのである．1954年8月21日付の『マンチェスター・ガーディアン』紙は，アト

リー〔イギリス労働党党首〕の北京訪問について次のように報じた．「共存しなければならないなら，勢力を均衡させなければならない．なぜならば，勢力が不均衡であるとき，共産主義は聖戦を再開しようという抗いがたい誘惑にかられるから」[6]．

ヒュームが言うように，勢力均衡政策は，「常識と明瞭な推論に」基づいているが，本章ではそれに関するグロティウス主義の見解を詳しく検討することはしない．グロティウス主義者にとってそれは正義の表明，すなわち，各勢力に対してそれぞれに帰するべきものを与えるという表明である．グロティウス主義者は3つの理由で勢力が均等に配分されるべきであるとする．第1に，諸国家の独立性，いわゆる「欧州の自由」，および諸国民から成る社会，を守るためである．勢力均衡は「いかなる君主あるいは国家といえども，けっして，他国を支配したり他国に対して法を定めたりできないように物事を配置することである」[7]．それは，

> 隣接する国々の間に存在する憲法であり……そのおかげでどんな国であれ，他国の独立あるいは基本的な権利を損なおうとすれば，他国からの効果的な反抗に直面し，その結果，自国を危険にさらさざるをえない[8]．

> 欧州における勢力均衡は，実際上いくつかの国家の独立を意味する．いかなる国の優位もこの独立を脅かし破壊する[9]．

国家の独立の保障としてのこの勢力均衡の概念は，18世紀のヨーロッパ人の意識に深く沈潜し，19世紀になると非難されることになったけれども[10]，1918年のウィルソン〔大統領〕まで信頼を失うことはなかった．勢力均衡は国家安全保障の一条件であるだけでなく，国内的な満足の一条件でもあると見られたのである．「勢力均衡？／ああ，それ回復せざれば／隠遁いかなる確たる喜びを与え得るや？」[11]

勢力の均等配分の第2の理由は，国家の独立性を強化するため，つまり，独立性をはっきりさせ明白なものにするためである．

> 均衡システムの重要かつ独特な特徴は，それ自身が影響を与えている対外問題への注意を絶えず怠らないことであり，……あまりに遠く隔たったところにいてわれわれには関係がないと思われるような諸国民にも常に配慮することである．そ

第8章　外交の理論：勢力均衡

れはまた，均衡システムが作り上げた欧州諸国すべてから成る一般的連合である．この一般的連合は，いくつかの法に従い，一般的な共通原則，要するに，文明諸国の間で普遍的に認められている相互監視の権利によって動かされている……[12]．

ここには，「平和は不可分である」という集団的安全保障の考え方の萌芽がみられる．これはグラッドストンの協調・協力の教義であって，国家の利己的な目的を無効にする．クィンシー・ライトは，『戦争の研究』の中で次のような注目すべき一節を記している．

> 勢力均衡の維持を政府の政策指針とする場合はつねに，その政府は，諸国家から成る共同体の安定を自国の国内的な利益より優先することが利益になると認めようとしているのである．譲歩するのは，安定が自国の生き残りに不可欠の条件だと信ずるからに他ならない．ただし，そこでの譲歩は，自己利益がいかなるものかを悟ったからであって，その結果，利他主義に近づき，より大きな全体に自己を埋没させることになるのである……［ここでは］すでに，法，組織，世論が軍事力よりも重要になり得る状況が片鱗をのぞかせている[13]．

これはきわめてグロティウス主義的であり，後にグラッドストンやアイゼンハワーが賛同するところとなる．

〔勢力〕均等配分の第3の理由は，それが国際法を現実のものにすることである．サー・トラヴァース・トゥイス〔19世紀イギリスの法律家〕は，勢力均衡がユトレヒトで「実定法の規則」として承認されたと述べている[14]．このことには議論の余地があるが，勢力が均衡する場合にのみ国際法が存在することができるという点については，広く合意されている．

> 諸国が相互に抑制しあうことができない場合には，圧倒的に強力な国家が当然のように自由裁量に従って行動し，法に従おうとしないから，いかなる法規範も効力を持たなくなる．主権国家よりも上位にあり国際法の規範を強制できる中心的な政治的権威は存在しないし，また存在しえないので，勢力均衡は国　際　社　会(ファミリー・オブ・ネイションズ)のいずれかの構成国が絶対的権力者になるのを妨げるに違いない[15]．

> 国　際　社　会(ファミリー・オブ・ネイションズ)の構成国間の平衡は，国際法の存在そのものにとって不可欠な条件である[16]．

勢力均衡は法原則ではなく，したがって，国際法でもない．しかし，それは国際政策の原則であり，かつ国際法の存在にとって不可欠である．勢力均衡の原則は，介入を正当化する主要なまたは唯一のものではないにしても，その1つとして，国際法学者が繰り返し取り上げるところとなっている．

グロティウス主義者は，このことから均衡の「保持」という考え方を導き出した．すなわち，均等配分の維持のために力(パワー)が特別な役割を有するということである．均衡が多角的なものか単純なものかは関係がない．この考え方は教皇政治によって発明されたもので，イギリスはその典型例であることを充分に自覚していた．1727-1867年の軍律法のもとでは，軍隊は「英国の安全と国王陛下の領土の防衛，欧州における勢力均衡の維持のために」編成された[17]．しかし，ここでの公平性が自己満足的であり，比喩が不正確であることは明らかである．天秤を握っている限り，自らの重さを比べることはできないし，天秤の皿に載ることもできないのである．この滑稽なまでの不正確さは，警察機能（または自警団の機能）についてのグロティウス的な解釈にも見られる．1955年，バンドン会議とジュネーブ会議を目前にして，ロシアとアメリカが勢力を相殺しあってきわめて完璧な均衡を形づくっているとネルーが主張したとき，インドは自らを均衡の保持者と見なしたのである．したがって，非核保有諸国は，一大国が優越するときよりも策略をめぐらす余地があり，両大国に対して，朝鮮問題を解決し中国の沿岸諸島から撤退して軍縮を確実に進めるようプレッシャーをかけることができるはずである．『オブザーバー』紙のニューデリー特派員はインドの立場を次のように報じている．「非同盟勢力を形成しているがゆえに，われわれに人々が懇願する事実を利用しよう」[18]．

グロティウス主義者は，勢力均衡をほとんど政治的な法ないし社会的な法とみなす．勢力の均等配分を作り出す固有の傾向が国際政治にあることを見つけ出して，諸国家がどのようにして絶えず変化しつつ平衡状態に至るかを一般的に述べたものが均衡だと見なすのである．A.J.P.テイラーは言う．19世紀において勢力均衡は「経済法則に対応する政治的法則であり，ともに自動制御されているものと見なされていた．各人が自己利益を追求すれば，みなが繁栄するだろう．各国が自国の国益を追求すれば，すべての国が平和で安全になるだろう」[19]．ただし，これはグロティウス主義的な性格のものとはいえない．グ

ロティウス主義者は,「法」の観点から国際政治を見ることはしない（それはマキャベリ主義である）．19 世紀には，マキャベリ主義的な政治家も，政治に疎くて「国際政治に関わらない」ことを望むコブデン主義的なブルジョワジーも，このような観点から勢力均衡を理解していたのである．しかし，真のグロティウス主義者は，常に「明日のために考えて」責任ある決定を行う必要を理解している．グロティウス主義者にとっては，勢力均衡は政策であって「法」ではない．グロティウス主義とマキャベリ主義をあわせて的確に定義をするならば，次のようなものとなるであろう．主権国家は多様なので，常に均等な配分のために争いつつ絶えずその均等性を失う不安定な平衡を保つ．

マキャベリ主義〔現実主義〕

マキャベリ主義者は，グロティウス主義者の分析はまことに結構であると言うであろうが，それは言葉だけのことだ．グロティウス主義者の分析は非現実的で，政治分析で補われなければならない．勢力の均等配分を意味するグロティウス主義的な勢力均衡の概念そのものが，3 つの理由から成り立たない．第 1 には，勢力が均等に配分されているかどうかを知るためには相対的な力を測る必要があるが，その方法がないことである．これが，軍縮交渉が失敗する理由である．軍艦と戦車，師団と ICBM（大陸間弾道弾），師団と師団の関係についてさえも，共通の基準による測定方法がない．第 2 に，公平で独立した測定者がいないこと．測定は常に推定，憶測，疑念，ときにはパニックをもたらす．それは主観的で利害関係が絡んでおり，ジレンマに陥った関係当事国またはその中の一国によって行われる．第 3 に，時に均等な配分に近いものがあるのは事実にしても（例えば，ロカルノ，あるいは核の手詰まり），勢力の配分はすべて一時的なものであって，不安定かつ変わりやすいものであること．したがって，均等な配分が存在するかどうかについても，普通は諸国家の意見が一致しないということが対外政策の基本的な事実となる．おおむね勢力配置は，現状が真の平衡なのだから正当なものだと考えて現状を維持しようと努める国々に有利なものになり，したがって，これを修正しようとする他の国々にとっては厄介なものとなる．勢力均衡は，それを文字通りに受け取らない限りに

おいて，また均衡を平衡(バランス)(エキリブリウム)と同じものと見なさないかぎり，役に立つ婉曲表現である．

マキャベリ主義者にとって，この語句の意味には幅がある．その基本的な意味は勢力の既存の配分，すなわち，現状に見合った配分である．勢力均衡を修正しようとする者でさえ，それに正義を認めることはないとしても，外交上容認される簡略な表現として，既存の配分を「均衡」という．こうしてヒトラーは，1936年10月24日，ベルヒテスガーデンでチアーノ〔イタリア外相〕に向かって次のように述べた．「地中海の勢力均衡のどのような将来的な変更もイタリアにとって有利なものでなければならない」[20]．クリップス〔チャーチル内閣の駐ソ大使〕は，1940年7月にモスクワを訪問した際に，スターリンに次のように述べた．「両国はドイツに対する共通の自己防衛政策，および欧州における勢力均衡の再建について，合意すべきです」．これに対して，スターリンは，欧州がドイツに呑み込まれる危険はないとして次のように答えた．「いわゆる欧州の勢力均衡は，これまでドイツのみでなくソ連をも圧迫してきた．したがってソ連は，欧州における古い勢力均衡の再構築を妨げるためにあらゆる措置を講ずる」[21]．もう1つの事例は，イギリスが黙諾［現状を受け入れるよう余儀なくされるという意味で黙諾］してはいるが，潜在的に勢力均衡の修正を求めていることを示す．「海軍力の均衡はこの10年の間に劇的に我々に不利になってしまった」[22]．これについては，現状修正派諸国が既存の勢力の配分を「均衡」と表すことに異存がないとすれば，ある程度の客観的な評価は可能であり，また修正派は勢力均衡を覆したいと望みつつもそれを均衡と認めている，というのが，グロティウス主義者の答えである．マキャベリ主義者の見方によれば，修正派は，既存の均衡が自分たちにとって不公平であると考える場合に均衡を「回復する」方法については述べていない．したがって修正派とは，法と秩序を本質的に不公平であるとして否認する革命主義者ではなく，法と秩序に対する戦争を宣言したギャングのようなものだ，というのである．だとすると，「均衡」が正義または秩序という本来的な特性を現実に有しているのだという意見の一致が，修正主義者をも含めて，実は存在していることを意味してはいないか．

マキャベリ主義者はこの問いに答えを持っていないように思われる．マキャ

第8章 外交の理論：勢力均衡

ベリ主義者にとって勢力均衡とは，まずは既存の勢力の配分であるが，次には，過去または現在と同様に未来の勢力の配分の可能性をも意味する．チャーチルは1942年にイーデンに次のように言った．「勢力均衡がどのような状態にあるのか，あるいは，勝利した軍隊が戦争の終わりにどのような立場に置かれているのか，誰にも予見できない」[23]．ここでの勢力均衡とは，ある特定の時点で存在する勢力関係を意味する．用語の使われ方としては，これがいちばん多いかもしれない．「均衡」は，「平衡」という意味をおおかた失って，安定よりも変化を意味するようになる．そこでの均衡は「維持する」ないし「解体する」といった動詞の目的語ではなく，あたかも人間の統制がほとんど及ばないかのような「勢力均衡が変化した」「勢力均衡が傾いた」「新たな勢力均衡が生じつつある」などといった文章の主語となることが多い．勢力均衡というものが，変幻自在であり，抑えがたい活力に満ち，可変的であることからも，力を均等に配分すべきという原則を実行することが困難であることがみてとれる．2つの勢力またはブロックが軍拡競争や同盟のための闘争において均等な配分を維持しようとする単純な均衡状況においてすら，**背理法**（*reductio ad absurdum*）的な状況が現れる．ここでは，よく知られているように，勢力均衡はこちら側が力の不利な配分を避けるために力のゆとりを必要とする，という原則になる．ここで「均衡」は銀行預金残高（バランス）という意味を持ってくる．つまり，資産と借方が等しいことではなくて，資産の余剰，資金のゆとりを指す．1913年，オクスフォード大学のある学部学生集会で，一閣僚（チャーチル）が聴衆に次のような話をした．

> 「自分の国を安全かつ平和にすることができる方法はただ1つです．それは，予想されるいかなる敵も敢えて攻撃しようとしないほどに，自分の国が敵よりもはるかに強力になることです．誰が考えても当然の案として，これを提示したい」．小さな紳士［サー・ノーマン・エンジェル］〔1933年のノーベル平和賞受賞者〕が会場の後ろで立ち上がって発言した．「私たちに与えてくださった助言を大臣はドイツにも与えるおつもりですか」．［かすかなクスクス笑いがあったが，拍手はなかった］．……質疑の時間になると，その小さな紳士はこう述べた．「大臣は，反目しあう国々のどちらのグループも，自分たちが相手方よりも強くなれば安全と平和を確保することになると私たちに教えてくれましたが，なんともたいへん

深遠な思慮分別であります．これを誰が考えても当然の案であると大臣は考えておられるのです」[今度は大きな拍手喝采が巻き起こった]24)．

若きグロティウス主義者(サー・ノーマン)は，この問題を単に賢明な言葉使いで解決できたのだろうか．イギリスとドイツの海軍拡張競争からロシアとアメリカの核競争に至るまで，これは少しも変わらぬ国際政治の根本的難問なのではないだろうか．強い立場で交渉するために役立つ，銀行の預金残高という意味の勢力均衡，すなわち力のゆとりを各国が望んでいるということである．

この事実は，ただちに均衡の保持の問題につながる．グロティウス主義者はこれを，ある一国が決定的な力を寄与しうる能力によって均等配分の維持に特別な役割を果たすこと，と定義する．通常，その役割を果たしてきたのは，島国のイギリス，側面を守るロシア，中立的な立場のインドなど，周辺的な勢力だった．しかし，マキャベリ主義者からすると，それは適切とはいえない．均衡の保持においては，きわめて多義的な役割を果たすことが求められる．均衡を保持しようとする者が，判断基準とされる国々よりも力が弱い場合には，その役割はせいぜいが仲介者程度にとどまる．一方の側と同じくらい強いか，より強い場合には，仲裁者になる可能性が高い．他の者が公正だと見てくれるようには，均衡保持者がこの「特別な役割」を果たせないこともありうる．均衡保持者の関心が，勢力の均等配分維持よりも自分自身の立場の強化のほうにあるかもしれないからである．この見方によれば，均衡を保持しようとする者が担っているのは，均等配分を維持するための特別な役割または義務ではなくて，既存の配分の中での特別の利益なのである．自らに課した欧州における勢力均衡維持の責務について，イギリスは右手で勢力均衡を維持しつつ，海上覇権と植民地覇権を確立するために左手を使って平衡原則を認めることを2世紀にわたって拒み続けてきた，と大陸諸国は常に見なしてきた．ウィーンでの和解の基本原則は，植民地問題を除外することであった．1919年のパリ講和会議では，イギリスはドイツ艦隊の数を一定数まで減らすこと，とともにドイツ植民地の併合を要求したのである．

しかし，「均衡の保持」は，特定の大国に任せられているわけではない．マキャベリ主義者は均衡維持概念を民主化する．ほとんどの国は，特殊な優位性，

戦略的な立場，原材料あるいはエネルギー，自信を持っていて，どちらかの側に決定的でないにしても，いくばくかの力を与えることができる．多くの小国は，その同盟国との間だけだとしても，自国がいくつかの点で均衡を保持していると考えたがる．均衡保持は，やがていくらかの力を与える能力，何らかの行動の自由を有することに変わる．そしてどの国もそれを望むのである．この意味で，ヒューム（マキャベリ主義者）は，勢力均衡が「常識と明晰な推論に基づく」と述べたのである．したがって，グロティウス主義的な用語を使うと，均衡の保持とは，単なる分割支配の政策であると見なすことができる．分割支配政策とは，分裂と生存，分裂と影響力などによってそれぞれどちらを採るか，といった競い合いを行わせることである．このことは，敵対関係についてであろうと同盟関係についてであろうと，ほとんどあらゆる国に当てはまる．1959年11月10日，ドゴールは次のように述べた．「核兵器を装備したフランスは世界の平衡に役立つであろう」[25]．NATOと共産主義の平衡にではなく，NATO自体の内部での平衡に彼の関心はあったのである．ドイツに対する均衡を保持するためにムソリーニが行った1939年のアルバニア征服と1940年のギリシャ征服の試みとも比べることができる．

　このような勢力均衡概念の民主化は，防御的なマキャベリ主義者によって成し遂げられた．攻撃的なマキャベリ主義者は，この語句を君主主義的に，独占的に解釈する．彼らにとって均衡の保持には，分割支配という明白な利益が含まれている．だからヒトラーは，1941年に次のように述べた．「イギリスが勢力均衡と呼んだものは大陸の分裂と解体以外の何ものでもない」[26]．チェスター・ボウルズ〔米国下院議員〕（攻撃的マキャベリ主義者ではなかった）が1956年に次のように書いたとき，この意味で勢力均衡という語句を使用したのである．「低開発大陸に住む世界の3分の2の人々が……最終的には世界の勢力均衡を形作る」[27]．決定的な強みを得ることは優位に立つことを意味し，この優位は，強さのゆとりを意味する均衡政策の考え方と一体化する．ハミルトンは1787年に次のように書いた．「やがてわれわれが，アメリカにおけるヨーロッパの仲裁者になり，世界のこの地域におけるヨーロッパ各国の競争を，われわれの利益の命ずるままに均衡を傾けることができる日を待ち望んでもかまわないであろう．われわれをとりまく情勢とわれわれの利害が，アメリカに

かかわるシステムにおいて頂点をめざすようわれわれを促し，急き立てている」[28]．ナポレオン・ボナパルトは，第1次〔対仏〕同盟崩壊後の1797年に同じ趣旨のことをこう述べた．「われわれが欧州の均衡を保持している．われわれはその均衡をわれわれの望むように変えるつもりである」[29]．1901年，カイザー〔ドイツ皇帝ヴィルヘルム2世〕は次のように告げた．「欧州における勢力均衡とは朕である．均衡保持というイギリスの政策は粉砕されてしまった」．「朕，すなわち朕および朕の22の軍団を除外してしまえば，欧州における勢力均衡は存在しなくなる」[30]．

ここに至って，「均衡」の言語学上の移動がついに完成する．この言葉は反対の意味に変わってしまった．平衡は優位を意味するようになり，均衡は不均衡を意味するようになった．そして，この語句を規律する動詞も，所有から識別へ，すなわち，「保持する」および「変える」から「構築する」および「存在する」へ変わったのである[31]．

カント主義〔革命主義〕

カント主義者が勢力均衡を否認する原因となっている諸要因を理解することは容易だ．戦争に対する疲労感，勢力均衡戦争への強い嫌悪感がそこにはある．「いまや欧州均衡せり．いずこも優勢たらず／天秤の二皿，何も残らじ」[32]．

カント主義者はまた，勢力均衡の原則が実際上当てにならずかつ扱いにくいために，それを否認する．それを示す顕著な事例には，次のようなものがある——スペイン継承戦争の最中の1711年にカール大公〔皇帝カール6世〕が神聖ローマ皇帝になったために均衡が反対の方向に傾いた事例．ウィーン会議において，イギリス，オーストリア，フランスが秘密条約を結んでロシアとプロイセンの過度な領土的野心に対抗しようとした事例．欧州における勢力均衡を回復するために戦われた戦争のあとの1945年に，ドイツの優位に替わってロシアの優位が出現した事例．

カントは次のように書いた．

　欧州におけるいわゆる勢力均衡による普遍的な平和の維持は，棟梁が平衡の法則

に完全に則って建築したために雀が止まっただけで直ぐに壊れてしまったスウィフトの家のようなもの，すなわち単なる想像上の産物である[33]．

カント主義者は，あらゆる政策を正当化してしまう理念の知的なこじつけ，不明確さや矛盾，意味の多様性を好まない．コブデンは次のように書いた．

> 勢力均衡とは妄想(キメラ)である！ それは，謬見でも，錯誤でも，詐欺でもない——それは，説明できない，言葉で言い表せない，理解不可能なことではなくて……政治屋の頭脳の創造物——明確な形や実体的な存在のない幻影——意味のない音を伝える言語を作り上げる音節の単なるつながり，である[34]．

コブデンは勢力均衡の理論が誤っている理由を3つ指摘した．〔第1には〕それが妄想(キメラ)的であること．勢力均衡の支持者は，勢力均衡システムの基礎は欧州の諸勢力の「憲法」，「連合」，または「配置」であると言っているが，そのような状態はかつて存在したことがない．コブデンはここで勢力均衡はある意味で国際社会の憲法であるという考え方を，逆立ちした表現により，仄めかしている．国際社会は憲法を持ちその表現の1つが勢力均衡であると言っているのである．勢力均衡を運用機能の1つとするような国際社会は存在しない，と彼は主張する．勢力均衡は妄想(キメラ)であり，荒唐無稽な考えである．〔第2に〕それが誤った推論に基づいていること．勢力均衡の理論は，諸勢力を均衡させる過程において各国を評価する基準——それが領土の広さであれ，住民の数であれ，あるいはその富であれ——の定義を含んでいない．これは，グロティウス主義的事例に対するマキャベリ主義者からの批判でもある．第3に，この理論が，不完全であり，実際には使えないこと．なぜなら，同理論が，向上と努力から生ずる静かで平和的な〔国力の〕強化に備えることを軽視しあるいは拒否するからである．これはまさにカント主義的な特徴を備えた議論である．勢力均衡は，軍事的な関係のみを取り上げていて，進歩の効果，すなわち道徳的，物質的発展を無視している，という．こうした見方は，国際関係についてのまったく新しい見方であり，それはもちろん産業革命に起因している．1958年4月の『インターナショナル・アフェアーズ』誌に載ったデニス・ヒーリー〔英国労働党の政治家〕のコブデン主義者としての言説を見よ．

過去においては，勢力の均衡を大きく変化させることができるのは，自国の国境

外の領域において資源を獲得するという方法だけだった．現代においては，自国の領域内の資源を政治的，科学的な意味でより有効に利用することによって勢力の均衡に大きな変化をもたらすことが可能であるということを証明するのに，スプートニク〔1957年にソ連が打ち上げた人類初の人工衛星〕は劇的な効果を上げた[35]．

少し本筋からずれるが，勢力の均衡が変化するときはたいてい，その原因は新しい大国の出現にあるので，勢力均衡の変化は，大国をどのように定義するかという問題を生じさせる．この問題にアプローチする方法は一般に2つある．1つは，大国とは，外交上大国として認知されている国家なのだというものである．大国を表す外交上の証しについてはある程度の合意がある．安全保障理事会または連盟理事会における常任理事国の議席，常設国際司法裁判所への判事の選出，あるいは例えば，イタリアが1867年のルクセンブルク会議に招待されたときのように特定の大国の会議に招待されることなどである．外交上大国として承認されるにふさわしい国は，〔各国に共通する〕一般的な利益を有する国である．だからそのような国々は，国際社会を導くエリートであり責任を全うできる上流階級だとみなされる．「大きな責任」とは，これらの国々のパリ講和会議やウィーン会議で行った行為によって示された．

　……世界の統治は，自国が持っている以上の何をも望まない満ち足りた国々に任されなければならない．世界の統治が飢えた国々の手に落ちるならば，常に危険が生ずるだろう．しかしわれわれのいずれもが，自分の持っている以上のものを求める理由がないのだ．平和は，自分流のやり方で生活して野心を持たない人々によって守られるだろう．われわれの力はわれわれを他の国々の上に置いた．われわれは，自分の家の中で平和に生きる富める者たちに似ている[36]．

これはグロティウス主義の哲学と同じである．しかし，この定義についてはもっと深く究明することができる．ある国が一般的利益を有すると認められるためには，どのような資格が必要なのだろうか．それはおそらく認められることによってではなく，自己主張によってであろう．ゴルチャコフ〔ロシアの外交官〕はイタリアについて次のように書いた．「大国は承認されるのではなく，自ずと現れる」[37]．ヘーゲルは，カンポフォルミオ〔ベルギーのフランスへの割譲などを規定した1797年の条約〕を前にしたナポレオンの言を次のように

引用する.「〔ナポレオンは〕『フランス共和国が承認を必要としないのは,太陽が承認される必要がないのと同様である』と語った.この言葉のうちには,承認のことが語られないといっても,すでに承認の保証をともなっているような国家の現存在の強さそのものを含んでいるのである」[38].

フルシチョフは,1958年4月に出した第三世界の諸政府への書簡で,中国を無視する政策は何の役にも立っていないと述べたときに,同じ趣旨を繰り返した.「この大国は現に存在し,ますます強大になりつつあり,認知する政府があるか否かに関わりなく発展しつつある」.

これらの定義は,より「現実主義的」で「マキャベリ主義的」であるが,それでもなお,次の問題に対する答えとしては適切とは言い難い.すなわち,「どの国が自国を大国であるとうまく主張していけるのだろうか」ということである.いくつかの国が大国を名乗ろうと努力しているが,説得力に欠けるのは明白である.例えば,1919年の後のポーランド,おそらく1950年代のフランス,そして今日のイギリス.そのような自己主張が客観的に成功するのは,1905年に日本がロシアを破ったケースのように,戦争で他の大国を打ち負かした場合であることは明らかだ.もしもある国が他の大国を破ると,自国が普遍的な利益を持っていると主張し続けてあらゆる事柄に手を出すこと,外交的な認知を速やかに得ることができるようになる.イタリアは〔第1次世界大戦の戦勝国となった〕1918年においてさえ大国にはならなかったし,中国は最初の中米戦争となった朝鮮戦争で結局は米国に打ち勝つことはなかった.戦争で他の大国に打ち勝った国を大国として認めるという定義は,『危機の二十年』の中でE.H.カーが示した定義であり,それは,様々な時代における大国としてのイングランド,プロイセン,ロシア,日本,およびスウェーデンの地位を説明している(ただし,オーストリア,フランス,アメリカ,イタリア,中国については説明しない).しかしながら,この定義は明らかに,それ自身の内部に論理上の問題を抱えている.なぜなら,歴史を遡ることには限界があるからである.歴史のどこかの時点で,ある大国の敗北が新たな諸大国を生み出したとしても,敗北した大国自身がその地位を〔他の大国に対する〕軍事的な勝利によって獲得したわけではなかったとすれば,どこかの時点で,**最初の大国**というものがあったに違いないからである.

コブデンの議論に戻ろう．彼は，マキャベリ主義者が大国の証しとして戦争と勝利ばかりを取り上げることを叱りつけ，〔その一方で〕グロティウス主義者が外交上の認知を強調するのは法律尊重主義的(リーガリスティック)でつまらぬ屁理屈でしかない，として否認している．大国は新たに生まれることがありうるし，「向上と努力から生ずる静かで平和的な強化」[39]（ここで強化とは，侵略的ではなくより大きくなることを指す）によって，勢力均衡の変更を行うことができる．外交上の認知に先駆けて，道徳にかなった良心と人間らしい常識による認知，すなわち軍事力ではなく道徳的かつ物質的成長によって認知され，それがある国を大国にするのである．アメリカ合衆国を例に取ってみよう．合衆国はいつ大国になったのだろうか．合衆国は，静かに大国にまで成長して大国と見なされるようになったのだが，その際には，外交上の認知も軍事的暴力もなかった[40]．マキャベリ主義者は，合衆国がいつ大国になったのかという問いに対して，米西戦争，南北戦争，100万人の軍隊，そしてときにはメキシコからのフランスの放逐を引き合いに出して答える．しかし，合衆国はいまだに例外的存在であり続けている．中国も同様である．レイモン・アロンは次のように書いた．「中国における共産主義の勝利は……世界の勢力均衡を覆した」[41]．地球上で一番大きな国が，強力で実効力ある政府を持つに至った場合には，その国はただ存在するだけで勢力の均衡を変えてしまうに違いないことは明白だったとはいえないか．ブライト〔英国の自由主義政治家〕は1854年に，勢力均衡をかき乱すことが戦争を仕掛ける正統な理由になるとしたら，オーストリアにはイギリスに対して戦争を始める理由があった，と主張した．オーストリアと比べて，イングランドは3，40年も前から3倍も強力になっていた．オーストリアは政治的に分断され破産していたが，イングランドは団結して富と生産力は絶えず増大していたのである．

> オーストリアは次のような不満を言わないだろうか．より良い政府を持ち，国民の統合が進み，国民の勤勉と高い技術によって富が生産され，機械設備が見事に発展することによってますます強力な国になったイギリスは勢力均衡をかき乱してきたではないか，と[42]．

相対的な力を測定する方法が存在しないという理由から，勢力の**均等**配分と

いうグロティウス主義的な原則を，マキャベリ主義者は批判した．カント主義者はさらに進んで，測定するとはどういうことか合意はないし明瞭でもないと主張する．勢力均衡の理論家が自分のやるべき仕事が何かを知っていたら，彼は力のみではなくてすべての領域における相対的な国力の拡大をも測定しようとするだろうが，そんなことは馬鹿げている．この問題に対するマキャベリ主義者の答えは2つある．第1には，馬鹿げてはいないのであって，勢力均衡の分析作業は今まさに現実に行われている．武器を手にした兵士や核爆弾の貯蔵量のみでなく，工作機械の生産や石油備蓄も軍事力に含まれることは明らかだ．第2に，国力の成長が軍事的な成長と関連するかなり明確な段階がある．その段階においては，静かで平和裡な向上が権力－政治的な結果を伴うと考えることができる．ヒーリーの議論を利用するならば，スプートニクには明らかな軍事的意味合いがあるのであって，大海軍を建造しようとしたドイツの決定になぞらえることができる．ソビエト・ロシアの宇宙への進出も第1次世界大戦前のドイツ帝国の海洋への進出も，たとえそれらが増大する国内資源を利用しただけと説明しえたとしても，直ちに勢力均衡を変え始めたのである．1870年代の日本の明治維新は勢力均衡には影響しなかった．一方，共産主義者による中国の征服は，勢力均衡に影響を与えた．なぜなら，いまや強力な中央集権政府の下にある中国が，イデオロギー紛争における1つの陣営からもう1つの陣営へ移動してしまったからである．

　カント主義者は，勢力均衡の考え方に対してきわめて感情的な嫌悪感を抱いている．それをよく示しているのは，ジョン・ブライトによる先鋭な洞察である．

> この問題を考えれば考えるほど，私が至ったのと同じ結論にたどり着くだろう．すなわち，この外交政策，「欧州の自由」への配慮，かつての「プロテスタントの利益」に対する心遣い，「勢力均衡」に対する過度の愛情は，まさにイギリスの特権階級を国境の外で救済する巨大システムそのものである，ということだ[43]．

この情緒的な嫌悪感の根底にあるのは，均衡を維持するために戦われた戦争が支配階級の軍事偏重という傾向に迎合するものだということだけでなく，そうした政策が永続きせずかつ進歩を妨げるということである．永続きしないこと

は，イギリスの歴史が示している．ブライトは言う．われわれは，欧州におけるあらゆる国民とともに，あらゆる国民のために，そしてあらゆる国民に対して，戦争をしてきた．われわれはフランスに対してロシアとともに戦い，別のボナパルトがフランスの王位に就くことに反対することを誓ってきた．現在，われわれはフランスとともにロシアに対峙している．彼は続けて言う．「勢力均衡とは永久機関のような不可能なものであって，実現しようと絶えず誰かが頭を絞り時間とお金を費やしながらもなかなか実現されない」[44]．ブライトはまた，「勢力均衡」がいかに進歩を妨げているかを次のように指摘した．「『勢力均衡』というこの文句が絶えず戦争のために議論されるとしたら，戦争の口実には事欠かないことになるだろうし，平和は決して確保され得ない」．彼はまた次のように書いた．

> この幻影（欧州の自由と勢力均衡）を追い求めて，この小さな島の国民の産業から20億ポンド以上もの金額が搾り取られた．……目前にあるのは，政府の恐ろしいまでの過ちである．政府の取り返しのつかない失政に浪費される金額は，イギリスの産業実績全体の3分の1を下回ることはなく，時には半分にまでなる．産業の成果は，イギリスのすべての家庭を豊かにし祝福を与えるように神が意図したものであったはずだが，その成果は，世界各地で浪費されてしまって，イギリス国民にほんの些細な利益ももたらすことがない[45]．

この立場を，普通の孤立主義的な議員の立場と比較することもできる．見逃せないのは，カントが勢力均衡についての2度目の論及においてそれを進歩に必要な1つの段階とみなしていたことである（1度目の論及については173頁〔本訳書230-231頁〕を参照）．国際的なアナーキー状態および恒常的な戦争の準備は人間の進歩の能力を遅らせるが，これらの諸悪は自らの解毒剤を生み出しもする．

> 隣接する国々から生じたまったく健全な対立は，それが国々の自由から生じているために，そうした対立を規制するための平衡の法則が見つけ出される．そして，この法則を重視する1つの統一的勢力が形成され，それによって諸国民間の公的な安全を保障するための普遍的な条件が導入されることになる[46]．

ここにおいて勢力均衡は，コスモポリタンな世界共和国あるいは共和国連盟へ

第8章　外交の理論：勢力均衡　　　　　　　　237

の第一歩となる．

　以上が，分析的にみたカント主義者が勢力均衡を否認する理由である．歴史的にみてみると，勢力均衡が重要であった旧体制(アンシャン・レジーム)の時代から民主主義の成長に伴ってそれが否定されるまで，勢力均衡が受けた攻撃の跡をたどることができる．フランスのジャコバン派は，勢力均衡を次のように完全に否定した．

> 勢力均衡に関して言えば，フランスがそれを認めるはずがなく……公認された，あるいは推奨されたすべての報告や外交システムの理論に関する議論では，勢力均衡という考え方そのものが常に否定され，そうした考え方こそが欧州を苦しめてきたあらゆる戦争と災厄の真の原因であると見なされることになった……したがって，これらの報告や議論ではあらゆる種類の均衡が論破された．そこでは，いかなる均衡にも基づかないが，フランスを首座に据えて守護者とするある種の非宗教的な階層秩序(ヒエラルキー)を形成する，帝国についての新しい解釈を立案することが主張されたのである[47]．

　革命主義的なカント主義者は，勢力均衡が主たる障害となるような革命状態を目指す（ボルシェヴィキは勢力均衡よりは「帝国主義外交」を弾劾した）．勢力均衡理論にたいするこうした拒絶は，コブデンとブライトおよび合衆国におけるその影響からウィルソンや国際連盟にまでたどることができる．ウィルソンは「人民や領土というものは，まるでゲームに賭けられた家財や抵当のように主権国家から主権国家へと物々交換されるべきものではない．たとえそれが，勢力均衡という今では永久に信用を失ってしまった偉大なるゲームにおいてでさえも」と明言した[48]．「勢力均衡(バランス・オブ・パワー)ではなくて諸国共同体(コミュニティ・オブ・パワー)を，組織化された競争関係ではなくて組織化された共通の平和」をウィルソンは提唱した[49]．こうして，「勢力均衡」は嘆かわしい言葉となり，外交用語から抜け落ちた．歴史家は，勢力均衡が時代遅れの18世紀的な概念だと言った．

　1932年に偶然にも2冊の書物が著された．1冊はM.H.コルネホによる『諸大陸の均衡』である．

> 諸大陸の間の均衡とは，いろいろな地域で歴史により発展させられ，さまざまな事件によって相互的行動を求められるようになった諸要素の間に立って，介入することを意味する——その目的は，普遍的な規模での協力という事業を推進することにある．本質的に平和的であるこの利益の均衡は，諸国家間の均衡とは異な

り，敵対関係の均衡とはならない……諸大陸は，経済利益と司法原理によって平衡を確立するように促される……それは協力の均衡，すなわち，普遍的な反復運動を求める精神的に浄化された社会的諸要素の間の均衡である[50]．

　以上が，ラテン・アメリカ的な修辞学が過剰であるものの，カント主義者の考え方である．勢力均衡は，精神的に浄化された協力の反復運動にまで高められた．もう1つの書物は，バレンティン・デ・バリャの『欧州における新たな勢力均衡』である．

本研究は，欧州における新たな勢力均衡の形成を説明するための試みである．……2つの政治集団が軍事的優位を達成するために競争している．一方は欧州の政治的構造を維持しようと努めており，他方はそれを変えるために戦っている[51]．

（これはマキャベリ主義者の言う「均衡」，力の配分を意味する．）1番目の書物を曖昧だと思う者はマキャベリ主義者であり，2番目の書物を木ばかり見て森を見ない近視眼的な本だと考える者はカント主義者である．

　1930年代の欧州では，深部から再浮上する勢力均衡の原則が頻繁に見られるようになった．勢力均衡原則は，それまで主として1919年の特殊な状況のために消えていたのである．特殊な状況とは，連合国による権力の独占，ドイツの敗戦とオーストリアおよびオスマン・トルコの解体，欧州からの米ソの撤退である．しかし，いまやパターンは枢軸国と国際連盟との対立に単純化されていた．ロシアは最初，ミュンヘン〔会談〕までは国際連盟側についていた．次に，アメリカが国際連盟の加盟国の方へ引き寄せられたことで，均衡が保たれた．第2次世界大戦後には古い議論が蒸し返されたが，その議論はあまり確かなものとはいえなかった．国際連合は，勢力均衡とは異なる「集団的安全保障」の原則に基づいていた．1945年12月の準備委員会で，ユーゴスラビアの代表は，国際連合の本部が大国の領土に置かれるべきであるかどうかについて質問した．反対する主張のほとんどが，勢力均衡を理由としていた．ベヴィン〔英外相〕は1948年には，「旧式の勢力均衡の概念」は放棄されて欧州の連合に道を譲らねばならないと述べたのだが，その後のマーシャル・プランやNATOに関わっては断固として勢力均衡を擁護した[52]．核の対等性によって生み出された「恐怖の均衡」は，グロティウス主義的な概念をそのもっとも単

第8章 外交の理論:勢力均衡

純な形で復活させている.ただし,非同盟諸国は,「権力政治の網の目」である同盟や条約を避けて関わろうとしない国なので,非同盟諸国の中立主義は,恐怖の均衡に対してカント主義的な批判を続けているのである.

注
1) Niccolò Machiavelli, *The Prince* (London: Dent & Sons, 1928), p. 169.〔マキアヴェッリ(河島英昭訳)『君主論』岩波文庫,1998年,157頁〕.
2) Winston S. Churchill, 'the Gathering Storm', *The Second World War* (London: The Reprint Society, 1954), vol. I, p. 42.
3) Lester Pearson, speech at San Francisco, 24 June, 1955, 'Commemoration of the Tenth Anniversary of the Singing of the UN Charter' (UNP Sales No: 1955 I. 26), p. 215.
4) G. Maccoby and S. Butler, tr., *The Development of International Law* (London: Longmans, 1928), p. 65.
5) Edmund Burke, 'Letters on a Regicide Peace', *The Works of the Right Honourable E. Burke* (London: Samuel Holdsworth,, 1842), vol. II, no. 3, p. 333.
6) *The Manchester Guardian*, 21 August 1954, leading article.
7) Emmerich de Vattel, tr. C.G. Fenwick, *Law of Nations*, Washington DC, Carnegie Endowment (Oxford: Clarendon Press, 1916). bk. III, ch. III, p. 251.
8) F. von Gentz, *Fragments upon the Balance of Power in Europe* (London: Peltier, 1806), ch. I, *ab init*.
9) Lord John Russell in 1859. H. Temperley & L.M. Penson, *Foundations of British Foreign Policy* (Cambridge: Cambridge University Press, 1938), p. 205 より再引用.
10) Viscount Grey of Falloden, *Twenty-five Years 1892-1916* (London: Hodder & Stoughton, 1925), vol. I, pp. 4-6, 10 を参照.
11) Issac Hawkins Browne, *Oxford Book of 18th Century Verse* (Oxford: Clarendon Press, 1926), p. 300.
12) Henry Peter Brougham, *An Enquiry into the Colonial Policy of the European Powers* (London: 1803), vol. II, pp. 210-211.
13) Quincy Wright, *A Study of War*, 2nd edn (Chicago and London: The University of Chicago Press, 1965), vol. II, p. 749.
14) Sir Travers Twiss, *The Law of Nations considered as Independent Political Communities* (Oxford: Clarendon Press, 1844), p. 187.
15) L. Oppenheim, *International Law*, 1st edn (London: Longmans, Green & Co., 1905), vol. I, pp. 73-74.
16) *Ibid*., p. 185.
17) T.J. Lawrence, *The Principles of International Law* (London: Macmillan &

Co., 1925), p. 128.
18) Philip Deane, *Observer*, 16 January 1955.
19) A.J.P. Taylor, *The Struggle for Mastery in Europe 1848-1918* (Oxford: Clarendon Press, 1954), p. xx.
20) Malcom Muggeridge, ed., Stuart Hood, tr., *Ciano's Diplomatic Papers* (Odham Press, 1948), p. 57.
21) *Nazi Soviet Relations 1939-1941*: Documents from the Archives of the German Foreign Office (Washington, DC: Department of State, 1948), p. 167.
22) L.J. Callaghan presenting Navy estimates in the House of Commons, 12 March 1951, *Hansard's Parliamertary Debates* Vol. 485, col. 1093).
23) Winston S. Churchill, 'The Grand Alliance', *The Second World War*, vol. III, p. 542.
24) C.E.M. Joad, *Why War?* (London: Penguin Special, 1939), pp. 71-72.
25) Charles de Gaulle, reported in *The Manchester Guardian*, 11 November 1959.
26) Adolf Hitler, Speech in the Berlin Sportpalast, 30 January 1941, reported in *The Times*, 31 January 1941.
27) Chester Bowles, 'Why I will vote Democratic', *Christianity and Crisis*, 15 October 1956, p. 137.
28) Alex Hamilton, *The Federalist* (London: J.M. Dent, 1934), no. xi, pp. 50, 53. 〔ハミルトン，ジェイ，マディソン（斉藤眞・中野勝郎訳）『ザ・フェデラリスト』岩波文庫，1999年，71，76，77頁〕．
29) *'Nous tenons la balance de l'Europe; nous la ferons pencher comme nous voudrons'*, Bonaparte to the Minister of Foreign Relations, 1797, in Albert Sorel, *L'Europe et la Révolution française* (Paris: Plon-Nourrit et Cie, 1906), vol. 5, p. 185.
30) H.H. Asquith, *Genesis of the War* (London: Cassell, 1923), pp. 19-20 より再引用．
31) Martin Wight's chapter 'The Balance of Power' in Herbert Butterfield and M. Wight, eds, *Diplomatic Investigations* (London: George Allen & Unwin Ltd., 1966), pp. 165ff. をも参照．
32) Alexander Pope, *Minor Poems* (Twickenham Edition, 1954), vol. VI, p. 82.
33) Immanuel Kant, *Werke* (Berlin: Academy Edition, 1912-22), vol. VIII, p. 312.
34) Richard Cobden, *The Political Writings of Richard Cobden* (London: William Ridgway, 1868), vol. I, pp. 258-263.
35) *International Affairs* (R.I.I.A. Butterworth), vol. 34, no. 2, April 1958, p. 154.
36) Winston S. Churchill on the Tehran Conference 1943, 'Closing the Ring', *The Second World War*, vol. V, p. 300.
37) Otto von Bismarck, tr. A.J. Butler, *Reflections and Reminiscences* (London: Smith, Elder & Co., 1898), vol. I, p. 302 より再引用．
38) Friedrich Hegel, tr. T.M. Knox, *Philosophy of Right* (Oxford: Clarendon

第8章　外交の理論：勢力均衡

Press, 1949), p. 297〔ヘーゲル（上妻精・佐藤康邦・山田忠彰訳）『法の哲学』下巻，岩波書店，2001年，545頁〕.
39) Richard Cobden, *Political Writings*, p. 269.
40) *Ibid*., pp. 279-83. *Speeches by Richard Cobden*, ed. John Bright, Cobden's castigation of British ignorance of the USA (London: Macmillan & Co., 1880), pp. 361, 491, and John Bright 'War with Russia', 31 March 1854, *Speeches*, (London: Macmillan & Co., 1898), p. 233.
41) *The Manchester Guardian*, 23 January 1951.
42) John Bright, *Speeches*, p. 233.
43) *Ibid*., p. 470, pp. 330-332 も参照.
44) *Ibid*., p. 469.
45) *Ibid*., pp. 232, 469.
46) W. Hastie, *Kant's Principles of Politics* (Edinburgh: T. Clark, 1891), pp. 19-20.
47) Edmund Burke, 'Regicide Peace', *Works*, vol. II, pp. 333-334.
48) Woodrow Wilson, Address to a Joint Session of Congress, 11 February 1918, 'Four Principles Speech', *The Papers of Woodrow Wilson* (Princeton, NJ: Princeton University Press, 1984), vol. 46, pp. 322-323.
49) *Ibid*., Address to the Senate, 22 January 1917, p. 351.
50) M.H. Cornejo, *The Balance of the Continents* (London: Oxford University Press, 1932), p. 206.
51) Valentine de Balla, *The New Balance of Power in Europe* (Baltimore, Johns Hopkins Press, 1932), preface, Martin Wight, 'The Balance of Power', *Diplomatic Investigations*, pp. 172-173.
52) *Hansard's Parliamentary Deletes*, vol. 446, col. 338.

第9章

外交の理論：外交

グロティウス主義〔合理主義〕

　ハロルド・ニコルソンは，その著書『外交』の中で，彼が「外交」と呼ぶものについて（あたかも諸文明ではなく〔ある特定の〕文明について語りうるのと同じように），それがあたかも外交の唯一の形態であるかのように叙述している．しかし，ニコルソンの著作自体が，このような外交の排他的な概念には限界があることを示している．彼がその言葉で意味しようとしたのは「イギリスの外交」であって，それに対して，例えば，ドイツの外交（「英雄的」または「戦士的」）やイタリアの外交（「可変的」または「日和見主義的」）は区別されうる，ということのようである．ヨーロッパの外交にはきわめて多様なタイプが現実に存在し，さらには，「旧」外交と「新」外交の違いもある．イギリス外交を意味する「外交」は，「古典外交」と呼ぶにふさわしい．ニコルソンはそれを様々な方法で描き出している．

> 〔外交とは〕その本質においては国際関係に適用される常識と仁慈とに他ならない．[それは]「独立国政府間における公的関係の処理に知性と気転とを適用することである」．……
> 外交理論において主たる形成力であったのは，宗教ではなく，常識である．
> 外交官の中でも最悪の部類は宣教師，狂信家そして法律家であり，最善なのは道理をわきまえた，人情味ある懐疑家である．
> 交渉の技術は本質的に商業の技術であ〔る〕．
> すぐれた外交の基礎はすぐれた商業の基礎と同じものである――すなわち信用，

信頼，熟慮，妥協である[1]．

これが外交についての中道的ないし「古典的な」見方であり，それは明らかにグロティウスの見解である．このグロティウス的外交理論は，グロティウスの勢力均衡理論にうまく対応しているが，それは外交交渉を成功させるための一定の客観的条件を前提または必要としている．これらの条件とは次の2つである．1つ目は，物質的または物理的なもので，当事者同士が対等な条件で取引する可能性である．2つ目は道徳的なもので，当事者同士が互いに信頼しあえる可能性である．

対等な条件で取引する可能性が必要であることは，勢力均衡理論と直接的に結び付けて考えることができる．すなわち，外交の物質的・物理的条件とは勢力均衡が存在することである．実際に，勢力均衡理論はグロティウス的あるいは古典的な外交概念の根底をなす．いまや反植民地主義が正統派となり，西欧文明が非西欧文明の面目をいかに踏みにじってきたかについての自覚があるので，物語の発端はしばしば忘れられがちである．つまり，17世紀にはムガール帝国皇帝ジャハンギールとの外交が不可能であったこと[2]，あるいは，18世紀には満州人〔清朝〕の乾隆帝との外交が不可能であったということである[3]．これらの君主たちは，対等の条件で取引する可能性をもつ国があることなど信じられなかった．つまり，彼らは勢力均衡の原則を認識してはいなかったのである．ただし，この文脈における勢力の均衡という言葉は，**全般的な力の均衡**とは異なる，**交渉**力の均衡を意味する．そこには，ギブ・アンド・テイク，相互の譲歩，さらには交渉資産の均等配分の可能性が含まれている．アメリカ合衆国とキューバとの間，あるいはイギリスとアイスランドとの間では力全般の均等配分はないかもしれないが，交渉資産の均等配分ならばありえる．三流の国であっても大国に対して敢然と攻撃的な行動すらとることができるし，そうすることによって交渉の立場を強くすることができる．

したがって外交は，対等な条件で取引する能力，すなわちギブ・アンド・テイクの可能性があることを必要とする．そこではどちらの側も自己の利益の実質を維持したままで譲歩を行うことができるか，そうでない場合にはより大幅な譲歩を行う側が代償を受け取る．これが「強い立場からの交渉」のもともと

の意味である．この語句あるいは理念は，ディーン・アチソン〔米国務長官〕が1950年の2月16日にホワイト・ハウスで広告協議会に向けて行った演説まで遡ることができる．「われわれが困難な経験から見出したソビエト連邦と取引する唯一の方法は，強い立場を作り出すことである」[4]．

アチソンの防御的な姿勢は，ロシアに打ち勝つというよりもむしろアメリカをロシアと同じ位置にまで高め，交渉資産の均等配分を回復したいという願望を表していた．もう1つの事例は1954年のジュネーブ会議直前に由来する．当時の西側諸国にとっての外交上の関心と打算は次の点にあった．つまり，フランスがインドシナを承認するのではなく放棄することができるように，フランスは，インドシナにおけるベトミン〔ベトナムの独立組織「ベトナム独立同盟会」の略称．越盟〕に対する軍事的立場を強化すべきである，ということである．軍事的状況が改善された場合にのみ，フランスの名誉ある撤退が可能となるだろう．イーデン〔英国外相のち首相〕が述べたように，「軍事的成功が交渉に先立たねばならなかった」[5]．ジュネーブ〔講和会議〕での西側諸国の交渉の立場を弱くしないために，少なくとも軍事的にはその地歩を保持しなければならなかったのである．

交渉にとって具体的な必要条件である交渉力の均衡は，譲歩を取り消すことによって，または何らかの当面の優位を利用して法外な値で譲歩を売りつけるなどの不公平な取引を押し付けることによって，相手側に強制力を働かせる可能性がどちらの側にもあることを意味する．したがって，そこには不均衡な要素もある．また交渉力の均衡は，会議場の外における何らかの行動によって変えられる可能性もある（たとえば，1922年にドイツがソビエト・ロシアとラパロ条約を締結したこと）．グロティウス主義理論は総じて，交渉力の均衡をこのように操作することを非難する．

第2次大戦後のトリエステをめぐる紛争は，当面の優位を利用した格好の例である．イタリアが1947年に結んだ平和条約はトリエステを自由地域としたが，同地を統治する総督を誰にするかについては大国間で意見が対立し，同地域は事実上，占領国の間で分割されてしまった．北部はイギリスとアメリカ，南部はユーゴスラビアによって占領された．イタリアはトリエステ全体のイタリア帰属を求めた．トリアッティ率いるイタリア共産党を除くイタリアの全世

第9章　外交の理論：外交　　　　　　　　　　　　　　　　　245

論が、この問題をめぐって燃え上がった．コミンフォルム〔各国共産党の国際組織「共産党及び労働党情報局」〕を支持していたイタリア共産党は、国民感情にうったえることができなかった．共産党が勝利したかもしれない1948年の選挙が近づくと、西側諸国はこの状況を活用することにした．選挙の直前に、西側諸国は3カ国宣言を出してイタリアとの平和条約に大胆な改正を施し、トリエステ全体──前述の2つの占領地区──をイタリアに与えることを提案した．これは、いたるところで共産主義者を困惑させ、イタリアの選挙に影響をもたらした．3カ国宣言はイタリア人を喜ばせ、選挙でのキリスト教民主党の圧勝に力を貸したのである．宣言はトリエステをめぐり長引いていたロシアとの交渉とは無関係であった．なぜなら平和条約の修正にはソ連の同意が必要とされていたが、それは得られなかったであろうからである．提案は抜け目ない策略であった．イーデンは、次のように解説する．「その後の動きは、この西側のイニシアティブが賢明であったかどうかを疑わせた．もっとも複雑な外交的問題とくにこの場合のように工作の余地が限られているときには、一時的な利益をかすめ取ることがプラスとなることはほとんどない」[6]．

　1954年のジュネーブ会議は、交渉のさなかにも勢力均衡を変えようとする国があることを示している．会議の最中にイーデンは、インドシナへアメリカが迅速に軍事介入することについてフランスとアメリカが話し合っていることを新聞で知った（もちろん、イーデンはダレスから何も知らされていなかった）．

> ビドーが会議開催中フランスは介入を要請しないと私に通告してきたのでほっとした．だが、この挿話的な事件は危険だった．私は"外部の雑音"に気をかけたわけではない．"外部の雑音"も役立つことがある．だが、これは一定のきわめてはっきりした条件のもとに置かれた場合に限られる[7]．

　後日、ビドー〔フランス外相〕はイーデンに、もしジュネーブで合意に達しなかった場合には、アメリカは3個師団を派遣していただろうと述べた．「彼は、これを会議の進展に役立つかもしれない"遠雷"だと考えていることをつけ加えた」[8]．

　これらは、交渉力の均衡において、一方の側がいかにして他方の側を強制す

る可能性をもつかということを表す例である．圧力をかける際のこれらの諸手段，そこに本来的に備わる強制の可能性は，関係者すべてに良く知られている．これらは，国際政治に固有のものであるが，多くの場合，国内政治にも当てはまる．グロティウス主義者は，有利な立場をすばやくつかんだり，会議という乗り合わせた船を揺さぶったり，舞台裏で雑音を立てたりすることは認めない．しかし，そう言うだけでは十分ではない．そのような強制の可能性全般に対するグロティウス主義者の態度は尊大かつ繊細で逆説的でさえある．交渉力の均衡には疑いがないとしても，その背後には強制が潜んでいることを双方の側とも知っている．だが，そのことに言及することを避けるのである．双方ともに「強制」の極度の形態が戦争だということを知っているが，このことは言及されてはならないのである．最後の手段として戦争をするぞと威嚇することはありうるが，その場合の威嚇は，道徳的に譲歩できないと宣言をしているのであって，現実に戦争をすることとは違うと考えられている［例えば，1921年に〔アイルランドの自治および北アイルランドのイギリス帰属を規定する〕条約を実現するためアイルランドに戦争を仕掛けると脅したロイド・ジョージ〔英国首相〕］．しかしながら，交渉力の均衡が脅かされているように思われるときには，明確かつ毅然と速やかに主張することが必要である．

　ギブ・アンド・テイクの可能性が明瞭である限り，交渉力の均衡に含まれる強制的な側面については沈黙しなければならない．私的関係における死のように，国際問題における戦争は嗜みのある会話の話題には普通ならない．責任ある人間は誰でも，背後にそうした側面があることを知りながら，それについては語らない．「会議で『戦争』という言葉が使用されると，メッテルニヒ〔オーストリア宰相〕は，恐れおののき両手を高く掲げて，こう言った．ご静粛に．戦争とは忌まわしい言葉です．その言葉を使うと，戦争という観念をますます現実のものにしてしまう恐れがあるから，決して使わないように」[9]．バークも同じように，フランス革命を賛美するイギリス人に触れて，次のように評した．

　　このように，抵抗や革命について絶え間なく喋ったり，憲法用の劇薬をその日々のパンとするといった習慣を，私はかつて好きになったことはありません．それ

第9章　外交の理論：外交　　　　　　　　　　　　　　　247

は社会の体質を危険なまでに虚弱にします．それは……自由への我々の愛のために興奮剤……を繰り返し呑み込むことにほかなりません10)．

　この沈黙が効果をあげるかぎり，戦争の脅しは——それがかりに必要となる場合にも——きわめて深刻に受け止めるべきであるにしろ，現実の戦争とは本質的に異なるものとして理解することが可能である．1840年のムハンマド・アリ危機〔エジプトの太守ムハンマド・アリがシリア領有をめぐってロシア，トルコなどと争った事件〕の際に，ルイ・フィリップ〔フランス国王〕は英国大使ブルワーに次のように述べた．「ティエールは朕に対してご立腹だ．朕が参戦したがらないからだ．朕が参戦について語ったというのだが，参戦について語ることと参戦することとはまったく異なる事柄だ」．ブルワーは，次のように見解を述べた．「外交においては，戦争の威嚇すべてを現実の戦争とみなす必要はありません」11)．おそらくこの背後では，戦争をする意図や願望がなくても，事態の統制がきかなくなることはありうるという推論がなされている．つまり，不測の事態が一般化するという脅威である．イーデンの『回顧録』は，その脅しがどのように行われるかを説明している．1954年5月5日，ジュネーブで，モロトフとグロムイコがイーデンと会食しており，情勢全般についての話し合いが行われた．

　　　話が終わりに近くなったとき，私は大いに率直に話そうといった．インドシナ情勢がジュネーヴで効果的に処理されないと，双方の支持者がますます介入の度合を深めて行き，最後には衝突の起こる危険が現実に存在する．私は続けていった．もしそうなれば，第三次世界大戦がはじまる恐れは十分ある．モロトフはこの情勢評価に完全に同意した12)．

　イーデンは，一定の状況下では，わが国および同盟国と貴国および貴国の同盟国とが戦争をするだろう，と言ったのではない．一定の状況下においては，今ここでわれわれが確認しあったような，誰も望まない制御不能の事態が生じるかもしれないと言ったのである．

　以上の諸点は，外交用語が段階的な定式を踏まえることについての理論的基盤を説明している．慎重で控えめな表現ときわめて通用性が高い慣例的な言い回しを用いることである．

〔したがって，〕自国政府は……にたいし「無関心のままでいることはできない」〔ということは，〕彼の政府が必ずや介入するだろうということであると解される．「イギリス政府は関心を以て見守っている」〔ということは，〕イギリス政府が強硬方針をとろうとしている〔ことを意味する〕．
「その場合，わが政府は自らの利益を考慮しなければならないだろう」〔ということは，〕関係の断絶が考慮されていることを示している．もし彼がある外国政府に，彼らの側におけるある行為は「非友好的な行為」とみなされると通告すれば，その政府は，彼の言葉を戦争の威嚇を意味しているものと解する[13]．

　先述のように，メッテルニヒが戦争〔という言葉〕に飛び上がったり，ムハンマド・アリ危機の際にルイ・フィリップが見せた警戒は，国際政治がきわめてグロティウス主義的だった時代のひとつである1815-48年の期間に見られた2つの典型例である．それは，神聖同盟と革命的なナショナリズムとの間に不安定な平衡が保たれ，欧州協調が花開いた時代であった．よく似た時代である1945年以降と比べてみよう．1945年以降，恐怖の均衡と核の均等（パリティ）が生じたことで，どの国も戦争の脅しをかけることはなく，かつ戦争の脅しが必要とされる場合でもそれは実際の戦争とは違うものだ，という合意が再び成立した．この時代に生じた戦争の主な脅しのひとつの例——それは「核による脅迫」と評された——が，スエズ危機が頂点に達していた1956年11月5日にブルガーニン〔ソ連首相〕がイーデンに出した書簡の中に見られる．それは実際の戦争とは本質的に異なる戦争の脅しに過ぎない，とイギリスの評論家はそろってみなした[14]．〔朝鮮戦争を終わらせるためにアイゼンハワーが1953年に中国を脅迫した事実もあったことが後に明らかになった．編者〕

　沈黙の義務が続くのは，対等な条件で取引する可能性が存在する限りのことである．交渉資産の均衡が故意に覆されたり危うくなった場合には，率直であるべしという義務が生まれる．相手方の行動の結果を完全に明白なものにする必要がある．これはグロティウス主義者が，侵略および国際安全保障の維持に対してとる態度の基礎にある考え方であり，当該の章で詳しく説明する．

　通常の場合の沈黙の義務および偶発的な場合の率直さの義務は，外交に必要な物質的ないし物理的な条件からもたらされるいわば道徳的帰結である．それが，対等な条件で取引する可能性ということである．外交の道徳的条件は相互

信頼であるが，これはそう簡単にはいかない．それは互恵と相互依存という2つの側面を持つ．私が貴方に対して義務があるのと同様に貴方は私に対して義務がある．イーデンは1952年7月のイラン石油をめぐる紛争について次のように書いた．「われわれは，いかなる時にも解決のための交渉を行なう用意があるが，交渉が行なわれるためには，双方に交渉の用意のあることが不可欠である」[15]．

　まず第1に，対立する側が交渉の用意のあることを明らかにしなければならない．相手に対して信頼を築き上げる必要があるのである．（両当事者が友人であるときには）信頼関係はすでに存在している可能性があるので，そのような場合には信頼を作り出す必要は生じないが，信頼関係がないときには，信頼を生み出すために何らかの行動が必要になる．スターリン没後の1953年4月，アイゼンハワー〔米大統領〕は，ソビエト連邦の新しい指導者たちに，彼らが軍縮につながるような平和を希求していることを示す具体的な証拠を見せるよう求めた．「われわれは行為によって証明された真面目な平和の目的だけを求めている．こうした行為のための機会はたくさんある」[16]．それは，他方の側からの意志表示が求められている状況である．1955年11月のフルシチョフ〔ソ連共産党第一書記〕とブルガーニンの訪問を前にして，インドは次のような立場を明らかにした．中国と交渉しなければならないのであれば，まず行動を起こすべきは北京の方であり，その行動は中国が本当に解決を望んでいるとインドが信じることができるほど，融和的なものでなければならない．

　このような行動の根底にあるのは，ある事件が起こったときには，その事実よりもそこに含まれる諸原則の方が重要であるという教義である．カッセルズ判事は1960年1月の刑事控訴審において，ステイブル判事が20分間で評決に至るよう陪審員に命じたノッティンガム巡回裁判で有罪判決を受けた3人の判決を破棄した．事件それ自体に関わる正義よりも，正義という抽象的な原則の方が重要であるという教義を，カッセルズは明確にしたのである．1959年8月にネルーが次のように述べたのも同じ趣旨からだった．「山岳地帯があと1マイルないし2マイル，中国に属するのか，インドに属するのかなど，物理的にみればたいした違いはない．重大なのは，条約が破棄されたり侵略的な姿勢が示されたりすることである」[17]．

これは単なる狭量な法律尊重主義ないし道徳主義による主張ではない．双方の側が交渉に際して同一の原則を尊重していることを証明するためには，意志表示がなされなければならないのである．これには裏返しの側面がある．対抗する相手側が交渉の用意があることを示す場合には，こちら側は交渉前に相手に恥をかかせてはならない，ということである．1954年のジュネーブ（インドシナ問題）会議を準備する際に，アメリカ合衆国は，ベトミンへの援助をやめさせるために中国に対して報復することを望んだ．イーデンは次のように説明している．

　　中国に対して，さらに特定の行動をとるときは報復を伴うと警告することと，中国がすでに開始した行動を中止するよう要求することとの間にははっきりした区別がある．前者の場合は効果的な阻止力をもつかもしれない．だが，いかなる脅しを用いれば，ヴェトミンを見捨て，しかもその代償として体面のたつ譲歩はなにも得られないというような非常に屈辱的な拒否の態度を中国にうけ入れさせることができるか私にはわからない[18]．

イーデンはさらに付け加える．中国は威嚇に屈服しないだろう．そのときには，西側諸国は屈辱を感じながら引き下がるか，あるいは中国に対して戦争を仕掛けなければならない．要するに，交渉の前に相手を侮辱してはならないのである．

　相手が交渉の用意があることを示した場合には，こちらも同じようにせねばならない．これらの客観的諸条件が整えられ，交渉力が均衡し，対等な条件で取引する可能性が存在し，相手が交渉の用意があることを示すことでこちらの信頼を勝ち得たとしたら，こちら側も自らの役割を果たして，微笑みとともに手を差し伸べながら前へ進み出て，相手の信頼に対して応えることができる．そのときにこそ古典外交の諸原則は実を結ぶことが可能となり，会議と首脳会談が真価を発揮して，素朴な人たちにとっての幻滅や政治的な玄人の冷笑の素以上のものとなるのである．

　「インク，ペン，緑のカバーで覆われた会議テーブル，そして幾人かの大小の盗人にとって代われるものが，現在の世界にあるだろうか」．（メッテルニヒが1821年にライバッハで言った言葉）．交渉に代わるものはない．

　古典外交の諸原則を列挙してみよう．第1の原則は，正直であることまたは

誠実であること（「信用」）である．嘘をついたり約束を破ってはならない．それは割に合うことではないし，報復をもたらす．公明正大に取引するという評判を築きあげよ[19]．〔フランス学士院の〕道徳・政治科学アカデミーにおける最後の演説で，タレーラン〔フランス外相〕は外交とは二枚舌や欺瞞の技術ではないと断言した．誠実さが必要だとすれば，それはまさしく政治においてである．誠実さのみが，われわれの取引を継続的で信頼するにたるものとすることができる．

　第2は，中庸と抑制の原則であり，分別を持ち続けることである．この原則は，自己主張や国民的（もしくは個人的）な利己主義を捨て去ることと，譲歩を行う心構え，すなわち絶対不可欠でないものについては道を譲ることを求める．1953年1月のベルリン会議についてイーデンは次のような意見を述べた．「会議場としてどの建物を使うかについてソ連側と退屈な議論がつづいたが，これは会議にとってがっかりさせる序曲だった．ソ連と交渉するときは，第二義的な事柄でも重要な内容となり得るが，普通なら第二義的な事柄については妥協的になるのが周到なやり方である」[20]．イーデン，ダレス，ビドーは，ドイツとオーストリアについての審議にとりかかるために，モロトフが提案した議題についての論争を長引かせないようにしよう，ということで一致した．イーデンは，次のように書き留めた．「われわれは，ソ連の議題を受諾することによって，多くの論争を避け，また世界の好意を獲得することができた．世界の好意はわれわれにとって必要になるだろう」[21]．

　〔第3の原則は〕礼儀である．敵対者の敗北を意味するような外交上の「勝利」とか「手柄」とか「成功」を求めるのではなくて，共通の功績を示唆するような「合意」を追求すること，あるいは，〔相手に〕気づかれないような勝利を求めることである．外交の技術とは，勝利を隠すことである．「最良の外交は，自らの目的を果たしながら，相手にもかなりの満足を感じさせることだ．点数計算に抵抗することが，しばしばすぐれた外交となる」[22]．敵対する者には退却の道を空けておくこと．しかし，彼がその道を選ぶかどうかは努めて気にかけないようにすること．

　第4の原則は，相手側に敬意を払うことである．相手の中のもっとも善良な人々を思い浮かべて，その立場にたって，彼らにとっての利益を理解しようと

努力することも，この敬意には含まれる．ホイッグ党政権下のイギリスとルイ・フィリップ〔のフランス〕との間の和親協約が崩壊して，双方がスペインとポルトガルの問題について不誠実だとか背信的だとか言いあい，疑心暗鬼に陥っていた最中の1836年，パーマストン〔英国外相〕はパリ大使館の書記官だったアーサー・アストンに次のような書簡を出した．

> しかし，これは国際問題についての政策や見解としては，なんと卑小で心の狭いことだったのだろう．その結果，フランス政府は，すべての資源を友好国や同盟国に向けての策謀と外交に浪費してしまった．この資源は，上手に利用すれば，フランスには名誉ある成果を，欧州には実益を伴う成果をもたらす可能性があったのだが．しかし，世間はとかくこうなりやすい．人については見たままに受け入れ，存在するものを大いに活用し，失敗や誤りには目をつぶり，できるだけ良い点に着目しなければならないのである．……

パーマストンは次にH.L. ブルワーに対して，次のように述べた．「われわれは人々をあるがままにうけ入れ，彼らの悪い点にかかわることなく，その良い点を最大限利用しなければならない」(「これは，パーマストン卿が頻繁に繰り返した一節である」)[23]．イーデンの『回顧録』には，彼が敵対する当事者の心の内に入り込んで彼らの利益を理解する能力を持っていることを示す事例がたくさん収められている[24]．

これらの原則はみな相互に入り混じっており，同一物のいろいろな側面を構成している．それは，正直さ，慎ましさ，礼儀，他者に対する共感を説く道徳神学の授業のように響きだす．だから，「〔外交とは〕その本質においては国際関係に適用される常識と仁慈に他ならない」[25]というニコルソンの意見は，誇張ではないことがわかる．要約すると，外交とは，諸利益の和解，相違の緩和，さらには共通利益の創造とすら言ってもよいかもしれない．ウェブスターは，カースルレー〔英国外相〕について次のように述べている．カースルレーは，

> 自分の欲するものを，相手もまたそれを欲するようになるような仕方で手に入れる，という偉大な才能を有していた．〔彼は〕自己の計画が相手のものと同じであることを相手に納得させたり，あるいは最悪の場合でも，自らがうまくこしらえあげた妥協において，相手側に自分こそより多く獲得したと納得させることが，非常にうまかった[26]．

こうしてイーデンは，1954年のジュネーブでは，西側諸国，共産主義諸国，中立諸国の利益を結びつけることに努めた．彼の考えでは，インドに好意的な立場をとってもらうか，インド自らが参加することが不可欠であった．

　国際政治についてのグロティウス主義的見解に含まれる諸要素を集めようとすると，これまで外交の諸原則を叙述してきたことから分かるように，グロティウス主義的見解こそが，緊張，均衡する敵対者，道徳的要因と相互に浸透しあう政治的要因，目的に拘束される権力，などをめぐって構築された理論であることがよくわかる．外交に関する他の〔2つの〕伝統を理解する最も簡単な方法は，諸要因をばらばらにして知的な緊張を解き放っているものとしてこれらの伝統を理解することである．カント主義者は道徳的要素から出発してそれを交渉の客観的条件から切り離す．マキャベリ主義者は権力的要素から出発してそれを道徳的統制から解き放つのである．

マキャベリ主義〔現実主義〕

　現実主義的またはマキャベリ主義的な批判によって，これまで描写してきたグロティウス主義者による統合がどのように解体されていくのかを理解することは，ごくたやすい．この統合は，多くの点で攻撃にさらされやすかった．マキャベリ主義者は，グロティウス主義者が言う交渉の「客観的な条件」の存在あるいはその可能性に対してさえ，少なくともグロティウス主義者が描く形では，疑問を投げかける．対等な条件すなわち交渉力の均衡とは，勢力均衡以上のものとしては存在しない．マキャベリ主義者から見ると，グロティウス主義者は「航海の条件は海が静かであること」という輩と同じように見える．しかし，これは政治的には子供じみている．風が吹いて海面の平衡が失われず荒れていないとき以外は航海できない者は船乗りではない．なぜなら，航海とは悪天候をものともせず海に乗り出して出発地点から目的地に行くこと，だからである．相互の信頼関係というものも，完全な形では存在しえない．また物質的条件と道徳的条件の区別も実際には存在せず，グロティウス主義者が説明しようとしても，その違いはなくなっていく．マキャベリ主義者にとっての外交とは，圧迫や誘導という方法をうまく活用することによって，自分の力のすべて

を発揮しなくても，自分自身の利益を追い求めることができるようにすることである．外交に必要な唯一の道徳的条件とは，物理的な力を発揮し物質的な恩恵を提供できるよう，十分な知性と思慮分別，専門的能力を備えていることである．

　マキャベリ主義者の外交概念は，4つの論点としてまとめられる．転変または変化，恐怖と貪欲，強い立場からの交渉，取引技術である．転変または変化とは，外交の重要な「客観的条件」である．政治生活の絶えざる転変こそ，外交官が身に着けなければならぬ生の素材である．それは，マキャベリ自身が**フォルトゥナ**(*fortuna*)〔運命の女神〕と呼んだものである．政治的変化に対するマキャベリ主義者の態度は，4つの言葉，すなわち，適応する，機先を制する，助長する，管理する，として描き出すことができよう．

　変化への適応性は，外交官に求められる基本的資質である．外交官は，天候の変化を平然と受け流し，波立つ海面に自分自身を適応させることができなければならない．「政体を脅かす害悪は絶えざる変化の中にあり，これらの害悪を矯正すべき救済策も変化の中にある」[27]（ソールズベリがピットについて語った言葉）．政治においては，現在生じていることが永久に起こり続けるであろうと想定すること以上に馬鹿げた過ちは1つしかない．すなわち，現在生じていることを永久に起こり続けさせようとすることである．適応性というこの根本の特質，すなわち交渉途中で目標を変更する能力は，イーデンの成功を裏付けるものだった（イランの石油危機，トリエステ問題の解決，インドシナの分割，キプロスの独立，欧州防衛へのドイツの参加をめぐって，イーデンはこの技術を巧みに用いた．後に，アフリカにおける「変革の風」に直面したときには，マクミランも同じようなやり方で態度を豹変させた）．1877年5月，ソールズベリ〔英国首相〕はリットンに対して次のように書き送っている．

　　政治におけるもっともありふれた過ちは，過去のものとなった政策の残骸に固執
　　することである．マストが水中に落ちてしまっても，それまで役に立ってくれた
　　記念にとこの綱あの帆柱をとっておこうとする者はいない．邪魔になった船具を
　　残らず捨て去るだろう．政策についてもそれと同じであるべきだ．だが，実際に
　　はそうなっていない．古い政策が散り散りに引き裂かれてしまった後にもその切
　　れ端にしがみつき，その襤褸が引きちぎられてしまった後は襤褸の幻にしがみつ

く(28).

　これは，1950年代後半のアフリカにおけるイギリスについてはおそらく当てはまらないだろうが，中東におけるイギリスに関しては真実だった．
　変化に適応する能力は，外交の求める最小限の要件である．より高い到達点としてめざすべきは，変化を予想し，来るべき悪天候を予測し，それを避け，またはそれに先んじることである．それが偉大なソールズベリ卿の外交哲学の本質であった．「解説なしの勝利をもたらす外交というのが，ソールズベリ自身の考える完璧な外交の概念だった」(29)．グロティウス主義者のウェブスターは，この完璧な外交をカースルレーにあてはめ，「礼譲」による合意という共通の実績を互いに祝福することで外交的な勝利を覆い隠してしまうことだという(30)．しかし，グウェンドレン・セシル夫人著による［ソールズベリの］『生涯』では，それとはまったく違う叙述がなされていて，変化に先んじるというマキャベリ主義的な特質こそが〔ソールズベリのいう〕完璧な外交だとされている．1878年の東方危機を処理した〔ベルリン会議でロシア－トルコ戦争後のバルカン半島の問題に決着をつけた〕ことがソールズベリの最高の成果と一般にはみなされているが，彼自身はそれと反対のことを考えていた．「私の外交政策が1878年の私の行為によって判断されることを私はけっして望まない．私はダービー〔伯爵，首相〕が壊してしまった陶器を拾い上げたのにすぎない」(31)．イギリスの政策は，危機が始まった1875年に決定され，着実に追求されるべきだった．3年かけるべき仕事を，ソールズベリは3カ月でやり遂げなければならなかった．「長期にわたって準備し，かつ目標を凝縮することが，彼の政策の本質であった」(32)．
　外交上の「解説なしの勝利」とは，グロティウス主義的な意味での隠された勝利ではなくて，変化に先んじること，つまり危機を予想し回避することを指す．この考え方は，カーやバタフィールドのような現代のマキャベリ主義者が提起した見解につながる．すなわち，高度な外交術とは，変化を欲する国々が自国の不満を提示するのに暴力をちらつかせる必要のないような，平和裡の変化をもたらす技術により，先手をうつことである．
　「イギリスの貴族政治は……数多くの制御不能な変化を生み出してしまった

かもしれない暴力の使用に対して、おりにふれ機先を制することができた。そして、これもまた外交の一形態、つまり、強制力と偶然に対する絶えざる紛争において発揮された人間の知性の勝利なのである」[33]。それは、マクミランが1960年2月、ケープタウンの南アフリカ議会でアフリカにおける「変革の風」について行った演説の中にも見出すことができる。

　変化を、適応すべきもの、出し抜くべきもの、もしくは機先を制すべき何ものかと考えた場合には、変化とは現状に敵対し反目するものとみなされる。だが、マキャベリ主義的な思考をする練達の士は、避けられない変化をある程度までは方向付けができる過程として考えるようになる。だからマキャベリ自身は**フォルトゥナ**を、用心深い目で見守るべき神秘な過程としてだけでなく、向こう見ずで、乱暴で、大胆な者ならば捕まえて服従させることのできるものとしても思い描いたのである。外交の機能は変化を助長することである、という見解を現代においてもっとも雄弁に唱えたのは、G.F. ケナンである。

> 国際社会組織の機能は、法律的拘束を加えることによってこの変革過程を阻止することでなく、むしろこれを容易ならしめることでなくてはならない。すなわち、その推移を容易ならしめ、ともすれば起りがちな悪感情を和らげ、衝突の拡大を防ぎまたこれを緩和し、そしてこれらの闘争が国際生活一般をあまり攪乱するような形をとらないようにすることなどである。しかしながら、これは、最も古い意味での外交の任務なのである[34]。

> 国際政治の責務は、変化を妨げることではなく、世界平和を幾度も揺るがすようなことなく変化を進行させることができるような手段を見出すこと、である[35]。

1880年、ソールズベリは近東について、〔ロシア－トルコ〕戦争以来、アジアやアフリカに当てはめられるようになった言葉を使って次のように書いている。

> われわれの生きているうちに、安定した取り決めを東洋において実現できると考えるのは誤っている。われわれにできるのは、変化の過程がしばし一休みする停止場所を提供する程度のことでしかない。しかし、われわれがせねばならないことは、むしろ変化の可能性を想定し、変化がわれわれの死活的利益に影響しないように予防策を講じておくことである[36]。

ここでいう管理とは、河川管理のように河川が氾濫して財産を水浸しにしない

第9章 外交の理論：外交

ように堰き止めるための堤防を建設することを意味する．しかし，「管理」の概念をもっと進めることもできる．変化を逸らすこと，方向を変えることは可能だろうか．別の喩えで言えば，一か八か賭けてみることは，ありえないのだろうか．変化を管理するために変化するようにけしかけ助長し，「管理」とは方向付けをすることだと理解するマキャベリ主義者がいるとしたら，彼は，政治の円周上の中間地点，すなわち，攻撃的なマキャベリ主義者と革命的なカント主義者が出会う地点にいることになる．そこはスターリンやヒトラーの支配領域である．彼らは，それまで活動を停止していた民族統一運動を目覚めさせることによって変化を作り出しただけだった．

　外交の物質的な客観的条件として，グロティウス主義者の言う「対等な条件」に対応するものが絶え間ない変化であるように，グロティウス主義者の言う「相互信頼」に対応する道徳的な客観的条件は恐怖である．そこでは「客観的条件」は別の意味を獲得する．グロティウス主義者は，あたかも外交の必須条件 (*sine qua non*) を記述するかのようにその言葉を使用する．条件が与えられなければ交渉は成り立たない．マキャベリ主義者から見ると，これはきわめて非現実的である．「客観的条件」は客観的な状況という意味で認識されなければならない．歓迎されるか否かにかかわらず，それらはあらゆる政策の土台をなす．バタフィールドが述べたように，外交が機能するのは，意思が衝突し権力が絡む場合である．だから，交渉がない場合には，直接に力に訴えることになるだろう．力は，隠されたり，あるいは一種の交渉力に姿を変えられうるが，必ずそこに存在する．したがって，「外交とは潜在的な戦争」[37]であり，「実際の外交は恐怖を通じて相互に指図を出しあうことである」（フォン・フンボルト男爵）[38]．

　優雅な儀礼を取り去ってしまえば，外交は強制と賄賂，鞭と飴によって行われているかに見える．これらの圧力と賄賂は，経済的，政治的，あるいは軍事的なものでありうる．アメリカ合衆国が〔ヨルダンの〕フセイン国王，シャー〔イラン国王〕，アラビアのサウド国王に対してもっていた影響力，そして〔逆に〕彼らが合衆国に対して持っていた影響力を考えて見よ．あるいは，ソビエト連邦がゴムルカ〔ポーランド統一労働者党第一書記〕やウルブリヒト〔ドイツ社会主義統一党第一書記〕に対して持っていた影響力，そして〔逆に〕彼ら

がソビエト連邦に対して持っていた影響力を考えて見よ．関係断絶がもたらす結果に対する恐れによって，これらの国々は互いに結びつけられている．地位を手に入れようとする者が抱く報恩の気持ちを言い表したウォルポールの表現を使うと，「**将来の見返りを期待するという強い意志**」によって，ということになる．

> 外国に対する影響力は，希望と恐怖という2つの原則のいずれか1つが活用されることによってのみ維持される．弱小国に対しては，危機の際にはわが国からの支援を受けることを希望するように教えこまなければならない．強国に対しては，わが国あるいはわが国と友好の絆で結ばれている国々へ不正な行為を行った場合には，わがイギリスからの抵抗を受けるという恐れを教えこまなければならない[39]．

友好的たりうる国だけでなく非友好的な国に対しても敬意を払うことを学ばないかぎり，アメリカが影響力を効果的に発揮する機会があるかどうか疑わしいとケナンは記した．どっちつかずの国々に対するアメリカの政策は，寛大な要素だけでなく過酷な要素も含み，これら2つの要素が柔軟かつ交互に，ときには同時に適用されうるような「誰にもわかる」ものでなければならない．アメリカの好意が拒絶されても「他の国民にわが国の目的の真剣さと世界におけるわが国の立場の尊厳に敬意を払わせることができる」ような方法を見つけたい，とケナンは考えた．そして自分の主張を裏付けるために彼はジェファーソンを引用する[40]．

外交官は，自分自身の目標と限界を知らなければならない．欲する事柄があり，恐れる結果があり，力が限界に達しているがゆえにできない一定の事柄がある．そこから，2つの結論が出てくる．第1の結論は，E.H. カーによって次のような非凡な文章で言い表された．「対外政策を成功させるためには，力を働かすことと力に譲ることとの対極の間を振動する外交が展開されなければならない」[41]．第2は，より幅広い外交の目標とは，最小の義務で最大の影響力を獲得するために，均衡のとれた対抗関係すなわち管理された国際緊張を確立することにある，ということである．そうした緊張を排除して何らかの共通利益を引き出すという理想は，妄想である．例えば，グラッドストンはそうした理想を信じたが，ビスマルクは信じなかった．

第9章 外交の理論：外交

　こうした客観的条件を考慮に入れると，自国外交の定則とは，強い立場に立って交渉することでなくてはならない．それは，この語句に一般に込められている意味において，である．アチソンはこの語句を交渉力の対等化あるいは引き上げを成し遂げることを意味するものとして創作した，と言うのは結構だが，では，ロシア人は彼の言った言葉をそのような意味で使うことに同意したのだろうか．もちろん，そうではない．これは力の均等配分という意味での勢力均衡に関わるおなじみの議論である．すなわち，その配分が自分に都合よければ，均等だと言い，配分が自分に都合悪ければ，均等ではないと言う．「強い立場からの交渉」が，強さにおいて優越する立場から行う交渉あるいは「有利な立場」を意味するようになったのは，偶然ではないし言葉の誤用でもない．これは政治の現実にうまく適合した言葉なのである．こうしてラグヴィラ博士は，1960年3月8日，中国が28日に原爆実験するとの情報を得たことをインド国家評議会に伝える際に，周恩来が4月にインドを訪問したときに強い立場に立って話すことができるようにするためにこの日程が選ばれたと語った[42]．「テディ」〔セオドア〕・ローズヴェルト大統領は言った．「大きな棍棒を握りしめて穏やかに歩け」．

　この立場からは，グロティウス主義者が容認しえない3つの推論が派生する．第1は，機会を逃さずに立場を改善し，力をさらに強めよ，ということである．それとは反対に，グロティウス主義者の道徳的な議論を要約すると，抑制的であることだけを考えよ，ということになる（したがって，ニコルソンは1908年のエレンタール〔オーストリア＝ハンガリー帝国外相〕によるボスニア・ヘルツェゴビナの奪取を「性急な外交」だと非難した）．しかし，マキャベリ主義者にとっては，正否を判断する唯一の基準は成功である．ドゴール外交がそれを体現している．「［ドゴールは］兵士として，攻撃が最善の防衛手段であることに確信をもっていた．第2次大戦中の経験を通して，現在の力と同じように将来の力も，大胆さ，想像力，徹底的な勇猛さをともなうならば，うまく使えることを学んだ」[43]．1966年，ドゴールはNATOの基地を撤去し自らの友好の値段を吊り上げることで「合衆国を恐喝した」．なぜなら合衆国を全面的には信頼できなかったからである．

　第2の推論は瀬戸際政策，すなわち，最終的には強制力を行使するという脅

しは不適切ではないという信念である．戦争の危険性を計算に入れることはしばしば必要である．「われわれは戦争の瀬戸際に連れていかれたと言う人がいる．もちろん，われわれは戦争の瀬戸際まで連れて行かれたのである．瀬戸際まで行って戦争に突入しないですませる能力は，**必要な技術**である．その技術を修得できずに……瀬戸際まで行くのを怖がるのなら，もはや負けだ」(J.F.ダレス国務長官の 1956 年 1 月の言葉)[44]．この考え方は，「公正かつ永続的な平和に関する世界教会委員会」に属する長老派教会の主導的メンバーによって提唱された，という点においてのみ，注目に値する．

第 3 の推論は，宿命論に基づく決意である．優越する力で交渉することに自信をもち，戦争に直面する覚悟のある者は，恐怖からの自由を宿命的なものとして手中にする．「私の今の考えは……これまでとずっと同じである．フランスの準備が整うまでは，何が起ころうともフランスをわが国と戦うように仕向ける**誘因はない**．フランスの準備が整ったときにはわが国との戦争を**妨げる要因は何もない**」[45]．

> スターリンが戦争を欲するなら，戦争になるだろう．彼が戦争を欲しないなら，自らが先に戦争を開始するよう挑発にのることはない．なぜなら，台湾をバリケードのこちら側に引き止めておくことをアメリカが決定しているからである．
>
> イギリス軍の部隊がペルシャに上陸したからといって，第 3 次世界大戦になるなどと信じる理由はほとんどない．スターリンが戦争を欲するときには，口実があろうとなかろうと，戦争になるだろう．しかし，われわれがイギリスの死活的に重要な利益を守るために強力な行動をとる決定をしたという理由だけで，スターリンが戦争を開始するよう追い込まれることがないのは確かである[46]．

サー・ジョン・スレッサーは 1954 年に次のように主張した．「ロシア人が戦争を欲するならば相手側からの挑発を待つことはしないだろう．だからわれわれは，ロシア人を挑発することを恐れて弱腰になって戦略を歪めてはならないし，全面戦争になることを恐れて軍事力の行使を控えたりしてはいけない」[47]．

これは，他人の利益の中に入り込んでその評価を定めようとするグロティウス主義者の試みとは逆の考え方である．見解が対立して妥協できなくなることを想定して，相手側の考えは最初から考慮に入れないのである．

自分自身の政策基準は，仮想敵国の中に敵意を引き起こすかどうかというこ

とになる．そこでは他国の観点を無視することが筋道だった敵意へと変わり，すべての結果は和解不可能な利害から引き出されることになる．「……イギリスの内閣にとっては，フランスの内閣から非難され否定されること以上に，自分たちの行為に対する称賛はない」[48]．

こうした考え方は，攻撃的なマキャベリ主義者から革命的なカント主義者へと政治の円周上をぐるりと回るにつれて，いっそう確固とした原則へとなりがちである．敵が嫌いなものは自分にとって高い徳を有するものであり，自分に有利に働くものに違いないという仮定が，イデオロギー戦争あるいは冷戦には組み込まれている．アナイリン・ベヴァン〔英国労働党の政治家〕はこの仮定を攻撃し続けた．「われわれが行うすべての外交行動を，それが共産主義者を傷つけるかどうかという単純な基準によって判断することは，致命的である」[49]．

これまで述べてきたマキャベリ主義理論における「外交」には，狭い意味での交渉から広い意味での「政策」へと移ってゆく傾向がある．しかし，マキャベリ主義者が交渉技術を無視するわけではない．彼らは交渉に伴う策略すべてを研究する．そこでは，マキャベリ主義者はグロティウス主義者と大いに共通する基盤に立つ．ただし，グロティウス主義者がそうした専門的技術は道徳的な制約を受けなければならないと考えるのに対して，マキャベリ主義者はその技術を自分の利益のために自由に用いてもよいと考える．交渉の成功のために忘れてはならない基本定則が2, 3ある．あらゆる交渉において，もっとも熱心に話し合いの目的を達成しようと努力する者は必然的に弱い立場に立つことになる．熱意が強ければ強いだけ，合意の値段を吊り上げてしまう．こうしてヒトラーは，国際連盟加盟国が熱望した平和の相場を絶えず引き上げ続けた．マキャベリ主義者ならば特急列車の技術を援用するだろう．釜をたいて出発用意．

> 統領〔ムソリーニ〕は，イタリアとドイツに平和の意志があることを示して人々を安心させるよう枢軸国が意思表示を行うべきであると主張した〔国際会議が提案されることになった〕．統領は，会議で勝つのは，なんらかの状況で会議が失敗に終わるのを認める覚悟があり，その失敗の結果としての戦争が起こる可能性を考慮に入れている側だと考えていた，とチアーノ〔イタリア外相〕は語った[50]．

論点の枠組みをつくることは，つねに優位を保証する．ロイド・ジョージが述べたと伝えられているように，「けっして相手の筋書きにのって交渉してはならない」．アチソンは1959年11月にワシントンで開かれたNATO議員総会でこの考えを次のように示した．「論点の枠組みを作り上げることができたならば，すでに成功裡のうちに結論に向かって先へ進んだことになる」[51]．交渉のもう1つの規則または計略は，小さな課題から大きな課題へと移ることである．イーデンは1951年にパリで開かれた国連総会で次のように述べた．「政治的，経済的いずれの分野でも，はっきりと限られた問題をいくつかとらえ，その実際的解決のため努力するようにしよう．……準備—会議—協定と進むことができる．小さな問題からはじめて大きな問題へ向って努力する」[52]．フルシチョフは，1958年2月のカクテル・パーティでNATO加盟国の大使に講演した際に，これと同じことを次のように述べた．代表団は，難しい問題へと進む前にまず簡単な課題から始めるべきである．「それは食事のようなものだ．まず，食前酒を飲む．それから，スープと魚．そして，メイン・コースである」[53]．これは，グロティウス主義的な合意に至る過程の諸段階か，もしくはマキャベリ主義的な人の態度を軟化させる作戦の諸段階か，そのいずれかを描いている．

カント主義〔革命主義〕

マキャベリ主義がグロティウス主義的統合に含まれる物理的要素とともに前進するのに対し，カント主義は道徳的要素に基づいてそれとは反対の方向に移動する．カント主義の立場を明確に説明することはおそらく他の2つの立場よりも難しい．というのも，カント主義者は外交を心から信じているわけではなく，外交に取り組む場合もいやいやながらにすぎないからである．他の2つの立場に比べると，カント主義者の立場は断片的でまとまりに欠けていて，あたかも支配的な見解に対する脈絡のない抗議をしているかのようにみえる．だが，そう見えるのは，政治的知識人が被る目の錯覚かもしれない．というのも，総じてカント主義者の道徳的立場は，政治家や外交官の哲学ではなくて，私人の哲学（新聞への投書），あるいは素人の哲学者（コブデン）のそれだからであ

る．国際政治と外交の分野で実際的経験を積んだ者で，カント主義者であった者あるいはカント主義者であり続けた者はほとんどいない．革命的カント主義者はマキャベリ主義に移行するか，または穏健化してグロティウス主義（フルシチョフはおそらくこの例である）になる傾向が強い．権力を握った者で進化的カント主義者はほとんどいない（数少ない例がウィルソンとアイゼンハワーである）．

　他の2つの伝統に関して言えば，外交の客観的な諸条件とこれらの条件の下で従うべき諸原則とは区別することができる．グロティウス主義の客観的な条件とは，対等な条件（物質的な客観的条件）と相互の信頼（道徳的な客観的条件）である．マキャベリ主義の客観的な条件とは，政治変化（物質的条件）と恐怖および貪欲さ（道徳的な客観的条件）である．

　一見すると逆説的なようだが，緊張の減少と公開外交というカント主義の客観的条件をこれらに対峙させることは可能である．緊張の緩和が，対等な条件と政治的流動性という物質的客観条件に対応すると言うと，あるいは逆説的に聞こえるかもしれない．もちろん，カント主義の理論が物質的要素を犠牲にして，道徳的要素を強調することを忘れてはならない．この理論は実のところ，常に物質的な諸要因を軽視するので，理論の細目を作成するために必要な物質的な要因を選び出すことができない．国際的緊張に関するカント主義の概念については，2つのことに注目する必要がある．第1に，国際的緊張は，特殊な限定的なものではなくて，一般的で，絶対的で，無条件のものである．緊張は，例えばイギリスとフランスの間，あるいは東側と西側の間の特定の緊張状態としてではなくて，通常，一般的なものとして述べられる．第2に，この概念は，「信頼を作り出す」という積極的な表現ではなく，否定的な形で「緊張を減らす」という消極的な表現で語られることの方が多い．否定的な形での定式化は，コブデン〔英国の自由貿易論者〕の『三つの恐怖（パニック）』（1862年刊行）というパンフレットの中にも顕著に見られる．このパンフレットは，1847-48年〔フランス2月革命〕，1851-53年〔ナポレオン3世のクーデタ〕，1859-61年〔イタリア統一戦争〕で生じた3度の反フランス感情とそれに伴う両国の海軍軍拡競争について記述している．コブデンは「これらの政治的誇大妄想」「人騒がせ」「恐怖」について言及する[54]．それは国際病理学の概念であって，道徳哲学の

概念ではない.

　このように見てくると,国際的緊張は実のところ,マキャベリ主義的な政治的流動性をカント主義的に裏返したものだということになる．カント主義者も,政治変化の終わりなき連鎖に注目する（多くのカント主義者は政治的自然状態というホッブズ的な見方から出発する）．しかし,カント主義者は,政治的自然状態を心理学の用語で理解する．つまり,無意味な対抗意識の消長として,双方が陥る不安と反抗の悪循環として,またときには些細な問題をめぐって戦争にまで押し上げられるものの,ときには泡のように破裂して消滅する恐怖として,理解する．いずれの場合にも,それは思慮深い人々や歴史家の回想においては嘆きの的となる．カント主義者は,国際政治で無数に起こる変化が滑稽で無益なものだということを指摘する特別に冷静な機能を有していると見られているのかもしれない．コブデンは,1851-53 年〔にイギリスを襲った〕恐怖の終焉について次のように書いた．「今や大衆の気質も政府の活動にも突然の変化が見られた．それはまったく予想されなかったものであり,まったく合理的な計算を超えていたので,万華鏡の中の景色が突然に変化するのと比べうるだろう」．1853 年 2 月には,イギリス艦隊はフランスの侵略に備えていた．同じ年の 8 月には,「イギリスとフランスの艦隊は」同盟関係を結んだことによって,〔トルコの〕「ベシカ湾に並んで停泊し」ロシアとの戦争に赴こうとしていた[55].

　最近の出来事から例を見つけ出すのも難しいことではない．1945 年にドイツは武装解除され非軍事化が進められたが,1954 年になると NATO 加盟を実現するため,あまり気乗りしないドイツに対して再武装と再軍備が進められた.1947 年,アメリカ人は,戦争と軍隊をもつ権利を放棄する条項を含む憲法を日本に押し付けた．1950 年には平和条約が締結され,1951 年には,ダレスが東京で,日本は集団的安全保障体制の中で日本独自の役割を果たすために,再武装の権利を持つだけでなく,その義務も負っていると述べた．1949 年,イギリスはイスラエルに最後通牒を送って,イスラエル軍部隊が 48 時間以内にシナイ半島から撤退しない場合には,イギリスはエジプトの側に立ってイスラエルに対して参戦すると伝えた．1956 年,イギリスは,イスラエルによるシナイ半島攻撃を利用して,エジプトを攻撃した．1956 年 10 月,セルウィン・

第9章　外交の理論：外交　　　　　　　　　　　　　　　265

ロイド〔英国外相〕は次のように述べた．「欧州のわれわれにとって，〔スエズ〕運河を国際水路として保持することは死活的に重要な問題である」．1957年5月になるとロイドは，次のように述べる．「運河閉鎖の結果としてわれわれが学んだ実際的な教訓の1つは，〔スエズ〕運河が無駄な資産でしかないということである」[56]．

　このような皮肉な現象（および，すぐに意見を変える人）は，非カント主義者には受け入れられるが，カント主義者を怒らせる．カント主義者は，ころころと立場を変える人々に見られる愚行や激高ぶりを非難する．コブデンは，「恐怖が作りだされ維持される方法」を次のように描いている．

> 政府は，フランスが大規模な戦争準備を進めているという口実で，巨額の軍備支出を提案する．それを聞いた国民大衆は，危険が差し迫っているという感情に駆られて，警戒の叫び声を挙げる．閣僚は，自分の声がこだまして大衆から戻ってくると，自分の政策を正当化するために，あるいは反対者すべてに対するうまい解答として，それを引用する[57]．

　それから100年経った現在では，政府が世論を作り出して，それから世論に従わなければならないと主張するというよりも，むしろ政府が情報を出すことを差し控えて［「真実を節約して」．編者］，真実を隠し，偽情報を流し，国防と外交政策の重要事項に関して世論に情報を渡さない，ということが行われている．したがって世論は，政府の政策について的確な判断ができず，他に仕方がないのでやむをえず（*faute de mieux*）行われたことだとして容認してしまう．現代のカント主義者はこう抗議する．

　カント主義者は，緊張を緩和するために何かが為されねばならないし，その何かは為されうると考える．「何を」と問えば，答えは**意思表示をせよ**，である．意思表示をする形には，集団的なものと個人的なものがある．前者の例は，大規模な軍縮，あるいは中欧から双方が同じ比率で部隊を撤収することを提案することだろう．その目的は，安全保障とは何のかかわりもなくて，緊張が緩和されたという雰囲気を作って心理的な改善を図ることである．ソ連は，継続的にこのような提案をしてきた（例えば，1947年以来繰り返されてきたあらゆる核兵器の即時禁止と廃棄のための条約の提案．あらゆる国の軍事力の1/3

縮小を目指す 1948 年以来の提案．核実験の即時停止のための 1956 年以来の提案．1959 年の全面軍縮提案）．これらの提案は，初期段階の宣伝の手段であって，ロシアの防衛と攻撃に関わる必要性を現実的に見積もった上での提案なのである．にもかかわらず，国際的緊張は人間の潜在能力の発揮を阻害する不合理な障害であり緩和されるべきである，というカント主義者の基本的信念から，そのような提案が生じているように思われる．換言すれば，これらの提案は「誠実なもの」である．

　集団的な意思表示に役立つように，個人的な意思表示をしたり，一方的に行動を起こすこともできる．これは，**相手が**誠実であり交渉の用意があることを示すために，相手のほうが先に意思表示をしなければならないとするグロティウス主義者の衒学的で法律尊重主義的な主張とは正反対である．こうして例えば，1956 年の大統領選挙戦でスティーブンソン〔民主党の大統領候補〕は，合衆国が核実験を停止すべきだと提案した．するとこの提案にたいして，彼が政治的責任を負うにはふさわしくないことを示すものだとして，彼を嫌悪する声が沸き起こった．そこでソ連は，1957 年に自らが最初に核実験を停止することで戦術的な利益を得たのである．いかなる国にしろ，国益の増進につながるように，あるいは少なくとも国益の障害にならないような算定をすることなくして，個別に意思表示をすることはない，とマキャベリ主義者なら言うだろう．だが，そう言い切ることは，いささかアプリオリな独断であり，1 つひとつの事例をそれぞれの長所に基づいて検討しなければならない．絶対的な安全保障は常に不可能だと認識して，ある国が自己の政策の範囲内で道義的な意思表示を検討する可能性はある．コブデンは，1850 年のピールの演説を好んで引用した．「平和時には，経費を節減することによって若干のリスクを負うことに同意しなければならないと私は信ずる」[58]．ソ連の軍事力削減に関するクレムリン内での審議において，ニキタ・フルシチョフがこのように演説することはありえただろうか？ ［1 世代あとのゴルバチョフだったらどうだろうか．この問題は，1980 年代に一方的核軍縮論を擁護した労働党員をも想起させる．編者］．

　公開外交は，カント主義者が外交の道徳的な客観的条件と考えるものである．1918 年 1 月 8 日，ウィルソンは議会で次のように演説した．

第9章　外交の理論：外交

それゆえ，世界平和の計画がわれわれの計画であり，その計画，その唯一可能な計画とは，われわれの考えるところでは，以下のようであります．

　一　講和条約は，公開のうちに締結され，公開されねばならず，またその後は，いかなる種類の秘密の国際協定もいっさいなされてはならず，外交はつねに公然と，公衆の目の前でおこなわれなければならない[59]．

国際連盟規約第18条は，いかなる条約も事務局に登録されるまでは拘束力を持たないと定めている．国際連合憲章第102条は，登録されていない条約は国際連合のいずれの機関においても適用されえないと定める[60]．

公開外交の原則を発明または発見したのは，実はカント自身であり，その原則は『永遠平和のために』において述べられている．同書の最後には，2つの長い付録が付いているが，その内容は同書の中でもっとも意味深いものだ．最初の付録は，「永遠平和という見地から見た道徳と政治の不一致について」であり，現実の国際政治について超ホッブズ的分析を示している．第2の付録は，「公法の先験的概念による政治と道徳の一致について」である（「理念的な状態に従って」，「理論上」，「経験を超越した」というカント主義者に特有の専門用語が意味するのは，アプリオリなもの，理念的なもの，経験的事実に基づかないものである）．ここでカントは，政治と道徳はいかにして調和させられなければならないかを示す．カントは，（理念的な法または正義を意味する）公的権利が，一方では，素材または内容を有し，他方では形式を有していると述べており，彼は公的権利の形式を公表性（パブリシティ）と同じものとする．「〔公表性〕を欠くといかなる正義も存在しないし（正義はただ公けに知られるものとしてのみ，考えられることができる）」[61]．したがって，公表性は権利の基準であり，カントは，「公法の先験的公式」と呼ぶ命題を定式化する．「他人の権利に関する行為で，その格率が公表性と一致しないものは，すべて不正である」[62]．

行為の格率または原則は，成功するためには秘密にされなければならないとき，それを公に告白するとすべての人間がその目的に反対する側に回ってしまうときには，正義たりえない．行為の原則を宣言することで自分に対する敵意が普遍的に生じるとしたら，その原因は，原則が正しくなく，皆に脅威を与えるものであるからに他ならない．このためにヒトラーは，自分の原則と目標をあからさまに公言できなかった．初期に書かれた『わが闘争』ではうっかりと

秘密が漏らされていたが，ヒトラーにとって幸いなことに，そのことに気づいた者はほとんどいなかった．この本をのぞけば，1933年以降の彼の演説は，1919年以降のウィルソン的な民族自決の原則に訴えたものであって，それにより大嘘の原則〔ウソは大きいほど人を騙しやすいとヒトラーが言ったこと〕に基づいて成功を勝ち得たのである．この点では国家社会主義と共産主義は別のものである．共産主義は，敵対者が受け入れられないような言葉で目的を表現し，不正直なやり方だと敵対者が非難するような回りくどい戦術によって目的を追求するけれども，目的そのものを隠すようなことは絶対にしない．だが，ソ連からの援助を受け入れているナセルやネルーのようなブルジョア民族主義者にとっては，ソ連の意図する目的に疑問の余地はない．

　カントは，公表性と相容れないものは正しくないとする自分の原則が適合する例をいくつか挙げている．憲法上または国家の公的権利上，暴君に反抗する権利はありえない．たしかに暴政は人民の権利を侵害するものであるから，暴君を退位させることは暴君に対して不正義を働くことにはならない．しかし，社会契約を結ぶ以前，人民には好きなときに反乱を起こす権利を留保しているのだと宣言することはできなかった．そのような宣言は，最高権力よりも優越する権力の権利を不当にも自分のものにする行為であって，社会契約の目的と矛盾することになる．したがって，格率に基づいて反乱が起こり，その格率が公に宣言されるとしても，格率そのものの目的が実現不可能になり，不正なものになってしまうのである．

　臣民（主権者は臣民の名において条約を結ぶ）に対する主権者の責任は国益や約定について責任を負う最高の国家公務員としての自己の立場よりも優越しうる，という理由で，国家がその約定や約束を破ることは国際法上できない．なぜなら，統治者がこの格率を公に**認め**てしまうと，他の国々はこの統治者と条約を締結することを避けるかこの人物を打倒するために一致協力するだろうからである．同様に，予防戦争は許されない．なぜなら，その国の国力が不安を生じさせるという理由だけで，しかもなんらかの損害を実際に蒙る前に強力な隣国を攻撃してもよいという格率を宣言した国は，恐怖を感じさせた国のほうも自国への攻撃が企まれていると予期するであろうことによって，非常に恐ろしい災厄を引き起こすことになるだろうからである．大国が自国の邪魔にな

る地理的位置にある小国を併合することも認められない．ある大国がこのような政治的格率を公表するならば，小国が協力して当該国に対抗するか，もしくは嫉妬深い他の諸大国が戦利品を求めてその格率と戦うことになるだろう．格率は公表されることによって実行不可能になってしまうのである．したがって，ある種の国際政治の格率が公表性と両立しないことは，政治と道徳が一致しないことの格好の基準となる．

　しかし，カントは，続けて先験的な肯定公式を述べる．「(その目的をのがさないために) 公表性を必要とするすべての格率は，法と，政治の双方に合致する」[63]．だが，と彼は言う．だからといって，その転換命題，すなわち，公表性を認める格率が上のような理由から正義でありかつ正しいという命題を推断することはできない．というのも，権限の優越がはっきりしている人または国家は自己の格率を隠す必要がないという単純明快な理由が存在するからである．これらの格率が公表性によってのみその目的を達成することができるのであれば，その格率は人類の一般的な目的，すなわち幸福と一致していなければならず，かつ人類の諸権利と調和していなければならない．ここで論証が終了する．実効的であるためには公表される必要のある政治的な原則だけが，人間の幸せと人権に一致する．

　カントは，彼の肯定公式について事例を挙げていない．人あるいは国家の権利を形成する意見表明を除くと，実効力を持つためには公表される必要がある政治原則を考えつくのは難しいようにみえる．例えば，すべての男性と女性は，生命，自由，幸福追求の権利を平等に有し，自分自身の政府を選ぶ決定権を持っている．これは，公表されなければ効果を発揮できない原則である．公表されることによって，男性も女性も自分自身についてそれまで気づいてはいなかったかもしれないことを知り，どのように行動することを期待されているのかを理解できる．公表することで，当初意図されていたような社会的政治的な醱酵のプロセスが開始される．集団意識を有する人々はみな民族自決権および自分たちの国家を形成する権利を有する，という意見表明も同様に，意図されたような醱酵を引き起こすだろう．大国であろうと小国であろうと，すべての国家が国際法の上でも国際社会の中でも平等な権利を有しているという意見表明は，たいていの場合，自己主張を行うよう小国を勇気づけることになる（例え

ば，1945年にサンフランシスコ〔国連創立総会〕で，安全保障理事会の投票手続きに対して——結局は受け入れられなかったものの——異議申し立てを行ったときのように）．国際的な権利に関する先験的公式の背後にある想定は，優れてカント的なものである．すなわち，人はすべて本来的に平等かつ自由なのであって，彼らに自由の正しい使い方を教える唯一の方法とは，自由を与えてそれを自由に使わせるようにすることである．自由は実践を通して身につくもの，なのである．

このことは，ポッパーの「開いた社会」の原理，つまり，「ひとびとがタブーへある程度批判的であることと自分自身の知性の権威の土台に（討論の後で）決断を立てることとを学んだ」社会の原理を述べたものとして理解してもよいかもしれない[64]．

それは，プラトン的な社会の対局をなす．プラトン的社会とは，政治的な英知や政治的な諸原理を実践することができるのは統治者（哲学者）だけであって，人民一般はそれらを理解できないために，政治的な英知と原理が公表されることなく隠されたままの社会のことである．ウィルソンはさらに2点をそこからの演繹または応用として付け加えた．すべての人民は，自国の政府が人民の名において結んだ国際的な約束を知る権利を有する（「公開の盟約」）．すべての人民は，国際的な約束が結ばれる経過を注視する権利を有する（「公開の締結」）．これら2つの先験的な肯定的公式を適用することが，公開外交というウィルソン主義的教義なのである．これらの格率は，14か条〔第1次大戦後の戦後処理に関してウィルソンが提唱した原則〕として公表されることがなければ，全面的には効力を持たなかっただろう．公表されることによって，それらは実行されるべきであるとの主張を人々がますます行うようになったのである．「秘密の了解」を恐れる気持ちが西洋には深く根ざしており，その結果，世界の実情が権力の現実とは違って不安のない安楽な世界として説明されることになるのである．

イーデンの回顧によれば，1942年に彼はホワイトハウスで戦後世界についてローズヴェルトと会談したおりウィルソンの偉大さと失敗について議論し，ウィルソンの悲劇から何を学んだらよいかを話し合った．「私は秘密裡の折衝で公けの協定に達することを望んだ．大統領は笑って同意した」[65]．これは，

政策と交渉を区別するニコルソンの立場でもある[66]．露骨に言えば，その違いは次のようなものかもしれない．カント主義者は公開のもとで合意される公開盟約がよいと考え，グロティウス主義者は秘密裏に合意された公開盟約がよいと考え，マキャベリ主義者は秘密裏に達成された秘密の盟約がよいと考える．「公開のもとで合意されること」という原則は実際には全体として成功してはいないということは，いまや広く認知されている．あらゆる交渉は公開されなければならないという格率は結局，その目的を挫折させてしまう．なぜなら，そうやって達成された合意を無意味な誠意のない決まり文句にしてしまい，口頭で外交を行う価値を低下させ，こうして政府は秘密の交渉に戻らざるを得なくなるからである（このことは，あらゆる交渉は公開されなければならないという格率それ自体が公表性と両立せず，したがって，公表権という否定的な先験的公式によって非難されることを意味しているのだろうか）．

緊張緩和と公開外交という客観的条件に関するこのようなカント主義的解釈を前提にすると，グロティウス主義者のいう諸利益の和解とマキャベリ主義者のいう強い立場からの交渉に対応するカント主義者の外交の原理は「道徳的説得」という言葉として要約されよう．コブデンは，下院の討論で次のように述べた．

> いつの日にか，国家と国家の交際が，個人間の交際において生じてきたのと同じような変化［私的な生活の中でわれわれはもはや武器を持ち歩くことはなく，決闘もなくなった］を示すことを望みたい．国家間の交際に個人間と同様の精神をもたらすために何かがなされなければならない．国内生活の面では，物理的懲らしめよりも道徳的影響力の行使のほうが重視されてきている．学校や精神病院では，この原則が採用されてうまくいっており，動物の訓練ですら説得によるほうが効果を上げている．このような原則を国家間の交際について適用できないものだろうか？[67]

道徳的説得の原則はさまざまに変化を遂げてきたが，その1つは，ひたすら交渉すること，グロティウス主義者が交渉過程を守るためにつける条件や制限をもうけずに交渉を行うことである．交渉は，交渉しないよりも，交渉以外の道を選択するよりも，つねに良い選択である．したがって，事態を悪化させないように対話を続けよ．外交一般を否認しながら，純粋な外交，すなわち強制

や賄賂から分離して描象的に取り出される交渉によって平和を保つことに最大の重点を置くという点に，カント主義者の立場の逆説がある．一方で，交渉は成果をもたらす．「テーブルの周りで論じ尽せ」．これがアイゼンハワーの基本的な信念だった．見解の異なる者や感情的に対立している人々であっても，ただ机の周りに座って議論に参加するだけで最善の解決策が自動的にもたらされる，というのである．ある辛らつな批評家は，この交渉への信頼を3つのモデルに分解して見せた．第1のモデルは，大学の討論であって，演劇や論理学の実習のように最善の発表が決定となる．そこである時点で，フルシチョフはアイゼンハワーに言う．「分かった．参った．私には答えられない．では，そちらの条件は何だろう」．第2のモデルは，商取引または値切り合いのモデルであり，ヤンキー商人の理論である．アイゼンハワーは，フルシチョフの店を訪問して，次のように聞く．「ベルリンの解決策は棚においてあるかな」．2人は価格と品質について話し合う．アイゼンハワーは軽蔑した面持ちで戸口へ向かい，フルシチョフは肩をすくめて商品を棚に戻すが，やがて2人はそれぞれ引き返し，最後に正当な価格で折り合うのである．第3のモデルは，クエーカー教徒の会合である．それは霊感の理論だ．連帯の精神が降りてきて，魂が通いあい，新たな洞察，新たな理解，和解の精神が生まれる．

「道徳的説得」は国際理解を促進しようと努める．交渉が期待されたような結果をもたらさない場合には，人々は互いに知り合いになってともに語り合うように促される．アイゼンハワーは1959年8月31日にマクミランと対談したテレビ番組で次のように述べた．「世界中の人々が強く平和を望んでいるので，政府は邪魔をしないで人々に道を譲ったほうが良い」．鉄のカーテンの裏側の人々にわれわれの状態を説明し，もっと密接に接触してより緊密な相互理解を実現するために，旧式の軍備に浪費されているカネの半分でも使われるなら，共産主義の侵略者は戦争を開始するのに必要な大衆からの最小限の支持すら確保できなくなるだろう．しかし，われわれの政府に頼らずに，どうしたら「われわれ」にそれができるのか？ 答えは，「われわれ」が実際にそれを行うのではなくて，われわれの政府が，われわれの名の下に，われわれのためにそれを行うのだ，ということである．この時点で，道徳的な説得は，進化的カント主義から革命的カント主義に変容する．政府の頭越しに他国の人々に語りかけよ

第9章　外交の理論：外交　　　　　　　　　　　　　　　　273

うという人々の熱望は，他国の政府の頭越しに人々に対して語りかける際の政府の技術にとって代わられる．

　これには，異なる形態のものがさまざまある．その1つが「新」外交であり，それは少なくともフランス革命まで遡る．マームズベリー〔伯爵・外交官〕が1797年にフランスの総統政府と交渉したとき，

> 総統政府は，マームズベリーからきた秘密の文書とそれに対する総統政府の回答にコメントを付して『レダクトール』紙に公表してしまった．このような性質の取引が進んでいる最中に大衆の感情に訴えるという不公正で正当化できないようなやり方がなされたことに対してマームズベリー卿が抗議すると，ドラクロワ〔外相〕は，「総統政府が責任ある立場にある現下の状況のもとにおいてはこうなることは必然だ」と政府を擁護した[68]．

しかし，「新外交」という名称は，イギリスにおいて，ジョセフ・チェンバレン〔英国植民相〕のマキャベリ主義的な手続きを記述するためによく使われるようになったようである．それは，南アフリカ戦争〔1899-1902年の第2次南アフリカ戦争〕に先立つ彼の交渉の仕方に対して自由党が付けた名前だった．旧外交の目標は秘密だったが，新外交の目標は公表性だった．チェンバレンは，トランスヴァールとの交渉で生じていた問題を「週ごとにではなくて，時々刻々」世界に知らせた，と述べている．それに対する異議申し立てでもっとも早い時期のものは，1896年の〔トランスヴァール共和国〕クルーガー大統領への外交急便に関するものだった．チェンバレンは，この急便がプレトリアに届く前に内容を公表した．それはイギリス訪問を要請する招待状だった．主戦論者は，それを「ひどい傲慢」と呼んだ．急進派はそれを挑発的であり，これによってクルーガーは受諾できなくなったと受け止めた[69]．チェンバレンのやり方は植民地外交に限定されなかった．彼は，伝統的な外交のもつ神秘さも控えさもももはや必要ないと信じて，植民地外交の手法を一般の対外問題にも持ち込んだ．「わが国政府は民主政府である．われわれの強さのすべては人民が寄せる信頼から生まれている．こちら側から信頼を示さなければ，強さを得ることも，人民からの信頼を得ることもできない」[70]．

　これが純粋なカント主義の事例なのか，それとも無節操なマキャベリ主義の柔軟性の事例なのかは，チェンバレンをどれほど下劣で野卑な男だったと考え

るか，そして彼がどれほど理想主義者だったと考えるかによる．彼はそのどちらでもあった．いずれにしろ，外交上の秘密の話し合いの内容を漏らすという点だけを取り上げれば，「新外交」は1918年以降はごく普通のことになった．特に，ソビエト外交やヒトラー外交においてそうだった．その目的は，交渉が現実に進行しているまさにその過程において，交渉の相手方の政府に外部から圧力を掛けさせることである．その圧力とは，自国と他国の世論である．かつて言われたように「外交に関して好まれている新しいやり方は，国際的な話し合いに関わる文書をそれが送付される前に公表してしまうことである．そうすることによって，当該の書状の受取人はそれを受領しないうちからその文書について腹を立てることになるので，時間の節約になる」．（「分別ある」西欧諸国の大衆にはこのやり方は通用しない，と論じることはできよう．）

「新外交」と結びついているのが会議外交である．それは，公表性を最大限にすることで宣伝効果を生み出す．マキャベリ主義者は2国間外交を好む（ミュンヘン〔会談〕を除いてヒトラーはいつも〔多国間での〕会議を避けた）が，ロシアは1934年以降，宣伝の場という意味が強かったにしろ，多国間外交とくに国際連盟と国際連合における多国間外交を活用してきた．フルシチョフは会議が好きだと言った．そのわけは，会議が意見を混乱させ，決定を延ばし，西側の同盟に摩擦を生じさせることがよくあるからである．

その国の政府の頭越しに人民に訴えかけるもう1つの方法が，扇動的な政治宣伝である．あらゆる形式で行われる道徳的な説得，すなわち政府の頭越しに行われる人民への訴えは，いかなるものであれ，不平不満や反乱さえも引き起こす誘因になる．したがって，エジプトとの外交交渉は，カイロのラジオ局を舞台に行われた．キプロスをめぐるギリシャとの外交交渉は，キプロスの人々に叛乱を促すギリシャのラジオ局を舞台に行われた．静かで安全なスタジオにいる扇動者が，いまや，他の大陸の人々に殺人，放火，暴動を起こすように促すことができるのである．BBC〔イギリスの公共放送〕は戦争中これを行って，ヨーロッパの被占領地域で素晴らしい効果を挙げた．だが，そのロシア語放送やユーゴスラビア語放送の内容について『スペクテーター』誌上に掲載された不満が示したように，BBCはその後は幾分かグロティウス主義的になった．モスクワ・ラジオ放送局はこの点，慎重であり，長期的にはより大きな効

第9章　外交の理論：外交

果を挙げている．

　この時点で，道徳的説得の変容は完成したと考えてよいかもしれない．道徳的説得は，イデオロギー的な強制または教義上の闘争に変質した．この変化は，カント主義の持つバイタリティと曖昧さ，変態する能力，そして，あらゆる救世主的，至福千年説的，ユートピア的信条に見られる変幻自在の性質，を示している．カント主義の核心部分にあって，ベンサムあるいはバートランド・ラッセルにおける哲学的，「啓蒙的」，合理主義的な表明の根底にあるのは，宗教的な要素，すなわち，世界を変えたい，来るべき天罰から人類を救いたいという渇望である．しかし，宗教的感情を確認するもっともよい方法は，改心することに人類の大部分が一貫して無関心であることが明らかな状況に対して，それがいかに対応しようとしているかを見極めることである．ここで，宗教的感情は，世界を変化させようとする熱望から，世界を非難する衝動へと簡単に変わってしまう．これはとくにキリスト教に当てはまる．これが革命的カント主義者による，イデオロギー的な世界の分割——救われる者と呪われたる者，正統派と異端，有徳者と堕落者——のルーツである．それは1957年8月にダレスが議会の委員会で次のように述べたときの感情と表現の不適切さを説明する．「開発途上国に借款を供与することが当該国を共産主義から護ることになるのならば，私は，それらの国々がわれわれを好きか嫌いかには関心がない．……われわれが友人を作れるかどうかにも関心がない．私は，それら諸国がわれわれを好きか，憎むかなど，いっこうに関心がない」[71]．（かつてダレスは，世界教会協議会〔キリスト教の諸教派の集まり〕においてアメリカのキリスト教徒を代表していた．）それはまた，「われわれの側に立っていない者はわれわれに敵対する者である」という外交原則をも説明する．これはスターリン主義の格率でもあり，マッカーシー〔1950年代に米国で反共赤狩りを主導した上院議員〕主義の格率でもある．激烈な反ロシア主義者でなければ，親アメリカ派とは言えない．それは，文明を護るための戦争において中立は一種の反逆であるとするダレスの信念に反映されている．西欧もロシアもこの立場からは多少後退してきているが，この立場は反植民地主義者によって熱心に取り入れられるようになった．

注

1) Harold Nicolson, *Diplomacy* (London: Thornton Butterworth Ltd., 1939), pp. 50, 132, 144.〔ニコルソン（斎藤眞・深谷満雄訳）『外交』東京大学出版会，1968年，36, 43, 127, 139頁〕.
2) Sir Thomas Roe は 1615 年ジェームズ 1 世により大使として皇帝の宮廷に遣わされた。彼は約 3 年間そこにとどまった．
3) Arnold J. Toynbee, *A Study of History* (London: Oxford University Press, 1935), vol. I, p. 161 を参照．
4) Dean Acheson, 'The Task of Today's Diplomacy', summary of remarks made at a meeting of the Advertising Council, White House 16 February 1950, released to the Press 9 March 1950. Coral Bel, *Negotiation from Strength* (London: Chatto & Windus, 1962), p. 13 より再引用.
5) Sir Anthony Eden, *The Memoirs of The Rt. Hon. Sir Anthony Eden, Full Circle* (London: Cassell, 1960), p. 84.〔(湯浅義正・町野武訳)『イーデン回顧録 I 運命のめぐり合い 1951-1955』みすず書房，1960 年，66 頁〕.
6) *Ibid*., pp. 178-179.〔同上訳書，136 頁〕．
7) *Ibid*., p. 120.〔同上訳書，94 頁〕．
8) *Ibid*., p. 127.〔同上訳書，100 頁〕．
9) Sir Frank Fox, *The Mastery of the Pacific* (London: The Bodley Head Ltd., 1928), p. VI.
10) Edmund Burke, 'Reflections on the Revolution in France', *The Works of the Right, Hon. Edmund Burke* (London: Samuel Holdsworth, 1842), vol. 1, p. 405.〔(半沢孝麿訳)『エドマンド・バーク著作集 III フランス革命の省察』みすず書房，1978 年，80-81 頁〕．
11) H.L. Bulwer, *The Life of Henry John Temple, Viscount Palmerston* (London: Richard Bentley, 1871), vol. II, p. 352.
12) Sir Anthony Eden, *Full Circle*, p. 117.〔イーデン，前掲訳書，92 頁〕．
13) Harold Nicolson, *Diplomacy*, pp. 227-228.〔ニコルソン，前掲訳書，213-214頁〕．
14) Sir Anthony Eden, *Full Circle*, p. 554. Guy Wint and Peter Calvocoressi, *Middle East Crisis* (London: Penguin Books, 1957), p. 82 も参照．
15) Sir Anthony Eden, *Full Circle*, p. 205.〔イーデン，前掲訳書，155 頁〕．
16) Dwight D. Eisenhower. Sir Anthony Eden, *Full Circle*, p. 50 より再引用．〔同上訳書，40 頁〕．
17) Jawaharlal Nehru. *The Guardian*, 10 November 1959 より再引用．J.Nehru, *India's Foreign Policy* (Dehli: The Publications Division, Ministry of Information and Broadcastimg, Government of India, 1969), pp. 338, 349, 354 も参照．
18) Sir Anthony Eden, *Full Circle*, p. 93.〔イーデン，前掲訳書，73 頁〕．
19) De Callières (1645-1717), *De la manière de négocier avec les souverains* (Paris: Brunet, 1716). Harold Nicolson, *Diplomacy*, pp. 108ff. を参照．

第9章 外交の理論:外交　　　　　　　　　　277

20) Sir Anthony Eden, *Full Circle*, pp. 61-62〔イーデン,前掲訳書, 49頁〕.
21) *Ibid.*, p. 65.〔同上訳書, 52頁〕.
22) *Ibid.*, pp. 356-357.〔(湯浅義正・町野武訳)『イーデン回顧録II 運命のめぐりあい 1955-1957』みすず書房, 1960年, 51頁〕. もっとも気の利いた定義がかつてマッチ箱の裏に書かれていた.「外交とは誰かに己が道を行くことを認めることである」. 編者.
23) H.L. Bulwer, *The Life of Henry John Temple, Viscount Palmerston*, vol. II, pp. 239, 285.
24) (1953年のベルリン会議前のソビエト指導者に, 1956年に英国でブルガーニンとフルシチョフに, 1954年のジュネーブ会議で中国人に, 1954年にトリエステ問題についてユーゴスラビア人に) 対するサー・アントニー・イーデン. *Full Circle*, pp. 58ff., 359, 93 and 123, 184.
25) Harold Nicolson, *Diplomacy*, p. 43.〔ニコルソン,前掲訳書, 36頁〕.
26) C.K. Webster, *The Foreign Policy of Castlereagh 1812-1815* (London: G. Bell & Sons Ltd., 1931), vol. I, p. 487.
27) *Essays by the Late Marquess of Salisbury* (London: John Murray, 1905), p. 121.
28) Lady Gwendolen Cecil, *Life of Robert Marquis of Salisbury* (London: Hodder & Stoughton, 1921), vol. II, p. 145.
29) *Ibid.*, p. 232.
30) C.K. Webster, *The Foreign Policy of Castlereagh 1812-1815*, vol. I, p. 478.
31) Lady Gwendolen Cecil, *Life of Robert Marquis of Salisbury*, vol. II, pp. 231-232.
32) *Ibid.*, p. 232.
33) Herbert Butterfield, *Christianity, Diplomacy and War* (London: The Epworth Press, 1953), p. 69.
34) George F. Kennan, *American Diplomacy 1900-1950* (New York: The New American Library by arrangement with the University of Chicago Press, 1955), p. 96.〔ケナン (近藤晋一・飯田藤次・有賀貞訳)『アメリカ外交50年』岩波現代文庫, 2000年, 148頁〕.
35) George F. Kennan, *Realities of American Foreign Policy* (London: Oxford University Press, 1954), pp. 35-36.
36) Lady Gwendolen Cecil, *Life of Robert Marquis of Salisbury*, vol. II, p. 377.
37) R.G. Hawtrey, *Economic Aspects of Sovereignty*, p. 107. Palme Dutt, *World Politics 1918-1936* (London: Gollancz, 1936), p. 26 より再引用.
38) E.L. Woodward, *War and Peace in Europe 1815-1870*, (London: Constable & Co. Ltd., 1931), p. 12 より再引用.
39) Lord Palmerston in the House of Commons, 17 August 1844, *Hansard's Parliamentary Debates*, LXXVI, col. 1873.
40) G.F. Kennan, *Realities of American Foreign Policy*, pp. 58-59.
41) E.H. Carr, *The Twenty Years' Crisis 1919-1939* (London: Macmillan Co.

Ltd. 1939), p. 284. 〔カー（井上茂訳）『危機の二十年：1919-1939』岩波文庫，1996年，399頁〕.
42) Victor Zorza in *The Guardian*, 9 March 1960.
43) Sebastian Haffner in the *Observer*, 6 December 1959.
44) Secretary of State J.F. Dulles, interview in *Life Magazine*, 11 January 1956, reported in *The Times*, 12 January 1956.
45) Third Earl of Malmesbury, ed. Harris to Carmarthen from Hague, 1786, *James Harris, First Earl of Malmesbury, Diaries and Correspondence* (London: Richard Bentley, 1845), vol. II, pp. 201-202.
46) Julian Amery, letter to *The Times*, 24 July 1950, and to the *Observer*, June 1951.
47) Sir John Slessor, *Strategy for the West* (London: Cassell & Co., 1954), p. 58.
48) Third Earl of Malmesbury, ed. Harris to Fox, from St. Petersburg, 1783, *James Harris, First Earl of Malmesbury, Diaries and Correspondence*, vol. I., p. 524.
49) Aneurin Bevan quoted in 'Sayings of the Week', the *Observer*, 27 January 1957.
50) Count Galleazzo Ciano: Hitler talks, 12 August 1939, *Nazi Conspiracy and Aggression* (Washington, DC: US Printing Office, 1946), vol. VIII, Document TC 77, pp. 523-524.
51) Reported in *The Guardian*, 20 November 1959.
52) Sir Anthony Eden, *Full Circle*, p. 11. 〔前掲『イーデン回顧録I』，11頁〕.
53) Reported by Walter Lippmann in *The Manchester Guardian*, 4 February 1958.
54) Richard Cobden, *The Political Writings of R. Cobden* (London: William Ridgeway, 1867), vol. II, pp. 224, 225.
55) *Ibid.*, pp. 268, 269.
56) *House of Commons Debates* on Suez of 23 October 1956 and 1 May 1957 を参照.
57) Richard Cobden, 'Third Panic', *Political Writings*, vol. II, p. 385.
58) *Ibid.*, p. 425.
59) Ruhl I. Bartlett, ed., *The Record of American Diplomacy* (New York: Alfred A. Knopf, 1947), pp. 459-460. 〔大下尚一・有賀貞・志邨晃佑・平野孝編『史料が語るアメリカ』有斐閣，1989年，160頁〕.
60) Jeremy Bentham, *Plan for an Universal and Perpetual Peace*, Grotius Soc. Publications No. 6 (London: Sweet & Maxwell Ltd., 1927), pp. 31ff. も参照.
61) Carl I. Friedrich, *The Philosophy of Kant* (New York: The Modern Library, 1949), p. 470. 〔カント（宇都宮芳明訳）『永遠平和のために』岩波文庫，1985年，99頁〕.
62) *Ibid.*, p. 470. 〔同上訳書，100頁〕.
63) *Ibid.*, p. 476. 〔同上訳書，110頁〕.
64) K.R. Popper, *The Open Society and its Enemies*, 1st edn., (London: Routledge & Kegan Paul Ltd., 1949), vol. 1, note to the introduction, p. 178. 〔ポッパー（武

田弘道訳)『自由社会の哲学とその論敵 (注の部)』世界思想社, 1973 年, 4 頁〕.
65) Sir Anthony Eden, *Full Circle*, p. 175. 〔前掲『イーデン回顧録 I』, 134 頁〕.
66) Harold Nicolson, *Diplomacy*, p. 84 を参照.
67) John Bright, ed., debate on the Don Pacifico case 28 June 1850, House of Commons, *Richard Cobden's Speeches* (London: Macmillan & Co., 1880), p. 424.
68) Third Earl of Malmesbury, *Diaries and Correspondence*, vol. III, p. 282n.
69) Alexander Mackintosh, *Joseph Chamberlain* (London: Hodder & Stoughton, 1906), pp. 236-237.
70) *Ibid.*, p. 248.
71) Reported in *The New York Times*, 11 August 1957; Milton Mayer, 'The American Spirit', *The Progressive*, January 1959, p. 65 も参照.

第10章
戦争の理論

　学問研究では忘れられがちなことだが，戦争は国際関係における中核的な特質をなす．こう言い切ることがあまりに現実主義的であるとすれば，かわりに次のように言ってもよい．革命が国内政治の究極的な特質をなすように，戦争は国際関係における究極的な特質をなす．国際理論の専門家がどれだけ深い知識や洞察力を持つかについての試金石は，彼が戦争について何を語りうるかということである．だが，そこには2つの異なる理論的な研究課題がある．現象としての戦争の特性ないし特質，そして政策としての戦争の行為および目的である．

戦争の特性

合理主義
　合理主義の戦争論には2つの基本的な教義がある．その第1は，平和こそが戦争の目的であってその逆ではない，ということである．平和が正常な状態であり，戦争はそれが破られている状態ないし例外状態である．平和が論理必然的に戦争よりも重要とされる．これについての古典的な陳述を『神の国』に見ることができる．

> 人間的なことがらや人間の共通の本性について，わずかでも観察しようとする者はだれでも，わたしと共につぎのことを認めるであろう．よろこぶことをのぞまない者はだれもいないように，平和を得ることをのぞまない者はだれもいないということである．じっさい，人は戦闘を欲するときでも，かれが欲するのはただ勝利を得ることである．それゆえ，人はたたかうことによって栄光ある平和に至

第10章　戦争の理論

ることを切望しているのである．……戦闘もまた平和をその意図として遂行される．それが好戦的な武勇を実行しようと努める者によって遂行されるときでもそうである．……だからして，平和は戦争によってのぞまれる終極であるということが成り立つ．というのも，すべての人間は戦いを遂行することによってさえ平和を求めるのであるが，しかし，平和を結ぶことによって戦いを求めはしないからである．事実，現に存する平和の状態が乱されることを欲するときですら，人びとは平和を憎むのではなく，自分たちの意向にかなってその平和が変えられることを欲するのである．それゆえ，かれらは平和が存しないことを欲しないのではなく〔自分の好みによりあった平和を欲しているだけである〕[1]．

合理主義の第2の教義は，戦争とはできる限り最小限に抑えられるべき必要悪である，というものである．戦争は必要である．なぜならば，それは，政治的に優位に立つものがいないときに正義を実現する唯一の手段だからである．バークはこれについて次のように述べている．

> 戦争に関して一言すれば，確かにこれは不法と暴力の手段であるにしても，同時に諸国家の間の正義の唯一の手段である．世界から戦争が廃絶される余地はない．あえてそうでないと言い張る徒輩は，われわれを騙そうと意図しながら彼ら自身は決して騙されていない．だがわれわれとして廃絶できないこれらの害悪を軽減することは，人間叡智の最大の目的の1つである[2]．

グロティウスもまた，戦争を避けられないものとして受け入れることと，忌むべきものとして制限ないし限定することとの間の折衷的立場を描こうとしている．『序言(プロレゴメナ)』の最後で彼は言う．

> 予はキリスト教の世界を通じて，野蛮族といえども恥ずべきような，戦争に対する抑制の欠如を認める．予はまた，人々が些細の理由のために，あるいはなんら原因のないのに戦争に走ることを，また武器が一度執られた時には，あたかも狂人があらゆる犯罪を行うことをある法令に従って放任されるがごとくに，神意法であろうが，人意法であろうが，これに対する一切の尊敬がなくなってしまうことを認めるものである[3]．

続けてグロティウスは，このような野蛮性のために，(たとえば彼と同国人のエラスムスなど)思想家の中には，キリスト教徒が武器を取ることを禁ずべきであるといった絶対平和主義的(パシフィスト)な結論を導くにいたった者もいると述べる．思

想家の中でもっとも常識的だったグロティウスは，これを逆方向に行きすぎた見解とみなす．「予の解釈によれば，彼らの意図は，事物がある方向に向かった時には，中道に戻すために常に……それらを反対の方向に向ける〔との原理に基づいて〕〔この見解をとるのだ〕」．けれども，この見解には利点よりも欠点のほうが多い．「〔戦争においては〕何ものも許されないとか，〔戦争においては〕すべてのものが許されるとかいう両極端に対する救済が見出されねばならない」[4]．そしてこれこそが，グロティウス自身が引き受けた仕事である．

「戦争の原因」についてあれこれと思いめぐらすことは，合理主義の伝統に見られる特質ではない．そのような知的営みは20世紀の特質であり，20世紀とは戦争が不自然なものと見なされ，それゆえに専門的研究が必要であると考えられるようになった最初の時代である．この世紀は，転倒した革命主義に感染している．戦争の特性に関する合理主義思想は，戦争を，忌み嫌うべきものではあるが人間の本性の正常な表れとして受け入れ，いかにしてそれを軽減し制限することができるかという考察に没頭する傾向がある．合理主義者は経験主義的で改革主義的な気質を持つ．そこには，かなりの程度まで，軽減したり制限したりすることは可能であるという暗黙の信念がある．国内社会から戦争を追放した人間は，本来有する社会的協力性によって，国際社会における戦争を抑制できるかもしれない．

戦争が必要悪であるとの信念はリンカンにも見られる．彼の戦争（たまたまそれは自決原理の全面的拒絶だった）相手となった政治単位が国際的性格を獲得して国家となることはなかったが，彼の理論的立場はバークのそれとまったく同じである．リンカンの戦争哲学は，1862年9月に彼が自分自身のために書いた非凡な瞑想録の中で初めて概略が記された．この瞑想録は，〔リンカンの秘書だった〕ジョン・ヘイによってリンカンの書類の中から発見されたものである．〔この戦争哲学は〕後に大統領第2期就任演説で大きな深みをもって語られた．

　　われわれがひたすら望み，切に祈るところは，この戦争という強大な笞〔天からの惨禍：原訳者注〕が速やかに過ぎ去らんことであります．しかし，もし神の意思が，奴隷の二百五十年にわたる報いられざる苦役によって蓄積されたすべての富が絶滅されるまで，また笞によって流された血の一滴一滴に対して，剣によっ

て流される血の償いがなされるまで，この戦争が続くことにあるならば，三千年前にいわれたごとく，今なお，〔われわれも：原訳者注〕「主のさばきは真実にしてことごとく正し」（詩篇19，9）といわなければなりません．

　なんぴとに対しても悪意をいだかず，すべての人に慈愛をもって，神がわれらに示し給う正義に堅く立ち，われらの着手した事業を完成するために，努力をいたそうではありませんか．国民の創痍を包み，……わが国民の内に，またすべての諸国民との間に，正しい恒久的な平和をもたらし，これを助長するために，あらゆる努力をいたそうではありませんか[5]．

現実主義

　国際的なアナーキーを心から受け入れているがゆえに，戦争の特性についてもっとものびのびと，かつ夢中になって思索にふけるのは現実主義者である．彼らにとって，人間は非合理的で好戦的な動物である．「人間の本性を変えることはできない」し，戦争は自然に避けられない．これは，平和が一番と断言するアウグスティヌス主義者の立場の正反対である．現実主義者にとって，平和は戦争の実験室である．NATOに反対するフランス共産党のスローガンは，「戦争の必然性（*la fatalité de la guerre*）とはファシストの教義である」というものだったが，「ファシスト」は「現実主義者」と読みかえられる．現実主義の教義を極端にしたのが軍国主義であり，戦争は避けられないばかりか善いものでもあり，人間性の中で最も高潔な側面を引き出してくれるものである，とする主張である．フランシス・ベーコンは言う．

> どんな身体も運動しなければ健康になれず，自然的身体も政治的身体〔国家：原訳者注〕もそうである．そして確かに，王国もしくは国家にとっては，名誉となる正義の戦いが真の運動である．なるほど内乱は熱病の熱のようなものであるが，しかし外国との戦争は運動の熱のようなものであって，身体を健康にしておく役に立つ．ものうい平和時には，勇気もくじけるし，風習も悪くなるからである．つねに大半が武装していることが，幸福のためにはどうであれ，偉大のために役立つことには，疑問の余地がない[6]．

（最初の一文では「名誉となる正義の」としていながら，次の一文では「外国との」に変更されていることに注目してほしい．）これは国家についての医学

理論である．ヘーゲルもまた衛生学の隠喩を用いている．戦争によって「諸国民の人倫的健全さは，有限的規定性の固定化に対する無関心のうちで保持されるが，それは，風の動きが海を腐敗から守ることと同じである．この腐敗は，長く続く静止が海にもたらすであろうものであり，それは，持続する平和あるいはまさに永遠の平和が諸国民にもたらすのと同様のものである」[7]．大モルトケ[訳注1]の有名な手紙にはこのことが繰り返されている．

> 永久平和とは夢であり，しかもそれは美しい夢でさえない．戦争は，全世界に関する神の定めの一部である．戦争においては，人間のもっとも高貴な美徳が発揮される．勇気や克己，義務への忠誠，命そのものを捧げることさえいとわないような犠牲心である．戦争がなければ，世界は物質主義に被われてしまうだろう[8]．

プロイセン主義やファシズム，ダヌンツィオ〔イタリアの詩人〕やムソリーニにおいては，戦争の神秘化が行われている．より穏健なところでは，ウォルター・バジョットによる生物学的な現実主義理論，国際的ダーウィニズムが良い例である．『自然科学と政治学』の中の「闘争の効用」と題する章において彼は言う．

> 恐らく三つの法則近似的な法則が提起され得るであろう．……
>   第一，世界のあらゆる国々［状況］において，最も強い国民が他の国民を支配しようとする傾向がある．そしてある重要な諸特質において最も秀でているものが，最良となり得る傾向がある．
>   第二，すべての個々の国民の内部においては，常時そこで最も吸引的な性格の型または諸型であるものが，支配的となる傾向がある．そして最も吸引的なものが，たとえ例外はあるとしても，吾々が目して最良の性格だと称し得るものなのである．

（第3に，今日これらの競争はいずれも激化している．）

> これらのことがらは，自然科学における「自然淘汰」の名の下に，一般に熟知されている学説なのである．ところで，すべての学問上の重要な概念というものは，その適用範囲を拡大しようとする傾向があり，またそれが使用された当時は考慮されなかったような問題を解くために適用される傾きがあると同じように，ここでは，単に動物の歴史に用いられたものを，形式の上ではある程度の変更が加えられるとしても本質的には少しも変ることなくして，人間の歴史にも適用し

第 10 章 戦争の理論　　　　　　　　　　　　　　　　　　285

ようとするのである[9]．

彼はさらにこうも言う．

> 征服というものは，その国民的慣習を戦争に勝利を齎すに最も適するように形成していた国民性に対して，自然によって与えられた報酬なのである．そして最も多くの実質的な点に関して勝利を得る国民性こそ実際に最もよい国民性なのである．戦争に勝利を得る国民性こそは，吾々が戦争に勝つために是非必要とすべき国民性なのである[10]．

「これらのことがらは……『自然淘汰』の名の下に，一般に熟知されている学説なのである」と，ヴィクトリア朝時代の『エコノミスト』編集者〔バジョット〕は述べた．次のことは確かだ．

> 闘争という観念は生命そのものと同じぐらい古い．それというのも，生命は，闘争を通じて他の生物が滅びることによってのみ保たれるものだからである．……この闘争においては，強くて能力の高いものが勝利し，能力が乏しくて弱いものは敗北する．闘争はあらゆる事物の父である．……戦わざるものには人生など存在しない[11]．

この教義は，ヒトラーによって『わが闘争』で長々と展開されているが，それは根本的な真実とは何かを述べている．国家や国民はすべて，福祉国家でさえも，闘争や戦争によって築かれてきた．それゆえ，1919 年以降の西欧列強のように立場が根本的にあいまいであるのは，強盗として成功した後で治安判事の席に断続的に姿を現す地方の紳士にでもなろうというようなものである．以下のような枢軸国のプロパガンダによる現実主義の批判に対して，〔西欧列強は〕果たして理論的，道徳的な返答を見つけたのだろうかと問うてもよい．すなわち，西欧列強は闘争によって今日の地位を得たのではないか．自分たちに都合が良い場合には闘争への不参加を表明しえなかったのではないか．ましてや，自らの闘争中は無視していた道徳的原則に訴えることによって，闘争への不参加表明を正当化し弁護するなどできはしないはずだ──といった批判である．枢軸国から出された道徳的挑戦に反駁しえたであろう唯一の方法は，以前の闘争によって勝ち取ったすべてのものを自発的に放棄することだっただろうし，西欧列強がそのための道徳力に欠け，道徳的正当化をなしえていないのは，

個人的道徳と政治道徳の違いの根幹にかかわっていると主張することもできる．

ほぼ同じ時期に出された国際理論に関する2つの古典的著作——『ザ・フェデラリスト』(1787-88) と『フランス国王弑逆の総裁政府との講和商議についての一下院議員への手紙』(1796)——の中の，相隣関係ないし隣接性が戦争を引き起こすのかという問いに対するそれぞれの返答を比べることで，合理主義と現実主義の対照的な姿勢を浮かび上がらせることができる．答えは，状況次第ということになる．インドとパキスタン，あるいはイスラエルとアラブ諸国が慢性的に悪い関係にある一方で，西ヨーロッパの国々がそのような状況にないのはなぜかを説明する，一般的・普遍的・標準的な根拠はあるのだろうか．ハミルトン〔アメリカ合衆国初代財務長官．連邦憲法の重要性を訴えた『ザ・フェデラリスト』の執筆者の1人〕は現実主義者であり，おそらく名だたる人物の中でももっとも教養のある人物だった．それゆえ，国際連盟型の国際主義に反対する者たち，つまりライオネル・カーティス〔大英帝国のもとでの連邦制および世界政府建設を主張したイギリス政府官僚〕型の帝国主義者たちは，1919年以降，ハミルトンを守護聖人とした．『ザ・フェデラリスト』の中で，ハミルトンは言う．

> 人間の一般的感覚は，［まだ統一されていない］諸邦間の不和と対立というわれわれの懸念を鎮めようと努めている人びとの説とははなはだしくへだたっているのであるから，連合の解体という事態ともなれば，隣接しており，似た事情にあるということが，諸邦を必然的に対立させることになるということこそが，社会の動きを長期にわたって考察してきたところから導きだされるひとつの政治的公理なのである[12]．

アベ・ドゥ・マブリ〔18世紀フランスの政治思想家〕を引用しつつ，ハミルトンは続ける．

>「**隣接諸国**は，共通している弱点がこれらの国々を連 邦 共 和 国（コンフェデレイト・リパブリック）の結成へと仕向けない限り，当然相互に敵である．けれども〔連邦共和国の場合は：原訳者注〕その憲法が，隣接関係から生ずる区別を除去し，すべての邦が隣邦の犠牲において自邦の拡大を図ろうとする秘められた嫉妬心を消滅させる」［とドゥ・マブリは言う］．この文章は，**悪徳**の指摘とその**匡正策**の示唆とを同時に行っているわけである[13]．

第10章 戦争の理論

これを，おそらくそれほど知られてはいないかもしれないが，『フランス国王弑逆の総裁政府との講和商議についての一下院議員への手紙』における次のようなすばらしいくだりと照らし合わせてみるとよい．その中でバークは，ヨーロッパ連邦(コモンウェルス)，諸国家からなる文明社会という彼の考えを説明している．これは，ジャコバン派が真っ向から拒絶し反旗を翻して激しく非難した計画だった．バークは，国家連邦(コモンウェルス)を1つに結びつける3つの要素を識別した．

　第1が国際法(ロー・オブ・ネイションズ)であり，それは人類の偉大なる靭帯である．第2が，条約の法．それはヨーロッパの公法である．そして第3が，「市民的な相隣関係の法」ないし「隣人の法」である．それは，互いの地理的関係に従って諸国家の権利と義務を決定し，自然，伝統，慣習のなかに存在する法である[14]．

　ハミルトンの言う「相隣関係の法」は相互対立だった．バークにとってそれは，たとえば西ヨーロッパもしくはアラブ連盟のような有機的な歴史文化共同体からなり，今日，地域連合と呼ばれるものの基礎をなした．これらの地域連合はすべて現実主義者の分析の対象である．なぜこれらの地域連合が形成されるのか．これらの地域連合は誰に（西ヨーロッパ対ロシアあるいはアラブ連盟対イスラエル）敵対しているのか．しかしながら，バークによる「市民的な相隣関係の法」に関する分析は，別のレベルの問題を扱っているのである．彼は現実主義的な批評の有効性を否定するのではなく，それだけでは十分ではないと言うだろう．現実主義者の批判は，相隣関係とそれに伴う歴史的紐帯によって1つの共同体(コミュニティ)や権利と義務の相互依存が形成されるという主張を無効にするものではない．

　　人間は文書や印章で互いに結びついてはいない．彼らは相互の類似，順応，共感によって連帯に誘われるが，この真理は個人と同様に国家の間でも当てはまる．国家相互間を結びつける親善の紐帯として，法，慣習，習俗，生活習慣に見られる調和ほど確実なものはない．……これらは胸の底に刻みつけられた義務である．これらが人々を無意識のうちに，そして時には彼らの意図に反してさえ互いに接近させ合う．しかし習慣的な交際のこの目に見えない隠れた犯すべからざる紐帯は，よしんば彼らの片意地で訴訟好きな本性が彼らの書かれた義務の条項について言い抜けし口論し喧嘩するよう仕向ける場合にさえ，彼らを一つに結びつける[15]．

これらの言葉は，ストラスブールにあるヨーロッパの家〔欧州評議会の建物〕（メゾン・ドゥ・ヨーロッパ）の入り口に記されてもよいかもしれない．バークがこのように述べるとき，相隣関係が戦争を引き起こすとする社会学的な一般化よりももっと深いところで，ものごとの道徳的性質，国際的な相隣関係に内在する性質を描き出そうと試みているように思われる．実際のところ，彼は存在論を語っているのである．

革命主義

力（パワー）の理論についてそれぞれの立場を見てみると，力それ自体が正しいとは考えない点で革命主義は合理主義と似ている．同様に，戦争それ自体が正しいものではないと考える点でも，革命主義は合理主義と似ている．合理主義と同じく，革命主義は戦争よりも平和が重要で，戦争は必要悪だという．しかし，両者の強調点は異なる．合理主義者が勢力均衡の回復，被支配国の解放あるいは原状回復のために行われる個々の戦争について考えがちであるのに対し，革命主義者は，意識的にせよ無意識にせよ，究極的な未来の平和を目指して行われる一連の戦争について考える．平和とは国際社会の再編成であり，勢力均衡や原状の回復ではなく革命的な新しい状態にほかならない．戦争は必要悪だとする格言についても，合理主義が名詞の悪を強調する（「戦争は逃れられない悪である」）のに対し，革命主義は必然的という形容詞（「戦争は悲しむべき必然である」）を強調する．これらの違い，とりわけ後者の点は，政治理論のより深い部分における相違から生じている．合理主義にとって，政治は善い生活のために行われるものであり，それは個人の利益のためを意味する．「善い生活」とは，国家や国民，「自由な世界」もしくはそれと似た抽象概念ではなく，どこにでもいるような一般の人々の目標である（国民には**生活水準**についての目標があるかもしれないが，それは善い生活とはまったく別個のものであり，ありがちなこととはいえ，両者を混同するのは道徳的な教養の欠如である）．革命主義にとっては，その教義が提議するように，政治は内在的な社会発展のために行われる．個人よりも社会の動きに強調点がおかれ，極端な場合には，社会の発展という大義の前に個人は消耗品と見なされる．それゆえ，戦争は平和のための手段であり必要悪であるとする合理主義の二重の教義にならって言うと，戦争の性質に関する革命主義の根本的教義は，戦争は歴史の動因（エージェント）ないし

第 10 章　戦争の理論

道具である，ということになる．

　クリスチャンの原始革命主義者による古いキリスト教用語を使うならば，戦争は人々の犯した罪を罰するために用いられる神の笞である．それは，脱穀の際に穂から穀物をたたき出すための道具，殻竿である．戦争は，歴史の籾殻から歴史の小麦を脱穀する際に神が用いる手段である．このような戦争概念を素材として旧約聖書は数多くのことを述べているが，それらは 16 世紀や 17 世紀には強大な影響力を持った．イザヤ書には次のようなすさまじい描写がある．

　　このエドムよりきたり緋衣をきてボヅラよりきたる者はたれぞ　その服飾はなやかに大なる能力をもて厳しく歩みきたる者はたれぞ　これは義をもてかたり大にすくひをほどこす我なり
　　なんぢの服飾はなにゆえに赤くなんぢの衣はなにゆえに酒榨をふむ者とひとしきや
　　我はひとりにて酒榨をふめり　もろもろの民のなかに我とともにする者なし　われ怒によりて彼等をふみ忿恚によりてかれらを踏にじりたればかれらの血が衣にそそぎわが服飾をことごとく汚したり
　　そは刑罰の日わが心の中にあり　救贖の歳すでにきたれり[16]

　マコーレイがネイズビーの戦い[訳注2]について描いたように，これはイングランド内戦でクロムウェル率いる鉄騎隊が心に抱いた想いであった．

　　根は悪にして，果実は苦かりき
　　深紅色こそわれらが踏みつけし葡萄の果汁なり
　　高く強き群れ，高き地位にありて神の聖徒を殺めしものびと
　　われら踏みつけしゆえに

　　堕つべし，堕つべし，法冠，王冠みな久遠に堕つべし
　　法廷の魔神ベリアル，ローマ教皇のマモン〔拝金主義〕とともに
　　オクスフォードの会堂に悲鳴満ち，ダラムの聖堂に悲嘆響けり
　　イエズス会士は胸を叩き，主教は大法衣を引き裂けり[17]

　さらにこれは，200 年後のアメリカ南北戦争で奴隷廃止論者が心に抱いた想いであった．

　　眼に浮かぶは主の栄光と到来

　　　　酒桶の怒りの葡萄踏みにじり
　　　　恐ろしき剣(つるぎ)，運命の一閃(きだめ)，主ぞ放てり
　　　　主の真理は進みいく〔リパブリック賛歌〕[18]

奴隷廃止論者はアメリカ社会の革命主義者だった．

　笞や殻竿を持った神，あるいは酒桶での葡萄踏みを信じなくなったとき，人間は歴史の動因としての戦争を新しい方法で見るようになった．前に引用したように，「〔暴力は〕新しい社会をはらんでいる，すべての古い社会にとって助産婦である」とマルクスは言った[19]．これは，戦争という最も効果的で申し分のない暴力の様式がそのような助産婦たりえることを意味した．神の笞としての戦争に代わって，社会の助産婦としての戦争である．〔フランス国歌〕「ラ・マルセイエーズ」は，「汚れた血がわれらの耕地を満たすまで」と叫んでいる．戦争を正当化してスターリンは言う．「ボルシェヴィキは，……平和にあこがれ，平和の宣伝にだけ浮身をやつすような，単なるパシフィスト（平和主義者）ではなかった．ボルシェヴィキは，平和のための積極的な革命闘争を主張し，それが好戦的な帝国主義ブルジョアジー権力の顛覆のところまで，徹底することを主張した」[20]．

　歴史の道具としての戦争という概念は，あと1つの考察によって完成する．それは，「戦争を終わらせるための戦争」という第1次世界大戦時の連合国のスローガンに要約されている．これもまた革命主義の見解であり，戦争は，単に平和を回復するためだけではなく，**戦争を終わらせる**ために歴史の動因たるべきものだった．戦争とは，戦争を起こすという側面において歴史を終わらせて，戦争のない，民主主義と共産主義にとって安全な世界を作り出すことだった．戦争が何のために世界を**安全なものにする**かはたいした問題でない．この教義は革命主義的である．なぜならばここでは戦争が醜い政治の道具としてではなく，黙示録の歴史的伝達手段として捉えられているからである．これが連合国における第1次世界大戦についての支配的見解だった．政治的発言にしろ理論的研究書にしろ，この戦争に関する文献は，神による浄化過程としての戦争という古い革命主義の理念と，最終的な解放をもたらす大変動としての戦争

という新しい革命主義の理念を混ぜ合わせた修辞と隠喩に満ちている．

> ホームズが月光に輝く海を指して，もの思わし気に頭を振った．
> 「東の風が吹き出したね，ワトソン」
> 「そうじゃないよ，ホームズ．だってとても暖かいじゃないか」
> 「わが旧友ワトソン！この有為転変の時代にあっても，きみだけは変わらぬ人だね．でもしかし，たしかに東の風が吹き出したのだよ．かつて一度としてイングランドに吹き寄せたことがないような風がね．冷たくて身を切るような風だよ，ワトソン．こいつの吹きまくる中で，われわれの多くが滅びていくかもしれない．しかし，それもまた神の御意になる風なのだ．そして嵐が過ぎ去ったとき，燦然たる陽光の中には，もっと清らかで，もっと気持ちのよい，もっと強い国が残っているにちがいない」[21]．

コナン・ドイルは，彼自身の偏見と限界においてきわめて典型的な英国人だった．

革命主義の戦争理論に関して，ここで2つの問題が問われなければならない．1つは共産主義に関する問題，もう1つはファシズムに関する問題である．強調点こそ異なるものの，論理的に平和が戦争よりも重要であるとする点で革命主義は合理主義と意見が一致する．しかし，これはマルクス主義にも当てはまるだろうか？ 彼らにとって，平和は確かに戦争の目的（τελος）である（この点においてマルクス主義はファシストとは異なる）が，それはマルクス主義が平和を戦争よりも重要と考えていることを必ずしも意味しない．マルクス主義者は，このような政治的抽象論で窮地に追い込まれることをおそらく認めはしないだろうが，この問題は一考に値する．合理主義者は平和を戦争の目的と考えるが，それは彼が根本的な団結ないし調和について何らかの考えや前提を持っているからである．愚行や悪行によってそれは一時的に損なわれてしまったが，「戦争が終わった後の」正常な政治社会は再びその状態に近づくことができる．マルクス-レーニン主義者は，ほぼ確実に，そのような前提を持ってはいない．「本源的」という語が，原始平和社会という意味で歴史的に用いられるにせよ，第1原理として論理的に用いられるにせよ，マルクス主義は団結や調和ではなく，対立を本源的なものと見なす．

弁証法の第2法則は，相反する事物の統一，対立しつつ相互に浸透する現実

の本質的に矛盾した性格を主張する．相反する事物の和解が強調されるべきか，それとも両者の闘争が強調されるべきかはマルクス主義内部の論点である．「相反する事物の統一は暫定的，一時的，相対的なものである．互いに排他的な敵対者間の闘争は，運動や進化と同様，絶対的なものである」とレーニンは断言した[22]．ある意味においては，闘争や対立が絶対的であるのに，調和や団結は相対的でしかないようである．かりに和解や団結が強調されるならば，弁証法的唯物論が自然と歴史に関する本質的に動態的(ダイナミック)な哲学であるにもかかわらず，自然と歴史に関する静態的(スタティック)な概念にうっかりと陥ってしまう危険があるだろう．ものごとの前進運動は，相反する事物の対立がすべてに優先するという前提条件を必要とする．こうして，弁証法に関するマルクスの見解について，アイザイア・バーリンは次のように言う．「真の進歩は，ある側面の勝利と他の側面の敗北によってなされるものではなく，両者の破壊を必然的に包含する闘争それ自体によってなされるのである」[23]．

したがって，戦争が最終的には平和を目的とするという点でレーニンはアウグスティヌスの教義を共有しうるが，この平和が，人間の全経験の基礎であり，ものごとの本質をなしている安定した調和的秩序を映し出すものであるという教義は否認する．確かに，意見の相違点の方が一致点よりも重要であり，哲学的前提についてのもっとも深いところでレーニンはホッブズやマキャベリにより近いと論じることができる．

第2の問題はファシズムに関してである．ファシストは現実主義者なのか，それとも反革命主義者なのか．明らかに，彼らはそのいずれでもあるとしか答えられないだろう．ファシストにはこれら両方の思考方法の特徴が見られる．政治的範囲(スペクトル)のこの地点において赤外線は紫外線へと変わる．反革命主義が常に革命主義よりも現実主義に近かったかどうかは研究する価値のある問題である．ファシズムは，共産主義以上により現実主義的であり，合理主義からはるかにかけ離れている．それと同様に，メッテルニヒ〔オーストリア宰相〕やニコライ1世〔ロシア皇帝〕は，ジャコバン派よりも，本質的に現実主義的であり，合理主義からは遠い存在ではなかったか？

反革命を1人の人物で説明するには，19世紀初頭のもっとも有名なカトリック教徒の政治思想家，ジョゼフ・ドゥ・メストル（1754-1821）がいい例と

なるだろう．サヴォイ出身で，イエズス会士による教育を受け，後にサンクトペテルブルグで外交官を務めた彼は，歴史上有名な反動主義者であり，ルソーやヴォルテールなどあらゆる自由主義者を嫌った．彼の主著は『フランスに関する考察』(1796)，教皇こそ反革命にとって最善の中心であるとした『教皇について』(1817)，『サン・ペテルスブルグの夜話』(1817) である．彼は戦争理論を発展させ，『夜話』において，いかなる不思議な魔術によって人間は他の人々を殺しに出かけるのか，さらには，なぜ死刑執行人は例外なくどこでも忌み嫌われるのに，兵士はどこでも賛美されるのか，を問う．〔そして〕これは深遠なる霊的法則，「生物の強暴な破壊の大法則」「霊的世界の偉大なる法則」を映し出すものである，と結論づける[24]．彼は「歯と爪を血に染める性質」について熟考しているが，それは進化論者のような生物学的生存のための闘争を語る現実主義ではない．彼の理論はすべての面においてそれよりも深い意味を持つ．戦争は神的で超自然的な意味を持つと彼は主張する．それは原罪に対する罰である．「殺戮の天使は，太陽のように，この不幸な地球の周囲をめぐり，一国民に一息つかせているかと思えば，他国民を打っている……」．〔善悪や正義・不正義に関係なく，自らの世俗的な理由で支配者たちが戦争を始めるやいなや〕「神は，……世界の住民が，御自分にむかって犯した罪悪を罰せんとて進みたもう」[25]．戦争は，神が人類に対して用いる浄化過程である．それは，単に悪という問題を持ち出すのみならず，答えをも与えてくれる．「たえず血をのみこんでいる全地は，広大な祭壇にすぎない．そして，生きとし生けるものは，終りなく，はかりなく，たゆみなく，万物の終末にいたるまで，死の死にいたるまで，この祭壇の上にほうられなければならないのである」[26]．

ドゥ・メストルの血に対する自覚は彼の著作において病的に執拗なものではない．むしろそれは，知性に関わる問題をつきつけるような事実についての彼の明白な理解を映し出す．（スアレスやカントの国際的な社会契約とは一線をひき）彼は国際社会を組織するのは不可能であると断言する．彼はトルストイに影響を与えたし，後にはレオン・ブロイやジョルジュ・ベルナノスのような異端のフランス人カトリック作家に影響を及ぼした．前提，主張，結論のすべてにおいて，彼はカントの正反対に位置するようにみえる．

戦争の目的と行為

合理主義

　戦争の目的と行為に関する合理主義理論の中心を占めるのは，正義の戦争（正戦）という教義である．アクィナスは正戦について3つの規準を定めた．〔第1に〕それはしかるべき権威(オーソリティ)により宣告されなければならない（これは封建的許諾権に代わる規定だった）．〔第2に〕それは，たとえば防衛や不正義の是正といった，義にかなった理由をもたなければならない．そして〔第3に〕それは，正しい精神状態のもとで戦われなければならない．これが，個人の軍事的義務に関する理論の出発点であり，そのことは〔シェイクスピアの〕『ヘンリー5世』の中で的確に表現されている[27]．〔百年戦争のときヘンリー5世指揮下の英国軍長弓隊がフランス軍を破った〕アジャンクールの戦いの前夜，王は兵士たちと語らいを持ち，1人ひとりの兵士が「良心の塵を1つひとつ洗い清める」必要性について議論する．そして王は，兵士に対する代表者としての自らの重い責任に思いを巡らせる．正戦についてのさらなる規準は，新スコラ主義者に見られる．戦争は正義の手段によって戦われなければならず，戦闘員と非戦闘員の区別は尊重されなければならない．戦争によって引き起こされる悪や加えられる被害は，その戦争が統制または破壊しようとする悪よりも小さくなければならない（言い換えると，結果に対する倫理の観点から戦争は考察されなければならない）．今やこれらの規準は，20世紀には時代遅れとなった封建制度と関連しているばかりか，きわめて主観的ですらある．実際，多くの中世思想と同様に，これらはおおかた類語反復的(トートロジー)に見える．戦争は，義にかなった理由のために，正義の手段を用いて，正しい精神状態のもとで戦われなければならない．これは，正戦の規準とは戦争が正義でなければならないこと，と言うのとほぼ同じである．ベンサムはヴァッテルについて同じような批判をしている（が，それは説得力の大小があるにしろ，グロティウスらにも当てはまるだろう）．ヴァッテルの命題は「こうるさくて類語反復的」である．ヴァッテルは空中に城を築いているのであり，実用原理についてはきわめて冴えない理解しかしていない．そのため，ヴァッテルの陳述は「不正義をするのは正

義ではない」というような陳腐な決まり文句になってしまう[28]．これらの規準のあいまいさは，正戦理論の劣化を招きかねないし，終わりのない議論と複雑な詭弁を許すことになる．それにもかかわらず，この理論は西欧の伝統に深くとどまったままである．

　正戦という教義は3通りの発展をしてきた．第1に，それは世俗的な調子に書き換えられてきた．以前は，たとえば十字軍のように，「正義」は教会の権威によって定義された．グロティウスが行った仕事の総体とは，正戦の規準を新たに言い直して復活させようとする試みだった．それによって，国際法の近代的発展が開始されたのであるが，国際社会の法的な枠組みが発達し複雑になるにつれて，近代国際法は正戦に関する法的規準を求める傾向を増していった．ここから，侵略は法的に定義可能であるという戦間期の信念が生まれ，戦争は法的範疇の中に移されて，戦争に関する司法上の規準が定められた．たとえば1950年に国連が中国を侵略者として非難したのは，中国が不正な戦争に従事しているということを世俗的に認められた方法で主張したものだった．さらには，正戦または非侵略戦争の定義に加えて，ジュネーブ協定のような戦争方法に制限を課すための試みが着実に行われてきた．限定戦争理論は合理主義のものである．

　　戦争の目的は，より良い平和——たとえその平和が，こちら側からの観点にすぎないものであっても——を獲得することにある．したがって，こちらの望む平和についての配慮を絶えず怠らぬようにして戦争を遂行することが肝要である．……疲労困憊し尽くすまでその力を伸ばしきった国家というものは，その国自らの政策と将来を破産させる．
　　その波及効果を考えずに勝利のみに集中することになれば……その勝利が別の戦争の胚胎を秘めた悪しきものとなることは，ほとんど必定である……

リデル・ハート〔イギリスの戦略史家〕は『戦略論：間接的アプローチ』の中で以上のように結論づける[29]．戦争においては，やってはいけないいくつかのことがある．「国際的な権威機関の設立を計画する際には，国際的行為に関する道徳的規準が必要であり，その権威を押しつけようとする諸国家には〔この規準を〕受け入れる用意がなければならない．それがなければわれわれは再び失敗するだろう，とチチェスター主教［ジョージ・ベル］は述べている」[30]．

段階的抑止論や，軍に思慮分別や道徳心を求めるのもまた合理主義である[31]．

第2に，正戦という教義は，その本来の保証人だった教会によっては放棄され，そのままでは理論的に時代遅れのものとなった．実質上，その内容は高利貸しの教義と同じぐらい時代遅れである．高利貸しに対する論難が資本主義社会で修正されたり撤回されたりしたことはかつてない．同じく正戦という教義も，19世紀にイエズス会士のタパレリ・ダゼグリオが復古的中世趣味の論文で再検討しようと試みたことなどが知られているものの，近代国際社会における理論的刷新はなかった[32]．1931年にフライブルクで開かれた非公式のカトリック聖職者会議では，この教義はもはや時勢にそぐわないものであることが宣告された．戦闘員と非戦闘員の区別を消し去るような手段が使用されること，善よりも多くの害をもたらすことからすれば，いかなる近代戦争も正義たりえない[33]．しかしながら，世論は別の判断を下した．「［1939年に］われわれが武器を取った理由だけでも，神の法を認めるすべての人々の目には，われわれの戦争を正戦とするのには十分だった」[34]．1948年のランベス会議に提出された英国国教会の報告書『教会と原子』[35]は，戦闘員と非戦闘員，軍事目的と非軍事目的，「厳密なる必要性」とその乱用を区別した．しかし，これはもはや存在してはいない道徳的環境を前提としている．戦争に関する道徳的神学が必要なのだ．その一方で，報告書は過去〔の出来事〕を非難したが将来〔の使用〕は認めた．すなわち，報告書は，無差別破壊爆撃やヒロシマを過去に遡って非難する一方で，原子爆弾を「戦争抑止力」として是認し，報復攻撃におけるその将来的な使用を正当化したのである．

第3に，正戦という教義は西欧思想全体にしみ渡っているため，時代遅れとなっているにもかかわらず完全に消滅することはないだろう．戦争は正当化されなければならないという考えが西欧の文明的伝統と分かちがたく結びついたために，西欧の伝統には合理主義の見解が広く行き渡っているのである．「戦争とは社会的技術の1つではない．むしろそれはあまりにも恐ろしいものなので，戦争を合法化できるものは，やむをえざる必要性あるいは完全なる慈悲の心でしかない」[36]とグロティウスは述べた．そしてこれが，現在でも，民主主義国である西側同盟国が，戦争についての自らの教義として考えたがることである．実際，意外なほどまでに，これが戦争に関する彼らの教義になっている．

このことは限定戦争に対する広く行き渡った信念によっても説明される．つまり，戦争手段を節約して，情け容赦ない態度が欠かせないとする原理に制限を設けるのである．戦争の目的は，こちらの意志を受け入れるよう敵を説得して改心させることであるとするクラウゼヴィッツの格言は，単なる軍事的勝利を達成するためには敵を粉々に打ちのめすべしとすることとは相容れない．日本に対する原子爆弾使用の正当化について，またドイツへの戦略爆撃に対する抗議をめぐっては，徹底的な自己省察が重ねられた[37]．（ここで，合理主義によるこの戦争手段節約原理が，敵もまた合理主義の原理に基づいて行動している場合にのみ有効なのかどうか，を考察するのは興味あるところである．）

　欧米諸国の戦争に対する態度には，正戦はしかるべき権威により宣告されなければならないとするアクィナスの規準の亡霊も残存する．1939年の英仏の立場は，ドイツに対する懲罰戦争を宣言するよう国際連盟を動かしていたならば，道徳的により強固なものとなっただろう．チャーチルは後にそう回顧している．1939年の戦争は，国際連盟規約を守るためでもなければ，国際連盟理事会の勧告に基づいたものでもなかった．つまり，1919年以降，しかるべき権威による戦争の宣告となったこれらの諸手続きを経てはいなかった．この戦争は，それ以前のすべての戦争と同様，従来の勢力均衡を巡る戦争だった．そのことにより連合国の大義が有する正義は減じられたと考えた人々もいる．こういった理由もあって，1950年以降，アメリカは，朝鮮戦争に対する国際連合の認可を得るための努力を惜しまなかった．それは同盟国を得るためというだけではなかった．もっと重要だったのは，「しかるべき権威」の道徳的是認を得ることだった．

現実主義

　現実主義には，正義の戦争（正戦）という教義はもちろん必要ない．現実主義は，合理主義の道徳的命題を否定するか，あるいはそれに対する批判を繰り広げる．現実主義の教義では，クラウゼヴィッツが言ったように，戦争とは「他の手段をもってする政治（ポリシー）の継続」である．このことは，戦争が，支配者がなんの躊躇も道徳的嫌悪感も持たずに使用する道具であることを暗示しており，戦争を政治の崩壊と見なす合理主義の教義とは対照的である．『新リヴァイア

サン』においてコリングウッドは言う．「戦争ではなく平和が政治の延長である．戦争は政治の崩壊である」[38]．
　戦争行為に関する現実主義の教義には 3 つの側面がある．第 1 は予防戦争の支持である．現実主義には，戦争の開始に関するルールなど存在しない．不利な条件下にあるのでは意味がない．敵はいつなんどきでも攻撃を仕掛けてくるかもしれないから，先手を打たなければならない．「2 度までは口論で正しい者を受け入れよ．だが 3 度目は最初に一撃を食わせよ」．ベーコンは次のように言う．「『戦争は先に不法または挑発がなければ正当化されない』というスコラ学者のある人の意見も受け入れがたい．さし迫った危険に関する当然な恐怖が，たとえ打撃が加えられなくても，戦争の合法的原因であることには疑いがないからである」[39]．フィッシャー〔英国〕海軍大将は，1908 年，英国王に向かって，ドイツ艦隊を「コペンハーゲン化」すべきである——キール湾内で沈めることを意味した——と提案した．「どうしてわが国は，ドイツが攻撃に最も有利な時機を選択するのを待つ必要がありましょうか？　わが国自らが口実を見つけてドイツを攻撃したらよいではありませんか？」[40] これをグロティウスの次の一文と対比させてみるとよい．「相手がわれわれを傷つける可能性があるという理由だけで，その人を傷つけるために暴力に訴えることが正義であるとするのは，いかなる公正原則にも反する教義である」[41]．
　現実主義の教義の第 2 の側面は，制限なき戦争，すなわち暴力の最大限の行使を容認することである．（これは合理主義の手段節約の考え方の逆である．）戦争はそもそも制限や制御が可能なものではない．「戦争に関する法」や戦争による損害を制限または軽減しようとする試みはすべて矛盾している．「あまりにも恐ろしくて使用できない手段」などというのは感傷的なナンセンスである．長い目で見れば，ぞっとするような恐ろしい行為が利益をもたらすことになる．空軍であれ，原子爆弾，あるいは他の技術的優位であれ，より優れた兵力はその軍事的効果のみを考慮して用いられるべきである．情け容赦しないことが究極的な親切である．「嘆き悲しむための瞳以外には何も残すな」とシェリダン〔南北戦争期の北軍の将軍〕はビスマルクに言った（1870 年）[42]．アメリカ南北戦争で，アトランタを占拠したシャーマン〔北軍の将軍〕が〔南部の〕工場や倉庫をことごとく破壊しながらジョージア州を進軍したのは，これ

と同じ態度を示すものだった.「かりに私の蛮行や残酷な行為に対して人々が非難の声をあげるならば,戦争は戦争であって,人気集めのためのものではない,と答えるつもりである.彼らが平和を欲しているとすれば,彼らもその親族も戦争をやめなければならない」[43].

兵力の最大限の展開が戦争を短縮し最終的にはより多くの命を救うという議論が,1945年に原子爆弾投下を正当化するために用いられたように,推測的結果という微積分学を含んだ功利主義倫理学の主張であることは,記しておくべきだろう.この主張に対しては,勝利の確保という第1の目的にとってすら軍事力の行使は不必要だったとする反対意見がたびたび回想的に出されている.『海軍記録』と題する回顧録において,キング〔米国〕海軍元帥は,海軍封鎖だけでも日本は降伏を余儀なくされただろうと主張している[44].

現実主義の教義の第3の側面は,敵の破壊を戦争の最終目標とすることである.戦闘中には敵との妥協などありえず,勝利の後には敵との和解など存在しない.無条件降伏とカルタゴの平和〔訳注3〕という対概念は現実主義のものである.

革命主義

戦争の目的と行為に関する理論においても,革命主義は,合理主義と現実主義両方の特徴を併せ持つようにみえる.たとえば共産主義は,正義の戦争(正戦)の観点から語る点で合理主義の理論と同じであるが,現実主義の実践と方法をも兼ね備えている.なぜならば,彼らは,ときには征服した人々や「改心した」人々を親切さで懐柔しようとする場合もあるけれども,より多くの場合は現実主義に匹敵するような恐怖にみちた無情な手段を誇示するからである.共産主義による正戦理論は,『ソビエト同盟共産党(ボルシェヴィキ)歴史 小教程』に著されている.

> ボルシェヴィキの反対したのは,あらゆる種類の戦争ではない.彼等はただ侵略戦争に反対し帝国主義戦争に反対したのである.ボルシェヴィキは,戦争には二つの種類があると考えた.
> (イ)正義の戦争,これは侵略戦争ではなく,解放戦争であって,外国からの攻撃や,隷属化させようとする企てから人民を防衛せんとし,あるいは資本主義

の奴隷たることから人民を解放せんとし，あるいは，帝国主義の抑圧から植民地や属国を解放せんとする目的をもつものである．次に，

（ロ）不正義の戦争，これは侵略戦争であって，他国と他民族とを征服し，奴隷化しようとするものである．

第一種の戦争をボルシェヴィキは支援した．第二種の戦争に関しては，これに反対して，断乎たる闘争を敢行し，その闘争は革命と自国帝国主義政府顚覆のところまで徹底すべきであると，ボルシェヴィキは考えた[45]．

これは正戦について語っているが，合理主義の教義とまったく同じではない．スターリンはこうも言う．「われわれは**あらゆる**戦争に反対なのではないではありませんか．われわれは，反革命的な戦争としての帝国主義戦争には**反対で**
す．しかし，われわれは，解放戦争，反帝国主義戦争，革命戦争には，**賛成で**
す」[46]．さらにレーニンは言う．「革命的な労働者階級(プロレタリアート)が革命戦争を心底否認するのは不条理なことである，とわれわれは常に言明してきた」[47]．

これは，社会的技術のひとつとしてではなく，あまりにも恐ろしいものなのでやむをえざる必要性のみが正当化できるとして戦争を語ったグロティウスとはまったく異なる言い回しである．革命家にとって，戦争は社会的技術のひとつでなければならない．「暴力は社会の助産婦である」とマルクスは言った[48]．戦争は国際社会を刷新する際の助産婦である．必要性の程度や精神の状態などに関するあらゆる合理主義的な詭弁は無関係となり，一掃される．正戦の規準はイデオロギー的なもので（合理主義の伝統が提供しようとする倫理的規準よりもさらに主観的なもので）ある．戦争を法律によって定義するなんてナンセンス，なのである．

その特質が正しく見分けられたならば，今やこの教義は正戦のそれではなく，まったく別のものである．それはまったく別の教義だが，正戦と同じぐらい古くから存在する．戦争に関する共産主義者によるさらなる2つの言明の中に，その手がかりがある．第1は，レーニンである．

> 戦争の階級的性格が社会主義者にとっての根本問題である（彼が裏切り者ではない限りにおいてだが）．かりに戦争が，自国のブルジョアジーを征服した後にプロレタリアートによって社会主義の強化や拡大を目的として行われるとすれば，そのような戦争は正統かつ「聖なる(ホーリー)」ものである．

第10章　戦争の理論

　第2は，1948年2月16日，モスクワ・ラジオ放送がソ連軍の栄光について語った言葉である．「栄光に満ちたその歴史のすべてにおいて，不正義の目的のために〔ソ連軍が〕戦闘に従事することはなかったし，そうすることはできなかっただろう．〔ソ連軍が〕行った戦争は，公正で神聖な戦争だった」[49]．

　正統にして聖なる〔戦争〕，公正にして神聖な〔戦争〕．ここでわれわれは，正戦という教義の言い回しの下に，聖戦という教義の言葉遣いを目にする．1920年にバクーで開かれた東方諸民族大会での開会演説において，ジノヴィエフ〔レーニンの側近，コミンテルン議長〕は次のように語った．

> 同志諸君！　兄弟諸君！　諸君が強盗どもと抑圧者どもにたいする真の聖なる人民戦争の組織に着手しうる時が来た．共産主義インターナショナルは，本日，東方の諸民族にむかってこういう．「兄弟たちよ，われわれは諸君に聖戦を呼びかける．まず第1にイギリス帝国主義にたいして！」[50]

　聖戦という教義はイスラム教に起源を持つ．それはまたおそらくユダヤ教にも由来する．『申命記』においてモーゼが出したカナンの地〔約束の地〕を占拠せよという命令は，聖戦，根絶戦争を連想させる．

> 　　汝の神エホバ汝が往て獲べきところの地に汝を導きいり多の国々の民……汝よりも数多くして力ある七の民を汝の前より遂はらひたまはん時すなわち汝の神エホバかれらを汝に付して汝にこれを撃せたまはん時は汝かれらをことごとく滅すべし彼らと何の契約をもなすべからず彼らを憫むべからず……
> 　　其は汝は汝の神エホバの聖民なればなり汝の神エホバは地の面の諸の民の中より汝を撰びて己の寳の民となしたまへり[51]

これは，詩篇第149番に繰り返されている．

> 　　その口に神をほむるうたあり　その手にもろはの剣あり
> 　　こはもろもろの国に仇をかへし　もろもろの民をつみなひ
> 　　かれらの王たちを鏈にて　かれらの貴人をくろかねの械にていましめ

　これは申し分ないものである．クロムウェル率いる鉄騎隊は国王軍との戦闘に向かう際に革命主義的な意図をもってこの詩を繰り返し叫んだ．しかしながら，ヴォーゲリン〔ナチスの迫害を逃れるためアメリカに亡命したドイツ生まれの

政治哲学者〕は『秩序と歴史』の中で，本来のヘブライ人による理論は聖戦ではなかったといっている[52]．

　聖戦という教義を完全に発達させたのは，西洋の国際理論に発祥以来たえず顕著な影響を及ぼしてきたイスラム教の理論である——ここで顕著な影響という言葉を用いても強すぎるということはない（聖戦という教義は，イスラエルとアラブ諸国の問題にも関連している）．イスラムの基本法においては，全世界がイスラムの家（Dar-al-Islam）すなわちイスラムが君臨する地（イスラムは「神に身を委ねること」を意味する．ムハンマドが自らの信仰を表すために選んだ言葉）と戦争の家（Dar-al-Harb）すなわち戦争が君臨する地に分けられる．後者がイスラムを受け入れていない人間の土地を指し，征服によってDar-al-Islamに吸収されるまで，そこでは事実上もしくは潜在的な意味で戦争が拡がっている．コーランによってイスラム教徒に教え込まれる宗教的義務には，ジハード，すなわちイスラムの教義を受け入れない人々に対して戦争を行う義務がある．そのような戦争における死は，殉教という栄光，天国への即座の入場，そして天国での特権をもたらす．それゆえ，ジハードは，常に潜在的に存在している戦争を遂行する義務である．この教義の近代的解釈では，ジハードは精神生活の観点から説明される．ジハードが最後に宣言されたのは，1914年11月，オスマン帝国のカリフ（もしくはスルタン）の名においてだった．それは，協商国または中立国のすべてのイスラム教徒に対して，オスマン帝国のイスラム教徒とともに戦うことを求めた[53]．その結果はがっかりするもので，即時的，直接的な効果はほとんどなかった．儀式としてのジハードは消滅したが，理念としては現代のイスラム急進主義においてなお力を持っており，イスラム教徒のテロリスト［ばかりか実は支配者：編者］によってしばしば用いられている．

　聖戦という理念がイスラムからキリスト教世界へと移し変えられたのが十字軍だった．十字軍は，単なる聖地解放のための戦争でもなければ，単純に異教徒に対して行われた戦争というわけでもなかった．それは罪滅ぼしのための苦行として行われた戦争だった．それは「天国へと至る新しい道筋」であり，犯した罪に許しを与える悔悟の巡礼だった．十字軍という理念は急速に安っぽいものと見なされるようになっていくが，アイゼンハワー大統領とダレス〔国務

長官〕の時代にはまだ有効性を持っていた．それは世俗化され，革命主義による戦争教義の一部となった．フランス革命時のジャコバン派や共産主義者は（イスラムに呼応して），世界をDar-al-IslamとDar-al-Harbに二分したのである．

聖戦は，予防戦争の原理を受け入れ，完全，非情，制限なき戦争の原理を受け入れる点で現実主義の戦争教義に対応している．しかしながら，現実主義が要求する無条件降伏は，敗北した敵に平和を与える条件として革命を要求するというところまで拡大される．たとえば，イタリアで連勝した共和主義者の〔ナポレオン・〕ボナパルトは共和制の政府としか交渉することを望まなかったし，1918年にウィルソンは民主制の政府としか交渉したがらなかった．それゆえ1943年にスターリンは，「友好な」政府でないかぎり，ポーランドやその他の国々を承認しようとはしなかった．聖戦という教義のもうひとつの特質は，国境を無視して，人類と国際社会を2つの階級，善と悪へと水平的に二分する，ということである．一例で十分であろう．「人間には2種類しかいない．堕落者と有徳者である．財産や地位で人を判別するのではなく，性格で判断せよ」(*Il n'existe que deux partis: celui des hommes corrompus et celui des hommes vertueux. Ne distinguez pas les hommes par leur fortune et par leur état mais par leur charactère*)（ロベスピエール〔フランス革命ジャコバン派の指導者〕）[54]．カルヴァン主義者にとっては救いを予定された者と神に見放された者．イエズス会士にとってはカトリック教徒と異端者．ジャコバン派にとっては有徳者と堕落者．共産主義者にとってはプロレタリアートとブルジョアジー．この教義と――潜在的なものであれ明白なものであれ――恒久的な戦争状態という理念の間には大差はない．「冷戦」にせよ共存にせよ，「共産主義者は常に戦争状態にある」．

戦争の性質に関する革命主義理論の根本的理念は，戦争が歴史の動因であるということである．戦争によって世界は教義の安全を保証するものとなり，戦争を終わらせるために戦争が戦われる．しかしながら，このような解釈がどれほどあてはまるかは特定の戦争ごとに異なっており，哲学的な抽象化の度合いも特定の戦争ごとに異なる．すべての戦争が歴史の動因として等しく有効なわけではなく，革命主義の目的との関連性の程度も異なる．かりにある戦争が歴

史の目的にとって間接的にしか関連性を持たないとしたら，革命主義者はおそらくその戦争を直接的な関連性を持つ道具に変えなければならないという義務感を感じることになる．それゆえレーニンは，（まだスイスにいるときに）第1次世界大戦を同時に2つのレベルで捉えたのだった．長期的に見て，それは資本主義の崩壊を加速し，大衆の苦痛を強化し，客観的な革命的状況を創出することによって，歴史の進行に奉仕するだろう．短期的な観点からすると，それはすべての国のブルジョアジーが「民族主義」イデオロギーに隠れて利己的な目的を追求しようとする犯罪的・反動的事業である．長期的形勢を加速し，短期的形勢を抹消することが必要である．「この任務についての唯一の正しい表現は『帝国主義戦争を内乱に転化せよ』というスローガンであり」[55]，おおよその関連性を直接の関連性へと転じることだった．

革命主義による戦争理論の極端な点が根絶原理である．「原理（プリンシプル）」という語は熟慮の上で用いている．革命主義は，根絶を単なる政治の道具としてだけではなく，原理上の問題として用いる人々である．昔の革命主義者であれば義務上のこととしてと言ったことだろう．現代の革命主義者は「科学的に」というだろう．キリスト教世界自体に対して向けられた最初の十字軍であるアルビジョア十字軍に戻ろう．1209年のベジェ陥落の際の叫び声は，「皆殺しだ．主の意志を知れ」だった．この恐ろしい警句は，同じ主題のまま形を変え，何世紀にもわたって繰り返されてきた．アルビジョア十字軍の後，フランス南部の「再教育」のために教皇の異端審問が創設された．悔い改めない異端者は，文字通りの意味において根絶されることになった．「人もし我に居らずば，枝のごとく外に棄てられて枯る，人々これを集め火に投入れて焼くなり」[56]．19世紀のジョン・ヘンリー・ニューマンは言う．

> ［教会は］たった1つの魂の価値と比較して，この世界とこの世界に存在するすべてのものを，単なる影，ちり，灰と見なす．……その魂が失われるとは言わないまでも，〔たとえばその魂が〕軽い罪を1つ犯したり，誰も傷つけないうそを故意に1つついたり，あるいは理由もなく1ファースィング〔英国の旧1/4ペニー硬貨〕を盗むよりは，太陽や月が天から落ち，大地が衰え，地上に暮らす何百万もの人々がみな極度の苦痛のうちに餓死するほうが，一時的な苦難でありさえすれば，ましだ，と教会は考える[57]．

第10章　戦争の理論

これは，神学上の前提に立つかぎり欠陥はなく，明白な論理と劇的な言い回しで神学上の言明をしているという点においてのみ注目すべきものである．しかしながら，問題となる罪が小さな硬貨1枚を盗むことではなく異端や不信心という状況においては，ニューマン枢機卿よりも厳しく無情な人間たちがこの論理を用いる方法を想像するのは，難しいことではない．『千年紀の追求』[58]において，ノーマン・コーンは異端者による近代全体主義の素姓を明らかにしている．しかし，正統派によるものもまた存在する．

1936年7月，フランコはテトゥアンで『ニュース・クロニクル』紙特派員のインタビューを受けた．ナショナリストが共産主義者に対する組織的虐殺を行った後のことだった．

「どのくらい長く……虐殺は続くのですか？」
「妥協はしないし休戦もしない．マドリッドへ向けて前進あるのみである．前進し首都を奪回する．いかなる犠牲を払っても，マルクス主義からスペインを守る」
「スペイン人の半分を撃ち殺すことになるが」
「繰り返すが，いかなる犠牲を払っても，だ」[59]

この特派員はアーサー・ケストラー〔ハンガリー生まれのジャーナリスト，小説家〕である．

恐怖政治は，異端審問の近代的・世俗的形態であり，近代ヨーロッパ史において少なくとも3回ほど起こっている．フランス革命の最中，ナチス支配下，そして共産主義の下で，である．フランスでは，公安委員会で海軍を指揮した元プロテスタント牧師のサン・タンドレが，「共和国の基礎をしっかりと築くためには，人口を半分以上減らすべきだと思う」と語った．彼だけではない．「共和国とは，それに反対するあらゆるものの徹底的破壊を意味する」と，サン・ジュストは言っている．カリエールもまた，地方で恐怖政治を実施しながら，次のように宣言した．「リヨンには命を助けられてもよかろう市民——善き市民とは言えないにしろ——が1万もいない」．ジャコバン派はこの人口削減理論について一貫してはっきりした考えを持っていた．「フランスの再生にとりあえず失敗するくらいならば，むしろフランスの墓場を作る」[60]．［ポルポトやクメールルージュのほかの指導者たちはパリで教育を受けた．最後のジャ

コバン派だろうか？ 編者〕
　ナチスによる恐怖政治理論も大差ないものだった．

> ロシア人やチェコ人に何が起ころうとも，私には微塵の関心もない．……諸民族が繁栄するか餓死するか——われわれの文化（Kultur）が彼らを奴隷として必要としている限りにおいてのみ，私の関心をひく．対戦車用の溝を掘っている1万のロシア女が極度の疲労で倒れるかどうか——ドイツのために対戦車用の溝を完成させられるかどうかという点にかかわってのみ，私は興味をもつ．

以上のように，1943年にヒムラー〔ナチス親衛隊指導者〕は述べた[61]．それより少し前に，占領地ポーランドの総督だったハンス・フランクは日記に次のように記している．

> 1940年3月8日：ポーランド人が何かしようとごくわずかでも試みた場合にはどこであれ，彼らに対する大規模な破壊軍事作戦が行われることになるだろう．……
>
> 1942年8月24日：ドイツ人が屈服することに比べたら，ポーランド人が精神的に参るほうがはるかにましだ．120万のユダヤ人に対してわれわれが餓死の宣告をすることは，ごく小さなこととしてのみ記されるべきだ[62]．

　共産主義者による恐怖政治理論は同じ主題の一変種にすぎない．「彼（スターリン）は，1割の人類を『喜ばせる』ために，人類の9割を破壊することのできる，まれにみる恐ろしい教条主義者の1人だった」（ディラス著『スターリンとの会話』）[63]．レーニンも言う．「きたるべき行動の直接の任務として，死にものぐるいの，血なまぐさい殲滅戦が必要だということを大衆にかくすのは，自分自身をも，人民をもあざむくことである」[64]．これが，階級敵の一掃を目指す大衆恐怖政治の原理である．第20回党大会での演説において，フルシチョフは，スターリンがこの原理を「誤って」適用したのだとして，スターリン批判を行った．搾取階級がすでに一掃された後で，大衆恐怖政治が党の内部に対して向けられたからである．レーニンはこの武器を「正しく」使用したのだった[65]．

　「一掃」という言葉は陳腐な決まり文句のようになじみ深いものになったが，元来の使用法においてこの単語は複数ないし集合名詞につく動詞だった．一掃

されるのは個人ではなく階級，つまり搾取階級であるブルジョアジー，労働者の敵階級だった．1918年3月のブレスト・リトフスク〔条約[訳注4]締結直後の党大会〕におけるレーニンの一節は有名である．「政治というものは，数百万のいるところではじまるものであり，数千人ではなく数百万のいるところでのみ，真剣な政治ははじまるのである」[66]．これは，「一掃は，大衆のいるところで始まる」と改作できる．全体主義の弁護者のふりをするのを好んだバーナード・ショー〔アイルランドの劇作家〕は言う．「かりにある特定のタイプの文明や文化をわれわれが熱望するのであれば，それにそぐわないような種類の人々は根絶しなければならない」[67]．

人口削減理論には，アングロ・サクソン民族によるさまざまな類似の例がある．アイルランドにおけるクロムウェルの政策，とりわけドロゲダの虐殺〔クロムウェルがアイルランド再征服の際に行った虐殺〕（1650年）や，ウィリアム3世のスコットランド人顧問が扇動したグレンコーの虐殺（1692年）などは，その2つの例である．余剰人口を排除するための国外移住や犯罪者の国外追放の必要性を固く信じていたトマス・アーノルド博士〔イギリスのパブリックスクール改革者〕のような例もある[68]．

1948年，国連総会はジェノサイド（集団殺害罪）の防止および処罰に関する条約を採択した．この条約は〔1956年までに〕ソ連を含む52カ国によって調印され，効力を持つようになった[69]．ジェノサイドは次のように定義される．

> 国民的，民族的，人種的あるいは宗教的集団の全体ないしその一部を破壊する意図をもって行われる次のような行為——集団構成員の殺害あるいは集団構成員に対して重大な肉体的ないし精神的危害を加えること．集団全体あるいはその一部の破壊をもたらすように意図された生活条件をその集団に対して故意に課すこと[70]．

平時であれ戦時であれ，ジェノサイドは国際法上の犯罪である．これは，国際的良心という——かりにそんなものがあればの話であるが——合理主義者の反応を表したものである．「ジェノサイド」という犯罪は，ヒトラーによるユダヤ人の扱いを基にして枠組みが定められ定義がなされたが，そこにはアルビジョア十字軍も含まれるだろう．一宗教集団を破壊したアルビジョア十字軍は，

西ヨーロッパ史における注目すべき初期のジェノサイド行為だった. けれどもこの定義には階級の一掃は含まれないようである.

この条約が採択された1948年は, スターリンによるエストニア人追放が行われていた最中であり, それはジェノサイドにきわめて近いものだった. スターリンはウクライナ人に対しても同じような扱いを考えていたとフルシチョフは述べている. 1955年には, 米国のベトナム軍事ミッションの長だったオダニエル将軍について, 以下の命令がその政策を簡潔に言い表していると言われた.「善人は白, 悪人は赤の色分けをして, 赤を皆殺しにせよ」[71]. この命令は, 革命主義の聖戦原理を非常にわかりやすい言葉で表現している. 自らの教義によって与えられる規準にもとづいて人類を善と悪に分け, 悪人を皆殺しに. これは, 革命主義の教義における不変的テーマである.

革命主義の根絶は, 現実主義の根絶とはまったく別個のものである. なぜならば, それは**原理**として行われるものだからである. もちろん, 歴史は虐殺の記録であり (マーロウの〔戯曲〕『タンバレイン大王』の記述は, 権力に陶酔した支配者について巧みな修辞法を用いている), 非情さや制限なき手段を好む現実主義の傾向は虐殺を生むだろう. しかしながら, これらは通常, 実用原理に基づいて行われる. 異端の撲滅, 社会の浄化, 科学的社会工学, 大義のために行われる根絶はまったく別のものである.

イスラムは聖戦を発明したかもしれないが, 根絶は行わなかった. 加えて, 革命主義が本質的に西洋のものであるということからしても, この種の根絶は本質的に見て西洋のものである. 西洋は蒸気機関, 微分学, 核物理学, 大聖堂, オーケストラによる交響曲のみならず, 教義上の根絶をも発明したのである. [1916年の〔オスマン〕トルコ人によるアルメニア人虐殺は非西洋のジェノサイドの一例としてあげられるかもしれないが, この残虐行為の背後にあるナショナリズムの哲学自体は西洋を起源とするものだった. 編者]

補遺：核兵器による局面

核兵器の到来により, 政治の道具として戦争を用いることがもはや現実的ではなくなったため, 戦争理論について語られてきたことの多くが時代遅れになってしまったという議論が行われてきている. 誤解を解くためにも, これにつ

いて言っておきたい．

　1つ目は用語の使用に関する点である．戦争がもはや現実的ではないからといって政治的現実主義が時代遅れであるというのは，あいまいなもの言い，不正確な思考である．「現実主義」は「現実的」と同じではない．言ってみれば，マキャベリ，ホッブズ，ヘーゲル，モーゲンソーを包含する政治的伝統の主たる特徴を説明する際に，現実主義（Realist）という単語にはこれまで大文字のRを用いてきた．こういった人々は一般に現実主義者として記述されるので，ここでもこの名称を採用したのである．これは現実主義者の言うことは現実的であるという推論や想定を意味するものではない（ホッブズの社会契約論は非現実的に思われるかもしれないが，ホッブズが現実主義者であることに変わりはない）．たとえば，現実主義の戦争教義の一特徴が，情け容赦なく最大限の暴力を用いて降伏を強制することにあること，そのことは1945年の日本に対する原子爆弾の使用という英米の決定によって例証されることについてさきに述べた．そのとき読者には，この現実主義的な決定がはたして**現実的**なものだったのかどうか，実際のところそれはあとから後悔を招くような近視眼的なものではなかったかどうかについて議論の余地があることも示した．

　「現実的」とは何を意味するのだろうか？　それは最後の一文における「あとから後悔を招くような近視眼的」とは正反対のことである．これが「現実的」という語に含まれる意味の第1の種類のものである．現実を明白に認識しているからこそ，他者よりもはるか先を見ている，ということである．しかしながら，「現実的」とは承認を意味する言葉でもあり，われわれが〔現実を〕見ているかぎり，その見ているのと同じ方向に見る思考方法，あるいはわれわれが賞讃に値すると考えるような目的を目指す行動について使用される．それゆえ，1945年に日本に対して原子爆弾を使用したことに対する非難は，もちろん合理主義者による批判である．この武器の使用による長期的影響や，同盟国であるロシアやアジアの意見への影響，道徳的影響といったことを考慮せずに，日本に対する戦争を迅速に終わらせ，それによって日本の沿岸部を急襲する際に失われたかもしれない100万のアメリカ人の命を救えるということだけを考えたのは**現実的**ではなかった，とこの批判は主張する．合理主義者は現実主義者よりも実際のところ自分の方が現実的であると思っている．なぜならば，合理

主義の商売道具である深遠な道徳的真実や原理こそ，現実主義の商売道具である勢力均衡よりも，真正でより効果的，説得力のあることだからである．

　革命主義は，歴史の運動に自らの行動を従わせることを可能ならしめる教義，理念の持ち主として，**自分**こそが現実主義や合理主義よりも真により現実的であると思っている．かりにこのような手がかりを持たないとしたら，あらゆる政治的行動は無駄で自滅的なものになると考える．

　第2の点は事実に関することである．通常戦争が今でも政治的計算に入れられる可能性については疑問の余地がない．核兵器によって主要大国間の戦争は不可能ないし時代遅れとなったのかもしれないが，これをいま主張するのは単に願望を希望的に主張しているのにすぎない．かりに今後100年間にわたって大きな戦争が起こらなかったとしたら，恐怖の均衡が時の試練に耐えてこの種の戦争を排除したといっても大丈夫かもしれない．しかしながら，核兵器が戦争を不可能にしたという希望は，非常に限定的な希望にすぎない．厳密に言ってそれは，核兵器によって核保有国間の核戦争が不可能となったということを意味する，あるいはそう意味するものとして捉えられるべきである．核兵器が使用されないように望むことは，戦争が時代遅れであるという願望と同じではない．実際，原子力の時代が誕生してからも，以前と同じような通常の戦争がしばしば行われてきたのみならず，核保有国自身がときおり核戦争の脅威をつきつけてきた．スエズ危機の際の英仏に対するロシアや，1953年の中国と北朝鮮に対する米国[72]，そして1957年のシリア危機の際の米国〔を思い出してみるとよい〕．〔米国〕第六艦隊は原子爆弾で武装しており，「小競り合いから全面戦争にいたるあらゆる事態に対応する準備ができて」いた．これらの脅迫ははったりだったのかもしれない．〔だが〕ここで重要なのは，これらの国々が戦争の可能性を政治的計算に入れたということである．

　戦争の可能性は，これまでいつもそうであったように，今でも政治的計算に入れられるというだけではない．さらに進んですべての国々は，今でも，結局のところ戦争の方が敗北よりもましであると考えている，と言うこともできる．まず第1に，核兵器保有国は，核戦争のほうが条件付降伏よりも望ましいと見なしていた．1955年の英国防衛白書は次のように述べる．

にもかかわらず，たとえ物理的な荒廃の脅威がいかに甚大な規模——それは今や予知されなければならないことであるが——になろうとも，それに直面する決意のほうが，好戦的な共産主義を助長する態度をとってそれによって必ずもたらされるだろう国民および個々人の恥辱を得るよりも，結局のところは明らかに望ましいということを，われわれの多くが感じなければならない[73]．

必要な変更を加えれば，ここに述べられていることは，事実上，今日のすべての国々，疑いなくすべての大国に当てはまる．それは常に国際政治上の公理だった．1895年のベネズエラ危機をめぐって米英が互いに対して戦争することを考えた最後の機会に，クリーブランド〔米国〕大統領は議会教書の中で敗北よりも戦争の方がましであるとして，この公理を明確に表明した．「偉大なる国民にとって，悪事や不正義に対して怠惰にも服従し，その結果，国民の自尊心と名誉を喪失することほど悲惨なことはない．これらの自尊心や名誉のもとに，人々の安全と偉大さが保護され，守られているのである」[74]．この公理は，核兵器の到来によって論破されてはいない．個々人は論破されたと願うかもしれないが，いかなる**国民**もいまだそのような価値観の革命を採用するにはいたっていない．

戦争の可能性が今でもすべての国々の政治的計算に入れられるとするならば，戦争の政治理論は以前と同じように有効であるといえる．つまり，戦争理論は今でも政治に影響を与えており，政治をそのもととなる理論という観点から研究することは可能である．理論に関しては，核兵器をめぐる現在の不安が合理主義の戦争教義，なかんずく限定戦争という教義の復活ないしこの教義への回帰を引き起こした．この教義は完全に廃れてしまうことはなかったが，いまや新たな説得力を獲得して，それ相当の流行にまでなっている．〔アルコール中毒による〕譫妄症が始まったときの大酒飲みのように，西洋社会は最古の道徳原理のいくつかに立ち戻った．これが本物の**改心**であって，単なるパニック時の**正気帰り**ではないことを望むだけである．けれども，合理主義の信念に関する現実的な問題のひとつは，相手も同じように考えているかどうかが確かではないときに，一方の側がこの考えを持ち続けることができるかどうか，である．いわゆる「最終兵器」と呼ばれるものがほとんど毎年のように刷新されるため，恐怖の均衡は勢力均衡と同じぐらい不安定なもののように見える．つかのま

技術的優位は，現実主義の思考法，予防戦争や真珠湾のような奇襲攻撃が持つ利点についての考察を助長せずにはいられない．

　核兵器が小国に拡散しはすまいかという西洋の核兵器保有国がもつ心配は，まさに，小国が合理主義の信念によって導かれるのではなく，現実主義的思考で個人的な争いをするのではないかという心配である．核戦争は共産主義社会も資本主義社会も同じように破壊するだろうと述べたとき，マレンコフ〔ソ連首相〕は合理主義の前提に立っているかのように思われた．しかし彼はすぐさま失脚した．核戦争は資本主義を永遠に打ち砕くが，共産主義はそうはならないということをフルシチョフが幾度も繰り返し述べたとき，不信心者を最終的に根絶または隷属させるだろう戦争を見越しつつ，彼は革命主義の観点から語っていたのである．

　フルシチョフが平和的共存や平和的競争についても語り，ときには2つの陣営間の武力衝突は不可避であるとするレーニンの教義を訂正したと思われるのは本当だが，このことはもう一方の事実と矛盾するものではない．大国間で戦争を始めないことや，1830年代にパーマストン〔英国首相〕がロシアの政策について語ったように，強襲ではなく坑道を掘って徐々に攻める方法をとること，大戦争の到来を待ち，かりに他国のイニシアチブによって大戦争が始まったならばそれを自分に有利になるように変えること——これらのことが，良きマルクス主義の信念であり，ロシアの良き伝統なのだろう．これが1950年代のソ連の立場だった．アメリカが原子力を独占し（真偽善悪は別として）国連を操縦していた時代，スターリン治下のソ連の政策が，落ち着きがなく攻撃的に見えたことを思い起こしてほしい．ロシアが水素爆弾を開発し，第三世界諸国が国連における支配的勢力となって以降，ソ連の政策は温和で共存を目指すようなものとなった．不安が自信に取って代わられたのである．

注

1) St. Augustine, ed. J.E.C. Welldon, *De Civitate dei Contra Paganos* (London: Society for Promoting Christian Knowledge, 1924), vol. II, p. 482. English tr. John Healey, *The City of God* (London: J.M. Dent & Sons Ltd., 1934), p. 140. 〔アウグスティヌス（服部栄次郎・藤本雄三訳）『神の国』第5巻，岩波文庫，1991年，56-57頁〕．

第 10 章　戦争の理論　　　　　　　　　　　　　　313

2) Edmund Burke, 'Regicide Peace', *The Works of the Right Hon. Edmund Burke* (London: Samuel Holdsworth, 1842), vol. II, p. 299.〔「フランス国王弑逆の総裁政府との講和商議についての一下院議員への手紙（1796 年）」（中野好之編訳）『バーク政治経済論集：保守主義の精神』法政大学出版局，2000 年，913 頁〕．
3) Hugo Grotius, tr. F.W. Kelsey, *Prolegomena* (Indianapolis and New York: Liberal Arts Press Book, H. Jonas Co. Ltd., 1957), para. 28.〔グローチウス（一又正雄訳）『戦争と平和の法』〈復刻版〉第1巻，酒井書店，1996 年，18 頁．かなづかいなど一部表現を改めた〕．
4) *Ibid*., para. 29, pp. 35-36.〔同上訳書，18 頁．かなづかいなど一部表現を改めた〕．
5) Abraham Lincoln, *The Collected Works of Abraham Lincoln* (New Brunswick NJ: Rutgers University Press, 1953), vol. III, p. 333.〔（高木八尺・斉藤光訳）『リンカーン演説集』岩波文庫，1957 年，156 頁〕．
6) Francis Bacon, 'Of the True Greatness of Kingdoms', *Essays* (London: Dent & Sons, 1939), p. 95.〔（渡辺義雄訳）『ベーコン随想集』岩波文庫，1983 年，141 頁〕．
7) Friedrich Hegel, tr. T. M. Knox, *Philosophy of Right* (Oxford: Oxford University Press, 1958), para. 324, p. 210.〔ヘーゲル（上妻精・佐藤康邦・山田忠彰訳）『法の哲学』下巻，岩波書店，2001 年，537-538 頁〕．
8) 大モルトケの「戦闘愛や戦いにおける喜び」に対するビスマルクの批判は，興味深い対照的な合理主義〔の見解〕である．Arnold J. Toynbee, *A Study of History* (London: Oxford University Press, 1939), vol. IV, p. 643 所収の 1880 年 12 月 11 日「Letter to Bluntschli」を参照．
9) Walter Bagehot, *Physics and Politics* (London: C. Kegan Paul & Co., 1881), pp. 43, 44.〔バジョット（大道安次郎訳）『自然科学と政治学』岩波書店，1948 年，53-54 頁．かなづかいなど一部表現を改めた〕．
10) *Ibid*., p. 215.〔同上訳書，262 頁．かなづかいなど一部表現を改めた〕．
11) Adolf Hitler, Speech at Kulmbach, 5 February 1928. Alan Bullock, *Hitler: A Study in Tyranny* (London: Odham's Press, 1952), p. 31 より再引用．
12) Alexander Hamilton, *The Federalist or the New Constitution* (London: J.M. Dent, 1934), no. VI, p. 25.〔ハミルトン，ジェイ，マディソン（斉藤眞・武則忠見訳）『ザ・フェデラリスト』福村出版，1991 年，26-27 頁〕．
13) *Ibid*., p. 25〔同上訳書，27 頁〕．
14) Edmund Burke, *The Works of the Right Hon. Edmund Burke*, vol. II, p. 300. C. Dawson, *Understanding Europe* (London: Sheed & Ward, 1952), p. 58 も参照．〔バーク，前掲訳書，914-917 頁あたりをもとに訳出．ただし，ワイトの引用文とまったく同じ文章はない〕．
15) *Ibid*., vol. II, pp. 298-299.〔同上訳書，913 頁〕．
16) Isaiah, ch. 63, verse 1-4, King James' Version.〔「イザヤ」書『舊新約聖書』日本聖書教会，1974 年，1266 頁〕．
17) T.B. Macauley, 'The Battle of Naseby', verses 2, 14, *Lays of Ancient Rome*

(London: J.M. Dent, 1968), pp. 493, 494.
18) Julia Ward Howe, 'Battle Hymn of the Republic', *The Patriotic Anthology* (New York: Doubleday, 1945), p. 196.
19) 第5章「国力の理論」p. 107〔本訳書143頁〕を参照. *Handbook of Marxism* (London: Victor Gollancz, 1935), p. 391.〔エンゲルス（栗田賢三訳）『反デューリング論』岩波文庫, 1966年, 67頁〕.
20) Josef Stalin, *History of the Communist Party of the Soviet Union* (Moscow: Foreign Languages Publishing House, 1945), p. 167.〔ソ同盟共産党（ボルシェヴィキ）中央委員会所属特別委員会編集『ソヴェト同盟共産党（ボルシェヴィキ）歴史　小教程』モスクワ：外国語図書出版所, 1950年, 271頁. 現代かなづかいに改めた〕.
21) Conan Doyle, 2 August 1914, in *His Last Bow* (London: Grafton Books, 1988), p. 224.〔ドイル（小池滋監訳）『シャーロック・ホームズ全集　第21巻　最後の挨拶』東京図書, 1983年, 33頁〕.
22) David Guest, *A Text Book of Dialectical Materialism* (London: Lawrence & Wishart Ltd., 1941), p. 76.
23) Isaiah Berlin, *Karl Marx* (London: Oxford University Press, 1948), p. 116.〔バーリン（倉塚平・小箕俊介訳）『カール・マルクス：その生涯と環境』中央公論社, 1974年, 126頁〕.
24) De Maistre, author's tr., *Les Soirées de Saint Pétersbourg* (Lyon, Paris: Librairie Catholique Emmanuel Vitte, 1924), vol. II, p. 14.〔ド・メーストル（岳野慶作訳）『サン・ペテルスブルグの夜話』中央出版社, 1948年, 129, 134頁. かなづかいなど一部表現を改めた〕.
25) *Ibid.*, pp. 25, 27.〔同上訳書, 134-137頁〕.
26) *Ibid.*, p. 25.〔同上訳書, 134頁〕.
27) William Shakespeare, *Henry V*, Act IV, Scene I, line 180.
28) *Works of J. Bentham*, vol. X, p. 584. E. de Vattel, tr. C.G. Fenwick, *The Law of Nations or The Principles of Natural Law* (Washington, DC: Carnegie Institution of Washington, 1916), vol. III, p. xliv. より再引用.
29) B.H. Liddell Hart, *The Strategy of Indirect Approach* (London: Faber & Faber, 1941), pp. 202-203.〔ハート（森沢亀鶴訳）『戦略論』下巻, 原書房, 1971年, 386頁を参照に訳した〕.
30) *The Times*, 15 April 1943, House of Lords Report を参照.
31) Thomas Murray in 'The Atomic Energy Commission Report to the Subcommittee of the U.S. Senate Foreign Relations Committee in Washington', reported in *The Times*, 13 April 1956.
32) J. Eppstein, *The Catholic Tradition of the Law of Nations* (London: Burns & Oates, 1935), pp. 130ff. pp. 266-272 も参照.
33) *Ibid.*, pp. 138ff.
34) *The Tablet*, 12 May 1945, p. 217.

第10章　戦争の理論　　　315

35) この報告書は，教会総会 (Church Assemby) の要請に基づいて，『原子力の時代』(London: British Council of Churches) と題する研究書について意見を述べるよう委託されたものである．*International Affairs*, vol. XXV, 1949 (London: R. I.I.A.), p. 74 を参照．
36) Hugo Grotius, Selections tr. W.S.M. Knight, *The Law of War and Peace* (London: Peace Book Company, 1939), bk. II, ch. IX, p. 71.
37) 例えば，チチェスター主教が1943年の春に『タイムズ』紙に送った書簡．
38) R.G. Collingwood, *The New Leviathan* (Oxford: Clarendon Press, 1944), p. 237. G.F. Kennan, *Realities of American Foreign Policy* (London: Oxford University Press, 1954), pp. 81ff. も参照．
39) Francis Bacon, 'Of Empire', *Essays*, p. 59. 〔ベーコン，前掲訳書，91頁〕．
40) R.H. Bacon, *The Life of Lord Fisher of Kilverstone* (London: Hodder & Stoughton, 1929), pp. 74ff. を参照．
41) Hugo Grotius, *The Law of War and Peace, 1625*, p. 57.
42) Dr Moritz Bush, *Bismarck: Some Secret Pages of His History* (London: Macmillan, 1898), vol. I, p. 171.
43) F.L. Paxson, *The American Civil War* (London: Williams & Norgat), p. 227 より再引用．
44) E.J. King and W.M. Whitehill, *Fleet Admiral King. A Naval Record* (London: Eyre & Spottiswoode, 1953).
45) *History of the Community Party of the Soviet Union*, pp. 167-168.〔前掲『ソヴェト同盟共産党（ボルシェヴィキ）歴史　小教程』，272頁．かなづかいなど一部表現を改めた〕．
46) Josef Stalin, Letter to Gorki, 17 January 1930, *Works* (Moscow: Foreign Languages Publishing House, London: Lawrence & Wishart Ltd., 1955), vol. XII, p. 182.〔「ア・エム・ゴーリキーへの手紙」『スターリン全集』第12巻，大月書店，1953年，198頁〕．
47) V.I. Lenin. Mark Wardle in a letter in *The Listener*, 6 November 1952, p. 767 より再引用．
48) Karl Marx, 'Das Kapital', *A Handbook of Marxism*, p. 391.
49) ともに Mark Wardle in a letter in *The Listener*, 6 November 1952, p. 767 より再引用．
50) G.E. Zinoviev. E.H. Carr, *The Bolshevik Revolution* (London: Macmillan & Co., 1953), vol. III, p. 261 より再引用．〔カー（宇高基輔訳）『ボリシェヴィキ革命 1917-1923』第3巻，みすず書房，1971年，198-199頁〕．
51) *Deuteronomy*, VII, verse 1, 2 and 6, King James' Version.〔「申命記」『舊新約聖書』日本聖書教会，1974年，337頁〕．
52) Erich Voegelin, *Order and History* (Louisiana: State University, 1956), vol. I, p. 209 を参照．
53) *Survey of International Affairs 1925* (London: Oxford University Press, 1927),

vol. I, pp. 43-44.

54) 1932-3年にオクスフォードでC.R.M.F. Cruttwellが行った「フランス革命」に関する講義についてのマーティン・ワイトによるノート, p. 76.
55) V.I. Lenin, 'Socialism and War', *A Handbook of Marxism*, pp. 679, 683.
56) St. John, ch. 15, verse 6, King James' Version. 〔「ヨハネ傳」『舊新約聖書』日本聖書教会, 1974年, 217頁〕.
57) John Henry Newman, *Certain Difficulties felt by Anglicans in Catholic Teaching* (London: Burns & Oats, 1879), vol. I, p. 240.
58) Norman Cohn, *The Pursuit of the Millennium* (London: Secker & Warburg, 1957).
59) 'Our Special Correspondent', *News Chronicle*, 29 July 1936.
60) 1932-3年にオクスフォードでC.R.M.F. Cruttwellが行った「フランス革命」に関する講義についてのマーティン・ワイトによるノート, pp. 25, 77.
61) 1945年12月11日のニュルンベルク裁判でのハインリヒ・ヒムラー〔の証言〕を, ドッド（アメリカ人）が翌日の『マンチェスター・ガーディアン』紙上の同裁判に関する報告において引用したもの.
62) *Nazi Conspiracy and Aggression* (Washington, DC: US Government Printing Office, 1946), vol. IV, doc. 2233-M-PS, pp. 900, 906.
63) Milovan Djilas, *Conversations with Stalin* (London: Rupert Hart Davis, 1962), p. 171.
64) V.I. Lenin, 'The Lessons of the Moscow Uprising', *Selected Works* (Moscow, Leningrad: Co-operative Publishing Society, 1934), vol. III, p. 349. 〔「モスクワ蜂起の教訓」『レーニン全集』第11巻, 大月書店, 1955年, 162頁〕.
65) N. Khrushchev, ed. Thomas P. Whitney, *Khrushchev Speaks* (Ann Arbor: University of Michigan Press, 1963), p. 217.
66) V.I. Lenin, 'Report on War and Peace to the 7th Congress of the R.C.P. (Bolshevik) 7 March 1918', *Selected Works*, vol. VII, pp. 295-296. 〔「ロシア共産党（ボ）第7回大会1918年3月6-8日」『レーニン全集』第27巻, 大月書店, 1958年, 95頁〕.
67) 1956年7月29日付『サンデータイムズ』紙上のSt. John Ervine著『Bernard Show』書評の中で, Raymond Mortimerがジョージ・バーナード・ショーの言葉を引用したもの.
68) *Sheffield Courant* に対するトマス・アーノルドの書簡および次の書を参照. T. W. Bamford, *Thomas Arnold* (London: Crescent Press, 1960), pp. 46 および 109-110.
69) *UN Review*, June 1956, vol. II, no. 12, p. 16 を参照.
70) L. Oppenheim, ed. H. Lauterpacht, *International Law* (London: Longmans, 1955), 8th edn, vol. I, para. 340, p. 750. 〔訳註：ジェノサイドの定義についてワイトはオッペンハイムの著作から引用しているため, ここでの訳も公式訳ではなく独自訳とした〕.

第10章　戦争の理論

71) Robert Guillain, 'The Tragedy of Vietnam', *The Manchester Guardian*, 27 May 1955.
72) ［1953年の中国と北朝鮮に対するアメリカの核兵器使用計画は，後になるまで明らかにはされなかった．編者］
73) *Parliamentary Papers* (London: HMSO, 1954/55), vol. X, Cmd. 9391, para. 24.
74) S.G. Cleveland in R.J. Bartlett, ed., 'Message to Congress', 17 December 1895, *Record of American Diplomacy* (New York: Alfred A. Knoph, 1947), pp. 351-352.

訳注
1〕 プロセイン王国の陸軍参謀総長としてドイツ統一に貢献．同じくドイツの陸軍参謀総長を務め第1次世界大戦に敗れた甥は小モルトケとして区別される．
2〕 イングランド内戦における国王軍と議会軍の間の重要な戦闘．この戦いの結果，議会軍の勝利が確実なものとなった．
3〕 敵の徹底的破壊を通じて獲得した平和の意．紀元前2〜3世紀のローマ人とフェニキア人の3度にわたる戦争の結果，最終的にローマが勝利し，カルタゴが滅亡した．
4〕 ロシアの第1次世界大戦からの離脱をもたらした講和条約．

第11章
国際法・義務・倫理の理論

　ここでは国際法の理論，国際的義務の理論，国際的倫理の理論という相互に関連した理論に呼応する，もっとも深いレベルにおける3つの探究課題，相互に重なり合うパラダイムに注目する．

国 際 法

　国際法に関して古くから存在する3つの伝統ないし学派——グロティウス学派，自然法学派，実定法学派——がここでの分類に関連するものの，完全には対応していない．自然法学派は，自然法以外には国際法など存在しないと断言し，国際関係における実定法の存在を否定した．しかし，彼らの自然法とはホッブズのいう反社会的自由の法であった（自然法学派の始祖とされるプーフェンドルフは，ホッブズの影響を強く受けた最初の非イギリス人研究者だった）．自然法学派は，演繹的に論じ，現実主義的な傾向を持っていた．
　実定法学派は，慣習や条約といった共通の同意に基づくもの以外には国際法は存在しないと断定した．なかには自然法の存在を否定した「自然法学派の対極」に立つように思われる論者もいる[1]．しかしながら，対極をなす2つの立場は結合する．実定法学派は帰納的な現実主義だった．

合理主義
　グロティウス学派は，他の2つの学派の中間に位置する人々で，自然法と，国家間に存在する既存の慣行や合意の双方から等しく国際法を導き出す，思慮深い中庸派として普通は説明される．彼らは，17世紀と18世紀には支配的な

第11章　国際法・義務・倫理の理論

影響力を持っていた正統派であり，合理主義の伝統を受け継いでいる．しかしながら，彼らの合理主義〔の特徴〕は，その中庸的立場にではなく，グロティウスがそうであったように（彼の後継者がみなそうであるとは限らないが），ホッブズ以前の自然法の伝統的教義を支持しているという点にある．

　自然法主義の伝統は2つの根本的教義を有している．第1は，国際共同体(コミュニティ)において諸国家の主権が存在するのにだれもが認める上位者がいないからといって，それが純粋なるアナーキーを意味するものではないということである．なぜならば，あらゆる政治的組織化が行われる以前に，社会的存在としての人間の理性と本性に基づいて，すでに法が存在しているからである．第2の教義は，法が何かということを示すもっとも重要な証拠を，すべての民族(ネイション)が持つ既存の慣行すなわち慣習に求めることである．第1の教義は自然法に関わり，第2の教義はローマ時代の万民法（*jus gentium*）に関わる．グロティウスはこの2つを一緒にして近代国際法の基礎とした．そしてこれが，近代国際法に関する合理主義アプローチの特徴をなす．

　古い形態の自然法は大部分が放棄され信用を失ってしまったが，国際法学の中心的伝統は今でもそこから引き出される2つの主張を行っている．第1に，条約または判決が存在しない場合には，国際法は文明国の慣習や慣用に求めなければならない．また，その証拠資料を法学者や注釈者の研究に求めなければならない．慣習や慣用からなるこの体系すなわち既存の諸国家の慣行は，単に強者の法を成文化したものではない．なぜならば，それは，異なる時代におけるさまざまな国家の対立する利害の間の妥協を具体的に表現しているからである．それは，大国と小国双方によってきちんと遵守された仲裁解決を集めた立派な目録や，国際的な委員会の貴重な仕事（および大戦間期の常設国際司法裁判所の仕事）のもととなった．主張の第2は，慣習と既存の慣行からなるこの体系つまり国際法は，マニングが法の背後にある法と呼ぶものを承認し，そこから法的権威を引き出している，ということである．自然法（*lex naturae*）の要素よりも万民法の要素が支配的になっても，法の背後にある法に対する承認は残っている．根本的規範あるいは自然の規範が存在する．たとえそれらが理解される方法や，それらに対する訴えの性質が変わるとしても，である．

　オッペンハイムは，近代の国際法学者を2つの学派，法律学派と外交学派に

大別している[2]. 法律学派は，国内法と同じやり方で国際法を発展させたいと考えている．この学派は，国際法の確定したルールを成文化して，実行力を備えた国際的な裁判所がそれを執行するようになることを目指す．これは，グロティウス学派ないし合理主義の伝統である．外交学派は，国際法を不変的規則の体系としてではなく弾性のある原則の1つとして捉える．国際的な裁判所の代わりに，外交学派は争議の外交的解決ないし仲裁を提唱する．なぜならば，国際裁判所が役に立たないことは歴史が証明してきたのにたいして，これらの方法は機能するかもしれないからである．これは現実主義である．

現実主義

実定法学派は自然法の伝統をまったく考慮に入れない．法の背後に存在する形而上学的な法について知りえることなどなにもなく，そのような憶測が国家の行動に影響を及ぼすことはない．そこでは，国際親交国（comity of nations）構成員の絶対的主権が強調される．というのも，主権が権力の唯一の源であり，法は権力から引き出されるものだからである．それゆえ，実定法学派は，国際法に関する同意理論を主張する．「国際法は，国家が拘束されることに**同意**した規範の総和であり，国家が同意しなかったものは，いかなるものも法となり得ない」[3]．

国際法は単なる条約の総体にすぎず，その唯一の源は国家による慣行の前例である．仲裁解決，国際的な委員会，常設裁判所はすべてほとんど何も達成してこなかったし，それらが達成した成果も最重要利害の絡まない国際関係の隙間部分に限定されていた．隙間部分に限るならば，同意理論は「暗黙の同意」原則によって弱められるかもしれないが，これは国家にとって副次的なさほど重要ではない利害に関係した分野に限定される．この教義は現実主義に特有の分析による．この文脈におけるもっとも興味深い代表的論者がトライチュケである．

> 諸国家の上で採決を行うことのできる上位権力がないために，国際法の存在は常に不安定で常に不完全法規（*lex imperfecta*）であることを免れえない．……国際法の真価を誤解しないよう望むのであれば，国際法は国家の本質と違反すべきではないことを忘れてはならない．国家に自殺を強いるような要求はけっして合

理的ではありえない．各国家は国際社会においてぜん主権国家たらざるをえない．主権を擁護することは国際関係においてもまたその最高義務である．国際法の確定原則は主権に触れないところにある．すなわち，それは形式の範囲および国際私法にある[4]．

言い換えると，国際法は副次的な重要性を持つ領域で影響力を及ぼすものである．論理的にも歴史的にも，国家が国際法よりも重要である．

革命主義

革命主義の国際法理論はどこに求めたらよいだろうか？ 対抗宗教改革（反宗教改革）〔カウンター・リフォーメーション〕派，カルヴァン主義者，イエズス会士の国際法学者のなかにおそらくその基礎はある．ジャコバン派には国際法理論などほとんど存在しなかった．彼らには平和なときなどなかったのだから．国際法理論を発展させる余裕があったのはマルクス主義者であり，ソ連の国際法理論は興味深いものである．ヴィシンスキー〔スターリンの大粛清を補佐したソ連の法律学者〕が創始者でコジェフニコフが拡げた国際法の標準的定義は次のようなものである．

> 国際法は，国家間の法的関係を規制する慣例ないし慣習的な規範の総体として表現された支配階級の意思であり，個々の国家または集合的な国家の強制力によって達成されるものであると定義できる．これらの規範は，国家間の闘争と協力の過程で生じる[5]．

この定義は性質において実定法主義である．国際法とは既存の条約と慣習の総体である．自然規範ないし根本的規範，法の後楯となる法など存在しない．この定義は，国家間の対立の記録として，さらには国家間の協力を制御するものとして国際法を捉える．実際のところ，この定義は国家間の協力よりも国家間の「闘争」を重要と見なす．またこの定義は，国際法による拘束力を，個別ないし集合的に国家により行使される強制力として描いている．このような見解は，現実主義の万人の万人に対する戦争（*bellum omnium contra omnes*）の概念と関連するかもしれない．あるいは，絶え間なく潜在する聖戦という革命主義の概念と関連しているのかもしれない．しかし，この定義のもっと重要な特徴に注目しなければならない．それは，この定義が，国際法を，それが拘束

する諸国家の支配階級の意思として定義することから始めていることである．法は社会システムの産物であると見なされ，この理解に基づいて国際法が定義される．事実上，国際法はマルクス主義社会学の観点からイデオロギー的に定義されており，そのことが自然法学派や実定法学派の国際法概念との明らかな違いとなる．

　ソ連の標準的定義に見られたこのような特質は，おそらく革命主義の国際法理論を理解するための手がかりをなす．そのことは，ソ連の国際法概念に関してさらなる検討をすることによって確認される．たとえば，ソ連の法学者は国際法の**機能**について特別な見解を持っている．コジェフニコフはこの科目について自ら著した教科書の中で，国際法の観点からソ連の慣行を検討しようと試みた．

> 国家間に存在する政治，経済，その他の諸関係には，**闘争**的性質もあれば**協力**的性質もありうる．国際法の法廷においてもまた，国際政治のさまざまな領域にまたがる国家間の闘争の現われを見ることができる．言い換えれば，国際法という制度は，政治的，経済的利益のための闘争手段として，国家によって用いられるものなのである．国際法は，政治的闘争の結果として達成された成功を強化し合法化する形態として用いられる．国際法は，国家の協力過程のみならず**闘争**過程において生ずる関係をも規制し確固たるものにする[6]．

　ソ連の国際法概念はきわめて実用的である．国際法は政治の道具とされ，ソビエト国家の利益に奉仕する限りにおいてのみ受け入れられる．元来，ジャコバン派と同様に（ジャコバン派の拒絶はバークによる痛烈な非難演説を引き起こした），ソビエト国家も国際法そのものを拒絶していた．革命家と徳高き国家は世界すべてに挑戦したのである．時を経て，ソ連が国際関係における大国としての役割を取り戻すと，ソ連の国際法に対する態度は一変した．1934年以降，最初はドイツ，後にはアメリカによる帝国主義的侵略に対する防波堤として，国際法の持つ防衛的価値が発見され，活用されるようになった．こうして，専門的に言うならば「保守的」な国際法の教義が，権力の基盤固めをしている時期の革命主義国家の利益を守るために採用されることになったのである．ソ連の基本的な教義は国内法が国際法に優先するということであり，国家主権とその平等性が帝国主義的侵略に対する障害物として強調される．また，国際

第 11 章　国際法・義務・倫理の理論　　　　　　　　　　323

法に訴えること自体がイデオロギー的な武器としての価値を持つ．欧米の帝国主義国家に，法律違反者，〔国連〕憲章違反者としての烙印を押すことが可能になる．〔だが，そこには〕明らかな矛盾もある．国際法は，国際的な闘争において達成された成功をソ連の立場からすれば「合法化する」けれども，合法化されたアメリカの成功を，ソ連にとっては究極的に非合法で不公平なものであると判定するような根本的規範，法の背後にある法は存在しない．例外的に根本的規範に相当するものは，もちろんソ連による革命的で救世主的な使命である．

　このように，ソ連の国際法理論は密接に関連する 2 つの特質を持つ．第 1 に，客観的に見ると，それははっきりしたものではなく，あいまいで恣意的である．ソ連の政策とイデオロギーがもつ基本的概念と矛盾するような国際法の伝統的規則は，すべて一方的に無効にされてしまうかもしれない．国際法の有効性が，ある特定国の持つ概念と一致するかどうかによって制限される．これはまさに革命主義的な教義である．社会主義国家としてのソ連にとって受け入れることのできない規範や制度をソ連が自由に拒絶することができるというのは，ソ連が繰り返し主張してきたことである．第 2 の特徴は，内側から主観的に見たとき，ソ連の国際法理論は柔軟に運用されるため，多くの日和見主義的・詭弁的な可能性に左右されるということである．（新しい様式の国際法が，共産主義国家間関係において理論上生じつつあるといわれているが，それについてはまだあまり研究されていない．）[7]

　結論的に言うと，合理主義の伝統においては，一定の根本的基準や規範に言及することによって絶えず改善が行われている国家間の既存の慣行や条約として国際法が捉えられている．既存の慣行や条約は，根本的基準や規範を不完全な形で表現したものである．現実主義の伝統においては，主権国家が同意した条約の総体と国際法は見なされる．主権国家はしたがって，自らが持つ主権のいかなる本質的要素も無効にされることはない．革命主義の伝統において国際法とは，革命国家による聖戦遂行のためのイデオロギー的武器である．

国際的義務

ここでは，パラダイムを一段深いレベルに移行して，上記のような対照的な国際法概念を支えている国際的義務についての理論を考察する．

合理主義

合理主義にとって，すべての国際的交際の基礎をなすのは，国際的な義務は神聖なものであり，約束は犯すべからざるものであるということ，条約は拘束力を持つということである．これについては詳細な説明をする必要がない．このことは，契約は遵守されるべきである（pacta sunt servanda）という格言に要約される．しかし，なぜ，協定は守られなければならないのだろうか？ この原則が持つ権威の源として実用的根拠が挙げられるかもしれないが，もっとも古くから存在するもっとも深遠なる答えは，協定の遵守が倫理的規範を表すから，ということである．それは，正義に内在する規準と一致する[8]．

> 「或る一つの規範の効力の根拠をたずねることは——或る結果の原因をたずねるのとは異なり——無限に遡るもの（regressus ad infinitum）ではない．それは，その規範体系の内部において効力の究極の根拠をなすところの一個の最高規範のところで終りを告げる．」換言すれば，根本規範とは，法学者が仕事にとりかかる基礎として必要な仮設である[9]．

現実主義

かりに国際的義務に関する合理主義の原則が「契約は遵守されるべきである」として要約できるとすれば，これに対して現実主義は「状況が変わらない限り」（rebus sic stantibus）として原則を適切に要約することができる．これは絶対奪格的，すなわち「ものごとがそのままの状態にあり続けるとするならば」「条件が同じままである限りは」として示される状況変化の教義である．トライチュケは言う．

> 国家が条約によって受ける制限はすべて任意的なものであり，すべての条約は「現状に依る」（rebus sic stantibus）という条件を沈黙のうちに留めて締結され

第 11 章　国際法・義務・倫理の理論　　　　　　　　　　　　　　325

るものである．いったん締結された条約を永久に保持したいと望む国家は過去には存在しなかったし，また将来においても決して存在することはないだろう[10]．

条約は本来的に一時的なものであり，条約の遵守には，それが国家にとってきわめて重要な利益に奉仕し続けるかぎりにおいて，という条件が本来的に備わっている[11]．

　国際法の実定法主義理論と同様に，この原則が意識的に受容されて影響力を持つようになったのはごく最近，19世紀になってからのことだった．そのことはまた，合理主義から現実主義への移行を表している．初期の条約はほとんどいつも有効期限を決めずに締結された．それが「永続的な条約」であり，16世紀と17世紀の「恒久的な平和」であった．あらゆる約束は無期限に持続するものだった[12]．条約の有効期限を定めることが一般的になったのは19世紀後半になってからにすぎず，例えば，1879年のオーストリア-ドイツ同盟は，5年間の有効期間ごとに更新された．同じころ，状況が変わらない限りという教義が広く暗黙裡に受容されるようになった．もちろん，この教義は，極端な場合には完全なる日和見主義と外交的な自己中心主義につながりうる．1939年11月23日，最高司令官会議においてヒトラーは言った．「そのうえ，われわれにはロシアとの協定がある．だが，協定とは目的にかなう限りにおいてのみ守られる．ロシアは，自国の利益になると考える限りにおいてのみ，条約を守るだろう．[19世紀の] ビスマルクでさえそう考えていたのだ」[13]．

革命主義

　合理主義や現実主義の明快な理論に匹敵するような，国際的義務に関する革命主義の特定理論を見つけることは，容易ではない．国際法に関するソビエト理論の主たる特徴が柔軟性と日和見主義的な可能性であることはすでに述べた．先に言及した著作において，コジェフニコフは，国際法における規範は「抽象的・教条的な」方法で解釈されるべきではないと強調している．「国際条約を尊重する点についての社会主義の原則は……いかなる状況においても国際条約の変更を絶対に認めないという意味で，抽象的・教条的に……理解されてはならない」．

「契約は遵守されるべきである」という原則を抽象的・教条的に理解すれば，国際関係の分野におけるあらゆる発展の道が閉ざされてしまうだろう．現状を変更する可能性を原理的に否定することはきわめて反動的であり，歴史科学の根本的概念たるマルクス主義をあざける行為である，とレーニンは言った．これは，解釈に都合のいい柔軟性をもたせることに等しい．恣意的な条約廃棄通告は容認しがたいが，すべての条約廃棄通告が恣意的なわけではない．そこからは当然，次の推論が引き出される．ソ連による条約廃棄通告には恣意的なものはひとつもない．いかなるソ連の出版物もソビエト国家がかつて国際法に違反したことを認めることはないだろうし，ソビエト国家の行動が法的にみて疑わしいものであったということすら認めはしないだろう．

　「抽象的・教条的な」解釈を避けるという同じ原則（つまり，同じように解釈に都合のいい柔軟性を持たせること）は，領土変更の問題にも適用される．共産党は，他国の領土の奪取という意味での併合には反対すると常に主張している．なぜならば，レーニンが述べたように，そのような領土奪取は民族自決を侵害することになるからである．しかし，このことは領土的地位の変更を妨げるものではない．それというのも，現状の領土の固定性を抽象的に認めることは，レーニン‐スターリン主義政策の原理とは相容れないからである．レーニンによれば，すべての軍事的編入が併合というわけではない．なぜならば，社会主義者は大多数の人民の利益となるような暴力と戦争を拒絶することができないからである．それゆえソ連の教義は，法と正義に基づく領土変更を認める．実際のところ，領土拡張はソ連と相容れないことではない[14]．

　国際的義務に関する革命主義の理論は，契約は遵守されるべきである（*pacta sunt servanda*）とする合理主義原則の「抽象的・教条的な」解釈を回避することとして要約してもよいかもしれない．この原則は，現実主義の場合のように時間条項によって制限を受けるのではなく，約束を与える者とそれを受け取る者の地位を区別する暗黙の条項によって制限を受ける．革命主義の理論はまた，この原則よりもイデオロギー的な必要性からくる指令の方が重要であるとする．ソ連の場合には国際革命のためである．言い換えれば，政治的義務が完全に実現されて，条約が神聖で約束が侵すべからざるものとされる時代はまだ訪れてはいない．それは革命の実現によってのみ訪れるだろう．それまで

第 11 章 国際法・義務・倫理の理論

の間，条約違反や領土の併合といった行為は，革命の実現を妨害する人々に対してなされているときには許されるし，必要でもある．

ここにおいてわれわれはヨーロッパ史における昔ながらの政治原理に行きあたる．異端者との約束は守る必要がないという原理である．これが最初に表明されたのは，アルビジョア十字軍のおり，中世の教皇立法者のなかでもっとも偉大な人物であったインノケンティウス3世がトゥールーズ伯爵を退位させようとした1208年の教書においてだった（「神との約束を守らない者との約束を守る必要はない」）．この教書は，異端者の君主に対する忠誠から臣民を解放した[15]．しかし，この政治原理は，等しい影響力をもって別の方向に適用され，より広い意味での解釈が可能だった．この原理は，〔ボヘミア出身の〕宗教改革指導者フスをめぐるコンスタンス公会議において発動された．公会議は，カトリックの信仰の利益に反する約束はすべて拘束力を持たないと宣言した．フスは〔ルクセンブルク朝の神聖ローマ皇帝〕シギスムント王によって安全通行権を与えられていたが，公会議に到着後すぐに投獄され，数カ月後には火刑に処された（1415年7月6日）[16]．この原理は，カトリックであれプロテスタントであれ，16世紀の革命主義者によって広く引き合いに出されるようになり，一般的な行動原理となった．そしてそれは，彼らの世俗的な継承者となったジャコバン派と共産主義者の義務における根本的原理となった．後者については，スターリンによる次の2つの逮捕の例を引き合いに出すのがよいだろう．〔1つ目は〕1945年に，新政府樹立について話し合うために，ポーランドの抵抗運動指導者をモスクワに招待した後で逮捕したことである．〔2つ目は〕1956年の短い反乱の際のハンガリー首相イムレ・ナジに対して，ブカレストのユーゴスラビア大使館からユーゴスラビアへの安全通行権を保証した後で，ナジを逮捕しすぐさま処刑したことである．これは，差別化された道徳心，選択的な道徳的責任の原理である．義務は，他方のイデオロギー的適合性によって決定される．

以上のように，国際的義務に関する3つの理論は次のように要約できる．

合理主義：契約は遵守されるべきである（*Pacta sunt servanda*）
現実主義：状況が変わらない限り（*Rebus sic stantibus*）

革命主義：異端者との約束は守らなくともよい（*Cum haereticis fides non servanda*）

国際的倫理

いまや国際的義務に関する対照的な概念を支えている倫理的原理についての考察がなされなければならない．問われるべき課題は次の2つである．「政治道徳の性質は何か？」そして「政治道徳はどのように適用されるのか？」これらの問いに対する答えは，道徳についての二重基準の理論と，政治的妥協の理論へと導いてくれる．

合理主義

合理主義の伝統は2つの相互に関連した特質を持つが，そのいずれもが，多義的な存在としての人間，緊張を具体化した存在としての人間という合理主義特有の人間概念と関連づけられる．〔合理主義は〕現実主義のように人間を単純な存在として捉えるのではなく，複雑な存在と考える．また，人間社会の複雑性は，革命主義がいうように2つの人間集団の間で垂直的に割り当てられているのではなく，すべての人類の間で水平的に配置されている，と考える．

合理主義的伝統の第1の側面は，政治は正義の道理に基づき，個人生活は慈善（愛）の道理に基づくということである．政治という男と女の集合体の問題は，私的な関係とは異なる原理によって治められなければならないというのは，キリスト教とストア学派の伝統である．代表者が有権者の代理として行動するときと同様に，人間が他の人々の代理で行動しているときには，正義がその人の行動を治める原理である．代表者が取引をしている相手と，その代表者が代表している人々との間には，権利の衝突が暗に含まれている．それゆえ，代表者の仕事は裁定すること，すなわち，どれほどの割合の権利がそれぞれに理の当然として与えられるべきかを決定することである．アリストテレスによる正義の定義は，「当然与えられるべきものをそれぞれに与えること」だった．

合理主義の見解においては，政治取引や国際取引には私生活の倫理がまったく適用されないとするのは真実ではない．だが，その適用可能性は正確に理解

第11章　国際法・義務・倫理の理論

されなければならないとされる．私生活のなかで国際的な関係に類似することとは，自分自身のために行動する1人ひとりの個人の行為ではなく，被信託者（trustee）の行為である．個人が慈善のために自分のお金をただで与えるのは賞賛に値するが，被信託者が自分の被後見人のお金をただで与える行為はそうではない．被信託者は，自分の被後見人以外の人々の権利に無関心でいるべきではないし，被後見人が厳に正当に権利を有する以上のものを得るよう求めることは誤りである．けれども，彼の被後見人が厳に正当に権利を有するすべてのことを要求しないのもまた誤りである．自らの被後見人の代理として他人と取引をする際には，慈善ではなく正義の法則に従って行動するのである．

諸国家の行為とは，それら諸国家の政府の行為であり，政府は被信託者の地位にある．政府は自らが奉仕する人々の利益を守るために存在する．他国の権利は尊重すべきであり，自国民にとって当然の権利以上のことを得ようと求めるべきではないが，自国民が正当に主張できるものを逸しないようにする義務もある．正義にもとづき調整された国益以外のいかなる根拠に基づいても政府が継続的に行動することは期待しえないし，政府は代理人であって原理そのものではないので，そうする権利を持ってもいない．それゆえ，合理主義の伝統は，道徳に関する二重基準を肯定することになる．私的な道徳における慈善の倫理と国家の道徳における正義の倫理である．これは，私的な道徳が道徳的で，国家の道徳は道徳に反するものだと言っているのではない．倫理の有効性はいずれの領域においても保持されるのである．

しかしながら，ここで派生的な問いが生ずる．それは，「政治道徳の中味は何か？」という問いである．ここでわれわれは，政治的な動機が感謝の気持ちの中に見出されるべきかそれとも罪の意識と償いの中に見出されるべきかをめぐって，合理主義と革命主義の間に論争があることに言及してもよかろう．

合理主義の伝統の第2の側面は，暫定的な近似の領域の概念として政治を捉えることから生じている．これもまた，人間の本性に関する合理主義の見解に基づいている．バークは次のように言明した．

> 万人が有徳であると考えるのは子供じみた乳臭い軽信に他ならないし，逆に万人が一様に堕落した奸悪な連中だと信ずる人々は，まさしく悪魔的邪念に汚された

者に相違なかろう．およそ公的生活においてもその私生活の面と全く同様に，善い人間もいれば悪い人間もいるのである．前者を引き立て後者を却けることこそがすべての正しい政策の第一目標に他ならない[17]．

政治とは，暫定的な1つの段階から次の段階への永続的な運動である．完全なる解決策など存在せず，具体的な取り決めにおいて正義を具体化する方向へと繰り返し継続的に近づけていくだけである．そして，具体化された正義は時の経過とともにたえず消滅していく．こうして合理主義の政治家であることとは，実際的な状態と望ましい状態との間の道徳的緊張状態にあることである．グラッドストンは言う．「人間は幻滅について語る必要などない．理想とは決して実現されないものである」．だが，彼が言おうとしたのは，そのことによって，政治家が主張したり，せっせと働いたり，希望を持ったりすべきではないという理由にはならない，ということだった．この道徳的緊張は，合理主義のもう1人の政治家スマッツが，1945年3月27日の国連創設会議に出席するためにロンドンからサンフランシスコへと旅立つ間際に言った次のような言葉にも表されている．

> われわれの信じる根本的原理の遵守に関する宣言が必要だと私自身は思っている．われわれには西洋的な態度すべての基礎をなす〔モーゼの〕十戒などいくつかのことがらがある．私は，それらが厳粛に言明されるのを見守りたい．たとえそのうちのいくつかが現実には完全な形で実行されることがないとしても，それを確認し，その水準以下に落ちてしまったときにはその事実を知っていることが正しい．

理想とは決して実現されることはないが，しかしそれに向かって努力すべきものである．われわれが信ずる根本的原理は実行されないかもしれない．だが，それらを確認することは必要である．ここに，合理主義者の統治技術を取り囲む道徳的緊張がある．（統治技術と政治行動の様式はすべて妥協である．政治とは可能性の技術である．タレーラン〔フランス革命期および第一帝政期の政治家・外交官〕は，政治家は「可能なことを戦術として」（*le tact des choses possibles*）もつといった．ビスマルクは，「政治は精密科学ではない」（*Die Politik ist keine exakte Wissenschaft*）と述べた．ここにおいて合理主義と現実主義の意見は一致し，ある意味では革命主義もそれに同意する．）

第11章 国際法・義務・倫理の理論

合理主義にとって，政治行動に本来的に備わっている妥協とは，人間が行動しなければならない全体的状況との妥協を意味する．それは，自らのいる政治的環境に順応することであり，妥協を決定する原理はより小さな悪の選択である．「政治とは，2つの失態の中間にある，幅の大きな次善の策から選択をたえず迫られる1つの領域である」[18]．イギリスの政治的著作におけるより小さな悪の教義の偉大なる提唱者がバークである．

> 弊害をどの程度まで大目に見るべきかを見究めることは，人間の叡智の決して取るに足らぬ部分ではない．堕落した時代と風俗の中では所詮非現実的な程度の純粋な理想を実現しようと企てると，現存の悪しき慣行の廃絶どころか，古い腐敗を覆い隠して保存する新しい腐敗が往々にして発生するものである[19]．

国際史上，より小さな悪の教義をもっとも一貫して提唱してきたのが教皇庁だった．ヴァチカンの政策は常に時と場所をもっとも尊重し，すでに用意された解決策を導入しようとするのではなく，与えられた状況において何をするのが最善かを求めるものである．「より大きな悪を避けるため」が指導原理である．教皇国家の最終的な処分が決まったムソリーニとのラテラノ条約[訳注1]を正当化して，ピウス11世は1929年5月14日の演説で次のように述べた．「魂の救済かそれともより大きな悪を避けるのかということが問題になるときは，悪魔そのものと取引する勇気を振るう」[20]．ピウス7世がナポレオンと結んだ1801年のコンコルダート（政教条約）を擁護するときも，それより200年前の1605-07年，教皇庁とヴェネツィア共和国の争いの際に教皇パウルス5世が自らの政策を説明したときにも，ほぼ一語一句同じ言葉が用いられた．後者の争いは，反宗教改革の教皇庁と近代カトリック権力が初めて真正面から衝突した事件だった．それはまた，世俗国家において教皇庁が直接的に精神的権威を行使することを主張した最後の機会であり，国家を職務停止下に置いた最後の機会でもあった．教皇の主張は完全に拒絶された．政治倫理に対する合理主義特有の立場は，唯一可能な道徳的選択肢は悪い解決策とより悪い解決策の間にあるとすることである．

より小さな悪の選択とは政治倫理の原理であり，その原理は自らの適用可能性がどれほどのものかを試す手だてを内部に有してはいない．政治には検証原

理など存在しない．ある特定の状況においてその原理をどのように適用するかは政治的判断の問題であって，その判断は変わりうる．どちらがより小さな悪かを決めるには，測り知れないことがらと偶発性に関する評価を必要とし，それらに対する評価はさまざまなものとなるだろう．チェンバレンは，より小さな悪の原理に言及することによって，下院においてミュンヘン協定を擁護した．ローズヴェルトの弁護者（とりわけウォルター・リップマン〔政治評論家〕）は同様の方法でヤルタ協定〔第2次世界大戦末期の1945年に結ばれた米国，英国，ソ連3国首脳による戦後処理協定〕を正当化した．悪の重さを量った彼らのはかりは壊れていたと考えるものもいる．

　政治倫理の原理とは，不安になるほど変幻自在なものである．〔スパルタ王〕メネラオスに捕まえられた時に，ライオン，蛇，豹，いのしし，流れる水，木に変身した海の老人プロテウス〔ギリシャ神話における海の神〕のように，政治倫理の原理は，それらが用いられている間にも，ゆらゆらとゆれて消えさり，わずかに異なる形で再び現れる．チェンバレンは必要性による正当化の教義をも持ち出してミュンヘン〔協定〕を擁護した．これは，より小さな悪の原理とは異なる焦点と強調点を持った彼の倫理的原理を述べるものだった．この変幻自在な性質は政治倫理を研究する際の魅力であり難しさである．現実主義の原理を研究する際には，このことは心に留めておくに値する．

現実主義

　合理主義と同様に，現実主義も私生活と政治生活における行為の基準に明らかな相違を認める．しかし，現実主義は，**道徳**に関する二重基準，個人的道徳と公の道徳の緊張という観点からこの違いを解釈したりはしない．現実主義は，それを道徳的領域と非道徳的領域の違いとして捉える．倫理学の有効性は私的な関係に限定され，政治は非倫理的な領域とされる[21]．

　このような道徳に関する二重基準はルターに見ることができる．信仰が正当化するという教義は，倫理から宗教を分離することを主張する．価値の全体性を内的な道徳に帰して，外的な道徳——権力，財産，戦争，奴隷制に関わる道徳的諸問題——を軽視することは，ルター派思想の精神にかなっていた．たとえその道徳が依然として自然法の観点から言明されていたとしても，である．

第11章　国際法・義務・倫理の理論

ルターは，アウグスティヌスのいう神の国と地上の国の間の二律背反をおうむ返しに繰り返す．しかし，アウグスティヌスはキリスト教倫理の根本的な統一を通じて二律背反を和解させた．すなわち教会を通じて，神の国の徳は世俗社会の有機体へと逆流したのである．「世俗の権威」に関するルターの論文（1523年）においては，和解は結果として起きる外的なものであり，それは社会という道徳的秩序と教会という効果的組織の両方を世俗権力において求めることだった．社会とは共同体ではなく権力であり，われわれの性向の「獣のような残忍性」を抑制するために必要な悪である．ルターの悲観主義はマキャベリのそれをも超えるものである．福音に従って統治することは，獰猛な獣を野に放つようなものだろう．したがって2つの王国は分離されなければならない．「罰が課される〔王国〕から免罪される［王国］〔を分離し〕，人間が権利を主張する〔王国〕から権利を断念する［王国］〔を分離する〕」ルターによれば，「良心は，地上の法律や労働や正義とはなんら関係がない」．君主はキリスト教徒でもよいが，キリスト教徒としてではなく，君主として統治に当たらなければならない．これは，歴史の汚れ仕事を国家にゆだねて教会を霊化しようとする試みだった．それは，事実上，あらゆる道徳的，組織的活動を国家の手の中に禅譲することだった[22]．

　このような知的，精神的環境の中で，国家主権と政治の自律性という教義が発展する．国家理性（raison d'etat）という神秘的な理論が形作られる．パスカルは言う．「心情は，理性の知らないそれ自身の道理を持っている」（*le coeur a ses raisons que la raison ne connaît point*）[23]．国家理性理論はすでに次のように語っていた．「国家は，道徳のあずかり知らぬそれ自身の道徳を持っている」．〔古代ローマの歴史家〕タキトゥスを1574年に最初に編集したジュストゥス・リプシウス〔フランドルの文献学者，歴史言語学者〕は，君主は道徳的でなければならないが，道徳には2種類のものがあると言った．すなわち私的な人間にとっての厳格な道徳と，果たさなければならない重くて危険な責任を持つ君主にとってのより広範にわたる自由な道徳である．「君主はときに巧みにはぐらかしたりこじつけたり，打算に正義を混ぜ合わせたり，そして人が言うように，もし足りなければライオンの皮に狐の皮を縫いつけることもしなければならない……」[24]．これはマキャベリを念頭においている．

したがって，君主には獣を上手に使いこなす必要がある以上，なかでも，狐と獅子を範とすべきである．なぜならば，獅子は罠から身を守れず，狐は狼から身を守れないがゆえに．したがって，狐となって罠を悟る必要があり，獅子となって狼を驚かす必要がある．単に獅子の立場(シニョーレ)にのみ身を置く者は，この事情を弁えないのである．そこで慎重な人物ならば，信義の履行が危害をもたらしそうな場合……信義を守ることはできないし，また守るべきでもない．……これに関してならば，現代の実例をも無数に挙げることができるであろうし，どれだけの和平が，どれだけの約束が，君主たちの不誠実によって，虚しく効力を失ってしまったかを，示すこともできるであろう．そして狐の業をより巧みに使いこなした者こそが，よりいっそうの成功を収めたのであった[25]．

策略のわなから逃れることができるものとして狐の性格を薦めることから始めながら，狐がわなを仕掛けるものと無意識のうちに見なすことへとマキャベリが転じていることに注目してほしい．だが，マキャベリは，プルタルコス〔ローマのギリシャ人著述家〕とピンダロス〔ギリシャの叙情詩人〕に見出される古い決まり文句を書き直しているにすぎない[26]．キケロ〔ローマの政治家・文筆家〕が語ったように，「二つの仕方，つまり，暴力と欺瞞とにより不正は行われるが，欺瞞は牝狐のなすところであり，暴力はライオンのなすところと思われる．どちらも非人間的であることこの上ないが，欺瞞のほうがよりいっそう憎むに値する」[27]．ここに見られるのは古代の合理主義の声である．プルタルコスやマキャベリ風の表現形式を借りつつ，これはルネサンス期の政治書物の格言となった．（合理主義の伝統はリプシウスにも残っている．リプシウスは政治道徳という「より大きな領域」を受け入れるにあたって3つの条件を定めた．それは，公的有用性，正統(レジテイメット)な防衛，そして穏健の精神である．）[28]

国家理性の主唱者たるかの偉大なるリシュリュー〔ルイ13世の宰相〕は，実際に政治から道徳を分離しがちであったのみならず，著作『国家の格率』において次のようにも書いた．「国家の問題は他の問題と同じというわけではない．一方の場合には，権利がどこに存在するかをはっきりさせることから始めなければならない．他方の場合には，実行と占有から始めなければならない」．つまり，先に撃って，後から法廷で争えというのである．マザラン〔枢機卿〕の思想は，彼の司書だったガブリエル・ノデにより，著作『クーデタに関する

政治的考察』において表されている．分別には 2 種類ある．1 つはありふれていて容易なもの，もう 1 つは並外れていて困難なものである．ときおり君主は，共通の善ないし「国家理性」を優先して，正義を放棄しなければならない．このように，かりに秘密にしておかなかったならば，〔フランスの公爵家〕ギーズ家の暗殺[訳注2]と同様に，聖バルテルミの虐殺〔1572 年に起きたカトリックによる新教徒の虐殺〕はその目的を遂げることがなかっただろう[29]．

　二重基準が三重基準に拡大されるときには，さらなる精緻化が行われる．すなわち，個人の道徳＝道徳的なもの，市民の道徳＝準道徳的なもの，国際的な道徳＝非道徳的なもの(ノン・モラル)，である．2 種類の政治道徳の間に区別を設けるこの考えは，道徳が権力に由来するものであると教示したホッブズがあみ出したというのではないにしても，示唆したことだった．「正と不正という名辞が場所をもつためには，そのまえに，ある強制権力が存在して〔いなければならない〕」[30]．

　『道徳原理研究』(1751) において，ヒュームもまたこのことを述べている．人間の本性というものは，個々人の結びつきなしに存立しえない．そして個々人の結びつきは，平等と正義の法則を無視してはありえない．だが，国家は相互の交際がなくとも存立しえる．一般的な戦争状態においてすらも国家は存立するのである．

> 正義の遵守は，〔国家〕間において有益なものであるとはいえ，個人の間ほどには必要とされない．〔国家間における〕**道徳的義務**は**有用性**に比例する．すべての政治家やほとんどの哲学者は次のことを認めるだろう．当事者のいずれかにとって〔契約の〕厳格な遵守がかなりの規模で不都合を生じさせるような場合には，特別な緊急事態であるとして，国家理性（REASONS of STATE）により正義の法則を免除して条約や同盟を無効にしてもよい[31]．

同様に，クレイトンはアクトン〔イギリスの自由主義政治家〕に宛てて次のように書いた（1887 年 4 月 12 日）．「私には，政治家は常に非道徳的立場にあるように思われるのです．というのも，政治家は何が可能かだけではなく何が最善かを考えなければならず，〔結果としての〕妥協策は必然的に惨めなものだからです」[32]．

　政治を非道徳(ノン・モラル)の領域とすることは事実上それを不道徳(イモラル)の領域とすることであ

る．これが，カヴールの有名な言い回しが含意することだった．「われわれがイタリアのために行っていることを，かりにわれわれ自身のために行うとするならば，われわれは大詐欺師にほかならない」[33]．このことは，私生活の道徳と公的生活の道徳の間ではなく，私生活の道徳と政治の不道徳の間にアンチテーゼが成り立つことを暗示する．これが，マッツィーニの見解，あるいは少なくともカヴールの経歴に対するマッツィーニの見解だった．

> 日和見主義者たちよ，諸君には信念を引き合いに出す権利などない．既成事実の崇拝者たちよ，諸君は道徳の使徒の身なりをまとってはならない．諸君の科学は現象界にあり，結局のところ――諸君には理想などない．諸君の同盟相手は自由な者ではなく，強者である．そのような同盟関係は，正と不正の概念ではなく，即時的な物質的有用性の概念に基づくものだ．（『民衆のイタリア』誌における1858年6月の公開質問状より）

このように，かりに政治が非道徳(ノン・モラル)の領域であるとするならば，それは正と不正に関する考慮によってではなく，即時的な有用性によってのみ左右されるご都合主義の領域であるということになる[34]．行為の主たる基準は結果である．これはマキャベリ主義にほかならない．

> ある国の安全が採りうべき決定に完全に依存するときには，正義か不正義か，親切か残忍か，その決定が賞賛に値するものかそれとも卑劣なものかについては，いかなる注意も払われるべきではない．それどころか，あらゆる他の考慮をわきに押しのけて，その国の生命を救い自由を守ってくれるであろう代替案を心から採用しなければならない[35]．

合理主義と同様に，現実主義は政治を暫定的な近似の領域と見なし，妥協を統治技術特有の様式と見なす．だが，現実主義は合理主義とは異なる方法で妥協を見る傾向がある．合理主義は，政治的行為者ないし政治家と，彼が行動しなければならない全体的状況との間にあるものとして政治的妥協を捉える．現実主義は，政治的行為者と彼の反対者ないし敵との間の妥協という狭い意味で捉える．手に負えない状況における正義に近似するものとしてではなく，自分と対等の地位にいる人と取り決めるべき取引として妥協が解釈される．

この第2の種類の妥協，取引の追求もまた，より小さな悪の選択原理に基づ

第11章　国際法・義務・倫理の理論

いて決められる．しかしこの方法で政治的妥協を考え出そうとする結果，関係者全員に対して何らかの種類の正義を確保しようとすることから，合意に到達するための技術的条件の考慮へと，人の関心と注意が巧妙にそらされることになる．取引の内容よりも，テクニック，専門的技術，マキャベリが *virtù*（力量）と呼ぶことに強調点がおかれる．

　合理主義者による政治の説明は非現実的で，何が起こるのかについての真の描写を提供してくれるものではない，と現実主義者は言うだろう．政治を正義の領域として（たとえば，1954年のスエズ運河をめぐるイギリスとエジプトの交渉を，両国にとっての権利の評定とし，イーデン〔イギリス首相〕とナギブ将軍〔エジプト大統領〕をそれぞれの国民の被信託者として）語るのはまことに結構なことであるが，それはある種の政治的寓話にすぎない．道徳家，神学者，法学者などの学者たちは，次の点について有益な結論を導き出すことができない．〔スエズ〕運河地帯において（イーデンが被信託者であったはずの）イギリス人が有する正当な権利とは――かりにそんなものがあるとすればの話だが――いったい何だったのか．エジプト人の正当な権利は，クーデタによって権力を掌握した軍事独裁者であるナギブ将軍によって適切に代表されていたのか．それぞれが当然の権利として持つものをそれぞれに与えるというアリストテレス的な試みとはまったく異なり，むしろこれは困惑した2人の政治家の間の交渉だった．一方は外交的成功によって権力掌握を確実なものにしようとしていたのであり，他方は保守党首脳部に対して後継者としての自らの地位を確固たるものにしようとしていたのだった．一方は〔政権から〕立ち退かされたワフド党の政治家たちとカイロやアレクサンドリアの街頭に出た暴徒たちを出し抜こうとしていたのであり，他方は保守党の陣笠議員たちの裏をかこうとしていたのだった．一方は中東においてもっとも汚職がはびこっていて，今にも崩壊しそうだった危うい国家を再生し復興させようとしていたのであり，他方は，あまりにも弱体化したために維持できなくなった勢力圏を（できるだけ優雅にかつ威信の低下が最小限度で済むように）清算しようとしていた没落しつつある大国の代表だった．両者ともに，うまくやり遂げた場合にはアメリカ合衆国から得られるだろう援助と，もしも失敗した場合にはロシアの脅威がより具体化するだろうということを念頭におきながら，権利の評定などではなく，

利害を調整するために努力していたのである.

さらに，1955年夏の四大国〔によるジュネーブ〕「首脳会談での話し合い」を，それぞれの当事者に当然与えられるべき権利の評定として描き出し，イーデン，アイゼンハワー，ブルガーニン〔ソ連首相〕，M. フォーレ〔フランス首相〕をそれぞれの国民の被信託者として語ることは，政治的寓話の別の例である．西ヨーロッパにおけるアメリカの権利とは何であり，東ヨーロッパにおけるソ連の権利とは何だったのか？ いかなる意味においてソ連は〔東・中欧の〕人民共和国や東ドイツの被信託者であり，ブルガーニンはロシア人の被信託者だったのか？ いかなる意味においてアメリカはNATOの被信託者だったのか？ これは，当然与えられるべきものをそれぞれに与えるというアリストテレス的な試みなどではなく，4人の困惑した政治家の会合だった．アイゼンハワーは議会と共和党を肩越しに見ていた．イーデンは選挙での勝利を強化することに気をとられていた．フォーレは，会議が終わる前に議院での多数派の地位が崩壊したので，母国に呼び戻されることを予感していた．ブルガーニンは自らの地位を強化して，マレンコフを失脚させようとしていたが，これは毛〔中国国家主席〕へのロシアの新たな依存を意味していた．4人全員が軍拡競争を意識してそのことが頭から離れずにいたし，具体的な補償を得ることなく強者の地位を放棄しなければならない危険性もあるという強迫観念にとらわれていた．ここでもまた彼らは，権利の評定などではなく，利害の調整のために努力していたのだった．

1956年のキプロス問題は，イーデン，ダレス，マカリオス〔キプロス正教会大主教．後にキプロス共和国大統領〕，カラマンリス〔ギリシャ首相〕，メンデレス〔トルコ首相〕について，彼らを各国の国民の被信託者として語ることが政治的寓話以外のなにものでもないことを示す第3の例である．イギリスの正当な権利などというものがキプロスにあったのか．中東におけるイギリスの石油が絡んだ戦略的利害は正当な権利を作り出していたのか．キプロスに対するギリシャの民族主義的な主張は正当なものだったのか．（いかなる約束が与えられるにしろ）トルコ人少数派の虐殺や抑圧という犠牲のもとにキプロス人がエノシス〔「統一」を意味するギリシャ語．主にキプロスとギリシャの統一を意味して用いられる〕を実現することは，ギリシャ系キプロス人の自決権の

第11章 国際法・義務・倫理の理論

放棄という犠牲のもとにトルコ人がイギリス支配下で保護を受けることよりも，より正義に適っていただろうか．地中海東部沿岸と中東に関する取り決めにおいてロシアが要求した配分や願望を無視して，NATO当局がキプロスの基地を接収したのは正当だったのか．これらは答えることが不可能な問いである．しかし，これらは（政治的に無知な選挙民を相手にするときを除けば）政治を議論するときに問題になることではないし，政治を方向づける条件でもない．ここに見られるのも，困惑しきった政治家たちである．イーデンは，保守党内部の過激派党員の離脱を引き起こすことなく，維持不可能な状況からどこまで手を退くことができるかを考えていた．カラマンリスは穏健な策を望んでいたが，キプロスに関するギリシャ人の世論に同意することによってのみ政権維持が可能であることを知っていた．メンデレスは，イギリス人が自らの政治的無能さの口実としてトルコを利用したことをののしりながら，かりにキプロスのトルコ人を見捨てることになるならばどうやって面子を維持することができるかを考えていた．ダレスは，キプロスをめぐる非妥協的態度を放棄する見返りとしてどれほど多くの経済的賠償がトルコに提供されなければならないかを考えていた．彼ら全員が，NATOの明らかな失墜に頭をかかえ，権利の評定のためなどではなく，利害の調整のために努力していたのだった．

これが，国際的な問題に対処する際の政治的行動の真の光景である．ここでは合理主義の見解が持つ道徳的葛藤や正義へのこだわりから，外交的合意がなされるための実際的条件へと強調点が移っている．交渉が依拠できる政治的支援，その地域における勢力のバランス，そしてタイミングという要素が考慮されることになる．

チェンバレンの政策が失敗してからというもの，宥和政策という語が，現実主義的な妥協——権利の評定に基づく妥協ではなく，「取引」の妥協，利害の調整——に対して合理主義が用いる罵倒の言葉となってきた．宥和政策は，当事者のうちのいずれかの権利が無視ないし裏切られるような妥協を意味するものとなった．

かりに政治的決定がこうした現実主義の観点から捉えられるとするならば，より小さな悪の理念は倫理的原理としての中心的地位を失うことになり，それは2つの別の判断基準に取って代わられる——必要性と成功である．必要性に

よる正当化と成功による正当化は非倫理的原理である．必要性による正当化はより小さな悪を選択する原理とは明らかに異なる．それは，複数の悪の道筋から1つを選択するのではなく，採用することがあらかじめ決まっている避けられない1つの悪の道筋があることを暗示する．この原理に訴えることには，いくばくかの勘違いとか知的な不正直さをほぼ間違いなく含むことになる．複数の悪から1つを選択することができないような状況に政府が直面させられたことがかつてあっただろうか？　より小さな悪の原理が適用できなくなったときの避けられない決定の究極の例として，通常，戦争へ突入するということが挙げられる．しかし，結局のところ，国は戦争に突入する必要などない．降伏すればよいのである．1938年にチェコ人はそうしたし，1940年にはデンマーク人がそうした．さらに，1940年にフランス人がしたように，敗北の後で武器を置くこともできる．

すでに示唆したように，チェンバレンによるミュンヘン〔協定〕の弁護は，より小さな悪の原理から必要性原理へといつの間にか変化した．（ヒトラーがプラハに入城した後の）1939年3月，チェンバレンはバーミンガム・ユニオニスト協会で次のように語った．「昨秋のドイツ訪問を弁護することなど私には本当に必要のないことだ．他に方法があったとでもいうのか？」[36] これは，「そんなものはなかった」という答えを要求する問いだった．だがもちろん本当のところは，他にも方法はあったのであり，他の方法とはチェンバレン（と彼の聴衆）がより大きな悪と見なしたことだった．

1945年12月，アメリカからの借款協定に関する下院での議論において，ドールトン博士〔英国大蔵大臣〕は必要性による正当化という同様の原理に訴えた．「しかし，協定に批判的な諸氏に対して，私は1つきっぱり問いただしたい．諸氏にはどんな代替案があるのか？　かりにわれわれがこの協定を拒否するとしたら，どんなことになると思うのか？」[37] ムソリーニもこう言っている．「ある出来事が起こるべく運命づけられていたときには，そのことに対して抵抗するよりもそれに同意してから，そのことが起きるほうが良かった」[38]．

成功による正当化原理は，必要性原理よりもさらにいっそう非道徳の領域に入る．必要性原理は，いわば守勢に立った現実主義である．避けることができないという理由で政治的決定を正当化することは，倫理的配慮に最後の別れの

第11章　国際法・義務・倫理の理論　　　　　　　　　　341

挨拶を送ることである．〔倫理を〕認識して敬意を払うものの，実現に努めることはない．成功原理は完全に成熟した現実主義を示すものである．道徳的葛藤は，技術的功績に対する考慮によって完全に取って代わられた．政治のための政治である．それゆえ，合理主義は成功原理をきわめて辛らつに非難する．バークは言う．「卑しい判断であっても，知恵が唯一誤ることのない判断基準が成功である」．アクトンもまた言う．「成功の神聖化ほど危険に満ちた，不道徳な心の習慣はない」．けれども，この原理はそれほど徹底的に退けられるものでもない．ヒトラーは言う．「政治的指導者の偉大さをはかるために適用される物差しは，彼の計画と事業が成功しているかどうかである．それはその人物が設定した目標に到達する能力のことである」[39]．この言葉は少なくとも真実の半分を伝えている．トライチュケは次のように述べている．「『すでにあらかじめ存在してはいなかった権利を戦争が確立することはない』とはニーバー〔〔アメリカのプロテスタント神学者〕ラインホルド・ニーバーの曽祖父にあたるバートホルド・ゲオルグ・ニーバー〔ドイツの政治家・歴史家〕〕がいみじくも述べたとおりである．まさにこの理由によって，個々の暴力行為はそれが成功裡に成し遂げられることによって正当化される．ドイツやイタリアの統一達成を見るがよい」[40]．サムナー・ウェルズ〔ローズヴェルト大統領の国務次官〕もまた言う．「いかなる対外政策の賢明さも，一般的には，その結果によってのみ決定されうる」[41]．

　それ自体においては倫理的に非難に値するような行為が，後の世代によって利益あることと認められる結果を持ちうるというのが政治の特質である．「世界の歴史とは世界の審判である」(*die Weltgeschichte ist das Weltgericht*)[42]．

革命主義

　革命主義の政治理論の背後にある倫理的原理にも，同じような問題の存在が認められる．ただしここでもまた，新たに強調される点がある．現実主義や合理主義と同様に，革命主義も政治生活に内在する倫理の二重基準を認める．しかしながら，革命主義は，愛と正義の間の葛藤や，私的倫理と政治の超道徳性の間の矛盾としてそれを捉えない．真の革命主義者は，私的な道徳と政治生活の間に緊張を認めたりはしない．前者は後者，すなわち革命の目的に従属する

からである．だが，ゴーリキー〔作家〕とともにベートーベンを聴いていたときに，レーニンはこの葛藤の痕跡をふと漏らしている．

> "「熱情」以上に偉大なものはない．ぼくは毎日聴いていたいくらいだ．ほんとうに驚くべき，人間のものとは思えない音楽だ．こう言うとナイーヴに聞こえるかもしれないが，ぼくはいつも，人類がこれほど驚くべきことをやってのけたことに誇りを感じている"．……"でも，そんなにしばしば音楽を聴いていることはできないんだ．それは神経に影響して，われわれは愚かな綺麗ごとを言いたくなったり，忌まわしい地獄のような世界に住んでいながら，このような美を生み出す人の頭を撫でたくなったりするからだ．が，いまは，人の頭を撫でるべきではない——そんなことをしたら，手を嚙み切られてしまうだろう．理想は，だれにたいしても暴力を使わないことだが，実際には，慈悲を示さずに彼らの頭を殴らなければならない．そう，義務を果たすことは，地獄のようにつらいことだ．"[43]

レーニンの真の偉大さはこの葛藤の痕跡にある．カガノビッチ〔スターリンの側近〕はビクトル・クラフチェンコ〔ソ連からアメリカへの政治亡命者〕に対して次のように語った．「ボルシェヴィキは，厳格・勇敢・頑固に，党の犠牲となる覚悟ができていなければならない．そう，自分の命だけでなく，自尊心や感受性をも犠牲にする覚悟が必要だ」[44]．ダントン〔フランス革命期の革命指導者〕も言う．「私の名前が汚されようとも，フランスよ自由たれ」(*Que mon nom soit flétri et que la France soit libre*)．革命主義者は大義のために自分自身と私的倫理を犠牲にしなければならないがゆえ，私生活と政治目標の間には緊張も二分法も存在しない．政治領域が私的領域を呑み込んでしまうのである．二重基準という概念は政治年表の用語の中に移される．対比されるのは，革命を実現するための政治倫理と，進化が達成されたときに得られるであろう政治倫理である．今，割れた頭蓋骨がぱっくりと開く．その後には，暴力など存在しないだろう．「今」は暫定的倫理（*Interimsethik*）の局面なのである．

現実主義や合理主義と同じく，革命主義もまた，政治を暫定的な近似の領域と見なし，妥協を統治技術特有の様式と考える．しかし，革命主義は，これらの概念を他の2つの伝統とは若干異なる方法で解釈する．革命主義は，永続的に繰り返されて決して完成されることのない近似の領域としてではなく，政治目標の実現へと着実に近づいて行くものとして政治を捉える．このような見解

第 11 章　国際法・義務・倫理の理論　　　　　　　　　　　　343

の違いは，革命主義特有の徴の1つである．合理主義が，さまざまな状況の全体性を考慮して，与えられた状況において最善の可能性を実現するものとして妥協を捉えるのに対し，革命主義は，あらゆる決定は与えられた状況を漸次的に変更し，将来に起こる出来事の方向性に寄与すると考える．革命主義も現実主義と同様，おそらく政治的反対者と取引を結ぶこととして妥協を解釈するだろう．だが，革命主義は，包括的な戦略的計画という枠組みの中の戦術的策略に照らし合わせて〔相手との妥協を〕捉えるだろう．革命主義は，現実主義とおなじぐらい政治倫理を日和見主義的に変えることが予期される．

　ヤルタ〔会談〕の後，スターリンはポーランドの新体制について無関心の態度を装った．これは，ポーランドの領土が西欧によるロシア侵略のために二度と利用されることがないということをポーランドが保証する限りにおいてのことだった．その後，マヌイルスキー（コミンテルン元議長で1944-52年にウクライナ・ソビエト社会主義共和国の外相）が，ソ連の安全はポーランドの共産化によってしか保障されえないと演説の中で述べた．サンフランシスコ会議の際に，あるポーランド代表がマヌイルスキーにこの矛盾を説明するよう求めた．マヌイルスキーの返答は忘れがたいものだった．「われわれは政治的人間であり，時と場合や質問の内容によって，声明の内容を変えるものである」．暫定的倫理（*Interimsethik*）に支配される戦術としての政治的妥協理論は，マルクス主義の著作に繰り返し見られるところであり，非常に精緻化されている．ウラジミール・ソリン〔ソ連共産党の政治家〕は次のように述べる．「策略，方針変更，ある闘争手段から別の闘争手段への移行，力についての正確な計算に基づき攻撃と退却を繰り返すこと——は，戦術によって認められている」[45]．レーニンもまた言い切っている．「私が自分の投票によってヘンダソン［イギリス労働党指導者，1914-17年］をささえたいとおもっているのは，ちょうど一本の綱が絞首刑を受けた者をささえているようなものであ〔る〕」．そしてこうも言う．

> ヘンダソン一派……の政治権力を実現させ，かつその克服を促進するためには，……すべての必要な実際上の妥協，迂回，協調，ジグザグ，退却，等々をおこなう能力を，共産主義の思想にたいするもっとも厳格な献身と結合しなければならない[46]．

政治戦術という概念は，必要性による正当化原理と関連したものではない．それゆえ，革命主義が成功による正当化原理に訴えるときには，その内容が変幻自在に変化する．より正確に名づけるとすれば，目的が手段を正当化する原理，である．

> 民主主義の根本原理は，人民の福祉こそ至高の法 (*salus populi suprema lex*) である．革命家の言語に翻訳すると，これは革命の成功こそ至高の法という意味となる．革命の成功のため，かりに民主的原則の中で1つ2つの実行を一時的に制限しなければならないような状況になったとしても，そのような制限を躊躇うことは犯罪に等しい．(1903年にブリュッセルで開かれたロシア社会民主労働党第2回大会におけるレーニンの言葉)

この言葉は，もっと前の革命主義者であり，〔フランス革命期の〕公安委員会の一員だったビヨー・ヴァレンヌを思い起こさせる．彼はこう言い切った．

> われわれは**政治家**だったのだ．われわれに託された大義の安全を最優先に考えていた．われわれが用いた手段のために，われわれを非難するというのか？ だが，この手段こそが偉大なる大義の勝利をもたらしたのだ．われわれの目線は非常に高いところに固定されていたので，われわれが歩を進めた地面が血で覆われていることなどわれわれには見えなかったのだ．お望みならば，われわれを非難するがよい．だがこうも言ってくれ．「彼らは共和国を見捨てなかった！」[47]

合理主義にとって，手段とは，目的と道徳的に調和した適切なものでなければならない．現実主義は手段と目的を混同してしまい，目的を見失って，技術的な成功のみを強調しがちである．革命主義は，原理の文字通りの意味で，目的が手段を正当化し是認すると主張する人々である．この教義が最初にイエズス会士のものとされたことはあながち的外れではない．合理主義のより小さな悪の原理は，革命主義によって善をもたらしうる悪をなす原理に変えられる．革命主義は，リンカンがしたように，避けることのできない複数の悪を秤にかけて嫌々ながら悪の少ないほうを選択したりはせず，レーニンがしたように，結果は善となるという確信を持って大胆に悪を実行する．これは最悪の政治 (*politique du pire*) であり，必要性原理に新たな次元を加味することによって成功原理の判断基準をつくりだす．「成功すれば自分の行為は正当化される」といって現実主義が物思いにふけるところで，革命主義は次のように言う．

「これは成功するに違いないからやるのである」．革命主義の倫理とそれが引き起こす道徳的緊張は，アーサー・ケストラーの『真昼の暗黒』においてもっとも見事に説明されている[48]．

転倒した革命主義

　国際的倫理に関するこの概観も，上記3つの伝統と対比させる形でもうひとつの伝統について言及しなければ完全ではない．それは転倒した革命主義の伝統であり，その唯一のものではないが代表的な例が絶対平和主義者(パシフィスト)である．絶対平和主義は，道徳には二重基準など存在しないと主張する．〔新約聖書の〕山上の垂訓が，事実上，あらゆる状況において有効な倫理の絶対的基準をなすと，彼らは言う．ビスマルクは「山上の垂訓をもって統治することはできない」と語ったし，すでに検討したように，ルターは福音に従って統治するのは残忍な獣を野に放つのと同じであると言った．チャーチルもまた言う．「山上の垂訓はキリスト教倫理における最終的な言葉である．誰もが〔絶対平和主義の〕クエーカー教徒を尊敬する．だが，閣僚が国家を導くときは，こうした言葉に従って責任を負うわけではない」[49]．しかしながら，クエーカー教徒やトルストイ，ガンディーは，完全主義的な倫理の持つ権威を主張する．彼らは，愛と正義の間には区別など存在しないという．人間の関係はすべて究極的には愛に基づいたものでなければならない．正義を正しく理解するならば，それは愛を充足することであり，愛とは別のものでも，暗黙裡に愛と矛盾しあう原理でもない．愛と高潔を目標にしさえすれば，正義はその過程で実現される．実のところ，初めから正義を目標とするのではなく，正義が不完全な一部をなすにすぎない愛の関係を目標とすることによってのみ，正義は実現される[50]．それゆえ，道徳の二重基準などというものは存在しない．基準はひとつしかなく，政治倫理は私的倫理に同化されなければならない．

　この教義は，無条件の絶対平和主義者，すなわちいかなる状況においても戦争を否認する人々ととりわけ関連したものであるが，同様の言い回しは絶対平和主義者ではない政治家によっても用いられてきた．宣戦布告した1917年の議会演説において，ウィルソンはグロティウス流に次のように語った．

「われわれは，文明諸国の個々の市民の間で順守されているのと同じ行動基準と不正に対する責任基準とが，諸国家およびその政府の間で順守されるべきことを強く求められる時代のはじまりに立っている」[51]

しかしながら，これらの声明は公的倫理と私的倫理の一致を主張しているわけではない．ただ，前者の後者への接近を表明するのみである．それらはいぜんとして，いずれの領域においても倫理は有効であるということを宣言しただけのものとして理解できよう．

転倒した革命主義にとって，政治は可能性の技術ではない．絶対主義的で非妥協的な倫理への執着は，悪との妥協などありえないことを意味する．妥協を真正面から否定することが，完全主義倫理の主張の特異性である．それは，ルター派信徒の言う「われの立場はこれであり他のなにものでもない」，あるいはクエーカー教徒の伝統で「証明(テステイモニー)」と呼ばれることがらである．「あらゆる血なまぐさい原理や慣行，外国との戦争，外国との武器を用いた争いや戦いはすべて，どのような目的，どのような口実に基づいたものであっても，われわれは完全に否定する．これが，全世界に対するわれわれの証明である」（「クエーカーと呼ばれる，誰にも危害を加えない無実の神の民から，世界上のすべての陰謀者と戦士に対して向けられた宣言，1660年」より）[52]．

妥協を「証明」によって置き換えるのとちょうど同じく，完全主義倫理はより小さな悪の原理を拒絶して，代わりに**改善主義**(メリオリズム)の教義を主張する．それは，人間の努力によって世界はより良いものに変えられるとする教義である．転倒した革命主義にとって，政治的行動は複数の悪の中からの選択としてではなく，善のための上昇努力としてあらわれる．初期のクエーカー教徒であるアイザック・ペニントン（1616-79）が述べているように，

> 私は，いかなる審問に反対するものではないし，外国からの侵略に対して人々が自己防衛することについて，あるいは国境内部での暴力行為や悪人を鎮圧するための武力の使用について，反対するものでもない（このために，**現在の境遇**(エステイト)が必要とされているのかもしれないし，されているのだ……）．けれども，**より良い国家**(ステイト)というものが存在する．それは，神がすでにいくつかの国家にもたらした状態であり，国民がそこに向けて歩んでゆくことが期待されるべきものである[53]．

これと，前に引用したスマッツ将軍のきわめて合理主義的な声明（243頁

第11章　国際法・義務・倫理の理論　　　　347

〔本訳書330頁〕〕との間には，明らかに強調点に違いがある．スマッツにとっては，実践上は規準を下げることをほとんど間違いなく求められるとしても，自らの原理を主張することは良いことである．クエーカー教徒にとっては，全般的な実践が低い水準にあることはすでに明らかであり，それだからこそ，原理に見合うように実践を引き上げるのが人間の義務であるとされる．

　だがここで困難が生じ始める．〔倫理の〕両義性を回避して政治倫理の鉄条網を切断するために，（証明の道が妥協の道よりも偉大であり，改善主義の原理がより小さな悪を選ぶ原理よりも偉大であると主張して）完全主義の倫理を採用しても，それでもなお，二重基準の迷路へとすぐに舞い戻ってしまうのである．これは，鏡を通ってたどり着いた家の庭で，たどる道すべてがコルク栓抜きのように奇妙に曲がりくねっていて，同じ家の扉の前に突如として戻ってきてしまうことを発見した〔鏡の国の〕アリスの気分である[54]．ルイス・キャロルは，フロイト理論を説明する際と同じぐらいの説得力を持つ政治的寓話作家である．証明の道，改善主義の原理，いずれも二重基準が存在することを認め，そのことを暗にほのめかしている．転倒した革命主義からすれば，それは完全主義的倫理の少数派と多数派の間に割り込んでくる．少数派は多数派の中で感化を及ぼしたいと願うのである．二重基準は，合理主義の場合のように，愛の倫理と正義の倫理の区別としては現れない．あるいは現実主義の場合のように，私生活の倫理と政治生活の非道徳性の区別としても現れない．はたまた単純な革命主義の場合のように，無慈悲なご都合主義や日和見主義という暫定的倫理と，愛という究極的倫理の区別の中にも現れない．

　転倒した革命主義の立場が崩壊して，それとは異なる別のものに変わってしまいがちな地点が少なくとも2つある．完全主義の極端な例が静寂主義として知られるものである．それは私的倫理の領域への完全なる撤退であり，政治領域すべての拒絶である．そこには，人生に対する受動的態度，信心深い熟考，意志の放棄が含まれている．これは，宗教改革以前と以後とを問わず，多くの宗教上の宗派によって採用されてきた立場であり，今日では，知性があって感受性の強い人たちにとってきわめて魅力的なものとなっている．政治領域は，明らかに，解決不可能な困難以外のなにものをも提供するものではない．文明を破壊しかねない第3次世界大戦は避けられないだろう．政治的な無能さと道

化のために，どんな政党も選択するには値せず，それゆえ選挙権を行使することには意味がない．われわれにできることといえば，私生活と個人的関係の領域に隠遁して，庭いじりでもすることである．（これはおそらくE.M.フォースター〔イギリスの小説家〕の立場に近い．）

しかしながら，静寂主義は確かに転倒していて内向きではあるが，もはや革命主義とはいえない立場である．革命主義は初め，国際共同体を刷新するための宣教師的な熱意によって突き動かされている国際政治へのアプローチ，として定義された．「あらゆる場所にいるすべての友人たちへの書簡」において，ジョージ・フォックス〔クエーカー創始者〕は言う．「すべての人々との愛と平和のもとに生きよ．世界のあらゆる喧騒からは距離を置け．地の力にいらざる干渉をするな．だが，神の御国，平和の道には注意を払え」[55]．われわれはこれを静寂主義のものとして解釈するかもしれないが，それは間違いだろう．クエーカーの教義が，無抵抗と愛の倫理への全面的奉仕というクエーカー特有の証明は〔世界中に〕広められるべきものである，と考えていることは明らかだ．それにより，すべての人々が持つ愛という隠れた力を呼び起こし，魂の転換を通じて世界を変えてゆこうとするのである．

改善主義の2つめの例は，1947年12月29日にヘンリー・ウォーレス〔1948年の大統領選挙で進歩党候補として立候補したアメリカの政治家〕がシカゴで行った演説である．彼はより小さな悪の原理を拒絶してこう言う．

> 〔民主党候補の〕トルーマンと共和党の間には本当の争いなど存在してはいないのです．両者とも，われわれが生きているうちに戦争を開始し，われわれの子供たちに確実に戦争をもたらすような政策を支持しているのです．
> 「本当は好ましいとは思わないけれども，私は2つの悪のうちの小さな方を選んで投票する」と言うのはもうやめようではありませんか．どちらの悪も拒絶して，臆することなくまっすぐに立ち上がり，全世界に聞こえるような大きな声でこう言いましょう．「われわれは，われわれ自身と，われわれの子供の子供たちの平和と安全のために投票する」と[56]．

これとまさに同じ教義が，その後，イギリスのベヴァン主義者〔アナイリン・ベヴァンを中心とするイギリス労働党左派グループ〕，ヨーロッパ大陸の中立主義者，インドの対外政策によって唱えられた．それは，外部の批評家に

とっては，足が地上との接触を失うような地点にまで人間の実践を上方修正するような衝撃を与えるかに思われる教義である．より小さな悪の原理を否認することは，実在しない代替案の追求になりかねない．この危険性は常に存在し，そうなると，政治的苦境が解決不可能であると認識し，政治から完全に撤退する静寂主義者の持つ道徳的尊厳は失われることになる．

結　論

　政治原理の性質は捉えどころがない（それは倫理に関するすべての研究を魅惑的なものとする捉えどころのなさである）．それらは変幻自在な性質を持ち，1つの原理が別の原理へといつの間にか変化してゆく．先行する章のどんなパラダイムよりもこの章においてこそ，3つの伝統それぞれの**中心的**原理と**特徴的教義**を明確にし，定義づけようと試みてきたことを強調しなければならない．それぞれの伝統は周辺部分で別の伝統と交じり合う．政治倫理の原理は1つの計算尺ないし領域である．単一の基準が二重基準を暗示するものへと知らずに変化する．唯一の倫理とは政治においてわれわれの義務を果たすことであるとする道徳主義の厳格な概念は，いつの間にか政治において最善を尽くすことへと変わる．そのことは近似値を得ることと妥協を暗示する．義務を果たすことがより小さな悪を選択することになるが，それは善をもたらしうる悪をなすという一形式であり，必要性による正当化の原理に訴えることになる．それはまた，目的が手段を正当化するという原理の領域へと入り込むが，この原理は日和見主義的で成功による正当化の原理に訴える[57]．

　政治家は多様な圧力の下で行動し，さまざまな程度の誠実さをもって多様な原理に訴えかける．彼らの行動を評価するのは国際関係を研究する人々であるが，それは政治家の倫理的原理の有効性を評価することである．これは科学的な分析の過程ではない．むしろそれは文芸批評に似ている．そこには，あらゆる政治的状況の扱いにくさとすべての統治技術を取り囲んでいる道徳的困難に関して敏感な意識を発達させることが含まれている．〔国際関係を研究する際には〕道徳的緊張についての洞察を与えてくれるような共感に満ちた理解力が必要である．そのような理解力は，〔〔古代アテネの歴史家〕トゥキディデスに始まり，ケストラーの「応用推理の二律背反」が具体的に描き出している1つ

の記録としての）歴史を読むこと．またトーマス・ハーディの〔詩集〕『帝王』，〔ジョナサン・スウィフトの〕『ガリバー旅行記』，〔トルストイの〕『戦争と平和』，〔ジョセフ・コンラッドの〕『ノストロモ』，〔アーサー・ケストラーの〕『真昼の暗闇』，〔ジョージ・オーウェルの〕『一九八四年』その他の政治小説を読むことを通じて，政治家や国家指導者と積極的に知り合いになろうと努めることにより，得られるべきものである[58]．

注

1) L. Oppenheim, ed. H. Lauterpacht, *International Law* (London: Longmans, Green & Co., 1966), vol. I, 'Peace', p. 96.
2) *Ibid.*, vol. I, pp. 87-88.
3) J.L. Brierly, *The Law of Nations* (London: Oxford University Press, 1938), p. 42.〔ブライアリー（一又正雄訳）『国際法：平時国際法入門』有斐閣，1955年，48頁．現代かなづかいに改めた〕．
4) H. von Treitschke, tr. A.J. Balfour, *Politics* (London: Constable & Co., 1916), vol. II, pp. 591-595〔トライチケ（浮田和民訳）『軍国主義政治学』下巻，早稲田大学出版部，1920年，491-495頁をもとに一部表現を改めて口語訳した〕．
5) F.I. Kozhevnikov, *A Textbook on International Law*, publ. 1947, O.J. Lissitzyn, 'Recent Soviet Literature on International Law', *The American Slavic and East European Review*, vol. II, no. 4, December 1952 (Columbia University Press), p. 259より再引用．
6) *Ibid.*,（強調は原文のまま），p. 262.
7) J.N. Hazard, 'The Soviet Union and International Law', *Soviet Studies*, vol. I (Oxford: Blackwell, January 1950), pp. 189 ff. およびO.J. Lissitzyn, 'Recent Soviet Literature on International Law', *American Slavic and East European Review*, December 1952, pp. 257ff. またIvo Lapenna, *Conceptions soviétiques de droit international public* (Paris: Pédone, 1954) を参照．
8) A.P. D'Entrèves, *Natural Law* (London: Hutchinson, 1951), p. 77を参照．
9) *Ibid.*, p. 106.〔ダントレーヴ（久保正幡訳）『自然法』岩波モダンクラシックス，2006年，165頁〕．
10) H. von Treitschke, *Politics*, vol. II, pp. 595-596〔トライチケ，前掲訳書，495-496頁をもとに一部表現を改めて口語訳した〕．
11) 条約は，それが調印国の利益を表現し続ける間のみ有効であるとする，H.J. モーゲンソーを参照．*In Defense of the National Interest* (New York: Alfred A. Knopf, 1951), p. 147.
12) G. Butler and S. Maccoby, *Development of International Law* (London: Longman, Green & Co. Ltd., 1928), pp. 518ff.

第11章　国際法・義務・倫理の理論　　　351

13)　*Nazi Conspiracy and Aggression* (Washington, DC: US Government Printing Office, 1946), vol. III, p. 575.
14)　F.I. Kozhevnikov, 'Stalin's speech in praise of Lenin at the Second Congress of Soviets', in *The History of CPSU* (Moscow: Foreign Languages Publishing House, 1945), p. 269.
15)　R.W. Carlyle, *A History of Medieval Political Theory in the West* (Edinburgh and London: William Blackwood & Sons Ltd., 1950), vol. V, pp. 181-182 を参照。
16)　K. Krofta in *The Cambridge Medieval History* (Cambridge: At the University Press, 1936), vol. III, pp. 58-59 を参照。
17)　Edmund Burke, *The Works of the Right Honourable Edmund Burke* (London: Samuel Holdsworth, 1842), vol. I, p. 134〔(中野好之訳)『エドマンド・バーク著作集Ｉ　現代の不満の原因；崇高と美の観念の起原』みすず書房，1973年，223頁〕。
18)　*The Church and the Atom* (Westminster: Press and Publications Board of the Church Assembly, 1948), C.A. 875, p. 7 に引用。
19)　Edmund Burke, 'Present Discontents', *The Works of the Right Honourable Edmund Burke*, vol. I, p. 148.〔バーク，前掲訳書，266頁〕。
20)　D.A. Binchy, *Church and State in Fascist Italy* (London: Oxford University Press, 1941), p. 83.
21)　David Hume (現実主義者としての), *Treaties on Nature* (London: Dent & Sons Co., 1949), vol. II, pp. 200, 228, 265-267 を参照。
22)　Luigi Sturzo, *Church and State* (London: Geoffrey Bles, 1939), pp. 195-196.
23)　Blaise Pascal, ed., Leon Brunschvicg, *Pensées* (Paris: Libraire Hachette, 1922), p. 458.〔パスカル (由木康訳)『パンセ』白水社，1990年，119頁〕。
24)　L. Sturzo, *Church and State*, p. 269 より再引用。
25)　Niccolò Machiavelli, *The Prince*, (London and Toronto: J.M. Dent, 1928), ch. XVIII, p. 142. p. 158 も参照。〔マキアヴェッリ (河島英昭訳)『君主論』岩波文庫，1998年，132-133頁〕。
26)　Plutarch, 'Lysander', *Lives* (London: Heinemann, 1959), vol. IV, ch. 7, p. 251. 'Isthmian Odes IV' *The Odes of Pindar* (London: William Heinemann, 1919), verses 45-50, p. 465.
27)　Cicero, *De Officiis* (London: Heinemann, 1947), bk. I, XIII, p. 45.〔(中務哲郎・高橋宏幸訳)『キケロー選集』9巻，岩波書店，1999年，154頁〕。
28)　L. Sturzo, *Church and State*, pp. 268-269.
29)　*Ibid.*, p. 268.
30)　Thomas Hobbes, ed. M. Oakeshott, *Leviathan* (Oxford: Basil Blackwell, 1946), ch. XV, p. 94.〔ホッブズ (水田洋訳)『リヴァイアサン』第1巻，岩波文庫，1992年，237頁〕。
31)　David Hume, *Essays and Treatises* (Edinburgh: Bell & Bradfute & Blackwood, 1825), vol. II, sect. IV, p. 243.

32) J.N. Figgis, ed., *Selections from the Correspondence of the First Lord Acton* (London: Longmans, Green & Co., 1917), vol. I, p. 310.
33) E.L. Woodward, *Three Studies in European Conservatism* (London: Constable & Co. Ltd., 1929), p. 297n.
34) J.S. Mill, *Utilitarianism* (London: Dent, 1929), pp. 55ff. を参照.
35) Niccolò Machiavelli, tr. Leslie G. Walker, *The Discourses of Niccolò Machiavelli* (London: Routledge & Kegan Paul, 1950), vol. I, p. 573.
36) Neville Chamberlain, *The Struggle for Peace* (London: Hutchinson, 1939), pp. 20.
37) *Hansard's Parliamentary Debates*, vol. 417, col. 440.
38) Benito Mussolini, *Scritti e discoursi* (Milan: Hoepli, 1938), vol. XI, p. 226.
39) Adolf Hitler, tr. James Murphy, *Mein Kampf* (London: Hurst & Blackett, 1939), p. 181.
40) Heinrich von Treitschke, *Politics* (London: Constable & Co., 1916), vol. II, p. 598. 〔トライチケ, 前掲訳書, 498 頁を参照し一部表現を改めて口語訳した〕.
41) Sumner Welles, *The Time for Decision* (London: Hamish Hamilton, 1944), p. 223.
42) Friedrich von Schiller, 'First lecture as Professor of History', Jena, 26 May 1789, *The Oxford Dictionary of Quotations* (Oxford: Geoffrey Cumberlege, 1953), p. 415.
43) Edmund Wilson, *To the Finland Station* (London: Martin Secker & Warburg Ltd., 1941), p. 386 より再引用. 〔ウィルソン (岡本正明訳)『フィンランド駅へ: 革命の世紀の群像』下巻, みすず書房, 1999 年, 532-533 頁〕.
44) V. Kravchenko, *I chose Freedom* (New York: Charles Scribner's Sons, 1946), p. 275.
45) 'Partiia i Oppozitsiia' (The Party and the Opposition), Moscow, 1925, p. 42. Raymond L. Garthoff, 'The Concept of the Balance of Power in Soviet Policy-Making', *World Politics*, vol. IV, October 1951 (Princeton: Princeton University Press), p. 91 より再引用.
46) V.I. Lenin, 'Left Wing Communism: An Infantile Disorder', *A Handbook of Marxism* (London: Victor Gollancz, 1935), pp. 880, 887. 〔「共産主義内の『左翼主義』小児病」『レーニン全集』第 31 巻, 大月書店, 1959 年, 77, 84 頁〕.
47) C. Dawson, *Understanding Europe* (London: Sheed & Ward, 1952), pp. 197-198 より再引用.
48) Arthur Koestler (Ivanov vs. Rubashov), *Darkness at Noon* (London: Jonathan Cape, 1941), pp. 149-154.
49) Winston S. Churchill, *The Second World War: The Gathering Storm* (London: Cassell & Co., 1954), vol. I, p. 265.
50) G.H.C. MacGregor, *The Relevance of the Impossible* (London: The Fellowship of Reconciliation, 1941), p. 81 を参照.

第11章　国際法・義務・倫理の理論　　　　　　　　　　　　　353

51) E.H. Carr, *The Twenty Years' Crisis* (London: Macmillan & Co. Ltd., 1939), p. 195.〔カー（井上茂訳）『危機の二十年：1919-1939』岩波文庫, 1996年, 282頁〕.
52) G.W. Knowles, intro. and notes, *Quakers and Peace* (London: Sweet & Maxwell Ltd., 1927), Grotius Soc. Publications No. 4, p. 21.
53) *Ibid.*, p. 23.
54) Lewis Carroll, *Through the Looking Glass* (London: Macmillan, 1921), p. 26.
55) *Quakers and Peace*, p. 20.
56) Peter Calvocoressi, Henry Wallace announcing himself as candidate for the Presidency, *Survey of International Affairs, 1947-48* (London: Oxford University Press, 1952), p. 43ff を参照.
57) Arthur Koestler, 'Antinomies of Applied Reasoning', *The Yogi and The Commissar* (London: Jonathan Cape, 1945), pp. 11, 12 を参照.
58) マーティン・ワイトは「ほんの少し」ばかりさらなる名前と書名に言及している. それらは以下のとおりである. Warren Beck; Dostoevsky, *The Possessed* and *The Devils*; E.M. Forster, *A Passage to India*; A. Malraux; Thomas Mann, *The Magic Mountain*; Somerset Maugham, *Then and Now*; Dmitri Merejkowski, *December 14th*; Harold Nicolson, *Public Faces*; George Orwell, *Animal Farm*; Roger Peyrefitte; Ignazio Silone; Stendhal, *The Charterhouse of Parma*〔編者〕.

訳注
1〕 ヴァチカンがイタリア政府を認める代わりにイタリア政府がヴァチカンの独立を承認した政教条約. この条約によりヴァチカン市国が成立.
2〕 ギーズ家はユグノー戦争におけるカトリック側の中心勢力. 1588年12月, フランス王アンリ3世の刺客にギーズ公アンリとその弟のルイ枢機卿は暗殺された.

第12章

結論：3つの伝統の均衡

　本書において私は，国際理論の3つの伝統の実体を確定することを目的としてきた．同時に私は，国際関係についてのいかなる特定の理論や仮定をも分類する暫定的なある判断基準を提供してきた．

　専門知識や技術や力量（*virtù*）を強調する見方，成功こそが正当化するという原理に暗黙のうちに訴える見方——こうした見方は次のように断言する．戦争とは人間にとって自然なものであり，戦争をするのに手加減を加える必要はない．この見方には歴史の反復的もしくは周期的理論が暗に含まれており，現実主義と呼ぶことができるであろう．政治行動に固有の道徳的緊張や政治権力を正当化する必要性と困難さを強調する理論，簡略化された手段でのみ戦争は行えるし，戦争で許されることには厳密な限度があると主張する理論は，合理主義の伝統の中にあり，より小さな悪を選ぶという原理を訴える．国際関係に対する革命主義の見方は，世界改造の必要性を想定する．この見方によれば，世界は光の王国と暗闇の王国に二分され，前者は後者との潜在的もしくは現実の聖戦状態にある．この見方は，国家間のイデオロギー的画一性を望ましいものとして前提にしており，光の王国が勝利を収めるまでは倫理は暫定的なものにとどまると唱える．そのうえ，この見方においては，あらゆる原理がイデオロギー的限界の中にあって，目的が手段を正当化する．あるいは別の言い方をすれば，光の王国が勝利を収めるのは，私的倫理と政治倫理を一体化することによってだけである，とこの見方は主張する．

　しかしながら，これらすべては，単なる分類，図式化に過ぎない．あらゆる政治，歴史研究において整理棚を作るのは，未加工の素材そのままでは棚に収まらないと確かめるためである．人文研究において分類が価値を持つのは，分

第12章 結論：3つの伝統の均衡

類ができなかった時だけなのだ．国際理論の分野でもっとも偉大な政治学研究者はそのほとんどが，2つの伝統の境界領域を跨いでおり，その多くは自らの体系を超越している．

マキャベリに執筆の霊感を授けたのは，自らの理論の諸原理とは無関係の情熱——『君主論』の最後の章で溢れ出ている情熱であった．ヒュームの政治理論は，『人間本性論』と『勢力均衡試論』の中に詳述されているように現実主義のものである．けれども，その政治理論は合理主義の伝統と親近性をもつ．ハミルトンは，現実主義の立場に近づいていった合理主義者だった．ルソーの政治理論（『社会契約論』）と国際理論（『永遠平和のために』）は興味深い対照をなす．ルソーの著作における人間の本性に関する理論は，かりに現実主義ではないとするならば，合理主義——おおよそハミルトン主義と言ってもよい．ルソーが提案した国際問題に対する連邦的解決策は，国際連盟路線よりもはるかに国際連合の方に近い[1]．一般意志という教義を国際用語の中に転移したのはルソーではない．それが達成されたのはルソー以後の革命主義理論によってである．

このことからもわかるように，3つの伝統は3本の鉄道路線が平行したまま無限に走るごときものではない．静かにゆったりと走る3つの流れとして，第1の流れはビトリアとスアレスからJ.L.ブライアリーへ，第2の流れはマキャベリからE.H.カーへ，第3の流れはイグナティウス・ロヨラからエリック・ホブズボウムとパーム・ダットへ——というような形の哲学的に一貫した純粋なものではない．これら3つの伝統は，時には互いに交錯し，自らの川床には決して長い間留まることのない小さな渦や逆流を伴う流れである．別の喩えを用いるならば，それらは西洋文明というタペストリーの中に織り交ぜられた糸のようなものだ．これら3つの伝統は互いに影響を及ぼしあって豊かにしあう．そして思うに，内なるアイデンティティを失うことはないままに変化していく．こうした変化のいくつかについて，「傾斜」という標題のもとに簡単に議論したいと思う．だが，主軸となるべきテーマは「合理主義の衰退」と呼びうるだろう．

3つの傾斜が過去2世紀の間に生じてきたことが認められる．革命主義へ傾斜する合理主義，現実主義へ傾斜する合理主義，革命主義へ傾斜する現実主義

である．

革命主義へ傾斜する合理主義

　合理主義の革命主義への傾斜は，合理主義理論の外交レベルにおいて描きだすことができる．勢力均衡理論の起源についての議論のなかでは，勢力均衡（バランス・オブ・パワー）が平衡（エキリブリウム）原理に置き換えられた時があったことが示されている[2]．勢力均衡理論は当初，国際政治がどのように機能しているかについての力学的な説明として，現実主義思想により発展させられた．やがてこの理論は合理主義者の手へと渡り，彼らの処方箋として採用された．それは分析から政策へ，純粋国際理論から応用国際理論へと展開していく動きであった．

　現実主義が勢力均衡理論を発展させたのにたいして，本来の合理主義的処方箋は正戦という教義から引き出された．いかなる戦争においても，一方の側は正当に戦っているのであり，もう一方の側はそうではない，あるいは相手ほどの正当性を持たない．当事者以外の国の仕事とは，どちらの側に正義があるのかを判断し，かりに行動には至らないとするならば，消極的な善意によって正義の実現を助けることだった[3]．

　スピノザは自身が現実主義者であったが，常識に基づく勢力均衡を唱えた最初の１人であった[4]．17世紀末までに勢力均衡は公的な国際政策の中心原理として一般に受け入れられるようになった．18世紀の著述家たちは勢力均衡を強く意識していた．ヒュームの『評論（エッセイ）』は，現実主義者による勢力均衡論の代表作であり，国際社会学分野での評論である．ルソーの『永遠平和のために』は，叙述と政策の両面において現実主義による勢力均衡論である．合理主義の伝統による勢力均衡論の受容は，18世紀の自然法学派であるヴァッテルに始まるといってよいだろう．ヴァッテルは勢力均衡の維持を付け加えることによって，それまで正戦の原因たりうるとされてきた諸要因を一新した．その時から合理主義は勢力均衡の維持という教義を主張するようになり（たとえば，『フランス国王弑逆の総裁政府との講和商議についての一下院議員への手紙』にとりわけ見られるバークのフランス革命批判），これは1914年まで続いた．第１次世界大戦の終結にあたり，勢力均衡という教義への執着が弱まり，集団

第12章 結論：3つの伝統の均衡   357

的安全保障の理論がそれに代わって採用された．

　集団的安全保障理論には曖昧さが伴う．一方における現実主義者の見解によれば，集団的安全保障理論は勢力均衡を単に制度化したものにすぎない．たとえば対ナポレオン同盟のように，その場限りの大同盟を苦心のすえに結成して平和を乱す者に対抗したとしても，そもそもそれ以前に同盟はすでに機能していたのだろうし，戦争抑止力として成功していたのではないか．「かりに国際連盟が潜在的な同盟であるとするならば，それは本質的に**未知**の敵に対する同盟である」[5]．おそらく現実主義者による集団的安全保障概念からすれば，敵が確定していないことは弱点になる．

　集団的安全保障が勢力均衡に取って代わったというのが，もうひとつの見方である[6]．すでに述べたように（178頁〔本訳書237頁〕），明らかにこれがウィルソン大統領の見解だったようである．1918年2月に議会で行った4つの原則についての演説で彼は言う．「人民や領土というものは，まるでゲームに賭けられた家財や抵当のように主権国家から主権国家へと物々交換されるべきものではない．たとえそれが，勢力均衡という今では永久に信用を失ってしまった偉大なるゲームにおいてでさえも」[7]．さらに彼はこう続ける．「勢力均衡ではなく，勢力共同体でなければならぬ．組織的な競争ではなく，組織的な平和の共有でなければならぬ」[8]．1918年12月18日にギルドホール〔ロンドン市庁〕で行われた演説においても，ウッドロー・ウィルソンは，同じような議論を行っている．

> 旧秩序を廃止し新秩序を確立するために彼らは戦った．旧秩序の中心にありそれを特徴づけるものは，われわれがかつて「勢力均衡」と呼んだ，あの不安定なものだった——それは，どちらかの側が剣を振り回すことによって均衡を決めるような代物である．均衡は，競合する利益が不安定ながらも平衡することによって決定された．均衡は，嫉妬深く監視すること，そして普段は隠れているが常に根深く存在する利益対立によって，維持されてきた[9]．

ここに見られるのは，刷新と普遍性の思想であるが，それは革命主義の特徴でもある．勢力均衡が剣以外の何物かによって決定されうるという示唆であり，それが代替案の追求という幻想に過ぎないとしても，転倒した革命主義を思い起こさせる．

勢力均衡は時代遅れとなり集団的安全保障に取って代わられたという信念は，この時以降，西洋世界で広く認められるようになった．ベヴィン〔イギリス外相〕は 1945 年にイギリス下院でそう発言している[10]．国連本部の所在地を決める国連準備委員会では，大国の領土内に国連本部を置くことに対する反対意見は勢力均衡を前提としているがゆえに時代遅れであるとの説明がなされた．なぜならば，国連の基礎をなす概念は集団的安全保障だからである（179 頁〔本訳書 238 頁〕参照）．こうした非現実主義的な集団的安全保障の教義は，転倒した革命主義と純粋な革命主義の間を，振り子のように行ったり来たりした．転倒した革命主義においてはその戦争抑止的な側面が強調され，絶対平和主義(パシフィズム)と融合することになった．ケロッグ不戦条約は，この 2 つの相容れない理論が合流した偉大な記念碑である．純粋な革命主義の面では，その懲戒的側面が強調される．かりに集団的安全保障が侵略国を思いとどまらせることができないならば，集団的安全保障とは戦争の行使を意味する．これは，多くの戦争のように利益を守るための戦いではなく，原理を主張する戦争，イデオロギー戦争である．こうして，暴力が平和を守るものとなり，それは安全を守るための暴力とは一致しなくなる．ここに至って目的が手段を正当化するという教義が再び現れ，さらには「善を実現させるために悪をなす」ことになる．これが，戦争を普遍化するものとして批判されてきた集団的安全保障の教義である．

> 普遍的平和を確立する手段としての普遍的戦争という脅威を概念化することは，イギリス特有のものであり，それは「制裁」という教義に結晶化されてきた．この教義は，階級闘争を永続的かつ普遍的に行うことによって社会平和を確立するというプロレタリア独裁の教義に類似している．「制裁」は革命恐怖政治に対応する概念である——どちらも目的は平和であるが，いずれも（階級戦争か諸国民戦争かを問わず）戦争もしくは戦争の脅威によって権力を獲得した者の権力強化をもたらす[11]．

集団的安全保障は局地戦争を一般化する，と言われてきた．

1947 年，破壊を目的としてロシアが拒否権を行使した結果，大国間の一致が打ち砕かれ，国連は初めて重大な危機に直面した[12]．それ以後，集団的安全保障の教義は革命主義の方向へとさらに移動し，西側によるソ連に対する冷戦

の行為と結びつくことになった．この行為は，封じ込め政策と解放の十字軍という，ともに聖戦を前提とした2つの行為の間を行ったり来たりした．他方で，ソ連による西側に対する冷戦行為は，勢力均衡の教義に基づいていた．これは教義の奇妙な逆転であった．

　合理主義の革命主義への傾斜はまた，ほぼ同時に起こり，その過程を押し進めた3つの具体的な革命——アメリカ独立革命，産業革命，フランス革命——によっても説明される．

　アメリカ独立革命自体は合理主義的で保守主義的なものだった．だから，バークとゲンツ〔オーストリアの政治家．メッテルニヒに協力しナポレオンに対抗した〕は支持したのである[13]．アメリカ独立革命のもたらした革命主義的影響が現れたのは後の19世紀や20世紀になってからであり，それは理想主義，ユートピア思想，法律尊重主義，道徳主義として，ウィルソンとアイゼンハワーにおいて頂点に達した．そこにどれほど合理主義の痕跡が見られるかについては，議論の余地がある．

　19世紀前半は産業革命の第1段階ないしイギリス的段階に支配されていた．その段階が国際理論として表出したとき，そこにおいてカール・マルクスにあたる位置を占めたのはアダム・スミスであり，レーニンにあたるのはコブデンであった．この自由放任（レッセ・フェール）教義には，革命主義の徴が数多く見られる．それは経済利益の国際的連帯を宣言して勢力均衡という教義を拒絶し，（イタリア独立戦争の時のパーマストンのように）干渉のやり方として不干渉主義を用いる．コブデンとブライトは，合衆国を熱烈に賛美した．彼らが期待した国際政策は，ウィルソン大統領によって実現された．

　しかしながら，近代革命主義の水源はフランス革命である．政治理論においてこれはルソーを意味し，国際理論ではカントである．言ってみればカントは，ルソーという酔いをもたらすアルコールが国際社会の静脈へと注ぎ込まれる際の漏斗だった．カントはこれが自分の役割だと考えていた．彼にとってルソーは「道徳世界のニュートン」だったからである．

現実主義へ傾斜する合理主義

　この傾斜の背後にあるのは具体的な歴史的諸力である．それは，内在的にアナーキーな側面を伴う国際生活としての性質を帯びている．18世紀において，実践面（フリードリヒ2世）と理論面（ヴァッテル）の両方で現実政策(レアルポリティーク)が勝利を収めたことに，それはもっともよく表れている．ヴァッテルはグロティウスに対して口先だけの好意を表す一方で，国際法(ロー・オブ・ネイションズ)理論を，絶対主権と何ものにも拘束されない君主の自由とに適合させた．この傾向は国際的な実定法主義とともに，19世紀にも継承された．

　バークとドゥ・メストルの2人は，フランス革命に反対したもっとも偉大な人物だった．バークの著作にしばしば見られる曖昧さは，革命主義へと傾斜する合理主義，あるいは反革命主義へと傾斜する合理主義を示すものかもしれない．「虎と戦う者は，自らが虎にならなければならない」．ドゥ・メストルは，現実主義へ傾斜する．ときに彼の戦争理論は，モルトケ〔プロイセン陸軍参謀総長．いわゆる「大モルトケ」〕のプロイセン軍国主義やトライチュケに近づくように見えるが，決して彼らと同じ見解を持っていたわけではない．モルトケとトライチュケの2人にみられるのが一種の未開的本能の表れであるのに対して，ドゥ・メストルの場合は高度に発達した知的体系から導き出された推論である[14]．ドゥ・メストルの戦争理論は現実主義よりも革命主義ではなかったか，すなわち聖戦という教義の基本となったのではなかったか，と問われるかもしれない．ドゥ・メストルの後継者たちはそうかもしれない．ナポレオン戦争中はドゥ・メストル自身が反革命主義者であり，フランス革命とナポレオンに対する聖戦を支持していた．だが，彼の戦争理論は，王政復古の後，すなわち感情を冷静に回顧できるときに書かれたのである．彼にそのとき関心があったのは，政治行動のための処方箋を書くことではなく，政治経験を説明することだった．彼が論じたのは国際社会の問題であるが，実際に国際社会が形成されていることを立証するあらゆる議論は不可能だ（と彼は言う）．カント主義的な国際社会契約など不可能なのである．スアレスとは袂を分かち，諸個人からなる諸社会は存在するが国際社会は存在しないと彼は断言する．この議論は

ついでになされたもので，彼の結論の土台には明らかに「生物の暴力的な破壊という大原則」がある[15]．

革命主義へと傾斜する現実主義

　この傾向と切っても切れない関係にあり，またその背景をなす具体的な歴史的諸力とは，何よりも世界を一体化する科学技術の発達だといえるかもしれない．国際生活に固有のアナーキーな性格は，常に現実主義を手っ取り早い魅力的な解釈とする．しかし，世界の経済的一体化が進むにつれて，現実主義はその文脈を変化させていくことになる．小国は強国によって一掃され，戦略的・経済的理由によって大国は自らを勢力圏（*Grossräume*）へと拡大しなければならなくなる．実際，国際生活に関する唯一の合理的かつ現実的な（この場合は〔「合理主義」とか「現実主義」という意味ではない〕一般的な意味で）組織は，世界国家であろう．科学技術の進歩自体が革命的な力を生み出すのである．

　第2に，国内生活の民主化が，現実政策を熱狂的なものにした．1789年以降，ますます多くの戦争が，征服された者に対して敗北のみならず革命を課す革命戦争となってきた．国際理論の分野では，この傾向が，フリードリヒ2世からヒトラーに至るドイツの思想家によってもっともよく表されている．

　フリードリヒは，古典的な抜け目のない現実主義者だった．ヒトラーは，（リッベントロップ〔外相〕の英雄だったビスマルクではなく）フリードリヒを自らの先祖とみなした．ヒトラーの机の上にはフリードリヒの胸像があり，地下塹壕の壁には肖像画が掛かっていた．しかしヒトラーにおいては，現実政策は革命的虚無主義(ニヒリズム)へと悪魔化していった．カントが，18世紀における敬虔な合理主義の観念論的革命主義への転換点だったのと同じように，フィヒテとヘーゲルは，プロイセン現実主義のドイツ革命主義への大きな転換点だった．

　ドイツのこの連鎖は，革命主義へと傾斜する現実主義の性向をよく示す例である．だが，ヘーゲルのヨーロッパでの影響はイギリスやイタリアへと拡がった（ただしフランスには拡がらなかった）．ファシストの革命主義における曖昧さに対してイタリアは大いなる責任があるといえるかもしれない．

伝統の合流

　以上のように，伝統の混同とは言わないまでも，伝統の合流と集中が見られた．今日，国際理論に再び関心が向けられている理由の1つは，この合流を意識し，それらを整理したいと願うようになったためである．2つの所見と1つの問題点を提示しよう．

　宥和〔政策〕理論，特に1930年代イギリスにおける古典的形態での宥和理論を取り上げたい．この政策には理論的公式があり，この政策を正当化するためにいくつかの本が書かれている．多くの要素が混ざっているので，宥和政策を特徴づけるのは容易なことではない．革命主義には，ソフトなものとハードなものがあることを見てきた．宥和政策は，ソフトな合理主義やソフトな現実主義というものもないだろうか，と考えさせてくれる．

　宥和政策における支配的な傾向として挙げられるのはまず第1に，感傷癖，政治の場における人間の本質についての楽観主義，自己欺瞞，さらには絶対平和主義――ソフトな革命主義――ですらあったと論じることができよう．第2に，ドイツに対する正義と公平についての誤った固執，ヴェルサイユ条約の不当性についての誤った良心，平和的解決の手続きについての誤った執着，誤った法律尊重主義，ナチス革命国家が内政を自由に決める権利に対する誤った不干渉主義と尊重があった．誤っていたというのは，先に言及したように感傷癖じみていたからであり，大いなる怠惰と自己満足に基づいていたからである．これはソフトな合理主義の態度だった．そして第3に，民族的利己主義，孤立主義，進んで小国の同盟者を裏切り義務を履行しない，ということがあった．これらすべてが論理的な必然として，ミュンヘン〔協定〕のような大国間の取引をもたらしたのである．これはソフトな現実主義だった．というのも，ちっとも利口ではなかったし，破局的な失敗をもたらしたからである．

　所見の2つ目は，革命主義の持つ規範的な権利に関してである．バークの時代とわれわれの時代の大きな違いは，革命主義国家が国際社会の一員として認められている点であり，そこから無数の理論的矛盾が沸き上がっていることである．他国への敵意という原理によって建国された国家が，他国に対して権利

第12章 結論：3つの伝統の均衡

を持つことを認められている．それゆえ革命主義自体が規範的権利を獲得することになったのである．

一例をあげよう．1950年10月，国連総会は，国連軍が北緯38度線を越えて北朝鮮に国連の権威を確立し，それによって朝鮮を統一すべきかどうかについて議論した．この時ユーゴスラビアは次のような反対意見を述べた．国連の活動の目的は侵略を阻止することであって，侵略国の体制を転覆することではない．これは，国家の内政問題に対する介入の前例となってしまうだろう．ここでは，革命主義国家を擁護するために，伝統的な合理主義の議論が用いられたのだった．それは結局のところ，膠着状態，戦闘の引き分け，目的が限定された戦争を弁護する議論だった．

民主的な国内社会は，民主的諸権利を一時停止することによって，革命主義者による国家転覆から自らを守る権利を持つのか？ 合理主義的な国際社会は，非合理的手段によって，革命主義者による国家転覆や圧力から自らを守る権利を持つのか？ 国連から中国を締め出すのは合理主義ではなかったのか？ それはバーク主義ではなかったか？ しかしながら，ソ連が〔国際社会への加入を〕認められた時，その原理は失われたのだ．中国の侵した特定の不品行ではなく，自国以外の国際社会に対する敵意原則の一般的構築こそが障害のはずであった．

ここに提起された問題は，ダレス〔アメリカ国務長官〕氏の外交政策に関係してくる[16]．彼は間違っていたのか？ もしそうなら，彼は理論において間違っていたのか，それとも実践においてか？ モーゲンソーは，ダレスは理論の点で間違っていたと考えた[17]．だが，かりにモーゲンソーの意見に完全には同意しないのであれば，次のような問いがたてられるだろう．ダレスの原理は，グロティウスやグラッドストンとどう違っていたのか．合理主義の衰弱は，グラッドストン-ウィルソン-ダレスという一連の流れによっておそらく説明されるだろう．だが，理論の劣化が実際に起こったことを示す必要がある．ひょっとすると理論が劣化したのではなく，理論を適用することがもはや適切ではないのかもしれない．理論がこれまでのようには意味をもたなくなったのである．

告別の辞

　かつて国際理論における正統的かつ伝統的な敬うべき学派であった合理主義は，両脇に位置した学派に自らの長所と支援とを与えつつ，自らは着実に弱体化し，解体してきた．その結果われわれは，国際理論を2つの学派――現実主義とユートピア主義（カー），現実主義と理想主義（モーゲンソー）――に大別する最近の流行をみるに至った．

　この一連の講義において私は，特定の国際理論を贔屓することはしたくなかった．私が抱いたのはただ2つの意識的な目的だけである．1つ目は，国際理論に関する2つの学派分析が適切ではない，ということを示すことである．実際のところ，それは病んだ状態を映し出していた．1930年代のイギリスの病んだ状態がE.H. カーに執筆を促したのだ．同じくケナンとモーゲンソーを執筆に駆り立てたのは，孤立主義からの病気回復期にある合衆国の病んだ状態であった．

　2つの学派分析は，こうした病んだ状態には有益な診断であるかもしれないが，一般的な国際理論の基礎にしようとすればするほど，不正確なものになっていくように思える．グロティウスやレーニンのような思想家は，彼らのために作られたわけではない整理棚の中に押し込められた．道徳的法の要求と国益の要求が奇妙な一致をみせるような政治家を加えたときには，2つの学派分類が崩壊することを，モーゲンソーは暗に認めている．この分類に含まれるのはジェファーソン，ジョン・クィンシー・アダムズ，グラッドストン，クリーヴランド，セオドア・ローズヴェルト，戦争指導者としてのウィルソン，フランクリン・ローズヴェルトである[18]．

　私は（転倒した革命主義を除いて），すべての現象を覆う3分類法を提案してきた．しかし，カントからネルーに至るソフトな革命主義と，ジャコバン派やマルクス主義者のようなハードな革命主義とを区別して，少なくとも4つに分類する方法を支持する議論も説得力をもつかもしれない．さらに，もしかりに現実主義が古典的な現実主義者――マキャベリ，リシュリュー，ホッブズ，ヒューム，フリードリヒ2世，ヘーゲル――として定義されるとするならば，

第12章 結論：3つの伝統の均衡

現代の現実主義者は，現実主義と同じぐらい合理主義にも見えることを示してきた．

ケナンは，国益は正義によって導かれるべきだと主張しており，実は合理主義者である．彼はソ連に対する不干渉主義政策を提唱し，戦争は政治の崩壊であると主張する．モーゲンソーもまた，部分的には合理主義者である．『国際政治』第2版の中で，彼は現実主義について6つの原理を挙げているが，少なくともそのうち3つは合理主義である．すなわち，政治の客観的な法則が存在する（第1）．道徳と政治の間に緊張が存在する．そしてより小さな悪の原理という用心深さ（第4）．ある国民の道徳的願望は，普遍的な道徳律とは一致しないかもしれない．つまり，盲目的崇拝の危険性や他国民の利益尊重を自覚すること（第5）[19]．それにもかかわらず，モーゲンソーは本質的に現実主義者である．彼は，権力が道徳を創り出すとするホッブズ的立場を取り，自然法を否定し，成功による正当化を是認する．

かりに私の第1の目的が「2つの学派」分析の不十分さを証明することだとすれば，第2の目的は，最初に指摘した，トクヴィルの論点を確認することにあった．すなわち，政治理論には，新しいものはあるとしてもごくわずかであり，過去の偉大な道徳論争は本質的にわれわれの論争である，ということである．だから私は，次のことを除けば明確な結論を提示したいとは思ってはいなかった．それは，国際理論の範囲を定め，境界線を確定し，範囲を区切ることであった．おそらく思慮深い人であれば，あちこちを自由に歩き回り，一定の場所に腰を据えることなくあらゆる場所に立ち入ってゆくであろう．もちろん，外交政策を指揮する人物に助言を与えることに専心するならば，どの位置に立っているかを知らねばならない．しかし，献身する市民の緊急の要求に応えることと，国際政治を学ぶ学徒の哲学的超然さとを結びつけることは，望ましいことであるし，決して不可能なことではない．

私は，自らの位置が円の周りを回っていることに気づく．読者は，私の先入観が合理主義者のものであると推測することになるかもしれないが，私自身はこの一連の講義をする中でこの問題を再考することを通じて，より合理主義に近づいて，現実主義からは遠ざかったように思う．国際政治において，合理主義は文明化する要因，革命主義は活性化する要因，現実主義は統制する規律要

因である，とかりに私が言うとしたら，読者は私が言葉遊びをしていると思うかもしれない．にもかかわらず，国際理論には言葉遊び以上の実体が存在するということを，私が示しえたことを願う．

注

1) F.M. Stawell, *The Growth of International Thought* (London : Thornton Butterworth Ltd., 1929), p. 165.
2) *Ibid*., pp. 161-162.
3) Sir Geoffrey Butler and Simon Maccoby, *The Development of International Law* (London : Longmans Green Co. Ltd., 1928), p. 229.
4) Stuart Hampshire, *Spinoza* (Harmondsworth : Penguin Books, 1951), pp. 187-202.
5) Sir Arthur Salter, *Security* (London : Macmillan, 1939), p. 155.
6) 本書 chapter 8, pp. 166, 178〔本訳書，222-223, 237 頁〕を参照．
7) Woodrow Wilson, Address to a Joint Session of Congress, 11 February 1918, 'Four Principles Speech', *The Papers of Woodrow Wilson* (Princeton, NJ : Princeton University Press, 1984), vol. 46, pp. 322-323.
8) *Ibid*., vol. 40, p. 536.
9) *Ibid*., vol. 53, p. 532.
10) Ernest Bevin in the House of Commons, 23 August 1945, *House of Commons Debates* (1945), vol. 413 を参照．
11) F.A. Voigt, *Unto Caesar* (London : Constable & Co. Ltd., 1939), pp. 206-207.
12) Martin Wight, eds Hedley Bull and Carsten Holbraad, *Power Politics* (Leicester : Leicester University Press, 1978), p. 233 を参照．
13) Friedrich von Gentz, tr. J.Q. Adams, *The French and American Revolutions Compared* (Chicago : Gateway editions, H. Regnery & Co., 1955) を参照．
14) 本書 chapter 10, p. 216〔本訳書，292-293 頁〕参照．
15) Joseph de Maistre, *Les Soirées de Saint-Pétersbourg* (Paris : Libraire Catholique Emmanuel Vitte, 1924), vol. II, p. 13.〔ド・メーストル（岳野慶作訳）『サン・ペテルスブルグの夜話』中央出版社，1948 年，134 頁〕．
16) ジョン・フォスター・ダレスは，アイゼンハワー大統領によって 1953 年 1 月 20 日に国務長官に任命された．彼は 1959 年 4 月 15 日に辞任し，同年 5 月 24 日に亡くなった．
17) Hans J. Morgenthau, *Dilemmas of Politics* (Chicago : University of Chicago Press, 1958), pp. 298 ff. を参照．
18) Hans J. Morgenthau, *In Defense of the National Interest* (New York : Alfred A. Knopf, 1951), p. 19.〔モーゲンソー（鈴木成高・湯川宏訳）『世界政治と国家理性』創文社，1954 年，19 頁〕．

19) Hans J. Morgenthau, *Politics among Nations* (New York: Alfred A. Knopf, 1954), pp. 4-10.〔モーゲンソー（現代平和研究会訳）『国際政治：権力と平和』福村出版，1998年，3-12頁を参照して訳出〕.

参考文献

【研究書ほか】

Abdy, J.T. ed., *Kent's Commentaries on International Law* (Cambridge : Deighton Bell & Co., 1877).

Althusius, Johannes, *Politica medodice digesta* (publ. 1603).

Aristotle, tr. H. Rackham, *Politics* (London: W. Heinemann Ltd., 1932). 〔アリストテレス（山本光雄訳）『政治学』岩波文庫，1961年〕．

Asquith, H.H., *Genesis of the War* (London: Cassell, 1923).

Augustine, St., tr. G.G. Walsh S.J., *The City of God* (New York : Doubleday & Co., 1958). 〔アウグスティヌス（服部栄次郎・藤本雄三訳）『神の国』全5巻，岩波文庫，1982-91年〕．

Augustini, St., ed. J.E.C. Weldon, *De Civitate Dei Contra Paganos* (London : Society for Promoting Christian Knowledge, 1924).

Aurelius, Marcus, 'Meditations', in *The Cambridge Ancient History* (Cambridge: University Press, 1936), vol. XI. 〔マルクス・アウレーリウス（神谷美恵子訳）『自省録』岩波文庫，1956年〕．

Bacon, Francis, *Essays* (London : Dent & Sons, 1939). 〔（渡辺義雄訳）『ベーコン随想集』岩波文庫，1983年〕．

Bacon, R.H., *The Life of Lord Fisher of Kilverstone* (London: Hodder & Stoughton, 1929).

Bagehot, Walter, *Physics and Politics* (London : C. Kegan Paul & Co., 1881). 〔バジョット（大道安次郎訳）『自然科学と政治学』岩崎書店，1948年〕．

Balla, Valentine de, *The New Balance of Power in Europe* (Baltimore, Johns Hopkins Press, 1932).

Bamford, T.W., *Thomas Arnold* (London : Crescent Press, 1960).

Barker, Ernest, *The Politics of Aristotle* (Oxford : The Clarendon Press, 1946).

Barker, Ernest, *Social and Political Thought in Byzantium* (Oxford : Clarendon Press, 1957).

Bartlett, Ruhl J., sel. and ed. *The Record of American Diplomacy* (New York : Alfred Knopf, 1947). 〔(大下尚一・有賀貞・志邨晃佑・平野孝編)『史料が語るアメリカ』有斐閣，1990年〕．

Baynes, N.H., ed., *The Speeches of Adolf Hitler* (London : Oxford University Press, 1942).

Bell, Coral, *Negotiation from Strength* (London : Chatto & Winds, 1962).

Bell, Coral, *Survey of International Affairs 1954* (London : Oxford University Press,

1957).

Benda, Julien, *La Trahison des clercs* (Paris: Bernard Grasset, 1928).
Bentham, Jeremy, *Plan for an Universal and Perpetual Peace* (London: Sweet & Maxwell Ltd., 1927), Grotius Soc. Publications No.6.
Berlin, Isaiah, *Karl Marx* (London: Oxford University Press, 1948). 〔バーリン（倉塚平・小箕俊介訳）『カール・マルクス：その生涯と環境』中央公論社，1974年〕.
Binchy, D.A., *Church and State in Fascist Italy* (London: Oxford University Press, 1941).
Bismarck, Otto, von, tr. A.J. Butler, *Reflections and Reminiscences* (London: Smith, Elder & Co., 1898).
Boswell, James, *The Journal of a Tour to the Hebrides with Samuel Johnson* (London: Dent, 1958).
Boswell, James, *Life of Samuel Johnson* (London: Oxford University Press, 1946). 〔ボズウェル（中野好之訳）『サミュエル・ジョンソン伝』全3巻，みすず書房，1981-83年〕.
Brierly, J.L., *The Basis of Obligation in International Law* (Oxford: Clarendon Press, 1958).
Brierly, J.L., *The Law of Nations* (London: Oxford University Press, 1938). 〔ブライアリー（一又正雄訳）『国際法：平時国際法入門』有斐閣，1955年〕.
Brierly, J.L., *The Outlook for International Law* (Oxford: Clarendon Press, 1945).
Bright, John, *Speeches* (London: Macmillan & Co., 1898).
Bright, John, ed., *Speeches by Richard Cobden* (London: Macmillan & Co., 1880).
Brogan, D.W., *The American Political System* (London: Hamish Hamilton, 1945).
Brogan, D.W., *The English People* (London: Hamish Hamilton, 1944).
Brougham, Henry Peter, Lord, *An Enquiry into the Colonial Policy of the European Powers* (London: 1803).
Browne, Issac Hawkins, *Oxford Book of 18th Century Verse* (Oxford: Clarendon Press, 1926).
Brutus, Junius, tr., *A Defence of Liberty against Tyrants* (London: Bell and Son Ltd., 1924). 〔ブルトゥス（城戸由紀子訳）『潜主に対するウィンディキアエ』東信堂，1998年〕.
Bryce, James, *Studies in History and Jurisprudence* (Oxford: Clarendon Press, 1901).
Bullock, Alan, *Hitler : A Study in Tyranny* (London: Odham's Press, 1952).
Bulwer, H.L., ed., *The Life of Henry John Temple Viscount Palmerston* (London: Richard Bentley, 1871).
Burke, Edmund, *The Works of the Right Hon. Edmund Burke* (London: Samuel Holdsworth, 1842). 〔（中野好之・半沢孝麿訳）『エドマンド・バーク著作集』全3巻，みすず書房，1973-78年〕〔（中野好之編訳）『バーク政治経済論集』法政大学出版会，2000年〕.

Burke, Edmund, *Writings and Speeches* (London: The Worlds Classics, Henry Frowde, Oxford University Press, 1907).
Burnet, G., *History of his Own Time*. (no date, no place).
Bush, Moritz, *Bismarck : Some Secret Pages of His History* (London: Macmillan, 1898).
Butler, Geoffrey, Sir and Simon Maccoby, *The Development of International Law* (London: Longmans Green Co. Ltd., 1928).
Butterfield, Herbert, *Christianity, Diplomacy and War* (London: The Epworth Press, 1953).
Butterfield, H. and M. Wight, eds., *Diplomatic Investigations* (London: Allen & Unwin Ltd., 1966).
Calliere, de, *De la manière de négocier avec les souverains* (Paris: Brunet, 1716). 〔カリエール (坂野正高訳)『外交談判法』岩波文庫, 1978年〕.
Calvin, *Institutes* (1845 edn). 〔カルヴァン (渡辺信夫訳)『キリスト教綱要』全5巻, 新教出版社, 1962-65年〕.
Calvocoressi, Peter, *Survey of International Affairs 1947-1948* (London: Oxford University Press, 1952).
Camus, A., *The Rebel* (London: Hamish Hamilton, 1953). 〔カミュ「反抗的人間」(佐藤朔・高畠正明編集)『カミュ全集』第6巻, 新潮社, 1973年〕.
Carlyle, R.W., *A History of Medieval and Political Theory in the West* (Edinburgh and London: Blackwood & Sons Ltd., 1950).
Carr, E.H., *The Bolshevik Revolution* (London: Macmillan & Co., 1953), vol. III. 〔カー (宇高基輔訳)『ボリシェヴィキ革命』第3巻, みすず書房, 1971年〕.
Carr, E.H., *Conditions of Peace* (London: Macmillan & Co Ltd., 1942). 〔カー (高橋甫訳)『平和への条件』健民社, 1954年〕.
Carr, E.H., *The Twenty Years' Crisis* (London: Macmillan & Co., 1939). 〔カー (井上茂訳)『危機の二十年：1919-1939』岩波文庫, 1996年〕.
Carritt, E.F., *The Theory of Morals* (London: Humphrey Milford, Oxford University Press, 1928).
Carroll, Lewis, *Through the Looking Glass* (London: Macmillan, 1921). 〔キャロル (柳瀬尚紀訳)『鏡の国のアリス』ちくま文庫, 1988年〕.
Cecil, Gwendolen, *Life of Robert, Marquis of Salisbury* (London: Hodder & Stoughton, 1921).
Chamberlain, Neville, *The Struggle for Peace* (London: Hutchinson, 1939).
Churchill, Winston S., *The End of the Beginning* (London: Cassel & Company Ltd., 1943).
Churchill, Winston S., *The Second World War* (London: The Reprint Society, 1954). 〔チャーチル (佐藤亮一訳)『第二次世界大戦』新装版, 全4巻, 河出書房新社, 2001年〕
Cicero, *De Officiis* (London: Heinemann, 1947). 〔(中務哲郎・高橋宏幸訳)『キケロ

一選集』第9巻, 岩波書店, 1999年〕.

Cobden, Richard, *The Political Writings of Richard Cobden* (London: William Ridgway, 1868).

Cohn, Norman, *The Pursuit of the Millennium* (London: Secker & Warburg, 1957).

Collingwood, R.G., *An Essay on Metaphysics : Philosophical Essays* (Oxford: Clarendon Press, 1940).

Collingwood, R.G., *The New Leviathan* (Oxford: Clarendon Press, 1944).

Collis, Maurice, *Cortés and Montezuma* (London: Faber & Faber, 1954).

Commynes, Philip, de, tr. A.R. Scoble, *French Memoirs* (London: Henry G. Bohn, 1855).

Cornejo, M.H., *The Balance of the Continents* (London: Oxford University Press, 1932).

Cruikshank, Brodie, *18 years on the Gold Coast of Africa*, Reprint of 1853 (London: Cassell, 1966).

Cruttwell, C.R.M.F., *British History 1760-1822* (London: G. Bell & Son, 1928).

Cruttwell, C.R.M.F., *A History of the Great War* (Oxford: Clarendon Press, 1934).

Dante Alighieri, ed. Donald Nicholl, *Monarchy* (London: Weidenfeld & Nicholson, 1954).〔ダンテ「帝政論」(黒田正利訳)『世界大思想全集 哲学・文芸思想篇4』河出書房新社, 1961年〕.

Dalberg-Acton, John E., *The History of Freedom and other Essays* (London: Macmillan & Co. Ltd., 1922).

Dawson, C., *Progress and Religion* (London: Sheed & Ward, 1931).

Dawson, C., *Religion and the Rise of Western Culture* (London: Sheed & Ward, 1950).

Dawson, C., *Understanding Europe* (London: Sheed & Ward, 1952).

Devey, Joseph, *Works of Lord Bacon* (London: Henry G. Bohn, 1864).

Djilas, Milovan, *Conversations with Stalin* (London: Rupert Hart Davis, 1962).

Donelan, M. ed., *The Reason of States* (London: Allen & Unwin, 1978).

Doyle, Conan, *His Last Bow* (London: Grafton Books, 1988).〔ドイル (小池滋監訳)『シャーロック・ホームズ全集 第21巻 最後の挨拶』東京図書, 1983年〕.

Dutt, Palme, *World Politics, 1918-1936* (London: V. Gollancz Ltd., 1936).

Eden, Anthony, Sir, *The Memories of The Rt. Hon. Sir Anthony Eden, Full Circle* (London: Cassel, 1960).〔イーデン (湯浅義正・町野武訳)『イーデン回顧録』全4巻, みすず書房, 1960-64年〕.

Eliot, T.S., *Collected Poems 1909-1962* (London: Faber & Faber, 1963).

Engels, Friedrich, 'Anti-Dühring', *A Handbook of Marxism* (London: Gollancz, 1935).〔エンゲルス (粟田賢三訳)『反デューリング論』上・下巻, 岩波文庫, 1966-1974年〕.

D'Entrèves, A.P., *Dante as a Political Thinker* (Oxford: Clarendon Press, 1952).

D'Entrèves, A.P., *Natural Law* (London: Hutchinson University Library, 1951).〔A.

P. ダントレーヴ（久保正幡訳）『自然法』岩波モダンクラシックス，2006年〕．
Eppstein, J., *The Catholic Tradition of the Law of Nations* (London : Burns & Oates, 1935).
Fairchild, H.P., ed., *Dictionary of Sociology* (Iowa : Littlefield, Adams & Co., 1955).
Faulkner, H.W., *A Short History of the American People* (London : George Allen & Unwin Ltd., 1938).
Figgis, J.N., ed., *Selections from the Correspondence of the First Lord Acton* (London : Longmans, Green & Co., 1917).
Firth, O., *Cromwell* (New York and London : G.P. Putnam's Sons, 1900).
Fox, Frank, Sir, *The Mastery of the Pacific* (London: The Bodley Head Ltd., 1928).
Fox, W.T.R., *The Super-Powers* (New York : Harcourt, Brace & Co., 1944).
Freud, Sigmund, *Civilization, War and Death* (London : Hogarth Press, 1939). 〔アインシュタイン，フロイト（浅見昇吾訳）『ヒトはなぜ戦争をするのか？：アインシュタインとフロイトの往復書簡』花風社，2000年〕．
Fischer, H.A.L., *A History of Europe* (London : Edward Arnold, 1936).
FitzRoy, Mark, comp., *War, Conscience and the Rule of Christ* (High Wycombe, Pax Society, 1940).
Friedrich, Carl J., ed., *The Philosophy of Kant* (New York : Modern Library, 1949).
Gentz, F. von, *Fragments upon the Balance of Power in Europe* (London : Peltier, 1806).
Gentz, F. von, tr. J.Q. Adams, *The French and American Revolutions Compared* (Chicago : Gateway editions, H. Regnery & Co., 1955).
Gierke, Otto, tr. Ernest Barker, *Natural Law and the Theory of Society 1500-1800* (Cambridge : University Press, 1934).
Giles, H.A., *The Civilization of China* (London : Thornton Butterworth Ltd., 1929).
Gilson, Etienne, *Dante the Philosopher* (London : Sheed & Ward, 1952).
Ginsberg, Morris, *Sociology* (London : Thornton Butterworth Ltd., 1934).
Goodrich, L.M. and E. Hambro, *Charter of the United Nations Commentary and Documents* (Boston : World Peace Foundation, 1946).
Grey of Falloden, Viscount, *Twenty-five Years 1892-1916* (London : Hodder & Stoughton, 1925).
Grotius, Hugo, tr. F.W. Kelsey, *De Jure Belli ac Pacis* (London : Wildy & Son Ltd., 1964). 〔グローチウス（一又正雄訳）『戦争と平和の法』〈復刻版〉全3巻，酒井書店，1989年〕．
Guest, David, *A Text Book of Dialectical Materialism* (London : Lawrence & Wishart Ltd., 1941).
Hall, W.E., *A Treatise on International Law* (Oxford : Clarendon Press, 1924).
Hamilton, Alexander, *The Federalist* (London : Dent & Sons, 1934). 〔ハミルトン，ジェイ，マディソン（斉藤眞・中野勝郎訳）『ザ・フェデラリスト』岩波文庫，1999年〕〔ハミルトン，ジェイ，マディソン（斉藤眞・武則忠見訳）『ザ・フェデ

ラリスト』福村出版, 1991年〕.
Hampshire, Stuart, *Spinoza* (Harmondsworth: Penguin Books, 1951).
Hancock, W.K., *Survey of British Commonwealth Affairs* (London: Oxford University Press, 1937).
Hart, B.H. Liddell, *The Strategy of Indirect Approach* (London: Faber & Faber, 1941). 〔ハート（森沢亀鶴訳）『戦略論：間接的アプローチ』上・下巻, 原書房, 1971年〕
Hastie, W., *Kant's Principles of Politics* (Edinburgh: T. Clark, 1891).
Hay, Denys, *Europe The Emergence of an Idea* (Edinburgh: University Press, 1957).
Headlam-Morley, J., *Studies in Diplomatic History* (London: Methuen and Co. Ltd., 1930).
Hegel, Friedrich, tr. T.M. Knox, *Philosophy of Right* (Oxford: Clarendon Press, 1949). 〔（上妻精・佐藤康邦・山田忠彰訳）『法の哲学』上・下巻（『ヘーゲル全集』9a, 9b) 岩波書店, 2000-01年〕
Hegel, tr. Hastie, W., *The Philosophy of Law* (Edinburgh: T. & T. Clark, 1887).
Hitler, Adolf, tr. James Murphy, *Mein Kampf* (London: Hurst & Blackett Ltd., 1939). 〔ヒトラー（平野一郎・将積茂訳）『わが闘争』改版, 上・下巻, 角川文庫, 2001年〕.
Hobbes, Thomas, *Leviathan* (Oxford: Blackwell, 1946). 〔ホッブズ（水田洋訳）『リヴァイアサン』全4巻, 岩波文庫, 1982-92年〕.
Hooker, Richard, *The Works of Richard Hooker* (Oxford: Clarendon Press, 1863).
Hopkinson, Henry, *Fourth Committee of the UN General Assembly, VII Session 1952* (New York: Headquarters, Summary Records of Meetings, October-19 December 1952).
Howe, Julia Ward, *The Patriotic Anthology* (New York: Doubleday, 1945).
Hudson, G.F., *Questions of East and West* (London: Odham Press Ltd., 1953).
Hume, David, *Essays and Treatises* (Edinburgh: Bell & Bradfute & Blackwood, 1825).
Hume, David, *A Treatise of Human Nature* (London: Dent & Sons Co., 1949). 〔ヒューム（大槻春彦訳）『人性論』全4巻, 岩波文庫, 1948-52年〕.
Huxley, Julian, *Living Thoughts of Darwin* (London: Cassel & Co. 1939).
James, A.M. ed., *The Bases of International Order. Essays Presented to C.A.W. Manning* (London, 1973).
James, Alan M., *Sovereign Statehood* (London: Allen & Unwin, 1986).
Joad, C.E.M., *Guide to Philosophy* (London: Victor Gollancz Ltd., 1937).
Joad, C.E.M., *Why War?* (London: Penguin Special, 1939).
Kant, Emmanuel, *Perpetual Peace* (London: Peace Book Co., 1939). 〔カント（宇都宮芳明訳）『永遠平和のために』岩波文庫, 1985年〕.
Kant, Immanuel, *Werke* (Berlin: Academy Edition, 1912-22).
Kautilya, tr. Dr., A. Shamasastry, *Arthasastra* (Mysore: Weslyan Mission Press,

1929).

Kennan, George F., *America and the Russian Future* (Chicago: University of Chicago Press, 1951).

Kennan, George F., *American Diplomacy* (Chicago: University of Chicago Press, 1955).〔ケナン（近藤晋一・飯田藤次・有賀貞訳）『アメリカ外交50年』岩波現代文庫, 2000年〕.

Kennan, George, *Realities of American Foreign Policy* (London: Oxford University Press, 1954).

Kent, James, 4th ed., *Commentaries on American Law* (New York, 1840), 4 vols.

Khrushchev, N., ed. Thomas P. Whitney, *Khrushchev Speaks* (Ann Arbor: University of Michigan Press, 1963).

King, Bolton, *A History of Italian Unity* (London: James Nisbet & Co. Ltd., 1899).

King, E.J. and W.M. Whitehill, *Fleet Admiral King. A Naval Record* (London: Eyre & Spottiswoode, 1953).

Knowles, G.W., ed., *Some Quaker Peace Documents 1654-1920* (London: Grotius Society, 1921).

Knowles, G.W., intro. and notes, *Quakers and Peace* (London: Sweet & Maxwell Ltd., 1927), Grotius Soc. Publications No. 4.

Koestler, Arthur, *Darkness at Noon* (London: Jonathan Cape, 1941).

Koestler, Arthur, *The Yogi and The Commissar* (London: Jonathan Cape, 1945).

Kötzschke, Rudolf, *Quellen zur Geschichte der Ostdeutschen Kolonisation im Zwölften bis vierzehnten Jahrhundert* (Leipzig: Teubner, 1912).

Kravchenko, V., *I chose Freedom* (New York: Charles Scribner's Sons, 1946).

Lapenna, Ivo, *Conceptions sovietiques de droit international public* (Paris: Pedone, 1954).

Laski, Harold, *Grammar of Politics* (London: George Allen & Unwin Ltd., 1941).

Lawrence, T.J., *The Principles of International Law* (London: Macmillan Co., 1925).

Lenin, V.I., 'Better Fewer, but Better', *Selected Works* (Moscow and Leningrad: Cooperative Publishing Society of Foreign Workers in the USSR, 1936), vol. IX.〔「量はすくなくても，質のよいものを」『レーニン全集』第33巻, 大月書店, 1959年〕.

Lenin, V.I., 'Left Wing Communism: An Infantile Disorder', *A Handbook of Marxism* (London: Victor Gollancz, 1935).〔「共産主義内の『左翼主義』小児病」『レーニン全集』第31巻, 大月書店, 1959年〕.

Lenin, V.I., 'The Lessons of the Moscow Uprising', *Selected Works* (Moscow, Leningrad: Co-operative Publishing Society, 1934), vol. III.〔「モスクワ蜂起の教訓」『レーニン全集』第11巻, 大月書店, 1955年〕.

Lenin, V.I., 'Report on War and Peace, to the 7th Party Congress, 1918', *Selected Works* (Moscow and Leningrad: Cooperative Publishing Society of Foreign

Workers in the USSR, 1936), vol. VII. 〔「戦争と講和についての報告 3月7日」『レーニン全集』第27巻, 大月書店, 1958年〕.

Lenin, V.I., 'Socialism and War, 1915', *A Handbook of Marxism* (London: Victor Gollancz, 1935). 〔「社会主義と戦争」『レーニン全集』第21巻, 大月書店, 1957年〕.

Lincoln, Abraham, *The Collected Works of Abraham Lincoln* (New Brunswick NJ: Rutgers University Press, 1953). 〔(高木八尺・斉藤光訳)『リンカーン演説集』岩波文庫, 1957年〕.

Lincoln, Abraham, *Speeches and Letters* (London: J.M.Dent and Sons Ltd., 1936). 〔(高木八尺・斉藤光訳)『リンカーン演説集』岩波文庫, 1957年〕.

Locke, John, *Of Civil Government* (London: Dent & Sons, 1924). 〔ロック (鵜飼信成訳)『市民政府論』岩波文庫, 1968年〕.

Lugard, F.D., *Dual Mandate in British Tropical Africa* (Edinburgh and London: Blackwood & Sons, 1922).

Macaulay, T.M., *Critical and Historical Essays* (London and Glasgow: Collins, 1965).

Macaulay, T.B., *Lays of Ancient Rome* (London: J.M. Dent, 1968).

Macaulay, T.B., *Selected Speeches* (London: Oxford University Press, 1935).

Maccoby, G. and S. Butler tr., *The Development of International Law* (London: Longmans, 1928).

MacGregor, G.H.C., *The Relevance of the Impossible* (London: The Fellowship of Reconciliation, 1941).

Machiavelli, Niccolò, tr. Leslie G. Walker, *The Discourses of Niccolò Machiavelli* (London: Routledge Kegan Paul, 1950), 2 vols. 〔(永井三明訳)「ディスコルシ」『マキァヴェッリ全集』第2巻, 筑摩書房, 1999年〕.

Machiavelli, Niccolò, tr. W.K. Marriot, *The Prince* (London: J.M. Dent, 1928). 〔マキアヴェッリ (河島英昭訳)『君主論』岩波文庫, 1998年〕.

Mackintosh, Alexander, *Joseph Chamberlain* (London: Hodder & Stoughton, 1966).

Macleod, W.C., *The American Indian Frontier* (London: Dawson of Pall Mall, 1928).

Madariaga, Salvador de, *The Fall of the Spanish American Empire* (London: Hollis & Carter, 1947).

Magnus, Philip, *Gladstone* (London: John Murray, 1954).

Maistre, Joseph, comte de, *Les Soirées de Saint-Pétersbourg* (Paris: Libraire Catholique Emmanuel Vitte, 1924). 〔ド・メーストル (岳野慶作訳)『サン・ペテルスブルグの夜話』中央出版社, 1948年〕.

Malmesbury, Third Earl of, ed., *James Harris, First Earl of Malmesbury, Diaries and Correspondence* (London: Richard Bentley, 1845).

Maritain, Jacques, *Three Reformers* (London: Sheed & Ward, 1941).

Marx, Karl, 'Das Kapital', *A Handbook of Marxism* (London: Gollancz, 1935). 〔マ

ルクス（向坂逸郎訳）『資本論』全9巻，岩波文庫，1969-70年〕．

Marx, Karl, 'Thesis on Feuerbach 1845 no. XI', *A Handbook of Marxism* (London: Gollancz, 1935).〔マルクス「フォイエルバッハについて」フリードリヒ・エンゲルス（藤川覚・秋間実訳）『フォイエルバッハ論』国民文庫，1972年〕．

Mary, Countess of Minto, *India, Minto and Morley 1905-10* (London: Macmillan & Co. Ltd., 1934).

Mill, J.S., *Utilitarianism* (London: Dent, 1929).〔（水田珠枝・永井義雄訳）「功利主義」『ミル　世界の大思想ワイド版3-6』河出書房新社，2005年〕．

Milton, John, *Areopagitica* (Cambridge: University Press, 1928).〔ミルトン（上野精一・石田憲次・吉田新吾訳）『言論の自由：アレオパヂティカ』岩波文庫，1953年〕．

Milton, John, *Doctrine and Discipline of Divorce*, Pamphlet, 1643.〔ミルトン（新井明・佐野弘子・田中浩訳）『離婚の教理と規律』未來社，1998年〕．

Molen, G.H.J. van der, *Alberico Gentile* (Amsterdam: H.J. Paris, 1937).

Mommsen, Theodor, tr. W.P. Dickson, *The History of Rome* (London: J.M. Dent & Sons, 1930).

Morgenthau, Hans J., *In Defense of the National Interest* (New York: Alfred A. Knopf, 1951).〔モーゲンソー（鈴木成高・湯川宏訳）『世界政治と国家理性』創文社，1954年〕．

Morgenthau, Hans J., *Dillemmas of Politics* (University of Chicago Press, 1958).

Morgenthau, Hans J., *Politics among Nations* (New York: Alfred A. Knopf, 1954).〔モーゲンソー（現代平和研究会訳）『国際政治論：権力と平和』福村出版，1998年〕．［ただし原書は第2版，邦訳書は改訂第5版］

Morley, John, *Edmund Burke* (London: Macmillan, 1867).

Muggeridge, Malcom, ed., Stuart Hood, tr., *Ciano's Diplomacy Papers* (Odham Press, 1948).

Murray, R.H., *Political Consequences of the Reformation* (London: Ernest Benn, 1926).

Mussolini, Benito, *Scritti e discoursi* (Milan: Hoepli, 1938).

Namier, L.B., *Personalities and Powers* (London: Hamish Hamilton, 1955).

Namier, L.B., *Conflict Studies in Contemporary History* (London: Macmillan & Co., 1942).

Nehru, J., *India's Foreign Policy* (Dehli: The Publications Division, Ministry of Information and Broadcasting, Government of India, 1969).

Newman, John Henry, *Certain Difficulties felt by Anglicans in Catholic Teaching* (London: Burns & Oats, 1879).

Nicolson, Harold, *Diplomacy* (London: Thornton Butterworth Ltd., 1939).〔ニコルソン（斎藤眞・深谷満雄訳）『外交』東京大学出版会，1968年〕．

Niebuhr, Reinhold, *Moral Man and Immoral Society* (New York: Charles Scribner & Sons, 1949).〔ニーバー（大木英夫訳）『道徳的人間と非道徳的社会』白水社，

1998年〕.

Nys, Ernest, *Les Origines du droit international* (Paris: Alfred Castaigne, 1894).

Oppenheim, L., *International Law*, 1st edn (London: Longmans, Green & Co., 1905).

Oppenheim, L., ed. H. Lauterpacht, *International Law*, 8th edn (London: Longmans, 1955).

Osgood, R.E., *Ideals and Self-Interest in America's Foreign Relations* (Chicago: University of Chicago Press, 1953).

Parry, J.H., *New Cambridge Modern History* (Cambridge: University Press, 1958).

Perham, Margery, *Native Administration in Nigeria* (London: Oxford University Press, 1937).

Pascal, Blaise, ed., Leon Brunschvicg, *Pensées* (Paris: Libraire Hachette, 1922).〔パスカル（由木康訳）『パンセ』白水社, 1990年〕.

Paxson, F.L., *The American Civil War* (London: Williams & Norgat).

Pirenne, Henri, *A History of Europe* (London: George Allen & Unwin, 1939).

Plato, tr. H.N. Fowler, *Apologies of Socrates* (London: Heineman, 1943).〔プラトン（田中美知太郎・藤澤令夫訳）『ソクラテスの弁明：ほか』中央公論新社, 2002年〕.

Plekhanov, George, *The Role of the Individual in History* (London: Lawrence & Wishart Ltd., 1940).〔プレハーノフ（西牟田久雄・直野敦訳）『歴史における個人の役割』未来社, 1970年〕.

Plutarch, 'Lysander', *Lives* (London: Heinemann, 1959), vol. IV.

Pope, Alexander, *Minor Poems* (Twickenham Edition, 1954), vol. VI.

Popper, K.R., *The Open Society and its Enemies*, 1st edn., (London: Routeldge & Kegan Paul Ltd., 1949).〔ポッパー（武田弘道訳）『自由社会の哲学とその論敵』世界思想社, 1973年〕.

Prestige, G.L., *The Life of Charles Gore* (London: W. Heineman, 1935).

Raikes, Thomas, *A Portion of the Journal from 1831-1847* (London: Longman, 1856), vol., I.

Rauschning, Hermann, *Hitler Speaks* (London: Thornton Butterworth Ltd., 1939).

Rodinson, M., *Israel and the Arabs* (London: Penguin Special, 1968).

Roosevelt, Elliot, *As He Saw It* (New York: Duell Sloan Pearce, 1946).

Runciman, Steven, *Byzantine Civilisation* (London: Edward Arnold & Co., 1936).

Salisbury, Robert Arthur Talbot Gascoyne-Cecil, 3rd Marquis of, *Essays by the Late Marquess of Salisbury* (London: John Murray, 1905).

Salter, Arthur, *Security* (London: Macmillan, 1939).

Satow, E., *A Guide to Diplomatic Practice* (London: Longman Green & Co., 1922), vol. I.

Schiffer, Walter, *The Legal Community of Mankind* (New York: Columbia University Press, 1954).

Seton-Watson, R.W., *Britain in Europe 1789-1914* (Cambridge: University Press,

1937).

Simpson, J.Y., *The Saburov Memoirs of Bismarck and Russia* (Cambridge: University Press, 1929).

Slessor, John, Sir, *Strategy for the West* (London: Cassel & Co., 1954).

Smith, D. Mack, *Cavour and Garibaldi 1860* (Cambridge: University Press, 1954).

Smith, V.A., *The Oxford History of India* (Oxford: Clarendon Press, 1919).

Sorel, Albert, *L'Europe et la Révolution française* (Paris: Plon-Nourrit et Cie, 1906), vol. 5.

Spengler, Oswald, tr. C.F. Atkinson, *The Decline of the West* (London: George Allen & Unwin Ltd., no date), vol. II. 〔シュペングラー（村松正俊訳）『西洋の没落』第2巻, 五月書房, 1978年〕.

Stalin, Josef, 'Letter to Gorki, 17 January 1930', *Works* (Moscow: Foreign Languages Publishing House, London: Lawrence & Wishart Ltd., 1955), vol. XII. 〔「ア・エム・ゴーリキーへの手紙」『スターリン全集』第12巻, 大月書店, 1953年〕.

Stalin, Joseph, 'The October Revolution and the National Question', *A Handbook of Marxism* (London: Victor Gollancz, 1935). 〔「十月変革と民族問題」『スターリン全集』第4巻, 大月書店, 1952年〕.

Stapleton, A.G., *George Canning and his Times* (London: John W. Parker & Sons, 1859).

Stawell, F.M., *The Growth of International Thought* (London: Thornton Butterworth Ltd., 1929).

Strauss, Leo, *Natural Right and History* (Chicago: University of Chicago Press, 1953). 〔シュトラウス（塚崎智・石崎嘉彦訳）『自然権と歴史』昭和堂, 1988年〕.

Sturzo, Luigi, *The Church and State* (London: Geoffrey Bles, 1939).

Swift, Jonathan, *Gulliver's Travels* (London: Oxford University Press, 1938). 〔スウィフト（平井正穂訳）『ガリバー旅行記』岩波文庫, 1980年〕.

Talmon, J.L., *The Origins of Totalitarian Democracy* (London: Secker & Warburg, 1955).

Tarn, W.W., *Alexander the Great* (Cambridge: University Press, 1948).

Tawney, R.H., *The Western Political Tradition* (London: SCM Press, 1949).

Taylor, A.E., *Thomas Hobbes* (London: Archibald Constable & Co., 1908).

Taylor, A.J., *Bismarck The Man and the Statesman* (London: Hamish Hamilton, 1955).

Taylor, A.J.P., *Rumours of Wars* (London: Hamish Hamilton, 1952).

Taylor, A.J.P., *The Struggle for Mastery in Europe 1848-1918* (Oxford: Clarendon Press, 1954).

Temperley, H. & L.M. Penson, *Foundations of British Foreign Policy* (Cambridge: Cambridge University Press, 1938).

Temple, John, *Viscount Palmerston* (London: Richard Bentley, 1871).

Thomson, J.M., *Leaders of the French Revolution* (Oxford : Basil Blackwell, 1932).
Thornton, A.P., *The Imperial Idea and its Enemies* (London : Macmillan & Co. Ltd., 1959).
Thucydides, *Thucydides* (London: J.M. Dent & Sons Ltd., 1936). 〔トゥーキュディデース (久保正彰訳)『戦史』全3巻, 岩波文庫, 1966-67年〕.
Tinker, Hugh, *The Union of Burma* (London : Oxford University Press, 1957).
Tocqueville, Alexis de, *Oeuvres completes d'Alexis de Tocqueville* (Paris : Michel Lévy Frères, 1866).
Tokaev, G.A., *Betrayal of an Ideal* (London : Harvill Press, 1954).
Treitschke, H. von, tr. A.J. Balfour, *Politics* (London : Constable & Co., 1916). 〔トライチケ (浮田和民訳)『軍国主義政治学』上・下巻, 早稲田大学出版部, 1920年〕.
Trotski, L.D., *Moya Zhizn* (Berlin, 1930). 〔トロツキー (森田成也・志田昇訳)『わが生涯』上・下巻, 岩波文庫, 2000-01年〕.
Tolstoy, Leo, tr. C. Garnett, *War and Peace* (London : Penguin Books Ltd, no date). 〔トルストイ (藤沼貴訳)『戦争と平和』全6巻, 岩波文庫, 2006年〕.
Toynbee, A., *A Study of History* (London : Oxford University Press, 1934-). 〔トインビー『歴史の研究』経済往来社, 1969年-〕.
Toynbee, Arnold ed., *The World in March 1939* (London, 1952).
Trevelyan, G.M., *England under the Stuarts* (London : Methuen & Co. Ltd., 1930).
Twiss, Travers, Sir, *The Law of Nations considered as Independent Political Communities* (Oxford : Clarendon Press, 1844).
Vattel, Emmerich de, tr. C.G. Fenwick, *Law of Nations*, Washington DC, Carnegie Endowment (Oxford : Clarendon Press, 1916).
Virgil. tr. H.R. Fairclough, *Aeneid* (London : William Heineman, 1947). 〔ウェルギリウス (泉井久之助訳)『アエネーイス』上・下巻, 岩波文庫, 1976年〕.
Voegelin, Erich, *Order and History* (Louisiana : State University, 1956).
Voigt, F.A., *Unto Caesar* (London : Constable & Co. Ltd., 1939).
Vollenhoven, C. van, *The Framework of Grotius' Book De Jure Belli ac Pacis (1625)* (Amsterdam : Noord-Hollandsche Uitgeversmaatschappi, 1932).
Vollenhoven, C. van, *The Three Stages in the Evolution of the Law of Nations* (The Hague : Martinus Viihoff, 1919).
Waley, Arthur, *Three Ways of Thought in Ancient China* (London : George Allen & Unwin, 1939).
Waley, Arthur, *The Way and its Power* (London: George Allen & Unwin, 1936).
Walters, F.P., *A History of the League of Nations* (London : Oxford University Press, 1952), vol. I.
Webster, C.K., *The Foreign Policy of Castlereagh* (London : G. Bell & Sons Ltd., 1931).
Welles, Sumner, *The Time for Decision* (London : Hamish Hamilton, 1944).

Whyte, A.F., *China and Foreign Powers* (London: Milford, 1927).

Wight, Martin, *British Colonial Constitutions 1947* (Oxford: Clarendon Press, 1952).

Wight, Martin, *The Development of the Legislative Council 1606-1945* (London: Faber & Faber, 1945).

Wight, Martin, *The Gold Coast Legislative Council* (London: Faber & Faber Ltd., 1946).

Wight, Martin, Hedley Bull and Carsten Holbraad eds., *Power Politics* (Leicester: Leicester University Press, 1978).

Wight, Martin, *Systems of States* (Leicester: Leiceter University Press, 1977).

Wild, C.J., *Plato's Modern Enemies and the Theory of Natural Law* (Chicago: University of Chicago Press, 1953).

Wilson, Edmund, *To the Finland Station* (London: Martin Secker & Warburg Ltd., 1941).〔ウィルソン（岡本正明訳）『フィンランド駅へ：革命の世紀の群像』上・下巻, みすず書房, 1999年〕.

Wilson, Woodrow, Address to a Joint Session of Congress, 11 February 1918, 'Four Principles Speech', *The Papers of Woodrow Wilson* (Princeton, NJ: Princeton University Press, 1984), vol. 46.

Wint, Guy and Peter Calvocotessi, *Middle East Crisis* (London: Penguin Books, 1957).

Wolfflin, Heinrich, tr. Alistair and Heidi Grieve, *Die Kunst Albrecht Dürer's* (London: Phaidon Press Ltd., 1971).

Woodward, E.L., *Three Studies in European Conservatism* (London: Constable & Co. Ltd., 1929).

Woodward, E.L., *War and Peace in Europe 1815-1870* (London: Constable & Co. Ltd., 1931).

Wright, Quincy, *A Study of War*, 2nd edn (Chicago and London: The University of Chicago Press, 1965), vol. II.

【資料集その他】

Asia-Africa speaks from Bandung (Djakarta: The Ministry of Foreign Affairs, Republic of Indonesia, 1955).

The Cambridge Ancient History (Cambridge University Press, 1951), vol. IX, XI.

The Cambridge Medieval History (Cambridge: At the University Press, 1936), vol. III.

Charters of the United Nations (New York: The UN Office of Public Information, 1963).

The Church and the Atom (Westminster: Press and Publications Board of the Church Assembly, 1948).

Commentary on the League of Nations Covenant (London: HMSO, 1919).

Encyclopédie politique de la France et du monde (Editions de L'Union Francaise, 1951), vol. III.

Les Fondateurs du droit international (Paris: V. Giard & E. Brière, 1904).

History of the Communist Party of the Soviet Union (Moscow: Foreign Languages Publishing House, 1945).〔ソ同盟共産党（ボルシェヴィキ）中央委員会所属特別委員会編集『ソヴェト同盟共産党（ボルシェヴィキ）歴史　小教程』モスクワ：外国語図書出版社，1950年〕.

Life and Writings of Joseph Mazzini (London: Smith Elder, 1870), vol. VI.

Livy, tr. Evan T. Sage (London: William Heinemann Ltd., 1953).

The Left Song Book (Victor Gollancz, 1938).

Nazi Conspiracy and Aggression (Washington, DC: US Government Printing Office, 1946).

Nazi Soviet Relations 1939-1941: Documents from the Archives of the German Foreign Office (Washington, DC: Department of States, 1948).

The Odes of Pindar (London: William Heinemann, 1919).

The Oxford Dictionary of Quotations (Oxford: Geoffrey Cumberlege, 1953).

The Oxford Dictionary of Quotations (London: Oxford University Press, 1982).

Selected Speeches on Foreign Policy 1738-1914 (London: Worlds Classics, Humphrey Milford, Oxford University Press, 1914).

The Song of Roland (Faber & Faber, 1937).〔(有永弘人訳)『ロランの歌』岩波文庫，1965年〕.

Soviet Peace Policy: Four Speeches by V. Molotov (Lawrence & Wishart, 1941).

Stalin-Wells Talks, The Verbatum Record and a Discussion (London: The New Statesman and Nation, 1934).

著者による選定参考文献

マーティン・ワイト（1965年2月作成）

1. 総説

Vollenhoven, C. van, *The Three Stages in the Evolution of the Law of Nations* (The Hague: Nijhoff, 1919).

Stawell, F. Melian, *The Growth of International Thought* (Home University Library, London: Thornton Butterworth Ltd., 1929).

Russell, Frank M., *Theories of International Relations* (Appleton Century, 1936).

Thompson, Kenneth W., 'Toward a Theory of International Politics', *American Political Science Review*, vol. xlix, pp. 733-746.

Thompson, Kenneth W., 'Mr. Toynbee and World Politics: War and National Security', *World Politics*, vol. viii, pp. 374-391.

2. カント主義的伝統

Dante, *De Monarchia*, tr. D. Nicholl (Weidenfeld & Nicolson, 1954).〔ダンテ「帝政論」（黒田正利訳）『世界大思想全集　哲学・文芸思想篇4』河出書房新社，1961年〕.

Languet, Hubert, *Vindiciae contra Tyrannos*, ed. H.J. Laski (Bell, 1924), part iv.

Kant, *Idea of a Cosmopolitical History* (1784).

Kant, *Perpetual Peace* (1796).〔カント（宇都宮芳明訳）『永遠平和のために』岩波文庫，1985年〕.

Kant, *Metaphysical Principles of Jurisprudence* (1797), sections 53-62.

Kant's Principles of Politics, ed. W. Hastie (Edinburgh: Clark, 1891).

Kant's Philosophy of Law, ed. W. Hastie (Edinburgh: Clark, 1887).

'The Act of the Holy Alliance', in W. Alison Phillips, *The Confederation of Europe* (Longmans, 1920), appendix.

Cobden, R., *Russia* (1836), ch. iii, 'The Balance of Power' in *Political Writings* (1868), i. 253-283.

Mazzini, G., *Life and Writings*, 6 vols (Smith, Elder, 1890-1891): 'Notes on the Organisation of Young Italy', i. 174ff. 'Pact of Fraternity of Young Europe', iii, 26 ff. 'The Holy Alliance of the Peoples', v. 265ff. 'Non-Intervention', vi. 300.

Curtiss, John S., *An Appraisal of the Protocols of Zion* (Columbia University Press, 1942).

Hobson, J.A., *Imperialism* (new edn, Allen & Unwin, 1938).〔ホブスン（矢内原忠雄訳）『帝国主義論』上・下巻，岩波文庫，1951-52年〕.

Lenin, *Imperialism* (Moscow: Foreign Languages House).〔レーニン（宇高基輔訳）

『帝国主義：資本主義の最高の段階としての』岩波文庫，1956年〕．
History of the Communist Party of the Soviet Union, chapter 6, section 3 : 'Theory and Tactics of the Bolshevik Party on the Question of War, Peace and Revolution'. 〔ソ同盟共産党（ボルシェヴィキ）中央委員会所属特別委員会編集『ソヴェト同盟共産党（ボルシェヴィキ）歴史　小教程』モスクワ：外国語図書出版社，1950年〕．
Nasser, *The Philosophy of the Revolution* (Buffalo : Economica Books, 1959).
Camus, A., *The Rebel* (Hamilton, 1953). 〔カミュ「反抗的人間」（佐藤朔・高畠正明編）『カミュ全集』第6巻，新潮社，1973年〕．

カント主義的伝統への批判的分析

Fueloep-Miller, R., *The Power and Secret of the Jesuits* (New York : Viking Press, 1930).
Heine, H., *Religion and Philosophy in Germany*, tr. John Snodgrass (London : Trübner and Co, 1882).
Croce, B., *History of Europe in the Nineteenth Century* (Allen & Unwin, 1934). 〔クローチェ（坂井直芳訳）『十九世紀ヨーロッパ史』増訂版，創文社，1982年〕．
Santayana, G., *Egotism in Germany Philosophy* (2nd edn, Dent, 1939).
Dewey, J., *German Philosophy and Politics* (2nd edn, Putnam, 1942). 〔デューイ（足立幸男訳）『ドイツ哲学と政治：ナチズムの思想的淵源』木鐸社，1977年〕．
Koestler, A., *The Yogi and the Commissar* (Macmillan, 1945).
Friedrich, C.J., *Inevitable Peace* (Harvard University Press, 1948).
Brogan, D.W., *The Price of Revolution* (Hamilton, 1951).
Voegelin, E., *The New Science of Politics* (Chicago University Press, 1952).
Schiffer, W., *The Legal Community of Mankind* (Columbia University Press, 1954).
Berlin, Isaiah, *The Hedgehog and the Fox* (Weidenfeld, 1953). 〔バーリン（河合秀和訳）『ハリネズミと狐：「戦争と平和」の歴史哲学』岩波文庫，1997年〕．
Taylor, A.J.P., *The Trouble Makers* (Hamilton, 1957). 〔テイラー（真壁広道訳）『トラブルメーカーズ：イギリスの外交政策に反対した人々 1792-1939』法政大学出版局，2002年〕．
Wetter, Gustav A., *Dialectical Materialism* (Routledge, 1958).
Goodman, Elliot R., *The Soviet Design for a World State* (Columbia University Press, 1960).

3. グロティウス主義的伝統

Grotius, *De Jure Belli ac Pacis*, prolegomena (1625). 〔グローチウス（一又正雄訳）『戦争と平和の法』〈復刻版〉全3巻，酒井書店，1989年〕．
Vollenhoven, C. van, *The Framework of Grotius' Book De Jure Belli ac Pacis* (Amsterdam, 1931).
Locke, *Second Treatise of Civil Government*, chapters 2 and 3. 〔ロック（鵜飼信成訳）

『市民政府論』岩波文庫, 1968年〕.
Montesquieu, *De l'Esprit des Lois*, books 9 and 10. 〔モンテスキュー（野田良之他訳）『法の精神』全3巻, 岩波文庫, 1989年〕.
Rousseau, tr. C.E. Vaughan, *A Lasting Peace* (London: Constable, 1917). 〔『ルソー全集』第4巻, 白水社, 1978年〕.
Bentham, *Plan for an Universal and Perpetual Peace*.
The Federalist, numbers i-xxv. 〔ハミルトン, ジェイ, マディソン（斉藤眞・中野勝郎訳）『ザ・フェデラリスト』岩波文庫, 1999年〕〔ハミルトン, ジェイ, マディソン（斉藤眞・武則忠見訳）『ザ・フェデラリスト』福村出版, 1991年〕.
Burke, *Thoughts on French Affairs* (1791).
Burke, *Letters on a Regicide Peace* (1796-7). 〔（中野好之編訳）『バーク政治経済論集』法政大学出版会, 2000年〕.
Wordsworth, *Tract on the Convention of Cintra*, ed. Dicey (Milford, 1915).
Zimmern, A.E., *Spiritual Values and World Affairs* (Oxford University Press, 1939).
Collingwood, R.G., *The New Leviathan*, chapters 28-30 (Clarendon Press, 1942).
Herz, John H., *Political Realism and Political Idealism* (Chicago University Press, 1951).
Osgood, Robert E., *Ideals and Self-Interest in America's Foreign Relations* (Chicago University Press, 1953), introduction and conclusion.
Kennan, George, *Realities of American Foreign Policy* (Princeton University Press, 1954).
Marshall, H.H., *Natural Justice* (Sweet & Maxwell, 1959).

グロティウス主義的伝統への批判的分析

D'Entrèves, A.P., *Natural Law* (Hutchinson's University Library, 1951). 〔ダントレーヴ（久保正幡訳）『自然法』岩波モダンクラシックス, 2006年〕.
Strauss, Leo, *Natural Right and History* (Chicago University Press, 1949). 〔シュトラウス（塚崎智・石崎嘉彦訳）『自然権と歴史』昭和堂, 1988年〕.
Lippman, W., *The Public Philosophy* (London: Hamilton, 1955). 〔リップマン（矢部貞治訳）『公共の哲学』時事通信社, 1957年〕.
Bryce, J., *Studies in History and Jurisprudence*, essay xi: 'The Law of Nature' (Oxford: Clarendon, 1901).
Troeltsch, Ernst, 'The Ideas of Natural Law and Humanity in World Politics', in O. von Gierke, *Natural Law and the Theory of Society*, tr. E. Barker, appendix i (Cambridge: Cambridge University Press, 1934).
Eppstein, John, *The Catholic Tradition of the Law of Nations* (London: 1935).
Lauterpacht, H., 'The Grotian Tradition in International Law', *British Year Book of International Law*, 1946.
Hammond, J.L., *Gladstone and the Irish Nation* (Longmans, 1938), chapter v: 'Gladstone's European Sense'.

Morgenthau, H.J., *Dilemmas of Politics* (Chicago University Press, 1958), chapter 14: 'The Military Displacement of Politics'.

4. マキャベリ主義的伝統

Machiavelli, *The Prince* (1513, 1532). 〔マキアヴェッリ（河島英昭訳）『君主論』岩波文庫，1998年〕．

Machiavelli, *Discourses*, ed. L.J. Walker (Routledge, 1950), 2 vols. 〔（永井三明訳）「ディスコルシ」『マキァヴェッリ全集』第2巻，筑摩書房，1999年〕．

Bacon, *Essays*: 'Of Empire', 'Of the True Greatness of Kingdoms'. 〔（渡辺義雄訳）『ベーコン随想集』岩波文庫，1983年〕．

Hobbes, *Leviathan* (1651). 〔ホッブズ（水田洋訳）『リヴァイアサン』全4巻，岩波文庫，1982-92年〕．

Hume, D., *A Treatise of Human Nature*, book iii, part ii: 'Of Justice and Injustice'. 〔ヒューム（大槻春彦訳）『人性論』全4巻，岩波文庫，1948-52年〕．

Hegel, *Philosophy of Right*, tr. T.M. Knox (Clarendon Press, 1942). 〔ヘーゲル（上妻精・佐藤康邦・山田忠彰訳）『法の哲学』上・下巻（『ヘーゲル全集』9a, 9b），岩波書店，2001年〕．

Bagehot, W., *Physics and Politics* (London: Kegan Paul). 〔バジョット（大道安次郎訳）『自然科学と政治学』岩崎書店，1948年〕．

Treitschke, H. von, *Politics*, tr. Dugdale and de Bille, vol. ii, chapters 27-28 (London: Constable and Co, 1916). 〔トライチケ（浮田和民訳）『軍国主義政治学』上・下巻，早稲田大学出版部，1920年〕．

Hitler, *Mein Kampf*. 〔ヒトラー（平野一郎・将積茂訳）『わが闘争』改版，上・下巻，角川文庫，2001年〕．

Freud, S., *Civilization, War and Death* (Hogarth Press, 1939). 〔アインシュタイン，フロイト（浅見昇吾訳）『ヒトはなぜ戦争をするのか？：アインシュタインとフロイトの往復書簡』花風社，2000年〕．

Russell, B., *Power, a New Social Analysis* (Allen & Unwin, 1938). 〔ラッセル（東宮隆訳）『権力：その歴史と心理』新装版，みすず書房，1992年〕．

Voigt, F.A., *Unto Caesar* (Constable, 1938).

Niebuhr, R., *Moral Man and Immoral Society* (New York: Scribner, 1949). 〔ニーバー（大木英夫訳）『道徳的人間と非道徳的社会』白水社，1998年〕．

Niebuhr, R., *Christianity and Power Politics* (New York: Scribner, 1940).

Niebuhr, R., *Christian Realism and Political Problems* (New York: Scribner, 1953).

Carr, E.H., *The Twenty Years' Crisis* (Macmillan, 1st edn, 1939). 〔カー（井上茂訳）『危機の二十年：1919-1939』岩波文庫，1996年〕．

Butterfield, H., *History and Human Relations* (Collins, 1951), chapter i.

Butterfield, H., *Christianity, Diplomacy and War* (Epworth, 1953).

Morgenthau, H.J., *Scientific Man versus Power Politics* (Chicago University Press, 1946).

Morgenthau, H.J., *In Defense of the National Interest*, (Knopf, 1951).〔モーゲンソー（鈴木成高・湯川宏訳）『世界政治と国家理性』創文社，1954年〕．

マキャベリ主義的伝統への批判的分析

Meinecke, F., *Machiavellism* (Routledge, 1957).
Sterling, R.W., *Ethics in a World of Power* (Princeton University Press, 1958).
Hancock, W.K., 'Machiavelli in Modern Dress', in *Politics in Pitcairn* (Macmillan, 1947).
Woolf, L., *The War for Peace* (Routledge, 1940).
Burnham, J., *The Machiavellians* (Putnam, 1943).
Orwell, G., 'Second Thoughts on James Burnham', in *Shooting an Elephant and Other Essays* (1950).〔オーウェル（井上摩耶子他訳）『象を撃つ：オーウェル評論集1』平凡社，1995年〕．
Hofstadter, R., *Social Darwinism in American Thought* (Beacon, 1955), chapter 9.〔ホフスタター（後藤昭次訳）『アメリカの社会進化思想』研究社出版，1973年〕．
Morgenthau, H.J., *Dilemmas of Politics* (Chicago University Press, 1958), chapter 21: 'E.H. Carr'.

5. ガンディー主義的伝統

Tolstoy, *The Kingdom of God and Peace Essays* (World's Classics).
Huxley, A., *Ends and Means* (Harper, 1937).〔ハックスリィ（菊池亘訳）『目的と手段』南雲堂，1959年〕．
Bondurant, J.V., *Conquest of Violence: the Gandhian Philosophy of Conflict* (Oxford University Press, 1958).

編者による補足リーディング・リスト

(1991年6月作成)

以下は最近刊行された本のリストで,刊行年代順に並べられており,読者にも役立ちうるであろう. リスト作成に協力してくれたピーター・バトラー,マイケル・ドネラン,モーリス・キーンズ-ソパー,ジェイムズ・メイオール,N.J. レンガー,ヒデミ・スガナミに感謝する. (編者)

Butterfield, Herbert and Martin Wight eds., *Diplomatic Investigations* (London : George Allen and Unwin, 1966).

Forsyth, M.G., H.M.A. Keens-Soper and P. Savigear, *The Theory of International Relations : Selected Texts from Gentili to Treitschke* (London : George Allen and Unwin, 1970).

Midgley, E.B.F., *The Natural Law Tradition and the Theory of International Relations* (London : Paul Elek, 1975).

Bull, Hedley, *The Anarchical Society* (London : Macmillan, 1977). 〔ヘドリー・ブル(臼杵英一訳)『国際社会論:アナーキカル・ソサイエティ』岩波書店, 2000年〕.

Gallie, W.B., *Philosophers of Peace and War* (Cambridge : Cambridge University Press, 1978).

Linklater, Andrew, *Men and Citizens in the Theory of International Relations* (London : Macmillan, 1980, 2nd edn., 1990).

Williams, Howard, *Kant's Political Philosophy* (Oxford : Basil Blackwell, 1983).

Bull, Hedley and Adam Watson eds., *The Expansion of International Society* (Oxford : Clarendon Press, 1984).

Kubálková, Vendulka and Albert Cruickshank, *Marxism and International Relations* (Oxford : Clarendon Press, 1985, pbk. edn., with new Postscript, 1989).

Vasquez, John A., ed., *Classics of International Relations* (Englewood Cliffs, New Jersey : Prentice-Hall, 1986, 1990).

Vincent, R.J., *Human Rights and International Relations* (Cambridge : Cambridge University Press, 1986).

Ceadel, Martin, *Thinking about Peace and War* (Oxford : Oxford University Press, 1987).

Der Derian, James, *On Diplomacy : A Genealogy of Western Estrangement* (Oxford : Basil Blackwell, 1987).

Clark, Ian, *The Hierarchy of States* (Cambridge : Cambridge University Press, revised edn., 1989).

Bull, Hedley, Benedict Kingsbury and Adam Roberts eds., *Hugo Grotius and Interna-*

tional Relations (Oxford: Clarendon Press, 1990).
Miller, J.D.B., and R.J. Vincent eds., *Order and Violence: Hedley Bull and International Relations* (Oxford: Clarendon Press, 1990).
Donelan, M., *Elements of International Political Theory* (Oxford: Clarendon Press, 1990).

国際理論のパラダイム

	マキャベリ主義	グロティウス主義	カント主義	クエーカー
1. 人間の本性	悲観的：ホッブズ的なパラドックス逆説	「およそ公的生活においても、その私生活の面と全く同様に、善い人間もいれば悪い人間もいるのである。前者を引き立てて後者を却けることがすべての正しい政策の第一目標に他ならない。」（バーク）	楽観的：ルソー的なパラドックス逆説	
歴史	周期的で反復的	「われわれはこの世においては完璧さを求めてはならない。だが明らかに、近代において人類はいくばくかの進歩を遂げてきている。」（ワシントン）	単線的：内在的発展	
政治的強制	「マキャベリとその仲間の著述家に感謝しよう。人は何をなすべきかではなく、人が何を実際になしたかを述べようと言ってくれたことに」（ベーコン） 権力 政治のための政治 対外政策が最重要	「大事なことは、政府が定めていることではなく、何を政府が定めるべきかを見つけ出すことである。というのも、人類の良心に反するいかなる定めも有効たりえないからである」（アクトン） 権威 善き生活のための政治 国内政策が最重要	「哲学者たちは世界をただ さまざまに解釈してきただけである。しかし肝腎なのは それを変えることである」（マルクス） フォース強力 教義のための政治 イデオロギー状況が最重要	愛 政治の拒絶

国際理論のパラダイム　　　　　　　391

				人間の同胞愛
2. 国際社会	「万人の万人に対する戦争」'Bellum omnium contra omnes'（ホッブス）完全なる諸社会から成る構成員は僅少で不平等権力政治の法則：常に勝者と敗者に分別敵対と同盟が交互に存在するチェス盤システム	「擬似政治的・道徳的社会」'Societas quasi politica et moralis'（スアレス）外交制度によって表される	「世界国家」'Civitas maxima'（ヴォルフ）人間によって構成 社会進歩の法則：商業精神 啓蒙の精神：世界世論	
3. 未開人との関係	文明は征服によって拡大するという権利を持つ 未開人は権利を持たない 搾取 戦略的動機による援助	文明は平和的交易と改宗という権利のみを持つ 未開人は自然法のもとで権利を持つ 信託統治 条件付援助 安定と繁栄を促進するための援助	国際社会はあらゆる人類を包含する 未開人は文明に対して報復する権利を持つ 同化 無条件の援助 イデオロギー的な同盟者を確保するための援助	
4. 国益	利益の対立 聖なるエゴイズム（Sacro egoismo）相手にとっての安全保障は自分にとっての不安全 小国に反対する推定	利益の緊張（不自然な調和）「正義に導かれたわれわれの利益」（ワシントン）集団的安全保障 小国に味方する推定	利益の一致（自然な調和）人類の利益	
国際的権利	より強い者の権利	対外政策における継続性 規定の権利 不干渉の規範	教義上の同盟国に味方する推定 対外政策の断絶 イデオロギーの権利 干渉の一様式としての不干渉	

	抑制的	応報的	改良的
5. 外交	政治的な自給自足 部外者は判断することができない	政治的な相互依存 部外者は有効な判断力を持つ	対外政策の放棄 教義上の正統説が有効な判断を与える 道徳的孤立主義 「あらゆる均衡を論破」（ジャコバン派についてのバーク）
勢力均衡	分割支配 勢力の既存の配分 勢力の可能な配分状況すべて	統一と権勢：協調原理 勢力の均等な配分	
均衡の保持	自分の側にゆとりを必要とする 特別な優位を持つこと	勢力は均等に配分されるべきであるという原則 特別な義務を果たすこと	
交渉	優勢にあること 客観的条件： 政治的流動性 恐怖と貪欲さ 強い立場からの交渉	客観的な条件： 対等な条件での取引 相互の信頼 利益を和解させること	客観的目標： 緊張の減少 公開外交 道徳的説得：世界世論へのアピール 一種の十字軍
集団的安全保障	「他の弧すべてに尻尾を切るよう一般的に誘うこと」（チェンバレン） 和解 宥和	勢力均衡の制度化 制裁 抵抗	正義が秩序に優先する 世界世論によって要求されるので必要
平和的変化 武装解除	暴力の脅威に屈すること 既存の勢力均衡を覆すかもしれないので不可 敗北の後にのみ課されうる	秩序が正義に優先する 既存の勢力均衡を凍結することであるから困難 安全保障（管理）が武装解除に優先する 封じ込め	武装解除が安全保障に優先する 解放
冷戦		中立国は尊敬に値する	中立国は敵

国際理論のパラダイム　　　　　　　　　　　393

	国家の利害の衝突	人間が持つ当然の熱情	「人間の心」: 教育する 制度的不均衡: 経済的不平等 人種による不平等等 } 改善する	
6. 戦争の原因				
戦争の特性	政治の継続 王者の最終議論(Ultima ratio regum): 予防戦争 制限なき戦争 無条件降伏	政治の崩壊 正戦: 訴訟としての戦争 権利の侵害ないし侵略への抵抗 限定戦争 交渉に基づく平和	歴史の道具 聖戦: 十字軍 解放 ジェノサイド 平和の条件としての革命	無抵抗
7. 国際法	実定法主義	自然法	自然権: 国際法は暫定的のイデオロギー	
義務	状況が変わらない限り(Rebus sic stantibus)	契約は遵守されるべきである(Pacta sunt servanda)	異端者との約束は守らなくとも良い(Cum haereticis fides non servanda)	
	二重基準: ご都合主義 vs 道適性	二重基準: 正義 vs 慈善	二重基準: 暫定的倫理(Interim-sethik) vs 千年紀	単一の基準 愛
倫理	国家理性: 必要性による正当化 成功による正当化	政治道徳: より小さな悪の選択 あらゆる手段が許されるわけではない	善をもたらしうる最悪の政治(politique du pire) 目的が手段を正当化する	結果にかかわらず善をする

マーティン・ワイトと国際関係理論*

ヘドリー・ブル

　マーティン・ワイトの国際理論の講義に出席するように勧めたのは，マニング教授であった．ワイトは当時，〔ロンドン大学〕ロンドン経済政治学院（LSE）の教授（Reader）だった．彼の一連の講義は，それを聴いたものすべてが受けるのと同じく，私にも強い印象を与えた．以来，私はマーティン・ワイトの思想の影響を受けてきたことを自覚しており，それにねじ伏せられて常に頼らざるをえず，乗り越えようとしつづけっして抜け出せないままに終わった．ワイトがサセックス大学に移る1961年までには，私は彼の年下の同僚になっていた．それ以降，彼の最良の論文の多くが書かれた英国国際政治理論委員会の会合を通じて，私はワイトの仕事に接することができるようになった．1972年にワイトが亡くなって以降は，彼の未刊行の手稿を編集することに係わったことで，私はかつてないほど親密に彼の考え方を知ることになった．

　この点について少し述べてみたい．ワイトは完全主義者であったため，自分の仕事を刊行することはほとんどなかった．国際関係についての著述といえば，1946年にチャタム・ハウス（英国王立国際問題研究所）から1シリングで刊行され，とうの昔に品切れになっている68ページのパンフレット1冊と，本の章として執筆された，ないしは独立論文の5，6編だけである．論文のいくつかは，まるで誰も気付かないようにと願ったかのようにパッとしない雑誌に掲載された．ワイトは（アルバート・ウォールステッターの言葉を借りるならば），出版するものには高い思索を注ぐべきことを信じていた——残念ながら今日ではきわめて稀な——学者の1人であった．

　ワイトの業績をより多く今日の光に照らすことはきわめて重要な仕事であると私は思ってきた．〔だが〕彼の遺した業績はなんであれ刊行すべき，とまではいいきれない．その作品には未完のものもある．刊行をまったく意図していなかったものもあるだろう．刊行に関して自ら設定したきわめて高い水準に達しないかぎりその作品は刊行しないというのが彼の判断であったならば，その

判断は尊重されてしかるべきではないだろうか．私について言うならば，一番大事なことは，マーティン・ワイトの名にさらに光輝を添えたいという望みではなく，素材それ自身の重要性および他の人々も入手できるようにする必要性に対する私の信念である．そうすることによって彼が切り開いた探求の方向性をさらに深めることができるだろう．とりわけマーティン・ワイトの思想を，私も含め彼の影響を受けた人々による二次的記述を通じてではなく，原典の形で広く提供することがおそらく求められている．幸いなことに，LSEに入った私に深い感銘を与えた国際関係論に対する彼の最大の貢献である国際理論の講義ノートは，詳細かつ完璧な形で彼の美しい手稿のまま保存されていた．

マーティン・ワイト自身の考え方のある部分を論じるこの文章では，彼の生涯とその思想全体を概観することはしない．それについて私は，彼の『国家システム』の序で簡単なスケッチを試みている[1]．ここではその替わりに私はマーティン・ワイトの遺産の一部，すなわち国際関係理論にたいする彼の考え方に焦点を当てたい．第1に，彼の考え方とは何であったのかを簡単に述べる．第2に，彼の著作を学ぶ者が，彼の考え方の解釈と評価をめぐって長い間悩んできた疑問のいくつかを考察する．そして第3に，マーティン・ワイトという手本から何を学ぶことができるかを問いかける．

ワイトがLSEでその一連の講義を発展させつつあった1950年代，アメリカ合衆国では「国際関係理論」と呼ばれるものをめざす科学的ないし行動主義的な動向が力を得つつあった．国際関係についての既存の一般的研究の方法論，とりわけ当時の学会の主流をなしていたE.H.カー，ジョージ・F.ケナン，ハンス・モーゲンソーといった現実主義の研究者の業績を粗雑で古くさいと捉えたことからくる不満が，この動きの根底にはあった．もっと洗練された現代的な方法論を開発することで，過去を説明し，未来を予測し，政治的行動の確固たる基盤を提供するに役立つような厳密に科学的な一連の知を得ることができるであろうという希望が行動主義者を突き動かした．

ワイトが国際関係理論に関心を抱いたのもまた，現実主義者の著作に対する不満に幾分かは由来していたかもしれない．ワイト自身による『パワー・ポリティクス』での著述は現実主義者の作品とごく近しい関係にあり，彼の現実主義に対する不満は方法論よりは内容に寄せられていた．しかし，彼を引き付け

た理論の性格はというと，行動主義者が意図していたものとはまったく異なるものであった．ワイトは国際関係理論——あるいはワイト自身の呼称にしたがえば国際理論——を，過去の国際関係についての主要な思想的伝統を検討することを通じて追求する政治哲学ないし政治的予測についての研究と見なした．行動主義学派が科学に似たある種の理論を探し求めたのにたいして，ワイトが求めたものは哲学に似たある種の理論であった．行動主義者が過去の著作，いや最近の著作すらも拒絶することから始めた——彼らが「伝統主義者」と呼び念頭に置いていたのは，奇妙なことに最近の著作であった——のにたいして，ワイトは全時代を通じてこの主題にかかわり論じられ考察されたことすべてを再発見，再編，分類する決意で着手した．行動主義者が科学的処理の範囲外であるからと道徳的問題を排除しようとしたのにたいして，ワイトは道徳的問題を自分の探求の中心に据えた．行動主義者が不一致と不確実を終焉させる「国際関係理論」を得ようと望んだのにたいして，ワイトは，自分の研究結果は単に競合しあう諸理論・諸教義の間の論争の記述であり，その解決は期待しえないものとみていた．

　私が彼に同意できない１つの点は，行動主義者にたいするワイトの態度である．行動主義者は無視しえない挑戦をしたのであって，彼らを理解し，彼らとの論争に加わることが重要だ，と私は感じていた．私の考えた正しい戦略とは次のようなものだ．行動主義者の足下に座して彼らの立場を学び，彼らよりもうまく彼ら自身の議論を述べることができたならば——彼らが疑ってもみないまさにそのとき——彼らに向きなおり〔1692年，イングランド王ウィリアム３世の命令でスコットランドのマクドナルド一族が殺戮された〕「グレンコーの虐殺」のアカデミック版をもって行動主義者を族滅する——．こうした血腥い想定はワイトには思いもつかないものだった．ワイトは行動主義者に真剣に学ぶ努力をせず，結果的には彼らを無視した．それはもちろん，ワイトが自分の立場についてはるかに確信と安心感を抱いていたことを反映している．このような非歴史的かつ非哲学的な理論を研究することが世界政治を理解するまともな基礎となるかもしれないというような考え方は，彼の頭にはまったく浮かんでこなかった．

　マーティン・ワイトの理論教程の核心は，３つの思想家グループ——マキャ

ベリ主義者，グロティウス主義者，カント主義者——の間の論争だった．ワイトはこれら三者をときに（あまり積極的にではなかったように思うが）現実主義者，合理主義者，革命主義者とも呼んだ．彼の考えを乱暴に言うならば，マキャベリ主義者とは「鉄と血と不道徳人間」，グロティウス主義者とは「法と秩序と約束を守る人間」，カント主義者とは「転覆と解放と使命の人間」である．これらの思想のそれぞれの型ないし伝統には，国際政治の本性についての描　写（デイスクリプション）と，国際政治の場において人はどのように行動すべきかという一群の規　範（プリスクリプション）が，体現されている．

　マキャベリ主義者にはホッブズ，ヘーゲル，フリードリヒ大王，クレマンソー，それにカーやモーゲンソーなど20世紀の現実主義者たちが含まれる．彼らにとって国際政治の真実は国際的アナーキー，万人の万人に対する戦争，あるいは主権国家間における純粋の紛争関係として描きだされる．国際関係理論にとっての核心的な問題——「国際社会の特質とは何か」——に対して，マキャベリ主義者はこう答える．「国際社会は存在しない」．国際法システム，外交メカニズムあるいは今日における国際連合など，国際社会と称するものは虚構である．マキャベリ主義者の提示する処方箋は，マキャベリが『君主論』において提示した処方箋にほかならない．それは，各々の国家あるいは支配者が己れの利益を追い求めることである．国際政治において道義（モラリテイ）という問題は，少なくとも諸国家が互いの関係を規制する道義的規則という意味においては，生じなかった．

　グロティウス主義者としては，古典的国際法学者とともにロック，バーク，カースルレー，グラッドストン，フランクリン・ローズヴェルト，チャーチルをワイトは列挙した．彼らにとって，国際政治とは国際的アナーキーではなく国際的交渉として描きだされるものでなければならない．それは確かに主として国家間の関係ではあるが，紛争だけではなく協力関係でもある．国際関係理論の核心的問題に対してグロティウス主義者は，諸国家は共通の上位者に従属していないものの，それでも１つの社会を形成している，と答える．その社会とは虚構ではなく，その機能は，外交，国際法，勢力均衡，大国の協調などの仕組みによって認められうる．諸国家はその相互関係において道徳的および法的な規制から自由ではない．国家は，諸国家により構成され諸国家がその永続

に利害をもつ，国際社会の規則に縛られるというのが，グロティウス主義者の
規　範である
　　ブリスクリブション

　カント主義者は，国際政治とは諸国家間の紛争に関わるものであるとするマキャベリ主義の考え方も，諸国家間の紛争および協力の混在に関わることが国際政治であるとするグロティウス主義の考え方も，いずれも受け入れない．カント主義にとっては，かりに国際政治を諸国家の関係に関わることとしてみた場合でも，それは表面的な一過性の側面において捉えたにすぎない．その深部において国際政治とは，国家を構成する人間の関係である．究極の真実は人類の共同体にあり，それはたとえ現実には存在しなくても潜在的に存在し，諸国家からなるシステムを黄泉の国に一掃することを運命づけられている．グロティウス主義とおなじくカント主義も国際道義に訴えるが，諸国家からなる社会の良き構成員として行動するよう国家に求めるルールという意味ではなく，すべての人間が人類同胞のために働くことを求める革命的義務という意味でこの言葉を理解する．カント主義の教義において世界は，人類共同体あるいは世界国家（*civitas maxima*）というこの構想に忠実な選良と，その前に立ちはだかる罪人・異端者とに分断されている．

　ワイトによれば，カント主義のこうした思考様式は，近代国際社会を垂直というよりは水平的に分断する革命的イデオロギーの継続的な 3 つの波に体現されている．プロテスタントによる宗教改革，フランス革命，そして現代の共産主義革命である．だが，同時に，それはこれら水平的連帯を掲げた主張が引き起こした反革命イデオロギーにも体現されている，とワイトはみる．カトリックの反宗教改革（対抗宗教改革），国際的正統主義，ダレスの反共主義である．

　これら 3 つの思考様式を明らかにしたあと，そのそれぞれが戦争・外交・権力・国益・条約上の義務・国々の武装義務・対外政策の実施・文明国といわゆる未開人との関係などについて述べた特有の教義を，ワイトは描きだそうとする．3 つの伝統についてマーティン・ワイトが語らなければならなかったことを要約しようとすると，いくぶんかの卑俗化は避けられない．ワイトの講義が及ぼす影響力は，その宏大な構想ばかりではなく，並はずれた繊細さ・人間性・ウィット・驚異的な博識に裏付けられた歴史の微細な点に及ぶ文飾が生みだしたものである．凡庸な学者の手になったならば，三重の範疇化によって国

際思想の複雑さは単純化され歪曲されることになったであろう．だが，自らが提示した諸概念を具象化する危険性について最初に警告したのもワイト自身であった．マキャベリ主義，グロティウス主義，カント主義の伝統といっても，それらが単にパラダイムに過ぎないことをワイトは強調した．いかなる思想家といえども，現実にはそのパラダイムに近似するにすぎない．たとえばマキャベリ自身にしてからが，厳密に言えばマキャベリ主義者ではない．国際理論の分類のためには整理棚が３つだけでは足りないことをワイトは理解していたし，そのために３つの伝統のそれぞれをさらに副次的に分類するさまざまな方法を提示した．マキャベリ主義の伝統は攻撃型と防衛型に，グロティウス主義の伝統は現実主義型と理想主義型に，カント主義の伝統は進化主義型と革命主義型，帝国主義型とコスモポリタン型，歴史後退型と歴史前進ないし歴史進歩型に分けた．３つの伝統を定式化し叙述する新たな方法についてもワイトはたえず実験を試みていた．いくつかの講義では，初期クリスチャン，トルストイ，ガンディーによって代表される絶対平和主義者(パシフィスト)の潮流をワイトは転倒した革命主義者（Inverted Revolutionist）と名付け，第４の範疇として提示した．多くの場合，特定の国際思想家は各範疇にまたがることを彼は自覚していた．したがって，例えばビスマルクの思想の中ではマキャベリ主義的な見方とグロティウス主義的な見方の，ウッドロー・ウィルソンの中ではグロティウス主義的な見方とカント主義的な見方の，スターリンの中ではカント主義的な見方とマキャベリ主義的な見方の，緊張関係を探った．ワイトは３つの伝統がスペクトルを形づくっているとみて，その内部のある地点においては，あたかも赤外線が紫外線になるように，１つの思想型が別の型と溶け合うとみていた．

　国際理論に関するワイトの考え方について，私は３つほどの問いを考えてみたい．第１は，マーティン・ワイト自身は，マキャベリ主義，グロティウス主義，カント主義の見方のいずれに与するのか，ということである．これは，熱心な学生たちが講義を終えるころなんとか哀願して聞きだそうとする問いでもあった．学生たちに推測し続けさせて喜ぶのがワイトの常で，学生たちには推測するための材料をできるだけ与えないように努めていた．ある時の講義でワイトは，シャフツベリー伯爵の行った次のような会話を引用した．「これらの問題をめぐる人々の議論や信仰はさまざまですが，分別ある人間は実に１つの

信仰のみによります……」．「お願いです，分別ある人間の同意できる宗教とは何でしょう」．これに対して伯爵は直ちに答えた．「奥方様，分別ある人間はそんなことを語らぬものです」[2]．

　マーティン・ワイトを彼自身の3つの整理棚のいずれかに放りこまなければならないとしたら，彼はもちろん，間違いなくグロティウス主義者とみなされなければならないであろう．事実，ワイトは初期に行われたある一連の講義で，グロティウス主義ないし合理主義は「ヨーロッパ思想における偉大な主流」であり，マキャベリ主義のシニシズムを排しつつその現実主義，またカント主義の狂信性を排しつつその理想主義に与しながら，グロティウス主義であることこそ理想的であると思う，と現に語っている．『外交の考察』を著したとき，ワイトはグロティウス主義の伝統について記述した一章に「国際関係における西欧的価値」という題をつけ，とりわけてこの伝統こそが，立憲的な統治（ガバメント）についての政治哲学との顕著な結びつきゆえに，また過激な諸潮流の中道をいくというその性格ゆえに，西欧文明の価値を代表する，と主張し，そのことによってグロティウス主義に対する自らの傾斜を明らかにした[3]．思うに，ワイトがグロティウス主義の思考様式に引き付けられたのは，それが他の2つに比べて国際政治の複雑さにより忠実であると思ったからであろう．たとえば，外交政策における道義の問題について，それを単純だとみるカント主義，そんなものは存在しないとみるマキャベリ主義に対して，これを複雑だとみる認識を土台にグロティウス主義の国際道義に対するアプローチはつくられる，とワイトはみる．彼の考えでは，グロティウス主義の伝統こそが複雑さに適応することができる．というのも，この伝統それ自体がマキャベリ主義とカント主義の見方のいずれにも譲歩した折衷だからである．たとえばグロティウス主義の正戦（just war）という考え方は，カント主義の思想である聖戦（holy war）ないし十字軍（crusade）という考え方とマキャベリ主義の「王者の最終議論」（*ultima ratio regun*）〔すなわち武力行使〕としての戦争という考え方に対する折衷である．国際社会における力は均衡し牽制されるべきとするグロティウス主義の考え方は，力は廃棄されるべきというカント主義の要求と力こそ闘争の目的であるというマキャベリ主義の見解の折衷である．先進国といわゆる未開人との関係は信託原理に基づくべきというグロティウス主義の見方は，解放と

同化に基づくべきとするカント主義の観念と搾取に基づくべきとするマキャベリ主義の主張との折衷である．

にもかかわらず，マーティン・ワイトをグロティウス主義者の整理棚に強いて放りこむことは過ちをおかすことになるだろう．彼は3つのそれぞれに引き付けられながらもそのいずれにも安住できないと感じて，自分自身を3つの伝統の外側に位置すると見なし，自らの生涯と思想において3つの伝統の緊張を体現していた，というのが真実に近い．若くしてワイトは転倒した革命主義者あるいは絶対平和主義者(パシフィスト)の立場を選んだ．彼が33歳で刊行した『パワー・ポリティクス』は，マキャベリ主義ないし現実主義の見方を体現したものと一般に見られているし，確かにグロティウス主義よりはマキャベリ主義の伝統に容易に結びつけることができる．ワイトにおいては，歳をとるにしたがってグロティウス主義的な要素が強くなっていったようにみえる．1966年に刊行された『外交の考察』に寄稿した論文において，それはそれ以前の著作に比べより顕著になり，彼が生涯の最後に書いた国家システムに関する論文で頂点に達した．LSEに赴任したあとのワイトがグロティウス主義的な見方に近づいた1つの要素として，マニング教授からもたらされた影響は，2人の問題へのアプローチへの仕方が誠に対照的であったにもかかわらず，軽く見るべきではないだろう．国際社会という考え方は間違いなくマニングの考察において中核的な位置を占めていた．マニングの元同僚や学生たちとともにマーティン・ワイトがマニングに寄せた論文集にみられるように，当時，〔LSEの国際関係〕学科で仕事をしていた者すべてのものの見方には明らかにある共通する要素があって，それはワイトの仕事においても他の者に劣らぬほど顕著であった[4]．

とはいえワイトは，グロティウス主義の立場の脆弱さを十分に知っていたので，それに自らを全面的に委ねきることはできなかった．それが国際的な体制(エスタブリッシュメント)派の見方であることもわかっていた．19世紀のグラッドストン，20世紀におけるフランクリン・ローズヴェルトは，それぞれの演説において，彼らの国がその対外政策を共通の道義的基準と国際社会全体の共通利益という感覚に従わせるべきであることを言明し，それによって彼らはグロティウス主義の考え方についてもっとも記憶されるべき言明をわれわれに残した．だが，ワイトは，これら2人の政治家が，演説が行われた時点ではいずれも世界の最強国の

指導者であったことに,注意を促す.抑圧された者,絶望する者,不満足な者の口の端にグロティウス主義の太平楽な文句がこんなに安易にあがることはない.『1939年3月の世界』への寄稿や講義において,ワイトは英仏のグロティウス的法律尊重主義にたいしてヒトラーが『わが闘争』で行った批判を,驚くべき公平さで弁護した.すなわち,満腹した帝国主義強国であるイギリスとフランスは,あたかも盗人として成功し今や地方紳士として落ち着いた人物のように,ときには判事の席に姿を現す,というのである[5].ワイトは,ヒトラーの単調な文句の背後にある根本的な真実を考え抜くことをわれわれに求める.英国とフランスは闘争によって今ある場所を獲得した.彼らはそれが妥当とされる瞬間においては闘争を排除しきれない.自らが闘争に関わっているときには無視した道義的原則に訴えることで闘争を排除しようとして自分たちを正当化することは,さらにできない.

かりにワイトがグロティウス主義の教義に対するマキャベリ主義者の批判を強力だと認めていたとしても,彼はカント主義者によるグロティウス主義批判にはあまり共感しえなかったようにみえる.講義の初期の草稿では「政治的宣教者ないし狂心者」と呼んだこともあるカント主義にはワイトの受け付けがたいところが多々あった.ジャコバン派からルソー,共産主義者からマルクスにいたるカント主義者が,あらゆる知的権威や,純粋な思想法則以外のいかなる方法論をも拒絶することから始めながら,どうしてやがては聖なる書物の虜になっていったのかをワイトは記す.革命主義と反革命主義という連続する教義の波動が,諸国民の家族の統一と統合を目指しつつ,現実にはそれまで以上に分裂させていく点に彼は核心的なパラドックスをみていた.西欧国際社会内部におけるこうした分裂は,それまで蔓延していた西欧国際社会とイスラムの間における外的分裂の輸入であると彼はみていた.ペロポネソス戦争における民主制と寡頭制の紛争において,かつてヘレニズムとメディズム〔ペルシャ主義〕の間の闘争を特徴づけていた傾向がギリシャ人相互の関係に導入されたように,現代国際史においてわれわれが目撃しているような忠誠派と異端派の間における水平的なさまざまな闘争は,キリスト教徒と異教徒のかつての闘争を再生産し反映している.トルコ〔オスマントルコ〕人は反キリスト者であるという見方は,教皇が——あるいはその世俗版が——反キリスト者であるという

見方に席を譲った．国際社会における内的分裂と外的分裂の間におけるこの歴史的関係についての墓碑銘をなすのは，反キリスト者とは教皇とトルコ人が一体となったもの，教皇は霊であり魂でありトルコ人は肉であり体であるというルターの奇妙な教義である．

ワイトがある点ではカント主義の伝統に否定的な態度を示したのは，彼の宗教観の反映でもあった．ヒトラーの国家社会主義を旧約聖書からの曲解，自らを新たなる選良の民とするがごとき曲解であるとみなしたのと同じように，現代における革命主義的および反革命主義的教義は新約聖書の曲解であり，救世主の物語の世俗的堕落であると彼はみていた．ワイトは，主としてカント的伝統の内部——ただし，私見ではカント派だけではないのだが——とりわけカント自身にみられる国際関係の進歩派的教義も拒絶した．ワイトが繰り返し述べたテーマの1つは，国内政治とは対照的に，国際政治において近代には進歩がみられなかった，というものである．国際政治は進歩理論とは両立しない．進歩理論においては信念が証拠に先行する．「国際政治理論においては，受け入れるか，絶望に走るか，というのは良い議論のあり方ではない」．

ワイトが進歩という信念を拒否したのは，それを実証的に研究したからだけではなく，ここでも彼の宗教観を反映してのことだった．彼にとって，世俗的悲観主義は神学的楽天主義の片割れだった．彼はあるとき書いている．「希望とは政治的徳ではない．神学的徳である」[6]．世俗世界の未来にワイトは完全かつ圧倒的なまでに希望をもたなかったので，よほど宗教的な人間でないかぎり彼の考えには賛同できないだろうと私は思う．彼の希望のなさは，「人類の秘術的で恐ろしい暴力的破壊の法則」というドゥ・メストルへの言及においてもっとも劇的に表現されている[7]．それはまた，たとえ特定の戦争は避けることができても，戦争一般は不可避であるとする彼の論旨にも現れている．それは，神学的なレベルからすればたいした問題ではないと自らを納得させることができたことで，熟慮のすえに剛毅にも彼が抱くにいたった見方であった[8]．1948年にある放送番組で彼は語った．「問題になるのは，また戦争が起きるか起きないかではなく，かりに起きることになれば，それは神の**正義**の行いとして起こるのであり，戦争が避けられるのならば，神の**慈悲**としてそうなったのであると，認識すべきだということなのです」[9]．

とはいえ，マキャベリ主義あるいはグロティウス主義と同じようにカント主義の伝統にもワイトはときには引き付けられたかにみえる．カントの『永遠平和のために』についての長大な議論の中では，絶望から発する進歩主義の議論は，たとえ知的には「良い」議論ではないとしても，見下すことも恥ずべきことでもない，と論じている．カントのような人間にとっての楽天主義は，奈落を覗いても「嫌だ，下をみると目眩がする．上を見上げれば，登りつづけることしかできない」という．完全な絶望からくるこうした人間の楽天主義は尊敬に値する．ワイトはまた，進歩への確信をカント主義の伝統におけるもっとも重要な要素とはみなさない．最重要の要素，われわれを引き付ける要素は，苦難と罪を破却しようとする道徳的情熱である．義務に対するカントの道徳的情熱であり，永遠の調和は責め苦にあえぐ1人の子供の涙にすら値しないというイワン・カラマーゾフの叫び，苦難は人生の本質的部分ではないというレーニンの燃える信念である．ワイトは，苦難が罪の原因であり苦難をなくすことができれば罪をなくすことができると信じる進歩的カント主義と，マルクスやレーニンのように，罪は苦難の原因であり，苦難はまず罪が廃絶されたときにのみ廃絶することができると信じる革命的カント主義の違いを，注意深く跡付ける．

　ワイト個人は歳とともにマキャベリ主義やカント主義よりはグロティウス主義の伝統に引き付けられるようになったものの，その教育の核心においては，国際政治の真実はこれら思考形態のいずれかにではなく，それらの間における討論によって探し求めなければならないとした．それぞれが強調した国際政治の3つの要素——マキャベリ主義が強調した国際的アナーキーの要素，グロティウス主義が強調した国際的交渉の要素，カント主義が強調した人類共同体の要素——はすべて存在する．基本要素のどれか1つを適当に選び，他を排除したまま問題を叙述しようとすればいかなる場合でも失敗は免れえない，というのがワイトの主張である．

　マーティン・ワイトが明らかにするよう求められたことのなかで私が検討したい2番目の問いは，次のような点だ．それは，本当なのだろうか．本当に，国際政治思想の歴史はこれまで述べてきたような方法で範疇化できるのだろうか．かりにできるとして，3つの伝統の間における議論についての記述は，20

世紀の国際政治についての理解を本当に前進させるのだろうか．

　私自身は，ワイトが3つの伝統の間における議論に力を入れすぎていると思う．過去の国際関係について語られた多くのことは，3つの伝統と大げさに関わらせることはまったくできない．戦争・平和・外交・干渉・その他国際関係にかかわる物事についてばかりではなく，人間の心理，皮肉と悲劇，方法論と認識論などを，ワイトはマキャベリ主義，グロティウス主義，カント主義それぞれ固有の見解に帰そうと大げさになりすぎていると思う．ある時点からワイトが叙述している議論は実際に起きたことではなくなり，彼が発明したものになっている．その時点から彼の研究は思想の歴史についての取り組みではなくなり，プラトンの対話の方法にしたがった想像上の哲学的会話の開陳となる．

　すでに述べたように，3つの伝統を単なるパラダイムとして捉えるべきであることをワイトは強調し，ことあるごとにこれらの伝統について彼の言ったことを深刻に受けとめすぎないように主張した．しかし，われわれは真剣に受けとめるか，それともまったく相手にしないかのどちらかしかない．ワイトのすべての仕事には，劇的なものへの直覚，最高のもの——視点についての**古典的な表現**，**もっとも早い言明**，**貴族的な碑文**——への探索があり，それが彼の仮説に期待を抱かせ，彼の教えを刺激的なものとする源となっている．しかし，おそらく真実はそれほど劇的ではなく，最高のものは応用がきかず，仮説は完全にはテストしえないかもしれないことを，常に思い起こす必要がある．彼の研究すべてにはまた——若き日にトインビーから受けた影響の残滓として——思想の歴史にはあるリズムないしパターンがあり，見いだされるのを待っているという直覚的な想定がある．だが，場合によってはリズムもパターンもまったく存在しない可能性があることを認めなければならない．彼が仕組んだつもりの防御——単にパラダイムないし理念型を提案しているにすぎない，とする防御——は意味がない．ワイトの立場は堅固になったものの，どっちつかずになってしまったからだ．

　だが，かりに3つの伝統についての記述が，マーティン・ワイトが賭けようとしたほどの重さを完全に支えきれなかったとしても，それが真実に確固として根ざしていることは疑う余地がない．国際関係にかかわる思想の歴史を書くことについてワイトは類稀な資質を備えていたが，誰であれそれについて記述

しようとする者は，彼が築いた土台のうえに構築することが不可欠であることを理解する．のみならず，3つの伝統についての彼の分析は根底から独創的である．自然法の伝統についてのギールケの記述のなかの一節には，この〔3つの伝統という〕考え方の胚胎となるものが述べられているが，ワイトがこの一節を知っていたという証拠はまったく見当らないし，いずれにしろギールケの記述には，ワイトにおいて開花したときに築かれることになる強固な思想的構造が内包されていない[10]．

　これら過去の思想的伝統についての彼の記述が，現代国際政治をわれわれが理解することに直接的な貢献をしていることは疑う余地がない．形式的には彼の教程は思想史的な取り組みであったが，実態においてそれは今日の世界をも含めた世界についての言明であった．今日の国際政治問題が，歴史的，哲学的な深みをもって提示され，今日の出来事についての記述やそれに対するなんらかの傾向を前にしたとき，同じ種類の記述や傾向の一環として繰り返されたのではないかと観ること，その背後にあって前提とされているものを明らかにすること，長い間に提示されてきた賛否両論の議論の中から，最上のものを探し出すことをわれわれに求めたのである．

　ワイトのアプローチは，国際関係をめぐる専門家のアカデミックな議論にみられる狭く内向的な性格，雑誌や教科書で繰り広げられる閉じられた仲間内での自己陶酔，に対する解毒剤であり，専門家の議論を広い知的水平線にむけて放ったように思える．そうした専門家の議論内部において目下流行となっている議論のいくつかは，明らかにワイトが提示した議論に常に取り入れられていた主題のある側面を出発点に見つけだされていったものである．例えば，国際政治は単に国家間関係だけの問題ではなく，国家を構成する個人やグループ間のいわゆる「脱国家的(トランス・ナショナル)」関係の問題でもあるという考え方は，マーティン・ワイトの議論においては，カント主義の伝統における核心として中心的な場を与えられていた．いまやプリンストンその他において溢れんばかりの勢いとなっている未来の世界秩序モデルの研究における中心的な考えかた，主権国家システムという枠組みを超えて普遍的政治組織の代替形態を構想する必要があるということは，マーティン・ワイトが常に関心を払っていたところだった．われわれは，以下のようなことを思い出すだけで十分である．ワイトが「主権国

家によって押しつけられた知的偏見」に対して抗議したこと，国家システムこそ正常という考え方は錯覚だという（トインビーに由来する）教義を抱いていたこと，国家システムについての諸論文の中で近代国家システムにおける地理的，年代史的限界点を探ろうと試みたこと，普遍的政治組織の主要形態——今のところ実質的にはほとんど手付かずになっている領域——について総合的歴史叙述として関心を払うべきであるという課題を提起したこと，などである．

たとえ，ワイトが経済的な側面についてあまり関心を払わなかったこと，また彼が国際関係の経済的側面についての思想史を扱うことに失敗したことが批判を招きやすくしていることは事実だとしても，近年，西欧世界において復活しているマルクス主義者ないしマルクル-レーニン主義者による世界政治の記述への関心，また帝国主義と新植民地主義についてのネオ・マルクス主義者による重要な分析，これらは，ワイトが提起した問題のなかに無理なく納まる．とりわけ政治科学の専門家による道徳的問題の再発見，すなわち国際関係論が目的とともに手段をも対象とすることを知ること——今日「ポスト行動主義革命」と大仰に呼ばれるものの意味することはそれに尽きる——は，まさにワイトが探求を開始した地点にわれわれを引き戻す．

ワイトのアプローチはまた，それぞれの時代における自分たちの問題こそユニークであるという信念の底流にある尊大さと自己憐憫にたいしても解毒剤となった．講義ノートにワイトは記す．「大学教育の主な目的の1つは，時代精神（ツァイトガイスト），すなわち，われわれこそが人類の達成の頂点にあり，かつてない繁栄ないし比べようもない破局の際に立っており，次の首脳会議こそが歴史の決定点になる……と断じ続けるような，みみっちく狭い地方精神から抜け出させることである．それは精神を解放させ，すべての時代は主観的にはもっとも緊急な——ただし客観的な格付けはおそらく出来ない——課題に直面しているという展望と認識を与え，同じ道徳的困難や同じ思想がそれ以前にも模索されたことを学ばせる」．

ワイトのこうした訓戒に従った場合，純粋に予測もつかない事態にたちいったとき，それを見逃すことになる危険性はないのだろうか．20世紀の世界政治は，例示するまでもなく，明らかに前例のないと言える展開を反映してきたのではないか．そうした展開は，近年および現在の出来事をそれぞれの個性に

おいて研究することに没頭するのではなく，歴史的に類似した例を探し求めることで理解される，と想定するのは錯覚ではないのか．

そうした危険性はあるが，それはワイトの立場に内在するものではない．すべての国際政治状況にぴったりの歴史的前例があるとか，根本的な変化は起こらないと彼は言ったのではない．実際，歴史とは前例の倉庫であり現実的な統治技術上の教訓を見つけだして現代の政治問題に適用するというような考え方は，ワイトが強く批判したところであった．ワイトは，歴史に対するこうしたアプローチをマキャベリ主義者の方法論上のからくりと見ていた．それは「歴史とは前例をもって教える哲学である」というボリングブルック〔子爵．英国トーリー党指導者〕の見解にまで遡り，社会進化論者(ソーシャル・ダーウイニスト)の著作を先行例としてカーとモーゲンソーの著作に顕著であり，歴史は機械的に繰り返す周期という形をとるので政治の法則は歴史から引き出すことができるという，マキャベリ自身の想定に究極的には基づく．

私が考察したい第3の問いは次のようなことだ．国際関係についての理論的探求は可能だとマーティン・ワイトが考えたのは，どのような意味だったのだろうか．もっとも知られたワイトの国際理論についての断章には「なぜ国際理論がないのか」という題がつけられている[11]．学ぶ者はそこから次のような問いを発する．ワイトは国際理論というものを信じていたのか，そうでないのか．自らが従事している事業の存在をいかにして否定しえたのだろうか．この点についてブライアン・ポーターが最近，別に不思議なことはないと言っている．ワイトが言いたかったのは，研究者は出来合いのお手ごろな形で国際関係の思想史を得ることはできず，見つけだしたジグソーパズルの断片をつなぎあわせていくしかないという意味だった[12]．これこそがかの題についての正しい説明で，それは初めのころの草稿に「なぜ国際理論には主体(ボディ)がないのか」という題がつけられていたという事実によっても裏付けられる．

だが，この断章にはその題が示している以上の深刻な問題がある．国際関係論が本格的な理論研究の主題になったことがないのは偶然ではなく「国際理論と外交実践との間にはある種の不調和，理論化に対する国際政治のある種の反抗がある」とワイトは論じる[13]．国際関係の古典として唯一認められているトゥキディデスの『戦史』（『ペロポネソス戦争』）が理論的ではなく歴史的な作

品であることに彼は注意を促す．彼はさらに言う．「国際政治の特質，外交の関心事は，政治および国際理論の作品ではなく，歴史的な著作を通じて具体化され伝えられる」[14]．

ワイトはここで究極の異端説を，国際政治を理論的に理解することは結局不可能で歴史的な理解しかできないと，宣言しているのだろうか．言うならば，降参したと旗を掲げたのだろうか．いや，違う．それは彼の言ったことではないし，この分野において彼がなしたことすべてはその逆であった．というのも，彼の研究は歴史に傾倒してはいるものの，歴史そのものではないからである．ワイトは少し先で，唯一可能な理論的探求とは「われわれが不満足ながら歴史哲学と名付けた人間の運命についてのある種の反芻(ルミネイション)である」と書くことで，解く鍵をわれわれに示している[15]．

したがって，国際関係にたいする理論的探求は哲学的な性格のものとなる．それは自然科学の流儀のような積み上げた知識にはならない．ワイトが3つの伝統の間で試みる大論争のように，議論と対峙し，それぞれの学派における想定を特定し，証明し，並列させ，環境に関連づけることはできるかもしれない．だが，われわれ自身の想定自体が議論に向かって開放されていることが土台にあるのだから，論争を解決することは，一時的にはともかく，期待できない．これらすべてのことが，国際関係についての理論的探求は必然的に道徳的ないし規範的な問いかけになるというワイトの最初の想定を受け入れるやいなや随伴してくる．

しかし，哲学的な探求というものは，ワイトが認めるよりも，もっと公的で，合理的で，統制がとれたものだと私は考える．かれの作品のなかでは厳密さよりも曖昧さが，散文的な言明よりは詩的想像が，議論の道筋を明示的に作り上げるよりは主観的判断が，好まれることに気づくであろう．例えば私には，「反芻(ルミネイション)」という単語が理論的分析活動を表すのに適切だとは思えない．ワイトはグロティウスの言語にみられる「実り豊かな不正確さ」を語るのだが，私にはこの不正確さはとうてい実り豊かであるようには思えない[16]．ワイトが言うように，国際理論の実体がわれわれの収めようとする言語の限界をたえず破っていくのは事実だが，それだからこそわれわれは適切と思える言語を探し求めているのではないか．深遠な人物——マーティン・ワイトは間違いなくその

1人だが——は，そのことをもって曖昧であることが許されるとする傾向がある．この時点から私は，マーティン・ワイトと袂を分かち，適切な方法論的基礎のうえに国際理論は据えられるべきだという行動主義者の要求にもいくばくかの価値がないか自問し始めるのである．

　私はこの講義において，ワイトの仕事の中で議論を呼びそうな側面を見失わないように努めた．なおそうした側面のいくつかについて述べてみたい．自分の従事した事業をワイトは国際理論と表現することが常であったが，これは適切な用語ではない．はるか以前に，マニング教授が指摘したように，国際的なのは関係であって理論ではない．この仕事をより適切に表す言葉は国際関係理論である．

　ワイトの貢献は過度にヨーロッパ中心主義だという批判を受けやすい．その仕事が近代だけでなく古代から中世までまたがる西欧文化に通暁していることは彼の誉れである．だが，イスラムとガンディーについていくばくかの注意を払い，3つの伝統の間における論争に類似したものが中国にあるという思いつき——儒教，道教，法家の間の紛争——を漠然と抱いたものの，彼は非西欧文明を深くは理解していなかった．ワイトは近代国際社会を西欧文化の産物とみなし，その中に非西欧国家の多くがどこまで真に組み入れられているか根本的な疑問をもっていたのではないかと思う．ここから彼が誤っていたという結論に飛躍すべきではないが，カウティリヤ〔紀元前3世紀ごろのインド・マウリヤ朝の政治家〕に対する侮蔑的な否定や，アフリカ－アジア勢力と1930年代の修正主義勢力の間の比較などにおいて，非西欧の人々と彼らが今日何を望んでいるかについてワイトはたしかに時に鈍感さを露呈した．

　ワイトの広大な教養はときに彼の議論を豊かにするよりは妨げた．彼の知的構築物は古典的というよりはバロック的であった．彼の教養は完璧に本物であった．ワイトは文化的興行師でも衒学者でもなく，まさに適切な引用のできる偉大な才能に恵まれていた．だが，その著作によっては樹木の枝が歴史の枝葉に重く覆われて，幹をみつけるのを困難にした．

　ワイトの国際関係についての見方がどこまで彼の宗教的信条から来ているものかについて，私はしばしば落ち着かない気持ちにさせられる．彼の信条はその著作において世俗上の問題を扱う障害とはならなかったし，そこでは明白に

この世界についての実証的知識という普通の道具だけが使われた．それでもなお，別の場合には彼の信条によって問題についての見方がある程度まで影響を受けていることにわれわれは気づかされる．

　マーティン・ワイトという手本から何を学ぶことができるだろうか．彼は比類ない才能に恵まれた人間で，彼がなしたのと同じ方法で問題に貢献することは他の誰にもできそうにない．だが，彼のこの分野における仕事の3つの側面については他の者も注目すべき価値がある．

　第1に，国際関係についての理論的探求は，その底流にある道徳的，規範的前提に焦点を当てるべきだという彼の考えかたである．1950年代から60年代にかけての西側世界では，そうした前提に注意を向けず，道徳的および文化的土台を探求せずに国際システムを探求し，政策選択を――戦略研究や開発経済学のように――目的ではなく技術から議論する傾向がみられた．ごく最近になって，価値ないし目的が復活してきたが，それはもっぱらスローガンを叫ぶことやいわゆる政治的コミットメントという流儀としてであり，それは価値が断言されるやそれ以上は検証してはならないということを意味する．ワイトは単に価値前提をもつことだけではなく，その探求をも求めていたように思う．

　第2に，理論的探求と歴史的探求を結びつけようとした点である．外交史の専門家は総じて理論上の大問題には興味を示さなかった．国際関係の理論家は，歴史研究を行う能力あるいは嗜好を欠いていた．あるいは歴史がコンピュータに入力すべき「データ」で満ちていると信じて，歴史的探求そのものについて真の理解を欠いたまま問題に取り組んだ．ワイトはこのギャップを非凡に埋めた数少ない1人であった．

　第3にもっとも大事な点として，ワイトが知的価値および学術的な水準の高さに深く寄与したことである．とりわけ国際関係のような分野では，永続的ではなく束の間重要であることを研究すること，本当に知っていることだけを話すのではなくその場その場で知っていくこと，長期間の困難な仕事に固執するのではなく未熟なままに結果を主張すること，といった誘惑におそらくかられる．マーティン・ワイトについてもっとも感銘を受けるのは，その知的かつ道徳的な清廉さ，そして真剣さである．彼の著作はきわだって少ない．だが，少なくともそれらの著作は，彼が自分以前の国際関係の理論的著作について語っ

たような,知的,道徳的欠如からはほど遠いということは言える.

* 本論文は,初めは1976年1月29日にロンドン経済政治学院 (LSE) で行われた第2回マーティン・ワイト記念講義において報告され, *British Journal of International Studies* (2, 1976 : pp. 101-116) に掲載されたものである.

注
1) Martin Wight, *Systems of States* (Leicester, 1977).
2) G. Burnet, *History of his Own Time*. vol. i, bk. II, ch. I.
3) H. Butterfield and M. Wight eds, *Diplomatic Investigations* (London, 1966), pp. 89-131 を参照.
4) A.M. James ed., *The Bases of International Order. Essays Presented to C.A.W. Manning* (London, 1973) を参照.
5) Arnold Toynbee ed., *The World in March 1939* (London, 1952) を参照.
6) 'Christian Commentary', talk on the BBC Home Service, 29 Oct. 1948.
7) *Diplomatic Investigations, op. cit.*, pp. 33-34.
8) 戦争が不可避であるというワイトの議論については 'War and International Politics', *The Listener*, 13 Oct. 1953 を参照.
9) 'Christian Commentary', *op. cit.* を参照.
10) Otto von Gierke, *Natural Law and the Theory of Society 1500 to 1860* (trans. Ernest Barker) (Beacon Press, Boston, 1957), p. 85 (Cambridge University Press, 1934 による翻訳の再版である) を参照.
11) *Diplomatic Investigations, op. cit.*, ch. I.
12) Brian Porter の未刊行論文 'Martin Wight's "International Theory": Some Reflections' を参照 (その後, この論文は M. Donelan ed., *Reason of States* (London, 1978), pp. 64-74 に 'Patterns of Thought and Practice: Martin Wight's "International Theory" ' として刊行された).
13) *Diplomatic Investigations, op. cit.*, p. 33.
14) *Ibid.*, p. 32.
15) *Ibid.*, p. 33.
16) *Ibid.*, p. 102.

訳者あとがき

　本書は，マーティン・ワイト（Martin Wight）著『国際理論：三つの伝統』(*International Theory : The Three Traditions*, Leicester University Press, 1991) の全訳である．アメリカ合衆国発の理論が圧倒的な影響力を及ぼす国際関係研究において，独自の理論的潮流を形成するものとして注目を集めつつある英国学派（English School）の古典的作品である．英国学派の著作としては，臼杵英一氏の訳になるヘドリー・ブル著『国際社会論：アナーキカル・ソサイエティ』（岩波書店，2000年）が，これまでのところ数少ない学派の著作邦訳――ただし，かりにE.H. カーを英国学派に含めるとすれば，これに井上茂訳『危機の二十年：1919-1939』（岩波文庫，1996年）が加わる――として知られてきた．本書は，ブルの書にも劣らぬ重要性をもつ学派の代表作と言ってよい．

　ワイトは自分の理論を「国際関係論」ではなく「国際理論」と呼ぶことにこだわった．ワイトによれば，政治理論が国家・権威・権力などについて思索するのに対して，国際理論は，世界政府が存在しないなかで国家間関係，国家を構成員とする共同体の義務・特質・原則などを考察する，国際関係の政治哲学である（本書の「序章」）．別の言い方によれば，国家についての思索の伝統が政治理論であるのに対して，諸国家の社会・諸国民の家族・国際共同体について思索する伝統が国際理論である（Martin Wight, 'Why is there no International Theory?', Herbert Butterfield and Martin Wight eds., *Diplomatic Investigations : Essays in the Theory of International Politics*, George Allen and Unwin, 1966）．あるいはワイトは，現代の細分化された国際政治学，国際関係論ではなくて，世界思想史（ワイトにおいては実際には西欧思想史だが）の大道の中に自分の思索を位置付けてみたいという思いがあったのかとも考えられ，ブルのように，ワイトの「国際理論」は「国際関係論」と変わらない，とは言い切れないかもしれない．

　本書のもとになったのは，ワイトが教鞭を執っていたロンドン大学ロンドン

経済政治学院（LSE）における講義ノートである．学生としてその講義を聴いたブルが，ワイトの死後，遺されたノートを基に復元を試みたものの果たせぬうちに病気で急逝し，ワイト夫人ガブリエラと，これまた学生として講義を受講したブライアン・ポーターが跡を受け継いで本書を完成させた．本書のほかにもワイトの代表作としては，いずれも死後に刊行された『国家システム』(*Systems of States*, Leicester University Press, 1977)，『パワー・ポリティクス』(*Power Politics*, Leicester University Press, 1978) があるが，ブルはそのどちらの編集にも携わっており，ワイトに対するブルのなみなみならぬ熱意と尊敬を感じることができる．本書にも収録されたブルの「マーティン・ワイトと国際関係理論」は，ワイトの思想を紹介して間然する所がない．ワイトの国際思想の全体的特徴をおおよそ知りたい読者は，このブル論文から目を通されてもよいだろう．

　英国学派とは何か．国際関係論の主流をなす現実主義が，上位権力をもたない主権国家が相互に国益を求めて対立しあうアナーキーなシステムとして世界をみるのに対して，中央権力をもたない主権国家から成る点では世界がアナーキーであることを認めつつも，さまざまな国際制度や国際法によって調整が行われる1つの社会，国際社会であるとみるのが英国学派だと，おおよそ言えるであろう．おおよそ，と言うのは，英国学派はもともと最初から当事者によって意識的に学派として形成されたものではないし，その特徴づけも実にさまざまだからである (Hidemi Suganami, 'The English School and International Theory', Alex Bellamy eds., *International Society and its Critics*, Oxford University Press, 2005)．ともあれ，ブルの著書の題が示すように，国際社会は「アナーキカル」ではあるものの，なお「ソサイエティ（社会）」であるというのが英国学派の最大公約数的立場だといってよい．国家以外のアクターへの注目や，思想史の重視，さらには多元主義に対する国際連帯の強調などの特徴が，少なくとも学派の一部でみられることも指摘されている．

　英国学派の起源については，1959年に組織された英国国際政治理論委員会 (British Committee on the Theory of International Politics) の活動を起点に形成されていったとみる見方が有力であり（ただし，ダンのようにE.H.カーを英国学派に含める考え方もある．Tim Dunne, *Inventing International Society : A*

History of the English School, Macmillan, 1998），ワイトも委員会の中心的メンバーとして活動した．本書からは，国際社会の歴史の現実が現実主義者の主張を簡単には否定できない複雑な展開をしてきたことを自覚しつつも，ワイトがなお，国際法や国際制度の可能性を限界まで探求しようとしているさまがうかがえるであろう．

ワイトは1913年，英国ブライトンで生まれ，オクスフォード大学（ハーフォード・カレッジ）で近代史を専攻した．大学卒業後，英国王立国際問題研究所の研究員となり，研究所の研究部長をしていた『歴史の研究』で知られる文明史家アーノルド・トインビーの影響を受ける．ワイトは徐々にトインビーから離れていくが，ワイトの国際思想形成を考えるうえでトインビーの影響は無視できないものがあり，ホールは，トインビーの「文明」概念がワイトの国際社会論における「社会」概念形成に大きく影響したことを指摘している（Ian Hall, *The International Thought of Martin Wight*, Palgrave Macmillan, 2006. なお，ワイトの伝記的事実は主として同書に依拠した）．

他方，個人として真摯なクリスチャンであったワイトは，イタリアのエチオピア侵略にたいして国際連盟が無力だったことに衝撃を受け，キリスト教的絶対平和主義の立場に近づき，その機関誌などでいくつかの論文を書いた．1940年，ワイトは軍に召集されるが，良心的兵役拒否の立場を公然と表明し，曲折のすえに条件つきでワイトの申し立ては認められることになって，戦時中はオクスフォード大学ナッフィールド・カレッジでアフリカを中心とする植民地行政の研究に従事した．

戦後は『オブザーバー』紙の特派員を経て，再び国際問題研究所の研究員を勤めたのち，1949年，LSEの国際関係学科に教授（Reader）として迎えられる．本書のもとになった講義は，1957年から1960年にかけてLSEの授業として行われ，大学内外の評判となった．また同じころ英国国際政治理論委員会のメンバーとしても活動する．1961年，ワイトは創立されたサセックス大学のヨーロッパ研究学院で歴史の主任教授となり，1972年に急逝するまでその地位にあった．国際政治学の分野で多大な貢献をしながらも，ワイトは歴史学にいわば回帰していったわけだが，そもそも彼の3つの伝統モデルがカーのリアリズム－ユートピアニズムの二項対立モデルを批判的に克服しようと試みた

なかで生まれたこと，そのカー自身が後半生には国際政治学から離れて歴史学の研究に専念したことが想起され，感慨深い．

彼を知る人が口を揃えるように完全主義者であったワイトは，生前，研究誌や研究所紀要へは寄稿したものの，それを——植民地行政学に関するものを除いて——通常の単行本に纏めることがほとんどなく，国際関係論にかかわる主著『国家システム』『パワー・ポリティクス』『国際理論：三つの伝統』が単行本として刊行されたのは，いずれも死後のことであった（このほか最近になって本書と同じ編者によりマキャベリなど4人の思想家についてのワイトの研究を纏めた *Four Seminal Thinkers in International Theory: Machiavelli, Grotius, Kant, and Mazzini*, Oxford University Press, 2005 が刊行された）．これらのなかでは『パワー・ポリティクス』がペリカン・ブックスという廉価普及版でも刊行されたこともあってか，これまでもっとも読まれてきたとみられる．同書の最初の版はもともと1946年に国際問題研究所からパンフレットとして刊行されたもので，ワイトの国際関係論としては初期のものに属し，現実主義的な色彩が強い．このためか，これまで概説書によってはワイトを現実主義者としてモーゲンソーと一括りにするものもみられた．だが，本書を読めばわかるように，ワイトの考え方ははるかに複雑であって，あえて「三つの伝統」に分けるとするならば，本書の最後に告白しているように，ワイトは徐々に合理主義に近づいていった．

さらに「三つの伝統」における現実主義（マキャベリ主義），合理主義（グロティウス主義），革命主義（カント主義）という呼称について注意すべきは，複雑で多面的な思想家のある側面を取り出したのであって——ワイト自身が繰り返すように——例えばマキャベリが常にマキャベリ主義的だったわけではない．すなわちワイトのいう「伝統」は，もともと複雑な国際思想を理解するための理念型とでも呼ぶべきものなのであって，マキャベリやカントの思想そのものではないことである．したがって例えば，ワイトがカント主義として描いたものとカントの思想が完全には重なり合わないとしても，驚くには当たらない．確かにブルのいうように，すべての国際関係思想を3つの伝統に押し込もうとする傾向がワイトに見られることは事実だとしても，この点は理解しておかなければならない．

理念型としての3つの伝統と言う点を了解すれば，思想の根源に遡って分析するというワイトの方法論は明瞭である．例えばワイトの方法論が見事に結実した一例として，本書の「勢力均衡（バランス・オブ・パワー）」についての考察をあげることができよう．ワイトによれば，近代の現実主義の土台となったのは機械論・生物学・心理学という3つの科学であった．このうち機械論の中核にあったのが，天秤に象徴される釣り合い（バランス）という考え方であり，ルネサンス期の対称性を重視した建築物，古典的均衡を追求した絵画，対位法からハーモニーを発展させた音楽の原理となった．やがて均衡概念は芸術から実用の世界へと広がり，会計学においては貸方と借方を記載する複式簿記を発明し，さらには政治学における勢力均衡，重商主義の貿易差額（バランス・オブ・トレイド）概念へと展開していった．だが，勢力均衡においては，勢力配置の絶えざる変化のなかでいかに自国にとって不利な力の配分を防ぐかに関心が集中し，その結果，銀行の預金残高（バランス）と同じく，自分たちの側のゆとり，つまり力の優位を意味するようになっていった．こうして防衛的な勢力均衡政策は，自己の絶対的優位を求めてやまない攻勢へと転化する傾向をもつ，というのである．

翻訳は，佐藤誠，安藤次男，龍澤邦彦，大中真，佐藤千鶴子の5人が，以下のような章担当で第1次訳を行ったのち，各章の担当者を相互に入れ替えて訳文を点検修正し，さらに佐藤誠が全章を通じて文章・用語の統一を行った．その意味では文字通り5人の共訳である．

　　佐藤誠：序章，1，5章，序文（ロバーツ），まえがき，マーティン・ワイトと国際関係理論（ブル）
　　安藤：2，6，7章
　　龍沢：3，8，9章
　　大中：4，12章
　　佐藤千鶴子：10，11章，国際理論のパラダイム

翻訳にあたっては「国際関係の専門家も，国際関係論を学びはじめたばかりの大学1年生も読めること」を合言葉に，出来るかぎりわかりやすい日本語にするよう努めた．しかし，これは言うは易く行い難いことでもあった．ワイトの教養は狭義の国際関係ないし政治学にとどまらず，歴史から思想全般に及び，さまざまな人名・地名・歴史的事件が博引旁証される．他方で今の大学生にと

っては，物心ついたときすでにソビエト連邦は存在しない国であった．アイゼンハワーもフルシチョフも，古代ローマやルネサンスの人物と同じく日常感覚のない歴史的出来事なのである．巻末に詳細な訳者注を付けることも検討したが，量が膨大なものとなって，かえって若い読者から敬遠されかねない．結局，簡単な補足説明を適宜，本文中にカッコ付きで挿入し，収まり切らない場合には章末に訳者注をつけることにした．

訳語の選択には悩まされた．例えばパワー（power）という言葉を，「権力」「力」「勢力」など文脈と状況に応じて訳し分けることは，翻訳にはつきものであろう．ただワイトが特異なのは，その思想が政治学なり哲学なりの領域に収まり切らないために，リアリズム（realism）という頻出する単語ひとつをとっても，国際政治学における（「理想主義」に対する）「現実主義」という定訳を選択するのか，中世スコラ哲学における（「名目論」に対する）「実在論」という定訳を選択するのか，判断を迫られたことである．ワイトの真意を忖度すればその両方であるというのが正しいと判断した場合でも，訳文ではいずれかを選択して，カッコで補足することになった．しかし，考えようによっては，日本人が牛で片付けるところイギリス人が状況に応じて bull, ox, cow と呼び，イギリス人が rice と呼ぶものを日本人が状況に応じて米，飯，稲と使い分けるのは，概念の精緻化である．われわれが見当違いの精緻化をしていないことを望むほかはない．

本書はワイトの文字通りの代表作としてその思想をもっとも包括的に伝えており，死後35年の今なお，生きたメッセージを発信し続けている．

最後に，われわれのチャレンジを授けてくださった日本経済評論社の栗原哲也社長と編集担当の清達二氏に感謝申し上げる．

2007年4月1日

佐　藤　　誠

第2刷発行に際して，若干の誤植訂正と表記変更などを行った．

2009年2月12日　訳者

421

索　引

[あ行]

ICBM　225
アイゼンハワー（Dwight D. Eisenhower）　223, 248-9, 263, 272, 302, 338, 359, 419
アイトリア（人）　67
　　――同盟　66
アイルランド（人）　72, 83, 95, 115
　　――自治法　166
　　――問題　200
アインシュタイン（Albert Einstein）　26
アウグスティヌス（St Augustine）　16, 145, 213-4, 283, 292, 333
アカイア同盟　66
アカルナニア人　67
アクィナス（St Thomas Aquinas）　16, 18, 92, 122, 214, 294, 297
アクシオン・フランセーズ　209
アクトン（John Emerich Edward Dalberg Acton）　18, 141, 335, 341, 390
アクラ　111
アジア（人）　5, 65, 70, 73, 76, 103, 106, 109-10, 112, 119, 309
　　――とアフリカ　111, 179, 256
アジア-アフリカ（人）　110, 119, 203
　　――諸国　109
アステカ
　　――文化　64
　　――文明　80
アゼルバイジャン　121
アダムズ（John Quincy Adams）　42, 72, 364
アタワルパ（Atahualpa）　75
アチソン（Dean Acheson）　212, 244, 259, 262

アデン保護国　99
アトリー（Clement Attlee）　155, 159, 165, 221
アパルトヘイト　84, 119
アフガニスタン　99, 190
　　――首相　190
アフリカ（人）　76, 81-2, 111, 114, 195, 200, 255, 416
　　――とアジア　111, 179, 256
　　――における「変革の風」　254, 256
アフリカ-アジア
　　――圏　102
　　――勢力　411
アフリカーナー　84
アベリストウィス　6
アヘン戦争　72-3
アボリジニー　72, 80
アマゾン　65
アメリカ（合衆国）（米国）（人）　26, 42, 55-7, 59, 73-4, 77-8, 82, 84, 95, 98, 104-5, 108-9, 111, 118, 150, 156-7, 159-63, 169, 175-7, 179, 185-7, 191-2, 199-201, 206-7, 224, 228-9, 233-4, 243-5, 250, 257-8, 259-60, 264, 266, 275, 301, 308-12, 322-3, 337-8, 340, 364, 396, 414
　　――共和主義　18
　　――建国　175
　　――憲法　77
　　――社会　290
　　――植民地　74
　　――政府　156, 158
　　――戦争　84
　　――大陸　64, 70, 89
　　――的生活様式　208
　　――独立革命　359

——南北戦争 289, 298
——のスペイン人 90
——の力 34, 152
アメリカ・インディアン 40, 65, 71, 77, 80, 82, 84, 89
アメリカ連合 69
アラビア語 115
アラブ (人) 18, 81, 87, 179, 186, 199-200, 202
　——-アジア会議 111
　——社会 91
　——諸国 286, 302
　——世界 169
　——中道派 203
　——連盟 203, 287
アリストテレス (Aristotle) v, 1, 2, 27, 55, 66-7, 104-5, 133, 137, 145, 172, 202, 328, 337-8
アルジェリア 113, 179, 196
　——征服 114
アルスター地方 200
アルトジウス (Johannes Althusius) 15, 18
アルバニア (人) 105
　——征服 229
アルビジョア十字軍 145, 304, 307, 327
アルベルト (Carlo Alberto) 208
アルメニア 121
アレオパゴス会議 194
アレクサンドル (1世, Alexander I, Tsar) 42, 53
アレクサンドロス (Alexander of Macedon) 87, 105-7, 213
アロー戦争 72-3
アロン (Raymond Aron) 234
アングロサクソン人 71, 80
　——社会 69
　——的現実主義 73
　——民族 307
　——流キリスト教 145
アンティゴネ 135
アントワープ 64
アンリ4世 (Henry IV of France) 4

イエズス会 (士) 4, 7, 10-1, 18, 50, 58, 289, 293, 296, 303, 321, 344
異教徒 68-9, 74
イギリス (英国) (人) 4, 11, 22, 28, 55, 70, 77-8, 80, 82, 84, 88, 91-2, 97, 100-2, 109-10, 113-6, 121, 154-5, 157-9, 163-6, 169-70, 176, 179-80, 187, 189, 191-2, 198-200, 202-4, 208, 221, 224, 226, 228-30, 233-6, 243-4, 246-8, 252, 255, 258, 261, 263-4, 273-4, 291, 331, 337-9, 348, 359, 361-2, 364, 403, 416
　——王立国際問題研究所 (チャタム・ハウス) iii, ix, 395, 416
　——外交 204, 242
　——外相 159
　——下院 358
　——学士院 107
　——学派 414
　——艦隊 264
　——軍 260
　——憲法 76
　——国王 76-7, 298
　——国教会 266
　——国際政治理論委員会 iv, 395, 415-6
　——女王 54, 77
　——植民地 (法・主義・政策) 74, 99, 103, 203
　——政府 102, 116, 248
　——大使 194, 247
　——帝国 (主義) 116, 301
　——の利益 149, 151, 165, 171, 208, 260
　——防衛白書 310
　——連邦 110, 115
イースト・コーカー 6
イスラエル (人) 55, 80-1, 123, 156-7, 172, 186, 188-90, 264, 286-7, 302
　——承認 72
イスラム (教) 107, 301-3, 308, 403, 411
　——教徒 68, 92-3, 198, 202
イタリア (人) 12, 24, 42, 52, 55, 83, 91, 113, 150, 165-6, 179, 201, 206, 209-10,

索　引　423

　　220, 226, 232-3, 244-5, 261, 263, 303,
　　336, 341, 361, 416
　　——外交　242
　　——共産党　245
　　——首相　150
　　——独立戦争　359
異端者　35, 54, 302-4, 326-7, 393, 399
一国社会主義　209
イーデン（Anthony Eden）　164, 170, 227,
　　244-5, 247-54, 262, 270, 337-9
イングランド（人）　55, 74, 113-4, 233-4
　　——政府　95
　　——内戦　289
インゴルシュタット　4
インディアン　74, 77-82, 89-91
　　——戦争　72
インド（人）　76, 82, 91, 97-8, 103, 109-11,
　　116, 118-9, 163, 165, 190, 198-9, 203,
　　209, 224, 228, 249, 253, 259, 286, 348
　　——国家評議会　259
　　——諸国　191
　　——女帝　77
　　——政府　77, 99
　　——総督　202
インドシナ（人）　114-5, 244-5
　　——情勢　247
　　——征服　114
　　——問題　250
インドネシア　98, 111, 118
インノケンティウス3世（Pope Innocent III）
　　327

ヴァチカン　331
ヴァッテル（Emmerich de Vattel）　40, 52,
　　151, 195, 294, 356, 360
ヴァレリアヌス（Valerian）　122
ヴァレンヌ（Billaud Varennes）　344
ヴァンゼッティ（Bartolomeo Vanzetti）
　　136
ヴィヴィアーニ（René Viviani）　150
ヴィクトリア女王（Alexandrina Victoria）
　　76-7

ウィクリフ（John Wyclif）　74
ヴィシンスキー（A. Vyshinsky）　5, 118,
　　321
ウィルソン（Woodrow Wilson）　5, 6, 19,
　　22, 53, 58, 162, 165, 207, 212, 222, 237,
　　263, 266, 268, 270, 303, 345, 357, 363-4,
　　359, 400
ウィーン　25, 89, 221, 228, 230
　　——会議　171, 232
ウェリントン（Arthur Wellesley Welling-
　　ton）　204
ウェルギリウス（Virgil）　55-6
ヴェルサイユ条約　113, 171, 362
ウェルズ（H.G. Wells）　58
ウェルズ（Sumner Welles）　341
ヴェルニウス条約　93
ウォーカー（Lesley J. Walker）　4
ヴォーゲリン（Erich Voegelin）　301
ウォールステッター（Albert Wohlstetter）
　　395
ヴォルテール（François-Marie Arouet
　　Voltaire）　293
ヴォルフ（Christian Wolff）　51-2, 61, 151,
　　391
ウォルポール（Robert Walpole）　258
ウォーレス（Henry Wallace）　59, 348
ウガンダ　111
　　——総督　101
ウクライナ（人）　71, 308, 343
ウスター対ジョージア州判決　77
ウラル山脈　71
ウルフ（Leonard Woolf）　172
ウルブリヒト（Walter Ulbricht）　257

エカテリーナ（Catherine II of Russia）　21
エジプト　100, 113, 190, 264, 274, 337
エラトステネス（Eratosthenes）　107
エリオット（T.S. Eliot）　6
エリザベス1世（Elizabeth I of England）
　　113
エルベ川　69
エレンタール（Aloys von Aerenthal）　259

エンジェル（Norman Angell） 227-8
エンバー・パシャ（Enver Pasha） 199
欧州協調 170-1, 175, 190-1, 204, 221, 248
オクスフォード 95, 289
 ――大学 vii, 52, 227, 416
オーストラリア（人） 65, 70, 72, 90-1
オーストリア 53, 165, 179, 204, 206, 208, 230, 233-4, 238, 251, 325
 ――ドイツ同盟 325
オスマン（帝国） 64, 100, 302
 ――トルコ 238, 308
オダニエル（John W. O'Daniel） 308
オッペンハイム（L. Oppenheim） 172, 319
オハイオ川 69
オビ川 69
オランダ（人） 14, 42, 81, 84, 113, 203
 ――統治 54
オレゴン州 80

[か行]

カー（E.H. Carr） 7, 20-2, 27, 139-40, 154, 172, 180, 233, 255, 258, 355, 364, 396, 398, 409, 414-7
会議派（インド） 209
外交学派
 ――（国際政治） 207
 ――（国際法・オッペンハイム） 319-20
カイザー（ヴィルヘルム2世）（Kaiser, Wilhelm II） 113, 230
改善主義（メリオリズム） 346-8
カウティリア（Chanakya Kautilya） 146, 411
カヴール（Camillo Cavour） 206-7, 212, 336
カエサル（Caesar） 3
カガノビッチ（L.M. Kaganovich） 342
カースト制度 82, 158
カースルレー（Robert Stewart Castlereagh） 166, 168, 176, 178, 194, 221, 252, 255, 398
カッセル基金（Cassel Trustees） 6

カッセルズ（F.H. Cassels） 249
カディス港 114
カーティス（Lionel Curtis） 286
カトリック 10-1, 18, 52, 327, 335, 399
 ――教会 13, 21, 145
 ――教徒 69, 74, 95, 292, 303
 ――権力 331
 ――作家 293
 ――諸大学 3
 ――聖職者会議 296
 ――普遍救済説 107
ガーナ 110
カニング（George Canning） 166-7, 194, 204
カーネギー（Andrew Carnegie） 6, 58
カミュ（Albert Camus） 123
カラマンリス（Constantinos Karamanlis） 338-9
カリエール（François de Callières） 305
ガリバルディ（Giuseppe Garibaldi） 206-7
カリフォルニア西海岸 81
カール5世（Charles V of Spain） 74, 89
カルヴァン（John Calvin） 12-5, 52, 143
カルヴァン主義（者） 7, 10-1, 14-5, 58, 83, 303, 321
カルカッタ 116
カール大公（皇帝カール6世）（Archduke Charles of Austria） 230
カルタゴの平和 299
カレン人 203
干渉 vi, 109, 113, 175-6, 178-9, 359
間接権力論 11
ガンディー（Mohandas K. Gandhi） 136, 145, 206, 345, 400, 411
カント（Immanuel Kant） 5, 19, 53, 58, 95-6, 154, 193, 207, 214, 230, 236, 267-70, 272, 293, 359-61, 364, 404-5, 417
カンポフォルミオ 232
キケロ（Cicero） 334
擬似政治的・道徳的社会 50, 391

ギニア 115-6
キプリアヌス (St Cyprian) 122
キプロス (人) 83, 105, 179, 254, 274, 338-9
ギボン (Edward Gibbon) 142
キャロル (Lewis Carroll) 347
旧外交 242, 273
キューバ 98, 243
教皇 11, 89, 107, 122, 304, 327, 331, 403-4
　——庁 331
　——ローマ—— 27, 89, 93, 289
共産主義 (者) 5, 7, 53, 65, 83, 117-20, 123, 158-9, 222, 229, 234-5, 245, 261, 268, 272, 275, 290-2, 299-300, 303, 305-6, 311-2, 327, 343, 403
　——インターナショナル 301
　——運動 35
　——革命 399
　——国家 323
　——社会 312
　——諸国 253
　——陣営 117
　——世界 121
　——帝国 58
　——連邦制度 120
恐怖政治 305, 358
　——理論 306
恐怖の均衡 221, 238-9, 248, 310-1
ギリシャ (人) 18, 21, 64, 66-70, 87, 106-7, 122, 157, 172, 274, 338-9, 403
　——系キプロス人 338
　——語 68, 105
　——都市国家 138
　——文明 68
　——問題 204
　——ローマ文明 2
キリスト 28, 107, 122
キリスト教 (クリスチャン) 18, 21, 37, 85, 122, 145-6, 203, 275, 281, 289, 328, 400, 416
　——教会 92, 115
　——教徒 28, 68, 74, 93, 146, 200, 281, 333
　——共同体 11, 90

　——現実主義 68
　——国際社会 10
　——諸国 204
　——信仰 90
　——西洋 112
　——世界 41, 43, 54, 68-9, 89, 92-4, 107, 115, 221, 302, 304
　——民主党 245
　——用語 289
　——倫理 333
反——者 403-4
ギールケ (O. von Gierke) 134, 407
義和団の乱 72, 88
キング (E.J. King) 299

グアテマラ 186
　——代表団 113
グイッチャルディーニ (Francesco Guicciardini) 23
クエーカー (教徒) 145-6, 272, 345-8, 390
クラウゼヴィッツ (Karl Maria von Clausewitz) 297
クラウディウス (Claudius) 3
グラッドストン (W.E. Gladstone) vi, 5, 19, 27, 66, 99, 103, 109, 165-6, 170-1, 204, 212, 223, 258, 330, 363-4, 398, 402
クリップス (Stafford Cripps) 226
クリーブランド (S.G. Cleveland) 311, 364
グリモンド (Joseph Grimond) 66
グルジア 121
クレイ (Henry Clay) 42
クレイトン (Mandell Creighton) 335
クレマンソー (Georges Clemenceau) 164, 398
グレンコーの虐殺 307, 397
グロティウス (Hugo Grotius) v, 3-4, 17-8, 27, 36, 47-50, 52, 92-3, 134-5, 138, 151, 172, 184-6, 201, 220, 224, 243, 248, 266, 281-2, 294-6, 298, 300, 319, 345, 360, 363-4, 403, 410
グロティウス学派 17, 318, 320
グロムイコ (A.A. Gromyko) 208, 247

クロムウェル（Oliver Cromwell）　55, 72, 289, 301, 307
軍国主義　69, 283
軍律法（イギリス）　224

ケストラー（Arthur Koestler）　305, 345, 350
ケツァルコアトル神　74
ゲーテ（Johann Wolfgang von Goethe）　86
ケナン（G.F. Kennan）　vi, 20, 22, 152, 160-1, 168, 176, 256, 258, 364-5, 396
ケニア　90
ケニヤッタ（Jomo Kenyatta）　111
ケルト人　70-1
ケロッグ不戦条約　358
ゲンツ（Friedrich von Gentz）　359
限定戦争　297, 311, 393
　──理論　295
乾隆帝　87, 243

ゴア（人）　113, 179
公開外交　206, 263, 267, 270-1, 392
孔子　86
合理主義出版協会　17-8
コーエン（Andew Cohen）　101-2
コーカサス　121
国益　149-50, 153, 158-61, 164-6, 168-71, 175
国際的ダーウィニズム　284
国際平和基金　6
国際連合（国連）　43-5, 47, 53, 59, 65, 101-2, 118-9, 156-7, 171, 173, 175, 186, 188-9, 191-3, 238, 267, 274, 295, 297, 312, 330, 355, 363, 398
　──安保理事会　34, 270
　──加盟　59
　──憲章　27, 43-5, 48, 50-1, 59, 102, 118-9, 267, 323
　──軍　363
　──総会　112, 119, 262, 307, 363
　──平和維持軍　174
　──本部　358
国際連盟　6, 13, 21, 47, 51, 53, 65, 100-1, 162, 165, 170-1, 173-5, 188-91, 196, 237-8, 274, 286, 297, 355, 416
　──加盟国　261
　──規約　44, 50-1, 100, 267, 297
　──本部　19
　──理事会　196, 297
コジェフニコフ（F.I. Kozhevnikov）　321-2, 325
コスモポリタニズム　52, 56-7
古代ローマ（人）　70, 419
　──法　92
国家社会主義　268
国家理性　21, 333-5, 393
コテラワラ（John Kotelawala）　112
コナン・ドイル（Arthur Conan Doyle）　291
コネティカット　81
コブデン（Richard Cobden）　19, 154, 192, 231, 234, 237, 263-6, 271, 359
　──主義　225
コブデン・クラブ　192
コミーヌ（Philip de Commynes）　197, 201
コミンテルン　208, 343
コミンフォルム　199, 245
ゴムルカ（W. Gomulka）　257
ゴーリキー（A.M. Gorky）　117, 342
孤立主義　162, 166, 205, 207, 236, 362, 364
　道義的──　209, 392
コリングウッド（R.G. Collingwood）　26, 298
ゴルチャコフ（Alexander Gorchakov）　41, 232
コルテス（Hernán Cortés）　74-5, 89
コル島　94
コルネホ（M.H. Cornejo）　237
ゴルバチョフ（Mikhail Gorbachev）　vi, 266
コーン（Norman Cohn）　305
コンキスタドール　79, 89
コンコルダート（政教条約）　331

コンスタンス公会議　327
コンスタンティヌス帝（Constantine I）　122
根絶　36, 80, 83-4, 307-8, 312
　——原理　304
　——戦争　301

[さ行]

再洗礼派　146
サウド国王（Saud）　257
ザクセン　71
サセックス大学　395, 416
サッコ（Nicola Sacco）　136
サブロフ（P.A. Saburov）　190, 211
サボナローラ（G. Savonarola）　26
サラマンカ〔大学〕　89, 95
サランドラ（Antonio Salandra）　150
三十年戦争　69, 172
サン・ジュスト（Louis Antoine Léon de Saint-Just）　305
山上の垂訓　345
サン・タンドレ（Jean Bon Saint-André）　305
暫定的倫理　342-3, 347, 393
サンピエール（Charles de St. Pierre）　4

ジェノサイド　307-8, 393
ジェファーソン（Thomas Jefferson）　18, 109, 258, 364
シエラレオネ　109
シェリダン（Philip Henry Sheridan）　298
ジェンティーリ（Alberico Gentili）　52, 92
死活の利益　158, 169, 172
自然法　17-8, 48-9, 74, 134-5, 137, 151, 174, 318-20, 365, 391, 393
　——学派　17, 174, 318, 322
　——主義（者）　319, 356
時代精神（ツアイトガイスト）　7, 408
七年戦争　77
実定法　135, 221, 223, 318
　——学派　17, 46-7, 318, 320, 322
　——主義（者）　46-7, 321, 360, 393
　——主義法学　66

——主義理論　325
ジノヴィエフ（Grigory Zinoviev）　301
ジハード　302
シベリア平原　69
シャー　257
社会契約　15, 34, 40, 43, 45, 48-9, 51, 184-5, 268, 293
　——論　46, 309
社会進化論者　409
ジャクソン（Andrew Jackson）　77
ジャコバン・クラブ　205
ジャコバン（主義・派）　10, 12, 15, 58, 83, 114, 120, 141, 154, 237, 287, 292, 303, 305-6, 321-2, 327, 364, 392, 403
シャフツベリー（Earl of Shaftesbury）　400
ジャマイカ　114
ジャンヌ〔・ダルク〕（Jeanne d'Arc）　136
周恩来　179, 259
宗教改革　3, 15, 55, 69, 215, 347, 399
　——指導者　327
十字軍　115, 145, 295, 302-4, 359, 392-3, 401
　——諸王国　68
　——的熱狂　89
儒教　85-7, 411
シュトゥルツォ（Luigi Sturzo）　212
ジュネーブ　13, 19, 143, 247, 253
　——会議　180, 224, 244-5, 250
　——協定　295
　——市民　13
シュペングラー（Oswald Spengler）　140
シュリ（Duc de Sully）　4, 93
ショー（George Bernard Shaw）　307
蔣介石　206
ショークロス（Christopher Shawcross）　110
ジョージア州　77, 298
証明（テスティモニー）　346-8
ジョンソン（Samuel Johnson）　20, 93-5
ジリアクス（Konni Zilliacus）　59
ジルソン（Etienne Gilson）　108

新外交　242, 273-4
ジンキン（Taya Zinkin）　103
人口削減理論　36, 305, 307
新スコラ主義者　3-4, 184
神聖同盟　53, 176, 178-9, 248
神聖ローマ
　　──皇帝　230
　　──帝国　2

スアレス（Francesco de Suarez）　18, 27, 50, 61, 185, 293, 355, 360, 391
スイス（人）　52, 140, 304
ズィマーン（Alfred Zimmern）　22, 172
スウィフト（Jonathan Swift）　231, 350
スウェーデン　233
スエズ
　　──運河　84
　　──動乱　337
スカルノ（Achmed Sukarno）　110-2, 119
スコットランド（人）　11, 14, 190, 307
　　──女王　14
スコラ
　　──学者　298
　　──哲学（者）　20, 122, 215, 419
　　新──哲学者　294
スターリン（J.V. Stalin）　3, 12, 28, 36, 54, 58, 71, 116, 120-1, 142, 163, 165, 199, 210-2, 226, 249, 257, 260, 275, 290, 300, 303, 306, 308, 312, 321, 327, 342-3, 400
スタンリー（Edward Stanley）　76
スティーブンソン（Adlai Stevenson）　266
ストア（派・学派）　18, 123, 328
　　──哲学（者）　86, 107
スピノザ（Benedict de Spinoza）　16, 21
スフォルザ（Francesco Sforza）　197
スプートニク　232, 235
スペイン（人）　3-4, 53-4, 59, 68, 80, 89-91, 96, 109, 113-4, 184, 190-1, 252, 305
　　──艦隊　114
　　──継承戦争　230
　　──国王　14

　　──国民　95
　　──支配　90
　　──政府　65
　　──領アメリカ　74
スペンサー（Herbert Spencer）　25
スマッツ（Jan Christiaan Smuts）　27, 44, 48, 330, 346-7
スラブ（人）　69, 71, 78
　　南──人　199
スリランカ　103
スレッサー（John Slessor）　260
スワジランド　101

静寂主義　347-9
正戦　294-7, 299-301, 393
聖戦　222, 301-3, 308, 321, 323, 354, 359-60, 393, 401
正統カリフ　87
聖なるエゴイズム　391
青年イタリア党　206
聖バルテルミの虐殺　335
西洋（人）　70, 78, 86-7, 98, 106-7, 110-1, 113, 120, 270, 302, 308, 330
　　──現実主義　68
　　──国際社会　64
　　──社会　311
　　──世界　358
　　──帝国主義　108
　　──文明　68, 99, 107, 355
　　──辺境社会　69
勢力均衡（理論）　viii, 5, 23-4, 163, 165, 188-9, 192, 209, 220-39, 243, 245, 253, 259, 288, 297, 310-1, 356-7, 359, 392, 398, 418
勢力圏　173, 337, 361
セイロン　103, 165
　　──首相　112
世界国家　51-2, 56, 59-60, 108, 153, 174-5, 185, 361, 391, 399
世界世論　119, 205, 207-8, 391, 392
セシル（Robert Cecil）　22, 196-7
絶対平和主義（者）（パシフィズム、パシフ

イスト）v, 144, 146, 154, 281, 290, 345, 358, 362, 400, 402, 416
セネガル人 115
ゼノン（Zeno）107
セプールベダ（Jean Gines de Sepulveda）79, 89
セポイの反乱 72, 198
セルカーク（Alexander Selkirk）75
全アフリカ人民会議 111
全体主義 7, 12, 66-7, 87, 134, 136, 176, 307
　　――革命 166
　　――体制 123
　　――的革命主義者 10-1
相互依存 11, 193, 195, 205, 249, 287, 392
ソクラテス（Socrates）1, 93, 134-6
ソビエト（連邦・ソ連）vi, 35, 90, 116, 118, 120, 152, 156, 161, 163, 186-7, 199, 202, 208-9, 226, 245, 249, 251, 257-9, 265-6, 307, 312, 321-3, 326, 338, 343, 358-9, 363, 365, 419
　　――外交 274
　　――軍 301
　　――航空記念日 42
　　――国家 322, 326
　　――政府 121, 158, 202
　　――第一書記 42
　　――理論 325
　　――・ロシア 235, 244
ソームズ（J. Somes）76
ソリン（Vladimir Sorin）343
ソールズベリ（Robert Arthur Talbot Gascoyne-Cecil Salisbury）5, 197, 212, 254-6

[た行]

対位法 23, 418
ダーウィン（Charles Darwin）24-5
大英帝国 76, 99, 151, 163
大西洋奴隷貿易 72
タキトゥス（Tacitus）3, 333
タスマニア（島）72, 80

ダゼグリオ（Taparelli d'Azeglio）296
ダット（Palme Dutt）355
ダヌンツィオ（Gabriele D'Annunzio）284
ダレス（John Forster Dulles）89, 156, 164, 168, 170, 212, 245, 251, 260, 264, 275, 302, 338-9, 363, 399
タレーラン（C.M. de Talleyrand）180, 221, 251, 330
ターン（William Tarn）107
ダンテ（Alighieri Dante）51, 56, 108, 122-3, 185
ダントレーヴ（A.P. D'Entreves）6
ダントン（Georges Danton）342
ダンピア（William Dampier）75

チアーノ（Galeazzo Ciano）226, 261
チェロキー（人）77
　　――民族対ジョージア州判決 77
チェンバレン（Joseph Chamberlain）173, 273
チェンバレン（Neville Chamberlain）164, 214, 332, 339, 340, 392
チチェリン（G. Chicherin）208
チトー（J.B. Tito）v, 120, 199
チャーチル（Winston Churchill）5, 22, 151, 161, 163-5, 167-9, 202, 207, 212, 220, 226-7, 297, 345, 398
チャールズ1世（Charles I of England）104
中央アジア 120, 199, 202
中国（人）26, 64, 73, 84-8, 90, 95, 116, 118, 120, 137, 186, 188, 191, 197, 209, 224, 233-5, 248-50, 259, 295, 310, 363
　　共産―― 26, 65, 119, 137
仲裁（アービトレーション）188-9, 320
　　――解決 319-20
中東 158, 169, 198, 202, 255, 337-8
中米司法裁判所 47
朝鮮 363
　　北―― 310, 363
　　――問題 34, 224, 297
　　――戦争 118, 233, 248

チンギス・ハーン　87

ディズレーリ（Benjamin Disraeli）149, 167
ディドロ（Denis Diderot）79
デイビス（David Davies）6
ディミトロフ（Georgi Dimitro）199
テイラー（A.J.P. Taylor）33, 36, 139, 224
デカルト（Rene Descartes）16, 19
デ・マダリアーガ（Salvador de Madariaga）172
デュムリエ（Charles Francois Dumouriez）205, 218
デューラー（Albrecht Durer）64
デュバリエ（Francois Duvalier）115
デリー　111, 113
デルフィの神託　66

ドイツ（人）　15, 25, 41-2, 54-5, 60, 67, 69-71, 80, 83-4, 111, 113, 121, 136, 150, 157, 162, 190-1, 194-5, 202, 220, 226, 228-30, 238, 244, 251, 254, 261, 264, 297-98, 301, 306, 322, 340-1, 362
　　──-オランダ社会　69
　　──騎士団　69
　　──軍　163
　　──現実主義　69-70
　　──在住ユダヤ人　171
　　──植民地　100
　　──大使　159
　　──帝国　53, 235
　　──帝国主義者　121
　　──入植者　69
　　──の外交　242
　　──の思想家　361
　　──・ヨーロッパ的（文明・人）83
　　──・ロマン派思想家　66
　　──・ロマン主義　69-70
　　オーストリア-──同盟　325
　　東──　338
トインビー（Arnold Toynbee）22, 140, 406, 408, 416

トゥイス（Travers Twiss）223
トゥキディデス（Thucydides XXI）2, 174, 349, 409
道教　86, 411
東条〔英機〕103
統治技術　171, 193, 197, 203, 210, 220, 330, 336, 342, 349
道徳主義（者）　165, 167, 250, 349
道徳・政治科学アカデミー　6, 251
東方危機　255
東方諸民族大会　116, 301
トクヴィル（Alexis de Tocqueville）3, 5-7, 19, 50
ドゴール（Charles de Gaulle）115, 209, 212, 229, 259
都市国家　2-3, 13, 52, 105-6, 138, 187
ドストエフスキー（F.M. Dostoevsky）121
ドーソン（Christopher Dawson）10
トーニー（R.H. Tawney）134
ドネラン（Michael Donelan）xi
ドミニコ会（修道）士　18, 52, 89
トライチュケ（Heinrich von Treitschke）21, 140, 320, 324, 341, 360
トリアッティ（Palmiro Togliatti）244
トリエステ　244-5
　　──問題　254
トーリー（党員）93, 159
トルコ（人）94, 115, 165, 187, 191, 199, 204, 338-9, 403-4
　　──系言語　199
　　──語　115
　　──勢力　89
　　汎──　199
　　汎──系国家　202
　　汎──・汎トゥラン運動　199
トルストイ（Leo Tolstoy）24, 33, 145-6, 293, 345, 350, 400
トールモン（J. L. Talmon）13
ドレイク（Francis Drake）114
奴隷廃止論者　289-90
トレント公会議　74
ドロゲダの虐殺　307

索引

トロツキー（Leon Trotsky）26, 116, 205

[な行]

ナイジェリア 99
ナギブ（Muhammad Naguib）337
ナジ（Imre Nagy）327
ナショナリズム 206, 248, 308
　砂漠—— 199
　中産階級都市—— 199
　フランス・—— 115
ナセル（Gamal Abdul Nasser）170, 212, 268
ナチス（ナチズム）34, 71, 83-4, 136, 157, 173, 195, 301, 305-6
　——革命国家 362
　——ドイツ 178
NATO 153, 170, 195, 229, 238, 259, 262, 264, 283, 338-9
ナポレオン・ボナパルト（Napoleon Bonaparte）24, 42, 55, 59, 69, 109, 221, 230, 232-3, 236, 303, 331, 357, 359-60
ナポレオン3世（Napoleon III）206, 263
南北戦争 234

ニェメン川 69
ニコライ1世（Nicholas I）292
ニコルソン（Harold Nicolson）242, 252, 259, 271
西インド（諸島）90, 95, 109, 114
ニーバー（Reinhold Niebuhr）20, 58, 341
日本（人）73, 83-4, 90, 95, 110-1, 170, 187-8, 191, 196, 233, 235, 264, 297, 299, 309
　——帝国 43
ニューオーリンズ 115
ニューギニア 65
　南西—— 65
　西—— 54
ニュージーランド会社 76
ニューマン（John Henry Newman）304
ニュルンベルク
　——裁判 71, 135, 157

　——党大会 71
ヌクルマ（Kwame Nkrumah）110
ネイズビーの戦い 289
ネイミア（L.B. Namier）190
ネルー（Jawaharlal Nehru）5, 59, 112-3, 179, 209, 212, 224, 249, 268, 364
ノデ（Gabriel Naude）334
ノルマ・アゲンディ 151

[は行]

ハイゲート 142
ハイチ 108-9, 114-5
パウロ（St Paul）122-3, 145
ハーグ会議
　1907年の—— 109
　第2回—— 64
バーク（Edmund Burke）5, 9, 19, 84, 96-9, 104-5, 115, 154, 172, 175-8, 221, 246, 281-2, 287-8, 322, 329, 331, 341, 356, 359-60, 362-3, 390, 392, 398
パクス・ブリタニカ 21
バグダッド 100
バークリー（George Berkeley）16, 20
バジョット（Walter Bagehot）66, 284-5
パスカル（Blaise Pascal）333
バタフィールド（Herbert Butterfield）iii, 22, 255, 257
バーナム（J. Burnham）22
パプア 75
ハプスブルク
　——王朝 140
　——家 35, 89, 162
　——帝国 25
バブーフ（Francois-Noel Babeuf）12
パーマストン（Henry John Temple Palmerston）192, 197, 204, 212, 252, 312, 359
ハミルトン（Alexander Hamilton）5, 18-9, 167, 229, 286-7, 355

パーム（Margery Perham） 103
パラダイム 29, 141, 149, 318, 324, 349, 400, 406
　　下位—— 175
パリ 24, 108, 116, 118, 212, 262, 305
　　——会議 171
　　——講和会議 228, 232
　　——条約 69
　　——大使館 252
バリャ（Valentine de Balla） 238
バリャドリド 89
バーリン（Isaiah Berlin） 292
ハル（Cordell Hull） 58, 208
バルカン 165
　　——危機 204
　　——諸国 166
　　——半島 105, 255
バルト諸国 vi, 121, 163
バレアレス諸島 89
パレスチナ 91, 199
バロック 411
ハワイ 78
汎アメリカ会議 199
汎アメリカ主義 42
ハンガリー（人） 69, 179, 187, 305
　　——首相 327
　　——動乱 136
パンジャブ 106
反（対抗）宗教改革 10, 69, 321, 331
パンディット（V.L. Pandit） 119
バンドン（会議）
　　——会議 110-2, 119, 224
　　——会議諸国 53
　　——哲学 110
万人の万人に対する戦争 33, 40, 45, 66, 72, 185-6, 321, 391, 398
万民法 91, 93, 319

ピアソン（Lester Pearson） 221
東インド会社 96, 98
東インド法案 97
ピグミー 65, 187

ピサロ（Francisco Pizarro） 75, 79
ビザンチン（帝国） 198
ビスマルク（Otto von Bismarck） 5, 21, 33, 41-3, 162, 191, 194-5, 212, 221, 258, 298, 325, 330, 345, 361, 400
ピット（William Pitt） 167, 254
ビドー（Georges Bidault） 245, 251
ヒトラー（Adolf Hitler） 12, 25-6, 41, 54-5, 59, 71, 78, 103, 113, 136, 144, 149, 157, 172, 200, 210, 212, 226, 229, 257, 261, 267-8, 274, 285, 307, 325, 340-1, 361, 403-4
ビトリア（Francisco de Vitoria） 18, 52, 79, 90-3, 95-6, 108, 184, 215, 355
ヒムラー（Heinrich Himmler） 306
ヒューム（David Hume） 5, 16, 21, 222, 229, 335, 355-6, 364
ピューリタン革命 11
ヒーリー（Denis Healey） 231, 235
ピール（Robert Peel） 266
ビルマ 115, 165, 203
ビンセント（R.J. Vincent） ix
ピンダロス（Pindar） 334
ヒンドゥー 146
　　——教（教徒） 85, 92, 198
　　——哲学 145

ファクルタス・アゲンディ 151
ファシスト（ファシズム） 12-3, 21, 34, 53, 210, 283-4, 291-2, 361
フィッシャー（John Fisher） 298
フィヒテ（J.G. Fichte） 361
フィリピン（人） 78, 98
フィレンツェ 5
フィンランド 121
フェリペ（Philip II） 14, 54, 89
フェリンギスタン 115
プエルトリコ 78
フォースター（E.M. Forster） 348
フォックス（Charles Fox） 97, 173
フォルトゥナ 254, 256
フォーレ（M.Faure） 338
不干渉 177-80

索　引　　433

ブキャナン（George Buchanan）11
フス（Jan Hus）327
フセイン国王（Hussein）257
フッカー（Richard Hooker）18, 92
プーフェンドルフ（Samuel Pufendorf）17, 186, 318
ブライアリ（J.L. Brierly）35, 186
ブライアン（William Jennings Bryan）58
ブライト（John Bright）234-7, 359
ブラッドフォード（W. Bradford）81
プラトン（Plato）1, 3, 20, 67, 135, 270, 406
フランク（Hans Frank）306
フランク（人）71, 115
フランコ（Francisco Franco）158, 305
フランス（人）10, 24, 53, 56, 59, 77, 89-90, 108-9, 113-5, 120-1, 143, 146, 150, 162, 166, 175-6, 179, 190-1, 196, 199, 205-6, 209, 220-1, 229-30, 233-4, 236-7, 252, 260-1, 263-5, 273, 286, 293, 304-5, 340, 361, 403
　反——感情　263
　——王　54
　——王国　162
　——革命　12-3, 36, 53, 108, 114-6, 154, 162, 176, 205, 246, 273, 303, 305, 330, 342, 356, 359-60, 399
　——共産党　283
　——共和国　59, 233
　——軍　294
　——語　41, 69, 115
　——国民公会　12, 109
　——植民地　166
　——第一共和制　54
　——帝国　109
　——的　115
　——文化　115
　——連合　115
フランドル人　71
ブリストル　117
フリードリヒ2世（Frederick II of Prussia）21, 360-1, 364, 398

プリンストン　207, 407
ブル（Hedley Bull）iii, iv, viii, xi, 414-5, 417
ブル（Mary Bull）viii, xi
ブルガーニン（N. Bulganin）248-9, 338
フルシチョフ（N.S. Khrushchev）3, 5, 42, 208, 212, 233, 249, 262, 266, 272, 274, 306, 308, 312, 419
ブルジョア革命　12
プルタルコス（Plutarch）334
ブルワー（H.L. Bulwer）247, 252
ブレスト・リトフスク　307
プレトリア　81
プロイセン（主義）53, 166, 230, 233
　東——　69
　——現実主義　361
　——主義　284
　——立憲主義　162
フロイト（Sigmund Freud）16, 26, 32, 347
ブローガン（D.W. Brogan）98
プロテスタント　3, 10, 13, 18, 52, 114, 235, 305, 327, 341, 399
　イギリス・——教徒　82
　——革命　10
　——現実主義　82
プロレタリア（プロレタリアート）116, 191, 300, 303
　国際——主義　114
　——革命　12
　——的姿勢　110, 113
　——的着想　113
　プロレタリアート独裁　15
分割支配　193, 197, 199-203, 205, 208-10, 229, 392
フンボルト（F.H.A. von Humboldt）257

米西戦争　98, 234
ヘイスティングス（Warren Hastings）99
ベヴァン（Aneurin Bevan）261, 348
　——主義者　348
ベヴィン（Ernest Bevin）158-9, 238, 358
北京　94, 116, 222, 249

ヘーゲル（G.W.F. Hegel）　19, 41, 46, 66, 70, 76, 138, 154, 172, 187, 232, 284, 309, 361, 364, 398
ベーコン（Francis Bacon）　21, 138, 141, 283, 298, 390
ペテロ（St. Peter）　14
ベトミン　244, 250
ペニントン（Issac Pennington）　346
ベラルミーノ（Cardinal Bellarmine）　11
ペリー（Matthew Perry）　73
ペルー　75
ベルギー　42, 121, 171, 186, 188-9, 232
──会議（1831年の）　170
ペルシャ（語・人）　106, 115, 188, 260
ベルヒテスガーデン　226
ヘレニズム　403
ペロポネソス　403
ベンサム（Jeremy Bentham）　5, 275, 294
ベンダ（Julien Benda）　136

ホイッグ（党・党員）　18, 66, 95-6, 252
法家　87, 411
法律学派　319-20
法律尊重主義　vi, 163, 189, 234, 250, 266, 359, 362, 403
ボウルズ（Chester Bowles）　229
ボズウェル（James Boswell）　94-5
ポーター（Brian Porter）　iv, viii, xii, 409, 415
ボダン（Jean Bodin）　3, 21, 40-1, 138
ポッパー（Karl Popper）　270
ホッブズ（Thomas Hobbes）　7, 11, 17, 21, 25, 32, 40, 43-6, 48-51, 61, 84-5, 105, 138, 174, 185-6, 213, 264, 267, 292, 309, 318-9, 335, 364-5, 390-1, 398
──的逆説　34-5, 390
ボツワナ　101
ボテロ（Giovanni Botero）　11
ホプキンソン（Henry Hopkinson）　102
ボヘミア（人）　69, 78
ポーランド（人）　69, 121, 157, 163, 179, 233, 303, 306, 327, 343

ホリングブルック（Henry St. John Bolingbroke）　409
ボリヴァール（Simon Bolivar）　199
ボルシェヴィキ　142, 199, 208, 237, 290, 299-300
ボルシェヴィズム　116, 120
ポルトガル（人）　113, 179, 190, 252
──帝国　54
ホルブラド（Carsten Holbraad）　iv
ボンヘッファー（Dietrich Bonhoeffer）　136

[ま行]

マウマウ　82, 113
マイヤー（Rupert Mayer）　136
マカートニー（George Macartney）　87
マカリオス（Makarios III）　338
マキャベリ（Niccolò Machiavelli）　2, 4-6, 9, 21-2, 24, 26, 33, 39, 69, 137-8, 141, 150, 180, 184, 189, 197, 200-1, 207, 213, 220, 254, 256, 292, 309, 333-4, 336-7, 355, 364, 390, 400, 417
マクミラン（Harold Macmillan）　254, 256, 272
マケドニア（人）　67, 105-6
──王　105
マケレレ大学　111
マコーレイ（T.B. Macauley）　99, 103, 180, 289
マザー（Richard Mather）　81
マザラン（Jules Mazarin）　334
マサリク（Jan Masaryk）　136
マーシャル（John Marshall）　77
マーシャル・プラン　238
マッカーシー（Joseph McCarthy）　275
マッキンリー（William McKinley）　98
マッツィーニ（Guiseppe Mazzini）　19, 53, 56, 179, 206-7, 212, 336
マディソン（James Madison）　18
マニング（C.A.W. Manning）　319, 395, 402, 411
マヌイルスキー（D. Manielsky）　343

マブリ（Abbe Gabriel Bonnot de Mably） 286
マホメット教 94
マームズベリー（James Harris, first Earl of Malmesbury） 273
マリアーナ（Juan de Mariana） 11
マルクス（Karl Marx） 142, 146, 154, 290, 292, 300, 359, 390, 403, 405
マルクス・アウレリウス（Marcus Aurelius） 107
マルクス主義（者） 12, 15, 21, 29, 35, 58, 88, 120-1, 123, 141, 145, 164, 170, 180, 291-2, 305, 312, 321-2, 326, 343, 364, 408
マルクス-レーニン主義（者） 107, 291, 408
マルティニク島 79, 115
マレイ（Gilbert Murray） 172
マレンコフ（G.M. Malenkov） 312, 338
マンハッタン 84

ミシシッピー 77
ミスティック川 81
南アフリカ（人） 54, 81, 101, 113, 119, 195
────議会 256
────戦争 273
ミハイロフ（L.I. Mikhailov） 35
ミュンヘン（会談・協定） 149, 189, 214, 238, 274, 332, 340, 362
ミル（John Stuart Mill） 16, 19
民族自決（権） vi, 112, 121, 193, 199, 268-9, 326

ムガール帝国 98, 243
ムソリーニ（Benito Mussolini） 12, 113, 157-8, 170, 210-2, 229, 261, 284, 331, 340
ムハンマド・アリ（Mehemet Ali）（危機） 204, 247, 248

メアリー（女王、Mary Stuart） 14
メキシコ（人） 75, 80, 234
メストル（Joseph de Maistre） 292-3, 360, 404
メッテルニヒ（Klemens von Metternich） 53, 212, 221, 246, 248, 250, 292, 359
メディズム 403
メディチ（Lorenzo de' Medici） 24, 197
メノン（V. Krishna Menon） 119
メロス対話 174
メンデレス（Adnan Menderes） 338-9

モア（Thomas More） 136
孟子 86
毛沢東 88, 120, 338
モーゲンソー（H.J. Morgenthau） 22, 41, 139, 153, 161-2, 164-5, 167-8, 173, 180, 212, 309, 363-6, 398, 409, 417
モスクワ 24, 208, 226, 327
────大公国 187
────・ラジオ放送（局） 274, 301
モーゼ（Moses） 26, 330
モムゼン（Theodor Mommson） 70, 72
モーリー＝ミント改革 198
モルトケ（Helmuth von Moltke） 284, 360
モルモン国家 69
モロトフ（V.M. Molotov） 202, 208, 247, 251
モンゴル（人） 87, 186
モンテズマ（Montezuma） 74-5
モンロー・ドクトリン 199

[や行]

ヤルタ（会議・協定） 163, 332, 343

宥和（政策） 163, 165, 339, 362, 392
ユグノー 7, 10, 28, 162
ユーゴスラビア 157, 199, 238, 244, 327, 363
────語放送 274
ユタ州 69
ユダヤ（人・教徒） 18, 54-5, 78, 82-3, 91, 107, 122-3, 171, 195, 198, 202, 301, 306-7
ユトレヒト（条約） 221, 223
ユング（Carl Gustav Jung） 23, 26

予防戦争 268, 298, 303, 312
より小さな悪 331-2, 336, 339-40, 344, 346-

9, 393
ヨーロッパ（欧州）（人）　10, 34, 41-2, 54-5, 59, 64, 70-71, 73, 78-9, 82-3, 89, 91, 93-4, 100, 103, 111, 113-6, 122, 139, 157, 163-5, 167, 170-1, 179, 192, 195, 200-1, 205-7, 221-2, 224, 226, 228-30, 235-8, 242, 252, 265, 274, 287-8, 361
北――平原　69
ドイツ・――　83
南東――　199, 204
西――　2, 65, 115, 121, 286-7, 338
南――　166
非――（国家・人・文明・民族）　78-9, 83, 191, 411
東――（東欧）　54, 59, 83, 152, 192, 338
――共同市場　137
――研究学院　416
――共同体・連邦（コモンウェルス）　162, 287
――公法　3
――史　305, 308, 327
――思想　3, 18, 401
――諸国　114, 199
――新秩序　83, 157
――大陸　40, 208, 348
――中心主義　411
――帝国主義　73
――統治　167
――の家（メゾン・ドゥ・ヨーロッパ）　288
――文明　102
――防衛　254

[ら行]

ライト（Quincy Wright）　223
ライプニッツ（Gottfried Wilhelm von Leibniz）　16
ラウ（Benegal Rau）　119
ラージ　198
ラジャゴパラチャリ（C. Rajagopalachari）　190
ラス・カサス（Bartolome de Las Casas）　89
ラッセル（Bertrand Russell）　275
ラテラノ条約　331
ラテン・アメリカ　199, 238
――諸国　65, 109
――全土　109
ラパロ条約　244
ラファエロ（Raphael）　23
ランケ（Leopold von Ranke）　139
ランベス会議　296

リシュリュー（Armand J. de Richelieu）　161-4, 166, 334, 364
李承晩　206
リソルジメント　206
リップマン（Walter Lippmann）　332
リデル・ハート（B.H. Liddell Hart）　295
リトアニア　69, 80
リトビノフ（Max Litvinov）　208
リビア　70
リプシウス（Justus Lipsius）　333-4
リュケイオン　106
リンカン（Abraham Lincoln）　5, 19, 212, 282, 344

ルイ11世（Louis XI of France）　201
ルイジアナ　109
ルイ・フィリップ（Louis-Phillipe, King of France）　247-8, 252
ルガード（Frederick John Dealtry Lugard）　100, 103
ルクセンブルク　232
ルソー（Jean-Jacques Rousseau）　5, 12-3, 15, 41, 146, 187, 214, 293, 355-6, 359, 390, 403
――的な逆説　34-5, 390
ルター（派）（Martin Luther）　15, 55, 89, 136, 332-3, 345, 346, 404
ルチェライ（Giovanni Rucellai）　23
ルネサンス　2-3, 22-3, 136, 138, 334, 418-9
ルベルテュール（Toussaint L'Ouverture）　109

索　引　437

レヴァント　68
レジスタンス　136
レソト　101
レーダー（Erich Raeder）　157
レーニン（V.I. Lenin）　3, 5, 28, 35-6, 58, 116-7, 120-2, 143-4, 212, 292, 300-1, 304, 306-7, 312, 326, 342-4, 359, 364, 405
レーニン-スターリン主義　326
レマン湖　13

ロイド（Selwyn Lloyd）　264
ロイド・ジョージ（David Lloyd George）　246, 262
老子　86
労働党　159, 343
ロカルノ（会議）　220, 225
ロシア（人）　vi, 41-3, 53, 56, 71, 110, 116, 118, 120-1, 123, 143, 145, 161, 163, 166, 176-7, 179, 187, 190-1, 194, 199, 201-2, 204-5, 224, 228, 230, 233, 236, 238, 244-5, 259-60, 264, 274, 275, 287, 306, 309-10, 312, 325, 337, 338-9, 358
　ソビエト・――　116, 244
　反――主義者　275
　――開拓　69
　――革命　116
　――化政策　120
　――軍　163
　――皇帝　120
　――語放送　274
　――社会民主労働党第2回大会　344
　――侵略　343
　――帝国　120
　――民族文化　120
ローズヴェルト（Franklin D. Roosevelt）　58, 150-1, 163, 165, 168, 202, 207-8, 270, 332, 341, 364, 398, 402

ローズヴェルト（Theodore Roosevelt）　259, 364
ローズベリー（A.P.P. Rosebery）　159
ローゼンバーグ（Ethel Rosenberg）　136
ロック（John Locke）　16-8, 49-51, 96-7, 398
ロートリンゲン　71
ローヌ川　13
ロバーツ（Adam Roberts）　vii
ロヒラ人　97
ロベスピエール（Maximilien de Robespierre）　12, 36, 303
ローマ（人）　64, 67, 70, 91-2, 107, 198
　共和制――　91-2
　古代――人　69
　古代――法　92
　第三――　56
　――皇帝　3, 122
　――時代　32
　――市民　91
　――進軍　12
　――帝国　3, 56, 145, 185
　――法　91
ロヨラ（Ignatius Loyola）　355
ロランの歌　68
ローン・ウルフ対ヒッチコック判決　78
ロンドン　94, 116, 142, 204
ロンドン経済政治学院（LSE）　iii, viii-xi, 395-6, 413-4, 416
ロンドン大学　6

[わ]

ワイタンギ条約　76
ワイト（Gabriele Wight）　iv, ix-xii, 415
ワイト（Barbara Wight）　iv, x
ワイルド（John Wild）　135
ワシントン（George Washington）　18, 75, 156, 168, 207, 390, 391

[訳者紹介]

佐藤　誠（さとう　まこと）
立命館大学国際関係学部教授．1948 年生まれ．英国・リーズ大学大学院政治学研究科博士課程修了，Ph.D.（政治学）
主著：『社会開発論：南北共生のパラダイム』（編著，有信堂，2001年），*Protecting Human Security in a Post 9/11 World : Critical and Global Insights* (co-ed., Palgrave Macmillan, 2007)

安藤次男（あんどう　つぎお）
立命館大学国際関係学部教授．1944 年生まれ．京都大学大学院法学研究科修士課程修了，修士（法学）
主著：『人間の安全保障：世界危機への挑戦』（共編，東信堂，2004年），『ニューフロンティア国際関係』（共編，東信堂，2006年）

龍澤邦彦（たつざわ　くにひこ）
立命館大学国際関係学部教授．1954 年生まれ．フランス・パリ第一パンテオン-ソルボンヌ大学大学院修了，フランス国家博士(法学)
主著：『国際関係法』（監修，丸善プラネット，1996 年），『宇宙法システム』（興仁社，2000 年）

大中　真（おおなか　まこと）
桜美林大学リベラルアーツ学群人文学系准教授．1968 年生まれ．学習院大学大学院政治学研究科博士後期課程修了，博士（政治学）
主著：『エストニア国家の形成：小国の独立過程と国際関係』（彩流社，2003 年），'The Relationship between the Baltic States and Japan during the Interwar Period', *Journal of Baltic Studies*, vol. XXXVI, no.4 (winter 2005)

佐藤千鶴子（さとう　ちづこ）
立命館大学大学院国際関係研究科准教授．1973 年生まれ．立命館大学大学院国際関係研究科博士後期課程修了，博士（国際関係論）；英国・オクスフォード大学セントアントニーズ・カレッジ博士課程修了，Ph.D.（政治学）
主著：「南アフリカ白人農場地帯における土地改革」高根務編『アフリカの政治経済変動と農村社会』（アジア経済研究所，2001 年），『南アフリカの土地改革』（日本経済評論社，2009年）

国際理論
三つの伝統

2007年7月15日　第1刷発行
2009年2月25日　第2刷発行

定価（本体4800円＋税）

著　者　マーティン・ワイト
訳　者　佐　藤　　　誠
　　　　安　藤　次　男
　　　　龍　澤　邦　彦
　　　　大　中　　　真
　　　　佐　藤　千　鶴　子
発行者　栗　原　哲　也
発行所　株式会社 日本経済評論社
〒101-0051 東京都千代田区神田神保町3-2
電話 03-3230-1661　FAX 03-3265-2993
振替 00130-3-157198

装丁＊渡辺美知子　　　シナノ印刷・山本製本

落丁本・乱丁本はお取替えいたします　Printed in Japan
Ⓒ Sato Makoto et al. 2007
ISBN978-4-8188-1940-5

・本書の複製権・譲渡権・公衆送信権（送信可能化権を含む）は㈱日本経済評論社が保有します。
・JCLS 〈㈱日本著作出版権管理システム委託出版物〉
本書の無断複写は著作権法上での例外を除き禁じられています。複写される場合は、そのつど事前に、㈱日本著作出版権管理システム（電話 03-3817-5670、FAX 03-3815-8199、e-mail：info@jcls.co.jp）の許諾を得てください。

新版 現代政治理論

W. キムリッカ

訳者代表＝千葉眞・岡﨑晴輝

本体 4500 円

ヨーロッパ統合と国際関係

木畑洋一編

本体 3800 円

アクセス国際関係論

天児慧・押村高・河野勝編

本体 2500 円

アイデンティティの政治学

M. ケニー

藤原孝・山田竜作・松島雪江・青山円美・佐藤高尚訳

本体 4200 円

現代世界認識の方法
―国際関係理論の基礎―

牧野裕

本体 4200 円

シチズンシップと環境

A. ドブソン

福士正博・桑田学訳

本体 3800 円